근재집

이 책은 2021 · 2022년도 정부(교육부)의 재원으로 한국고전번역원의 지원을 받아 수행된 '권역별거점연구소협동번역사업'의 결과물임.

This work was supported by Institute for the Translation of Korean Classics-Grant funded by the Korean Government.

한국고전번역원 한국문집번역총서/성신여자대학교 고전연구소·(사)해동경사연구소

근재집 5

近齋集

박윤원 지음 이영준 옮김

朴胤源 이정은

일러두기

1. 이 책의 번역 대본은 한국고전번역원에서 간행한 한국문집총간 제250집에 실린《근재집(近齋集)》으로 하였다. 번역 대본의 원문 텍스트와 원문 이미지는 한국고전종합DB(http://db.itkc.or.kr)에서 확인할 수 있다.
2. 내용이 간단한 역주는 간주(間註)로, 긴 역주는 각주(脚註)로 처리하였다.
3. 한자는 필요한 경우 이해를 돕기 위하여 넣었으며, 운문(韻文)은 원문을 병기하였다.
4. 맞춤법과 띄어쓰기는 한글 맞춤법과 표준어 규정을 따랐다.
5. 이 책에서 사용한 부호는 다음과 같다.
   - ( ) : 번역문과 음이 같은 한자를 묶는다.
   - 〔 〕 : 번역문과 뜻은 같으나 음이 다른 한자를 묶는다.
   - " " : 대화 등의 인용문을 묶는다.
   - ' ' : " " 안의 재인용 또는 강조 문구를 묶는다.
   - 「 」 : ' ' 안의 재인용을 묶는다.
   - 『 』 : 「 」 안의 재인용을 묶는다.
   - 《 》 : 책명 및 각주의 전거(典據)를 묶는다.
   - 〈 〉 : 책의 편명 및 운문·산문의 제목을 묶는다.

차례

근재집 제18권

서書

근재집 제19권

서書

근재집

제17권

書서

이여홍[1] 재의 의 《논어》 문목에 답하다

答李汝弘 載毅 論語問目

문 '시습(時習)'의 '습(習)' 자에 대해 사씨(謝氏)는 '때마다 익히지 않음이 없는 것'으로 해석하였는데, 주자께서 반드시 '때때로 그것을 익힘'으로 해석하신 것[2]은 어째서입니까?

답 '때마다 익히지 않음이 없다.'라고 한 사씨(謝氏)의 설(說)은 '때때로 그것을 익힌다.'라고 한 주자의 훈(訓)이 정의(正義)가 되는 것만 못합니다. 주자께서는 지(知)와 행(行)을 아우르신 반면에 사씨는 오로지 행(行)으로만 말하였으니, 그 정조(精粗)와 소밀(疏密)이 이미 똑같지 않습니다. '시시습지(時時習之)'의 위에 '기학의(旣學矣)' 세 글자[3]가 있으니, 그렇다면 반복하여 주역(紬繹)한다는 뜻이 있습니다.

1 이여홍(李汝弘) : 이재의(李載毅, 1772~1839)로, 본관은 전주(全州), 자는 여홍, 호는 문산(文山)이다. 송환기(宋煥箕)와 박윤원(朴胤源)의 문인으로, 홍직필(洪直弼)과 막역한 사이였다.

2 시습(時習)의……것 : 《논어》 〈학이(學而)〉 제1장 제1절에 "공자께서 말씀하셨다. '배우고 수시로 익히면 기쁘지 않겠는가.'〔子曰: 學而時習之, 不亦說乎?〕"라고 하였는데, 이에 대해 주희는 《집주(集註)》에서 "이미 배우고 또 '때때로 그것을 익힌다면〔時時習之〕' 배운 것이 익숙해져서 중심에 희열을 느껴 그 진전이 자연히 그만둘 수 없는 것이다."라고 하여, '시습'을 '시시습지' 즉 '때때로 그것을 익힘'으로 해석하였다. 아울러 또 하나의 설로 '시습'을 '무시불습' 즉 '항상 익힘'으로 해석한 사양좌(謝良佐)의 설을 채록해 넣었다. 사양좌의 설은 다음과 같다. "시습이란 때마다 익히지 않음이 없는 것이니, 앉음에 시동처럼 함은 앉아 있을 때의 익힘이요, 섬에 재계하는 것처럼 함은 서 있을 때의 익힘이다.〔時習者, 無時而不習. 坐如尸, 坐時習也; 立如齊, 立時習也.〕"

'때마다 익히지 않음이 없다.'라고 한 설(說)은 다만 앉아 있을 때와 서 있을 때를 말하였을 뿐이니, 그렇다면 중복하여 온습(溫習)한다는 뜻은 없습니다. 이 때문에 《주자어류(朱子語類)》에서 사씨의 설(說)에 대하여 함호(含糊)하여 불분명하다고 하였습니다.[4] 그러나 《집주》에서 이 설(說)을 실어 놓은 것은 하나의 설로 갖추어 놓을 만하기 때문에 그러한 것입니다.

문 격치(格致)는 명선(明善)의 요점으로 지(知)에 해당하는 일입니다.[5] 그렇다면 《집주》에서 이른바 "선(善)을 분명하게 알아서 그 본초

3 기학의(旣學矣) 세 글자 : 현재 통행본 《논어집주》의 해당 부분은 "기학이우시시습지(旣學而又時時習之)"라고 되어 있다.

4 주자어류(朱子語類)에서……하였습니다 : '함호(含糊)하여 불분명하다'라는 번역의 해당 원문은 '농동(儱侗)'으로, 이는 흐리멍덩하여 분명하지 못한 모습을 뜻하는 말이다. 주희는 사씨의 설에 대하여 "상채가 이르기를, '앉음에 시동처럼 함은 앉아 있을 때의 익힘이요, 섬에 재계하는 것처럼 함은 서 있을 때의 익힘이다.'라고 한 것은 다만 흐리멍덩하게 하나의 것으로 말하여 이렇게 익힐 뿐이다.〔上蔡謂坐如尸, 坐時習, 立如齊, 立時習. 只是儱侗說成一箇物, 恁地習.〕"라고 하였고, 또 "지금 사씨는 되레 이 두 구를 가지고 흐리멍덩하게 말하였을 뿐이다.〔今謝氏, 却只將這兩句來儱侗說了.〕"라고 하였다. 《朱子語類 卷20 論語2 學而篇上》

5 격치(格致)는……일입니다 : 사리를 분명히 아는 것을 '명(明)'이라 하는바, '명선(明善)'이란 '선을 밝게 아는 것'을 뜻한다. 《중용장구》 제20장에 "몸을 성실히 함에 방법이 있으니, 선을 밝게 알지 못하면 몸을 성실히 하지 못할 것이다.〔誠身有道, 不明乎善, 不誠乎身矣.〕"라고 하였으며, 제21장에 "성(誠)으로 말미암아 밝아짐을 성(性)이라 이르고 명(明)으로 말미암아 성실해짐을 교(敎)라 이르니, 성실하면 밝아지고 밝아지면 성실해진다.〔自誠明, 謂之性; 自明誠, 謂之敎. 誠則明矣, 明則誠矣.〕"라고 하였다. 이를 명선(明善)과 성신(誠身)으로 요약하여, 명선은 지공부(知工夫), 성신은 행공부(行工夫)라고 한다.

(本初)를 회복한다."[6]라고 한 것은 성의(誠意)·정심(正心)·수신(修身)·제가(齊家)의 공부가 부족한 것 같고, 또한 행(行)에 해당하는 일이 부족합니다.

답 '그 본초를 회복함'은 바로 〈대학장구서〉에서 이른바 '그 성(性)을 회복함'[7]입니다. 한갓 격물치지만 할 뿐이고 능히 성의(誠意)·정심(正心)·수신(修身)을 하지 못하면 어떻게 그 성(性)을 회복하겠습니까. 이미 '그 본초를 회복함'을 말하였으면 행(行)에 해당하는 일이 그 가운데에 포함되어 들어있는 것입니다.

문 선각(先覺)과 후각(後覺)[8]의 '각(覺)' 자는 지각(知覺)의 각(覺)으

6 선(善)을……회복한다 : 이는 《논어》〈학이(學而)〉 제1장 제1절에 관한 《집주(集註)》의 "선을 밝게 알아서 그 본초(本初)를 회복할 수 있다.〔明善而復其初也.〕"라는 구절을 원용한 것이다. 이를 축약한 '명선복초(明善復初)'는 정주 성리학의 본령(本領) 중 하나인데, '명선'이란 사물에 나아가 이치를 궁구하여 선이 있는 곳을 참으로 아는 것이며, '복초'란 본연의 성(性)이 선함을 분명하게 알아서 그 본연을 회복함을 의미한다.

7 그 성(性)을 회복함 : 이 말은 〈대학장구서〉에 "만에 하나 총명예지(聰明叡智)하여 능히 그 성(性)을 다한 자가 그 사이에 나옴이 있으면, 하늘이 반드시 그에게 명하여서 억조 만백성의 군주와 스승으로 삼아, 그로 하여금 백성을 다스리고 가르쳐서 백성이 그 성을 회복하게 하신다.〔一有聰明睿智能盡其性者, 出於其間, 則天必命之, 以爲億兆之君師, 使之治而敎之, 以復其性.〕"라고 한 데에 보인다.

8 선각(先覺)과 후각(後覺) : 이 말은 《논어》〈학이(學而)〉 제1장 제1절의 "학이시습지(學而時習之)"에 관한 주희의 《집주(集註)》에 보이는바, 해당하는 내용은 다음과 같다. "'학(學)'이라는 말은 본받는다는 뜻이다. 사람의 성은 모두 선하지만, 이것을 깨닫는 데에는 먼저 함과 뒤늦게 함이 있으니, 뒤늦게 깨닫는 자는 반드시 먼저 깨달은 자의 행한 바를 본받아야 비로소 선(善)을 밝게 알아서 그 본초를 회복할 수 있는 것이

로 보는 것입니까? 각오(覺悟 깨달음)의 각(覺)으로 보는 것입니까?

답 선각과 후각의 '각(覺)' 자는 마땅히 '각오'로 보아야만 합니다. 《맹자》에서 말한 선지(先知)와 선각[9]은 '지(知)'와 '각(覺)'이라는 두 방면으로 말하였기 때문에 《집주》에서도 역시 나누어서 해석하기를, "지(知)는 그 당연한 바를 앎이고, 각(覺)은 그 소이연을 깨달음이다."[10]라고 하였는데, 이 장(章)의 《집주》에 이르러서는 그저 선각(先覺)의 '각(覺)' 자만 인용하였을 뿐입니다. 그러므로 '지(知)' 자를 언급하지 않은 것이니, 이미 각(覺)을 언급한 이상 지(知)도 역시 그 안에 포함되어 들어있는 것입니다. 이것은 《논어》와 《맹자》에 관한 주자의 두 주석이 어떤 경우에는 자세하기도 하고 어떤 경우에는 간략하기도 한 까닭입니다.

다.〔學之爲言, 效也. 人性皆善, 而覺有先後, 後覺者必效先覺之所爲, 乃可以明善而復其初也.〕"

9 맹자에서……선각 : 이와 관련된 내용은 《맹자》 〈만장 상(萬章上)〉 제7장 제5절에 "하늘이 이 백성을 내심은 먼저 안 사람으로 하여금 뒤늦게 아는 사람을 깨우치며, 먼저 깨달은 자로 하여금 뒤늦게 깨닫는 자를 깨우치게 하신 것이다. 나는 하늘이 낸 백성 중 먼저 깨달은 자로, 내 장차 이 도(道)로써 이 백성을 깨우쳐야 할 것이니, 내가 이들을 깨우치지 아니하고 그 누가 하겠는가.〔天之生此民也, 使先知覺後知, 使先覺覺後覺也. 予, 天民之先覺者也, 予將以斯道覺斯民也. 非予覺之, 而誰也?〕"라고 한 이윤(伊尹)의 말에 보인다. 이와 비슷한 이윤의 말이 〈만장 하〉 제1장 제2절에도 보인다.

10 지(知)는……깨달음이다 : 이 말은 《맹자》 〈만장 상(萬章上)〉 제7장 제5절의 《집주》에 "지(知)는 그 일의 당연한 바를 앎을 이르고, 각(覺)은 그 이(理)의 소이연을 깨달음을 이른다.〔知, 謂識其事之所當然, 覺, 謂悟其理之所以然.〕"라고 보인다. 여기서 '당연한 바'란 윤리적 당위성을 가리키고, '소이연'이란 당위성의 이유를 가리킨다.

문 공자께서 말씀하시기를, "자기보다 못한 자와 벗하지 말라.〔無友不如己者〕"[11]라고 하셨습니다. 벗이란 자기의 인(仁)을 돕는 것이니, 자기보다 못하면 유익함은 없고 손해만 있습니다.[12] 이제 나의 학문이 다른 사람에게 미칠 만하여서 믿고 따르는 자가 많으며,[13] 먼 곳으로부터 벗이 찾아온다면[14] '즐거움 가운데 최고의 즐거움'[15]이라고 이를 만하겠습니다. 그런데 믿고 따르는 자가 반드시 모두 다 자기보다 뛰어난 것은 아니니, 그렇다면 '낙(樂)' 자는 흠처(欠處)가 있는 것 같습니다.

답 벗을 취함에 반드시 자기보다 뛰어난 사람을 가까이해야 함은 장차

11 자기보다……말라 : 이 말은《논어》〈학이(學而)〉 제8장에 보인다. 또한 〈자한(子罕)〉 제24장에도 보인다.

12 벗이란……있습니다 : 이 말은《논어》〈학이(學而)〉 제8장 제3절의《집주》에 보인다.

13 나의……많으며 : 이는《근사록(近思錄)》 권2 〈위학(爲學)〉에 "선으로써 남에게 미쳐서 믿고 따르는 자가 많으므로 즐거울 수 있는 것이다.〔以善及人而信從者衆, 故可樂也.〕"라고 한 정이(程頤)의 말을 원용한 표현이다. 이에 대하여 섭채(葉采)의《집해(集解)》는 "선을 자기 몸에 소유하여서 남에게 미칠 수 있다. 믿고 따르는 자가 많아서 함께 선에 돌아가면 어찌 즐겁지 않을 수 있겠는가. 남이 선을 하도록 도와주는 뜻이 이와 같은 것이다.〔善有諸己, 足以及人, 信從者衆, 同歸於善, 豈不可樂也? 蓋與人爲善之意如此.〕"라고 해석하였다.

14 먼……찾아온다면 : 이는《논어》〈학이(學而)〉 제1장 제2절에 "먼 곳으로부터 벗이 찾아온다면 또한 즐겁지 않겠는가.〔有朋自遠方來, 不亦樂乎?〕"라고 한 공자의 말씀을 원용한 표현이다.

15 즐거움……즐거움 : 해당 원문은 '낙막락언(樂莫樂焉)'으로, 이는《초사(楚辭)》〈구가(九歌) 소사명(少司命)〉에 "슬픔 가운데 최고의 슬픔은 처자와의 생이별이요, 즐거움 가운데 최고의 즐거움은 남녀가 맨 처음 서로 알게 된 때라네.〔悲莫悲兮生別離, 樂莫樂兮新相知.〕"라고 한 데에서 원용한 표현이다.

이로써 자기의 인(仁)을 도우려고 하는 뜻이고, 먼 곳으로부터 벗이 찾아옴은 선(善)으로써 남에게 미치는 즐거움입니다. 믿고 따르는 자가 많을 때는 지위가 매우 높은바, 상대방을 자뢰하여 유익함으로 삼는 때가 아니니, '강학해서 벗을 모으고 선을 취해서 인(仁)을 돕는 것'을 가지고 말할 수는 없습니다. 그렇다면 믿고 따르는 자가 비록 반드시 모두 다 자기보다 뛰어나지는 않더라도 나의 즐거움에 문제될 것이 무엇이 있겠습니까.

문 "사람들이 알아주지 않더라도 서운해하지 않는다."[16]라고 한 것에 대하여 주자께서 말씀하시기를, "오직 덕(德)을 완성한 자만이 능히 한다."라고 하셨습니다. 그런데 하궤(荷蕢)나 저닉(沮溺)[17]과 같은 무리는 사람들이 알아주기를 구하지 않았으니, 그렇다면 이는 덕(德)을 완성한 자를 일컬은 것이 아닌 듯합니다.

답 주자께서 말씀하시기를, "성인께서는 사람을 가르쳐서 명예를 구하도록 하신 적이 없었으며, 또한 사람을 가르쳐서 명예를 피하도록

16 사람들이……않는다 : 이 말은 《논어》 〈학이(學而)〉 제1장 마지막 절에 "사람들이 알아주지 않더라도 서운해하지 않는다면 또한 군자가 아니겠는가.〔人不知而不慍, 不亦君子乎?〕"라고 한 부분에 보인다.

17 하궤(荷蕢)나 저닉(沮溺) : '하궤(荷蕢)'란 '삼태기를 멘 사람'이라는 뜻으로, 혼란한 세상을 피해 숨어 사는 은자를 가리키는데, 그가 공자의 경쇠 소리를 듣고 비평하자, 공자가 "세상을 잊는 데에 과감하도다! 출처를 그렇게만 한다면 어려울 것이 없겠구나.〔果哉! 末之難矣.〕"라고 말한 내용이 《논어》 〈헌문(憲問)〉 제42장에 나온다. '저닉(沮溺)'이란 춘추 시대 초(楚)나라 은자인 장저(長沮)와 걸닉(桀溺)의 병칭이다. 공자가 그들의 비평을 듣고는 "새와 짐승과는 더불어 무리 지어 살 수 없다.〔鳥獸不可與同群.〕"라고 탄식한 말이 〈미자(微子)〉 제6장에 나온다.

하신 적이 없었다."[18]라고 하셨습니다. 대체로 명예를 구하지 않는 자는 내면의 수양에 독실하고, 명예를 피하고자 하는 자는 괴벽한 데로 흘러 들어가기 마련입니다. 그러므로 사람들이 알아주지 않더라도 서운해하지 않는 것은 덕(德)을 완성함이 되고, "나를 제대로 알아주는 자가 드물면 나에게 있는 것이 더욱 귀하게 된다."[19]라고 한 것은 이단(異端)이 되는 것입니다. 양자의 사이는 변별하기가 어렵지 않습니다. 이는 부자께서 하궤와 저닉이 세상을 잊어버리는 데에 과감한 것[20]을 배척하신 까닭입니다.

문 인(仁)의 이(理)가 심(心)에 갖추어져 있으니, 그렇다면 곧바로 '심(心)의 덕(德)'이라고 말하는 것이 옳을 터입니다. 그런데 반드시 '애지리(愛之理)' 세 글자를 '심지덕(心之德)'의 위에다 놓으신 것[21]은

18 성인께서는……없었다 : 이 말은 《회암집(晦庵集)》 권67 〈잡저(雜著) 양생주설(養生主說)〉에 보인다.

19 나를……된다 : 이 말은 《노자도덕경(老子道德經)》 제70장에 "나를 제대로 알아주는 자가 드물면 나에게 있는 것이 더욱 귀하게 된다. 이 때문에 성인은 갈옷을 입고 보옥을 품는다.〔知我者希, 則我者貴. 是以聖人被褐懷玉.〕"라고 한 데에 보인다.

20 세상을……것 : 이와 관련된 내용은 《논어》 〈헌문(憲問)〉 제42장에 다음과 같이 보인다. 삼태기를 메고 공자가 머문 집 앞을 지나가던 사람이 세상일에 연연해한다며 공자를 비판하자, 공자가 그를 두고 "과감하도다! 어려울 것이 없겠구나.〔果哉! 末之難矣.〕"라고 하였는데, 이에 대해 주희는 《집주》에서 "'과감하도다'는, 그가 세상을 잊는 데에 과감함을 탄식한 것이다.〔果哉, 歎其果於忘世也.〕"라고 설명하였다. 해당 원문의 '과망(果忘)'은 여기에서 비롯한 말로, 세상을 잊는 데에 과감하여 무턱대고 세상을 떠나가는 행태를 가리킨다.

21 애지리(愛之理)……것 : '마음의 덕〔心之德〕'과 '사랑의 이치〔愛之理〕'는 주희가 '인(仁)'의 개념에 대해 풀이한 말이다. 《논어》 〈학이(學而)〉 제2장 제2절에 "군자는

어째서입니까? 이 장(章)이 효(孝)·제(悌)를 주로 삼아 말하였기 때문에 그러한 것입니까?

답 그저 '심지덕(心之德)'만 말하고 '애지리(愛之理)'를 말하지 않으면 측은지심(惻隱之心)이 인(仁)의 단서가 됨을 볼 수가 없습니다. 그러므로 이미 '심지덕(心之德)'이라고 말하였는데 거기에다가 또 '애지리(愛之理)'라고 말하였으니, '애(愛)'란 이로써 그 정(情)을 말하려 한 것이며, '이(理)'란 이로써 그 성(性)을 말하려 한 것인바, 이는 체(體)와 용(用)을 아울러서 말씀한 것입니다. 단순히 '이 장(章)의 효(孝)·제(弟)가 애(愛)가 된다.'라는 이유만으로 그러한 것은 아닙니다.

문 '성신(省身)'의 일은 '세 가지'에 그치는 것이 아닌데 유독 '세 가지'를 거론한 것[22]은 어째서입니까? 증자께서 말씀하기를, "부자(夫子)의 도(道)는 충(忠)과 서(恕)일 뿐이다."[23]라고 하였습니다. 그런데 이 장(章)은, '충(忠)' 자로 말하면 똑같은데 '서(恕)' 자로 말하면 '신(信)' 자로 바꾸었으니, '충(忠)과 서(恕)일 뿐이다.'라고 한 의의가 도대체

근본을 힘쓰니, 근본이 확립되면 도(道)가 생긴다. 효도와 공경이라는 것은 그 인(仁)을 행하는 근본일 것이다.〔君子務本, 本立而道生, 孝弟也者, 其爲仁之本與.〕"라고 한 유자의 말이 실려 있는데, 이에 대한 주희의 주해에 "인이란 사랑의 이치이고 마음의 덕이다.〔仁者, 愛之理心之德也.〕"라고 한 구절이 보인다.

22 성신(省身)의……것 : 이와 관련된 내용은 《논어》 〈학이(學而)〉 제4장에 다음과 같이 보인다. "증자가 말씀하였다. '나는 날마다 세 가지로 나의 몸을 살피니, 다른 사람을 위하여 일을 도모해 줌에 진심을 다하지 않았는가, 붕우와 더불어 사귐에 신실하지 않았는가, 전수(傳受)한 것을 복습해 익숙해지도록 익히지 않았는가 하는 것이다.'〔曾子曰 : '吾日三省吾身 : 爲人謀而不忠乎? 與朋友交而不信乎? 傳不習乎?'〕"

23 부자(夫子)의……뿐이다 : 이 말은 《논어》 〈이인(里仁)〉 제15장에 보인다.

어디에 있습니까? 대문(大文)의 '전(傳)'이라는 것은 '스승에게서 전수(傳受)함'을 이르니, 그렇다면 '학습(學習 학불습호(學不習乎))'이라고 말하지 않고 도리어 '전습(傳習 전불습호(傳不習乎))'이라고 말한 것은 어째서입니까?

답 자기 자신을 살펴보는 일이 비록 많기는 하지만, 이 세 가지가 무엇보다도 큰 것이 되기 때문에 특별히 거론한 것일 뿐입니다. 경전(經傳)의 내용 중에서 충(忠)과 서(恕)를 말한 부분이 있고 충(忠)과 신(信)을 말한 부분이 있는데, 각각 해당하는 바가 있어서 저것만을 고집한 채로 이것을 의심해서는 안 됩니다.

"부자(夫子)의 도(道)는 충(忠)과 서(恕)일 뿐이다."라고 한 것에 대해서 '일관(一貫 일이관지(一以貫之))'을 가지고 말하면 충(忠)이 일(一)이 되고 서(恕)가 관(貫)이 됩니다. 반면 이 장(章)의 충(忠)과 신(信)은 자기 자신을 살펴보는 것을 가지고 말하였으니, 다른 사람을 위하여 일을 도모해 줌에 반드시 자기 자신의 진심을 다해야만 하고, 붕우와 더불어 사귐에 반드시 신실로써 해야만 합니다. 두 장(章)의 주된 뜻이 각각 다르니, '신(信)' 자로 '서(恕)' 자를 바꾼 것이 아닙니다.

'전습(傳習 전불습호(傳不習乎))'의 '전(傳)'으로 말하면, '학습(學習)'이라고 말하지 않고 '전습(傳習)'이라고 말한 것은 전수(傳受)를 중요한 것으로 여기기 때문에 그러한 것입니다. 이는 마땅히 《집주》의 해설을 따라야만 하니, 어찌 '경전(經傳)'의 '전(傳)'으로 볼 수 있겠습니까.

문 《대학》의 평천하 장(平天下章)[24]은 용재(用財)와 용인(用人)을 말하였는데, 혈구(絜矩)[25]를 중요한 것으로 삼았습니다. 이 장(章)으로 말하면, '쓰기를 절도 있게 하고 백성을 사랑함'을 말하였는데, '일을 공경히 하고 미덥게 함'을 중요한 것으로 삼았습니다.[26] 일을 공경히 하고 미덥게 하면 비록 혈구가 없더라도 무방합니까?

답 《대학》의 평천하 장은 '혈구'를 말하였고, 이 장은 천승(千乘)의 나라를 다스림에 있어서 '공경히 하고 미덥게 함'을 말하였습니다. 비록 각각 똑같지 않지만 실제로는 '혈구'라는 것은 '공경히 하고 미덥게 함'이 없던 적이 없었으며, '공경히 하고 미덥게 함'이라는 것도 역시 '혈구'가 없던 적이 없었습니다.

문 "후중(厚重)하지 않으면 위엄(威嚴)이 없다."[27]라고 한 것은 기질(氣質)의 부박(浮薄)함을 가리켜서 이른 것입니까? 의용(儀容)의 경조(輕躁)함을 가리켜서 말한 것입니까?

답 "후중하지 않으면 위엄이 없다."라고 한 것은 의용의 경조함을 가리켜서 말한 듯합니다. 만약 기질의 부박함이라면 배운 뒤에 점점 변화할 수 있으니, 배움이 아직 독실하지 못한데 어떻게 갑자기 변화

24 대학의 평천하 장(平天下章) : 이는 《대학장구》 전(傳) 10장을 가리킨다.

25 혈구(絜矩) : 재거나 헤아린다는 뜻을 지닌 '혈(絜)' 자와 곡척(曲尺)을 뜻하는 '구(矩)' 자의 합성어이다. 사람이라면 누구나 할 것 없이 그 마음에 공통으로 똑같이 여기는 점이 있는바, 이를 전제로 삼아 나의 마음을 가지고 다른 사람의 마음을 헤아려서 하고 싶은 것을 함께하고 싫은 것을 베풀지 않음을 의미한다.

26 이……삼았습니다 : 이는 《논어》 〈학이(學而)〉 제5장의 "공자께서 말씀하셨다. '천승의 나라를 다스리되 일을 공경히 하고 미덥게 하며 쓰기를 절도 있게 하고 백성을 사랑하며, 백성을 부리기를 제철에 하여야 한다.'〔子曰: 道千乘之國, 敬事而信, 節用而愛人, 使民以時.〕"라고 한 것을 두고 언급한 것이다.

27 후중(厚重)하지……없다 : 이 말은 《논어》 〈학이(學而)〉 제8장에 보인다.

하겠습니까. 그러나 용모가 능히 후중하고 위엄이 있으면 기질도 역시 침착하고 후중하게 될 수 있습니다. 군자의 학문은 반드시 용모와 사기(辭氣)의 측면에서 먼저 공력을 들여야만 합니다. 그러므로 증자께서 삼귀(三貴)를 말씀하셨던 것이고[28] 《예기》에서 구용(九容)을 언급하였던 것입니다.[29] 보내오신 편지에서 "학문에 전심하면 '후중하지 않으면 위엄이 없다.'라고 한 것에 대한 근심이 자연히 없어진다."라고 하신 말씀은, 아마도 '가볍고 쉬운 것〔輕快〕'에 관계되는 듯합니다. 저 '위(威)'와 '중(重)' 두 글자에 먼저 힘을 쓰지 않고서 어찌하겠습니까.

문 공자께서 말씀하시기를, "어버이께서 살아 계실 때는 예(禮)로써 섬기고, 돌아가시면 예(禮)로써 장사 지내고, 예(禮)로써 제사 지내는 것이 효(孝)라고 이를 만하다."[30]라고 하셨고, 증자께서 말씀하기를,

28 증자께서……것이고 : 이는 《논어》 〈태백(泰伯)〉 제4장 제3절에 "군자가 귀중히 여기는 도(道)가 세 가지가 있으니, 용모를 움직일 때는 사나움과 태만함을 멀리하며, 얼굴빛을 바로잡을 때는 신실함에 가깝게 하며, 말할 때는 비루하고 도리에 어긋나는 것을 멀리해야 한다.〔君子所貴乎道者三, 動容貌, 斯遠暴慢矣; 正顔色, 斯近信矣; 出辭氣, 斯遠鄙倍矣.〕"라고 한 증자의 말을 가리킨 것이다.

29 예기에서……것입니다 : '구용'이란 군자가 갖추어야만 하는 아홉 가지 용모로, 《예기》 〈옥조(玉藻)〉에 "군자의 용모는 펴지고 느려야 하니, 존경할 사람을 보고는 더 공경하고 삼가야 한다. 발 모양은 무겁게 하며, 손 모양은 공손하게 하며, 눈 모양은 단정하게 하며, 입 모양은 그치며, 소리 모양은 고요하게 하며, 머리 모양은 곧게 하며, 숨 쉬는 모양은 엄숙하게 하며, 서 있는 모양은 덕스럽게 하며, 얼굴 모양은 장엄하게 해야 한다.〔君子之容舒遲, 見所尊者齊遬, 足容重, 手容恭, 目容端, 口容止, 聲容靜, 頭容直, 氣容肅, 立容德, 色容莊.〕"라고 한 데에 보인다. 이 구절은 《소학》 〈경신(敬身) 명위의지칙(明威儀之則)〉에도 보인다.

"윗사람이 상사(喪事)를 신중히 치르고, 돌아가신 지 오래된 조상을 추모하면 백성의 덕(德)이 점차 후하게 될 것이다."[31]라고 하였습니다. '상사를 신중히 치른다.'라고 한 것은 바로 '돌아가시면 예(禮)로써 장사 지내는 것'이고, '돌아가신 지 오래된 조상을 추모한다.'라고 한 것은 '예(禮)로써 제사 지내는 것'인데, 유독 '살아 계실 때는 예(禮)로써 섬김' 한 항목을 언급하지 않은 것은 어째서입니까?

답 부자께서는 범범하게 효(孝)의 도(道)를 일컬으셨기 때문에 반드시 '살아 계실 때 섬기는 예(禮)'로부터 말씀하신 것이고, 증자께서는 다만 상사와 제사를 주로 삼아 말씀하셨을 뿐이기 때문에 '살아 계실 때 섬기는 예(禮)'를 언급하지 않으신 것이니, 오로지 '살아 계신 어버이를 봉양하는 것은 큰일에 해당할 수 없음'[32] 때문에 그러한 것은 아닙니다.

문 유자(有子)가 말하기를, "화(和)여야 귀하게 여길 만한 것이 된다."라고 하였으니, 이는 예(禮)의 용(用)을 가지고 말한 것입니다.[33] 그런

30 어버이께서……만하다 : 이 말은 《논어》 〈위정(爲政)〉 제5장에 보인다. 또한 이와 비슷한 내용이 《맹자》 〈등문공 상(滕文公上)〉 제2장에도 보이는데, 증자의 말로 기록되어 있다.

31 윗사람이……것이다 : 이 말은 《논어》 〈학이〉 제9장에 보인다.

32 살아……없음 : 이는 《맹자》 〈이루 하(離婁下)〉 제13장에 "살아 계신 어버이를 봉양하는 것은 큰일에 해당할 수 없고, 오직 돌아가신 어버이를 정성껏 장사 지내는 것이라야 큰일에 해당할 수 있다.〔養生者不足以當大事, 惟送死, 可以當大事.〕"라고 한 맹자의 말에 보인다.

33 유자(有子)가……것입니다 : 이는 《논어》 〈학이(學而)〉 제12장에 "예의 용이란 화(和)여야 귀하게 여길 만한 것이 되니, 선왕의 도(道)도 이것을 아름답게 여겼다.

데 《집주》에 이르기를, "엄하면서도 태연하고 화하면서도 절제한다." 라고 하였으니,[34] 이는 오로지 예(禮)의 체(體)를 가지고 말한 것입니다. 아니면 혹 유자의 말은 용(用)으로 말미암아서 체(體)를 향해 미루어 나아간 것이고 주자의 주해는 체(體)를 가지고 미루어 나아가서 용(用)에 도달한 것입니까? 이 장(章)의 '화(和)' 자를 정자께서 유독 '악(樂)' 자로 풀이하셨으니,[35] 화(和)가 용(用)이 된다는 본래의 뜻이 도대체 어디에 있습니까?

답 예(禮)란 그 체(體)는 엄(嚴)함이고 그 용(用)은 화(和)함입니다. 《집주》에서 언급한 '전체(全體)'의 '체(體)'는 바로 '체단(體段)'의 '체

그래서 작고 큰 것이 여기서 말미암는다. 행하지 못할 것이 있으니, 화만을 알아서 화만을 행하고 예로 절제하지 않으면 또한 행해질 수 없다.〔禮之用, 和爲貴, 先王之道, 斯爲美, 小大由之. 有所不行, 知和而和, 不以禮節之, 亦不可行也.〕"라고 한 유자의 말을 두고 언급한 것이다.

34 집주에……하였으니 : 이와 관련된 내용은 《논어》 〈학이(學而)〉 제12장의 장하주(章下註)에서 범조우(范祖禹)의 설 다음에 실린 주희의 설에 다음과 같이 보인다. "엄하면서도 태연하고 화하면서도 절제하는 이것이야말로 이(理)의 자연이고 예(禮)의 전체이다. 따라서 털끝만큼이라도 차질이 생기면 그 중정함을 잃어서 각기 한쪽으로 기울어질 것이니, 행해질 수 없는 점에서는 마찬가지이다.〔嚴而泰, 和而節, 此理之自然, 禮之全體也. 毫釐有差, 則失其中正, 而各倚於一偏, 其不可行, 均矣.〕"

35 이……풀이하셨으니 : 이와 관련된 내용은 《논어》 〈학이(學而)〉 제12장의 장하주(章下註)에 실린 정자의 말에 다음과 같이 보인다. "예가 지나치면 정이 이반하므로 예의 용이란 화여야 귀하게 여길 만한 것이 되니, 선왕의 도가 이것을 아름답다고 여겨서 작은 일과 큰일 모두 이것을 따랐고, 악이 지나치면 방탕한 데로 흐르므로 행하지 못할 것이 있으니, 화만을 알아서 화만을 행하고 예로 절제하지 않으면 또한 행해질 수 없는 것이다.〔禮勝則離, 故禮之用, 和爲貴, 先王之道, 以斯爲美, 而小大由之. 樂勝則流, 故有所不行者, 知和而和, 不以禮節之, 亦不可行.〕"

(體)'이지 '체용(體用)'의 '체(體)'가 아닙니다. 아마도 이것을 가지고서 유자와 주자의 말에서 체(體)와 용(用)이 똑같지 않다고 의심해서는 안 될 듯합니다.

이 장(章)의 '화(和)' 자를 정자께서 '악(樂)' 자로 풀이하신 것은 대체로 예(禮) 가운데의 악(樂)을 말씀한 것이지 곧바로 종고(鐘鼓)와 사죽(絲竹)의 악(樂)을 가리키는 것은 아닙니다. 악(樂)이 화(和)를 주로 삼되 능히 절제하여 방탕한 데로 흐르는 지경에 이르지 않으면 이것이 악(樂) 가운데의 예(禮)입니다. 그러므로 주자께서 이르시기를, "〈악기(樂記)〉에 이르기를, '하늘은 높고 땅은 낮으니 만물이 흩어져 달라짐에 예제(禮制)가 행해지고, 천지의 조화가 유행(流行)하고 그치지 않아서 합하여 함께하고 변화함에 악(樂)이 일어난다.'라고 하였으니, 서로 체(體)와 용(用)이 되기에 예부터 이러한 말이 있는 것이다."[36]라고 하셨습니다. 이것을 가지고 살펴보건대, 예(禮)와 악(樂)을 합하여서 논한 경우는 정자의 설(說)만이 그러한 것은 아닙니다.

문 "일은 민첩히 하고 말은 삼간다."[37]라고 말씀하셨는데, 만약 "말은 어눌하게 하고, 실행은 민첩히 한다."[38]라고 한 가르침을 가지고 살펴

36 악기에……것이다 : 이 말은 《사서혹문(四書或問)》 권6 〈논어(論語) 학이제일(學而第一)〉에 보인다.

37 일은……삼간다 : 이 말은 《논어》 〈학이(學而)〉 제14장에 "군자는 먹음에 배부름을 구하지 않으며 거처함에 편안함을 구하지 않으며 일은 민첩히 하고 말은 삼가며 도(道) 있는 이에게 찾아가 질정한다면 학문을 좋아한다고 이를 만하다.〔君子食無求飽, 居無求安, 敏於事而愼於言, 就有道而正焉, 可謂好學也已.〕"라고 한 공자의 말씀에 보인다.

보면 '언(言)'을 먼저 하고 '행(行)'을 뒤로 하였으니, 이렇게 말씀하신 것은 어째서입니까? '호학(好學)' 두 글자는 그저 '취유도(就有道)'와 연결하여서 봤을 뿐입니까? 아니면 그 위의 네 가지 것[39]과 함께 연결하여서 봤습니까? '호학야(好學也)'의 아래에다 '이(已)' 자를 더한 것은 또한 무슨 뜻이 있습니까?

답 언(言)과 행(行)의 차례는 제한해 고정할 수 있는 것이 아닙니다. 어떤 경우에는 언(言)이 행(行)보다 앞서기도 하고, 어떤 경우에는 행(行)이 언(言)보다 앞서기도 하는데, 어느 쪽이나 모두 불가함이 없으니, 여기에 무슨 깊은 의의가 있겠습니까.

'호학(好學)' 두 글자는 그저 '취유도이정언(就有道而正焉)'과만 연결하여서 보는 것이 마땅합니다. 대체로 그 위의 네 가지 것은 진실로 모두 학문하는 일인데, '학문을 좋아함'에 이르러서는 도(道) 있는 이에게 찾아가 질정(質正)한 뒤에라야 비로소 말할 수 있을 뿐이니, 윤씨(尹氏)의 설(說)[40]이 매우 좋습니다. '야(也)' 자의 아래에다 '이(已)'

38 말은……한다 : 이 말은 《논어》 〈이인(里仁)〉 제24장에 "군자는 말은 어눌하게 하고자 하고, 실행은 민첩히 하고자 한다.〔君子欲訥於言而敏於行.〕"라고 한 공자의 말씀에 보인다.

39 그……것 : 먹음에 배부름을 구하지 않음과 거처함에 편안함을 구하지 않음과 일은 민첩히 함과 말은 삼감을 가리킨다.

40 윤씨(尹氏)의 설(說) : 이 말은 《논어》 〈학이〉 제14장 장하주에 인용된 윤돈(尹焞)의 설을 가리키는바, 그 내용은 다음과 같다. "군자의 학문이 이 네 가지 것에 능하다면 뜻을 돈독히 하고 행에 힘쓰는 자라고 이를 만하다. 그러나 도가 있는 자에게 질정하지 않으면 어긋남이 있음을 면하지 못하니, 예컨대 양주와 묵적이 인의를 배웠으나 어긋난 경우가 여기에 해당한다고 하겠다. 그 흘러감이 아비도 군주도 업신여기는 지경에 이르렀으니, 이를 일러 학문을 좋아한다고 하는 것이 옳겠는가.〔君子之學, 能是四

자를 더한 것으로 말하면, 이는 결단의 뜻을 지닌 어사(語辭)에 불과한 듯합니다.

문 위정 장(爲政章)의 《집주》에 이르기를, "도(道)를 행하여서 마음에 얻음이 있는 것이다."[41]……

답 이(理)가 마음〔心〕에 얻어진 것은 명덕(明德)・천덕(天德)・덕성(德性) 등과 같은 따위가 바로 여기에 해당합니다. 그 밖의 또 다른 '덕(德)' 자는 대부분 '도(道)를 행하여서 얻음이 있다.'라는 의미를 지닌 명칭입니다. 몸소 행하여서 마음으로 얻은 뒤에야 이를 일러 덕(德)이라고 하니, 덕(德)이 어찌 사물과 상관하지 않은 적이 있었겠습니까.

문 이 장(章)의 정(政)과 덕(德)[42]에 대하여 체(體)와 용(用) 및 본(本)과 말(末)을 나누고자 하면 덕(德)이 체(體)가 되고 정(政)이 용(用)이 되며 덕(德)이 본(本)이 되고 정(政)이 말(末)이 됩니까? 시삼백 장(詩三百章)[43]의 《집주》에 이르기를, "그 정(情)과 성(性)의 올

者, 可謂篤志力行者矣. 然不取正於有道, 未免有差. 如楊墨, 學仁義而差者也, 其流至於無父無君, 謂之好學可乎?〕"

41 도(道)를……것이다 : 이는 주희가 '덕(德)'의 훈(訓)을 설명한 말인바, 《논어》 〈위정(爲政)〉 제1장의 주해에 "덕이란 말은 얻는다는 뜻이니, 도를 행하여서 마음에 얻음이 있는 것이다.〔德之爲言, 得也, 行道而有得於心也.〕"라고 하였다.

42 이……덕(德) : 이는 《논어》 〈위정(爲政)〉 제1장에 "정사를 덕으로써 하는 것은 비유컨대 북신이 제자리를 잡고 있으면 모든 별이 그것에게로 향하는 것과 같다.〔爲政以德, 譬如北辰居其所, 而衆星共之.〕"라고 한 부분을 두고 언급한 것이다.

바름을 얻는다."[44]라고 하였는데, 정(情)을 먼저 말하고 성(性)을 나중에 말한 것은 어째서입니까? '사무사(思無邪)' 세 글자는 《대학》의 공부를 두고 말하면 성의(誠意)의 지두(地頭 위치)가 됩니까? 정심(正心)의 지두가 됩니까?

답 반드시 체(體)와 용(用) 및 본(本)과 말(末)을 나누고자 하면 마땅히 덕(德)을 체(體)와 본(本)으로 삼고 정(政)을 용(用)과 말(末)로 삼아야 할 것입니다. 그러나 주자께서 말씀하기를, "덕(德)과 정(政)이란 두 가지 일이 있는 것은 아니다."[45]라고 하셨고, 또 "'덕(德)으로써 함'은 '덕(德)이 있음'과 서로 똑같을 뿐이다."[46]라고 하셨습니다. 이 뜻을 가지고 보면 더욱더 의미가 있을 것 같습니다.

시삼백 장의 《집주》에 언급한 '정(情)과 성(性)의 올바름'에서 정

43 시삼백 장(詩三百章) : 이는 《논어》 〈위정(爲政)〉 제2장으로, "《시경》 삼백여 편의 시를 한마디로 요약하면 '사무사'라고 할 수 있다.〔詩三百, 一言以蔽之, 曰思無邪.〕"라고 한 공자의 말씀을 가리킨다. 여기서 '사무사'란 마음속에 간사한 생각이 전혀 없다는 뜻으로, 이는 원래 《시경》 〈노송(魯頌) 경(駉)〉에 나오는 말이다.

44 그……얻는다 : 이 말은 《논어》 〈위정(爲政)〉 제2장의 주해에, "시의 내용이 선한 것은 사람의 착한 마음을 감동하게 해 분발하도록 할 수 있고, 악한 것은 사람의 방탕한 뜻을 징계할 수 있으니, 그 효용은 사람들로 하여금 그 정과 성의 올바름을 얻게 하는 데로 귀결할 따름이다.〔詩之言, 善者可以感發人之善心, 惡者可以懲創人之逸志, 其用歸於使人得其情性之正而已.〕"라고 한 데에 보인다.

45 덕(德)과……아니다 : 이와 관련된 내용으로 "덕과 정은 두 가지 일이 아니다.〔德與政非兩事.〕"라고 한 말이 《주자어류》 권23 〈논어5 위정편 상(爲政篇上)〉 '위정이덕 장' 황의강(黃義剛)의 기록과 《논어집주대전》 권2 〈위정제이〉의 제1장 소주에 보인다.

46 덕(德)으로써……뿐이다 : 이와 관련된 내용은 《주자어류》 권23 〈논어5 위정편 상(爲政篇上)〉 '위정이덕 장' 감절(甘節)의 기록과 《논어집주대전》 권2 〈위정제이〉의 제1장 소주에 보인다.

(情)을 먼저 말하고 성(性)을 나중에 말한 것은, 대체로 시란 정(情)이 발하여 언사에 나타난 것이기 때문에 먼저 발한 곳을 따라서 말씀한 것입니다. '사무사'라는 것은 성(誠)이니, 《대학》을 가지고 말하면 마땅히 '성의'의 지두에 귀속해야 할 것입니다.

문 주자께서 말씀하시기를, "공자께서는 15세에 곧바로 아주 확고하게 성인(聖人)이 됨을 뜻으로 삼으셨다."[47]라고 하셨습니다. 공자께서는 생이지지(生而知之)하신 분이니, 어찌 15세가 되기를 기다린 뒤에야 비로소 학문에 뜻을 두셨겠습니까. 만약 이러하다면 '15세 이전에는 미처 학문에 뜻을 두지 않으셨다.'라는 혐의가 없지 않겠습니까?
답 15세부터 70세까지는 허다한 절차이니, 이에 대하여 정자께서는 "성인께서 반드시 그러하신 것은 아니나 배우는 자를 위하여 한 법(法)을 세워놓으신 것이다."라고 하셨습니다.[48] 그러나 주자께서 말씀하시기를, "애당초 또한 틀림없이 이러한 의사가 있으셨을 것이니, 성인께

47 공자께서는……삼으셨다 : 이 말은 《주자어류》 권104 〈주자1 자론위학공부(自論爲學工夫)〉의 심한(沈僩)의 기록에 "다만 15세였을 때 곧바로 아주 확고하게 성인이 됨을 뜻으로 삼으셨다.〔只十五歲時, 便斷斷然以聖人爲志矣.〕"라고 보인다.

48 15세부터……하셨습니다 : 이는 《이정유서(二程遺書)》 권15 〈입관어록(入關語錄)〉에 "공자께서 15세부터 70세까지 덕을 증진하심에 곧 허다한 절차가 있으셨으니, 성인께서 반드시 그러하셨던 것은 아니다. 그러나 또한 배우는 자를 위하여 한 법(法)을 세워놓으신 것이다. 물이란 구덩이를 채운 뒤에 앞으로 나아가는 법이니, 모름지기 점진적으로 문장을 완성해야만 비로소 통달하게 되는 것이다.〔孔子自十五至七十, 進德直有許多節次, 聖人未必然, 然亦是爲學者立下一法, 盈科而後進, 須是成章乃達.〕"라고 한 정이의 말을 원용한 것이다. 정이의 이 말은 《논어정의(論語精義)》 권1하 〈위정제이(爲政第二)〉에도 보이는데, 글자의 출입이 있다.

서 진보하는 부분이 있음을 봄을 스스로 깨달으셨다."[49]라고 하셨습니다. 이미 '그 진보함을 홀로 깨달으셨다.'라고 말씀하셨으니, 그렇다면 어찌 그저 배우는 자를 위하여 법을 세워놓으셨을 뿐이겠습니까.

또한 '지(志)' 자가 상당히 긴중하니, 이는 '생각하고 생각함이 여기에 있어서 하기를 싫어하지 않는 것'[50]을 이릅니다. 아무리 생이지지한 성인이라고 할지라도 역시 반드시 옛것을 좋아해서 급급하게 그것을 구하기 마련입니다.[51] 그러니 그분의 어린 시절을 두고 곧바로 "학문에 뜻을 두었다."라고 이를 수는 없습니다. 그러나 범인의 경우는 15세에 태학에 들어가지만[52] 곧바로 능히 학문에 뜻을 두지는 못합니다. 그렇

49 애당초……깨달으셨다 : 이 말은 《주자어류》 권23 〈논어5 위정편 상(爲政篇上)〉 '오십유오이지우학 장(吾十有五而志于學章)'의 진순(陳淳)의 기록에 "성인의 이 말씀은 진실로 배우는 자를 위하여 법을 세워놓으신 것이다. 그러나 애당초 틀림없이 또한 이러한 의사가 있으셨을 것이니, 성인께서 절로 진보하는 부분이 있음을 봄을 스스로 깨달았기 때문에 이렇게 말씀하신 것이다.〔聖人此語, 固是爲學者立法. 然當初必亦是有這般意思, 聖人自覺見自有進處, 故如此說.〕"라고 한 데에 보인다.

50 생각하고……것 : 이는 《논어》 〈위정(爲政)〉 제4장 제1절인 "나는 15세에 학문에 뜻을 두었다.〔吾十有五而志于學.〕"에 대한 주희의 주해에 보이는바, 그 내용은 다음과 같다. "여기에서 말한 학문은 곧 《대학》의 도(道)이다. 여기에 뜻을 두면 생각하고 생각함이 여기에 있어서 하기를 싫어하지 않을 것이다.〔此所謂學, 卽大學之道也. 志乎此則念念在此, 而爲之不厭矣.〕"

51 아무리……마련입니다 : 이는 《논어》 〈술이(述而)〉 제19장의 "나는 나면서부터 선천적으로 도(道)를 아는 사람이 아니라 옛것을 좋아하여 급급하게 그것을 구하는 사람이다.〔我非生而知之者, 好古敏以求之者也.〕"라고 한 공자의 말씀을 원용한 표현이다.

52 15세에 태학에 들어가지만 : 이와 관련된 내용은 〈대학장구서〉 중 "15세에 이르면 천자의 원자(元子)와 중자(衆子)로부터 공, 경, 대부, 원사(元士)의 적자(嫡子)와 백성 중 준수한 자에 이르기까지 모두 태학에 들여서 이치를 궁구하고 마음을 바루며

다면 오직 생이지지한 성인이시기 때문에 15세에 곧바로 능히 학문에 뜻을 두신 것입니다.

문 공자께서 말씀하시기를, "마흔 살에 의혹하지 않았다.〔四十而不惑〕"[53]라고 하셨고, 맹자께서 말씀하기를, "나는 마흔 살에 마음이 동요되지 않았다.〔我四十不動心〕"[54]라고 하였습니다. '의혹하지 않음'은 어떠한 경계를 가리키며, '마음이 동요되지 않음'은 어떠한 시절을 가리킵니까?

답 '마흔 살에 의혹하지 않음'은 모든 사물의 표리와 정추가 이르지 않음이 없게 된 경계[55]인 것 같고, '마흔 살에 마음이 동요되지 않음'은 호연지기(浩然之氣)[56]를 잘 길러서 완성한 뒤의 시절인 것 같습니다.

몸을 닦고 사람을 다스리는 도(道)를 가르쳤다.〔及其十有五年, 則自天子之元子衆子, 以至公卿大夫元士之適子與凡民之俊秀, 皆入大學, 而敎之以窮理正心修己治人之道.〕" 라고 한 부분에 보인다.

53 마흔……않았다 : 이 말은 《논어》 〈위정〉 제4장에 보인다.

54 나는……않았다 : 이 말은 《맹자》 〈공손추 상(公孫丑上)〉 제2장에 보인다.

55 모든……경계 : 이는 《대학장구》 전 5장에서 주희가 "힘쓰기를 오래 해서 하루아침에 활연히 관통함에 이르면, 모든 사물의 표리와 정추가 이르지 않음이 없게 될 것이고, 내 마음의 전체와 대용이 밝지 않음이 없게 될 것이다.〔至於用力之久而一旦豁然貫通焉, 則衆物之表裏精粗無不到, 而吾心之全體大用無不明矣.〕"라고 한 것을 원용한 표현이다.

56 호연지기(浩然之氣) : 천지(天地) 사이에 성대히 유행(流行)하는 정기(正氣)를 말하는데, 맹자는 "그 기운 됨이 지극히 크고 지극히 강하니, 올곧음으로써 길러서 해치지 않으면 천지 사이에 꽉 차게 된다. 그 기운 됨이 의(義)와 도(道)에 짝이 되니, 이것이 없으면 위축된다. 이는 의를 많이 축적하여서 생겨나는 것이지, 나의 어떤 행위가 우연히 한번 의에 부합되었다고 해서 취해지는 것이 아니다.〔其爲氣也, 至大至剛,

문 '퇴이성기사(退而省其私)'[57]의 '퇴(退)' 자는 부자(夫子)의 퇴(退)로 본 것입니까? 안자(顏子)의 퇴(退)로 본 것입니까?

답 선유(先儒) 중에 어떤 이는 안자의 퇴(退)로 보기도 하였고 어떤 이는 부자의 퇴(退)로 보기도 하였습니다. 이 두 가지 설(說) 중에서 어느 한 가지만을 따르기란 진실로 어렵습니다. 그러나 어세(語勢)를 가지고 궁구하면 퇴(退)를 안자에 귀속하고 성(省)을 부자에 귀속하는 것은 평순하지 못한 것 같습니다. 퇴(退)는 바로 부자의 퇴(退)이니, 퇴(退)는 다만 '추후(追後)한다.'라는 뜻일 뿐입니다. 어떤 이는 말하기를, "높은 분에 대해서는 퇴(退)를 말할 수가 없다."라고 하는데, 북헌(北軒) 김공(金公)께서 "한무제가 물러가 좌우의 신하들에게 일렀다."라고 한 글을 인용하여서 반박하는 증거로 삼으셨으니,[58] 이것

以直養而無害, 則塞乎天地之間. 其爲氣也, 配義與道, 無是餒也, 是集義所生者, 非義襲而取之也.〕"라고 설명하였다. 《孟子 公孫丑上》

57 퇴이성기사(退而省其私) : 이 말은 《논어》 〈위정(爲政)〉 제9장에 "공자께서 말씀하셨다. '내가 안회와 더불어 온종일 이야기함에 내 말을 어기지 않아 어리석은 사람처럼 보이더니, 물러간 뒤에 사사로이 거처하는 것을 살펴보건대 또한 충분히 발명하니, 안회는 어리석지 않구나!'〔子曰 : '吾與回言終日, 不違如愚, 退而省其私, 亦足以發, 回也不愚!'〕"라고 한 데에 보인다.

58 북헌(北軒)……삼으셨으니 : '북헌 김공'은 김춘택(金春澤, 1670~1717)으로, 자는 백우(伯雨), 호는 북헌, 본관은 광산(光山)이다. 김춘택은 〈위정〉의 이 장에 대하여, 문세를 가지고 살펴보면 '부자의 퇴'로 보는 것이 옳을 듯하다고 여겼으며, 그 자주(自註)에 "'한무제가 물러가 좌우의 신하들에게 일렀다. 「심하다.……」'라고 하였으니, 퇴를 '부자의 퇴'로 보는 것이 또한 무방할 듯하다.〔漢武帝退謂左右曰甚矣云云, 以退爲夫子退, 亦無妨耶?〕"라고 하였다. 《北軒居士集 卷15 囚海錄 -文- ○散藁 看書辨疑》 김춘택이 자주에서 언급한 것은 《사기》 〈급암열전(汲黯列傳)〉에 보이는바, 그 내용은 다음과 같다. 당시 한무제가 문학하는 유자들을 초빙하고서 인의(仁義)의 정치

이 매우 옳습니다. 매우 옳습니다.

문 '많이 듣고서 그중에 의심나는 것을 빼놓음'과 '많이 보고서 그중에 위태로운 것을 빼놓음'[59]은 도리어 '널리 배우기만 하고 정밀하지 못함'에 가깝지 않겠습니까?

답 성인(聖人)께서도 역시 알지 못하고 능하지 못한 바가 있습니다.[60] 듣는 것과 보는 것은 한계가 있거니와 의리란 무궁무진하니, 그렇다면

를 시행하려는 포부를 밝혔는데, 그러자 급암이 대답하기를, "폐하께서는 속에는 욕심이 많으면서 겉으로만 인의를 베푸시니, 어떻게 요순의 정치를 본받고자 하십니까?〔黯對曰: 陛下內多欲而外施仁義, 奈何欲效唐虞之治乎?〕"라고 하였다. 이에 한무제가 묵묵히 있다가 노하여 얼굴빛을 변하고 조회를 파하였으며, 공경들이 모두 급암을 위하여 두려워하였다. "한무제가 물러가 좌우의 신하들에게 다음과 같이 일렀다. '심하다. 급암의 우직함이여!'〔上退謂左右曰: 甚矣, 汲黯之戇也!〕"

59 많이……빼놓음 : 이와 관련된 내용은《논어》〈위정(爲政)〉 제18장에 "공자께서 말씀하셨다. '많이 듣고서 그중에 의심나는 것을 빼놓고 그 나머지를 조심스럽게 말하면 허물이 적을 것이고, 많이 보고서 그중에 위태로운 것을 빼놓고 그 나머지를 조심스럽게 행하면 후회하는 일이 적을 것이니, 말에 허물이 적으며 행실에 후회할 일이 적으면 녹봉은 그 가운데에 들어 있는 것이다.'〔子曰: 多聞闕疑, 愼言其餘則寡尤, 多見闕殆, 愼行其餘則寡悔, 言寡尤, 行寡悔, 祿在其中矣.〕"라고 한 부분에 보인다.

60 성인(聖人)께서도……있습니다 : 이는《중용장구》제12장에 "군자가 추구하는 중용의 도는 그 용(用)이 광대하면서도 그 체(體)가 은미하다. 그래서 어리석은 필부필부(匹夫匹婦)의 수준으로도 참여하여 알 수가 있지만, 그 도의 전체이면서 지극한 차원에 이르러서는 비록 성인이라도 또한 다 알지 못하는 바가 있으며, 불초한 필부필부의 수준으로도 능히 행할 수가 있지만, 그 도의 전체이면서 지극한 차원에 이르러서는 비록 성인이라도 또한 다 능하지 못한 바가 있다.〔君子之道費而隱. 夫婦之愚, 可以與知焉, 及其至也, 雖聖人亦有所不知焉; 夫婦之不肖, 可以能行焉, 及其至也, 雖聖人亦有所不能焉.〕"라고 한 부분을 원용한 표현이다.

비록 많이 듣고 많이 보더라도 빼놓을 만한 의심나는 것과 위태로운 것이 어찌 없겠습니까. 이것을 빼놓은 것은 박이부정(博而不精)한 것이 아닙니다.

문 공자께서 말씀하시기를, "백성을 대하기를 장엄(莊嚴)하게 하면 백성이 공경하고, 효도하고 자애하면 백성이 충성한다."라고 하셨습니다.[61] 백성을 권면하는 도(道)는 마땅히 효도와 자애를 근본으로 삼아야 할 것인데, 이제 도리어 '대하기를 장엄하게 함'을 우선시하였으니, 그렇다면 혹 '외모만 엄숙하게 꾸미는 자'[62]에 가까운 점이 없겠습니까?

답 범씨(范氏)가 말하기를, "가볍고 거만한 기색이 있으면 백성이 쉽게 여기게 된다."라고 하였습니다.[63] 백성을 대하기를 장엄하게 하지

61 공자께서……하셨습니다 : 이와 관련된 내용은 《논어》〈위정(爲政)〉 제20장에 "노나라의 대부 계강자가 물었다. '백성들에게 윗사람인 나를 공경하고 충성하게 하며 또 모두 선을 하도록 권면하게 하려면 어떻게 합니까?' 공자께서 말씀하셨다. '백성을 대하기를 장엄하게 하면 백성이 공경하고, 효도하고 자애하면 백성이 충성하고, 잘하는 자를 등용하여 잘못하는 자를 가르치면 권면될 것입니다.'〔季康子問: 使民敬忠以勸如之何? 子曰: 臨之以莊則敬, 孝慈則忠, 擧善而敎不能則勸.〕"라고 한 데에 보인다.

62 외모만……자 : 이는 《논어》〈선진(先進)〉 제20장에 "언론만 독실한 사람을 인정하여 친하게 대한다면 군자다운 자이겠는가. 외모만 엄숙하게 꾸미는 자이겠는가.〔論篤是與, 君子者乎? 色莊者乎?〕"라고 한 공자의 말씀에 보인다.

63 범씨(范氏)가……하였습니다 : 이와 관련된 내용은 《논어정의(論語精義)》 권1하 〈위정제이(爲政第二)〉에 "양씨가 말하였다. '가볍고 거만한 기색이 있으면 백성이 쉽게 여기게 된다. 그러므로 백성을 대하기를 장엄하게 하면 백성이 공경한다.'〔楊曰: 有戲慢之色, 則人易之, 故臨之以莊則敬.〕"라고 한 데에 보인다. 이는 본래 구산(龜山) 양시(楊時)의 말로, 해당 원문의 범씨(范氏)는 착오인 듯하다.

않으면 백성이 공경하지 않으니, 제대로 다스릴 수가 없습니다. 이것이 장엄함이 효도와 자애보다 앞서는 까닭이니, 어찌 외모만 엄숙하게 꾸밈에 가까운 혐의가 있다고 의심할 수 있겠습니까.

문 부자(夫子)께서 임방(林放)이 예(禮)의 근본〔本〕에 관하여 물어본 것을 훌륭하게 여기셨는데,[64] 예(禮)의 근본의 올바름〔正〕에 대하여 언급하지 않으신 것은 어째서입니까?

답 검(儉)과 척(戚)은 예(禮)의 근본이고 사(奢)와 이(易)는 예(禮)의 말단이니, 근본과 말단이 빠짐없이 갖추어져 과불급이 없어야 비로소 '예(禮)의 올바름'이라고 이르는데, 이제 '예(禮)의 근본〔本〕의 올바름'을 말하면 한 '본(本)' 자가 더 많아진 것입니다. 만약 그 당시 임방이 곧바로 예(禮)의 전체(全體)에 관하여 물어보았다면 응당 예(禮)의 득중(得中)한 것[65]을 가지고 대답하셨을 것인데, 저이가 이미 예(禮)의 근본에 관하여 물어보았으니, 어찌 검(儉)과 척(戚)으로 대답하지 않을 수가 있으셨겠습니까. 주(周)나라가 쇠해지매 문(文)이

64 부자(夫子)께서……여기셨는데 : 이와 관련된 내용은 《논어》〈팔일(八佾)〉 제4장에 다음과 같이 보인다. "임방이 예(禮)의 근본에 관하여 물어보자, 공자께서 말씀하셨다. '훌륭하다, 너의 질문이여. 예는 사치하기보다는 차라리 검소하여야 하고, 상(喪)은 형식적으로 잘 다스려지기보다는 차라리 슬퍼하여야 한다.'〔林放問禮之本, 子曰, 大哉! 問! 禮與其奢也, 寧儉; 喪與其易也, 寧戚.〕" '임방'은 공자의 제자이다.

65 예(禮)의 득중(得中)한 것 : 이와 관련된 내용은 《논어》〈팔일(八佾)〉 제4장 《집주》에 "예는 중도를 얻음을 귀하게 여기니, 사치하고 잘 다스려지면 문에 지나치고 검소하고 슬퍼하면 미치지 못하여 질이 되는바, 이 두 가지는 모두 예에 부합하지 못한다.〔禮貴得中, 奢易則過於文, 儉戚則不及而質, 二者皆未合禮.〕"라고 한 주희의 해설에서 보인다.

질(質)을 압도하니, 그 폐단을 바로잡아 고치는 방도로 말하면 근본으로 되돌아감이 급하였습니다. 그러므로 부자께서 그 물어봄을 훌륭하게 여기시고서 이렇게 대답하셨던 것입니다.

문 군자의 활쏘기는 옹용(雍容)하고 공손한데, 이를 두고 '경쟁〔爭〕'이라고 한 것[66]은 어째서입니까?
답 활쏘기는 승부가 있습니다. 그러므로 이를 일러 '경쟁'이라고 한 것입니다. 그리고 나아가고 물러나며 읍(揖)하고 사양하는 즈음에 그 기상이 옹용하니, 이것이 이른바 "이러한 경쟁이 군자다운 경쟁이다." 입니다.

문 어떤 사람이 체(禘)에 관한 설(說)을 물었는데, 공자께서 이미 "알지 못하겠다."라고 답하시고서 또 당신의 손바닥을 가리키셨으니,[67]

66 군자의……것 : 이와 관련된 내용은《논어》〈팔일(八佾)〉 제7장의 대문(大文) 및 주희의 주해에 보인다. 그 대문에 "공자께서 말씀하셨다. '군자는 경쟁하는 것이 없으나 반드시 활쏘기에서는 경쟁한다. 군자는 활쏘기를 할 때 상대방에게 읍하고 사양하며 당에 올라갔다가 활을 쏜 뒤에는 당을 내려와서 이긴 자가 읍하면 진 자가 벌주를 마시니, 이러한 경쟁이 군자다운 경쟁이다.'〔子曰: 君子無所爭, 必也射乎! 揖讓而升, 下而飮, 其爭也君子.〕"라고 하였는데, 이에 대한《집주》의 해설에 "군자는 공손하여 남들과 경쟁하지 않고 오직 활쏘기에서만 경쟁한다. 그러나 그 경쟁은 온화하여 읍하고 겸손함이 이러하니, 그 경쟁은 군자다운 것이어서 소인들의 경쟁과 같지 않다.〔君子恭遜, 不與人爭, 惟於射而後有爭. 然其爭也, 雍容揖遜乃如此, 則其爭也君子, 而非若小人之爭矣.〕"라고 하였다.

67 어떤……가리키셨으니 : 이와 관련된 내용은《논어》〈팔일(八佾)〉 제11장의 대문(大文)에 다음과 같이 보인다. "어떤 사람이 체(禘)에 관한 설(說)을 물어보자 공자께서 대답하시기를, '알지 못하겠다. 그것에 관한 설을 제대로 아는 자는 천하를 다스림에

그 "알지 못하겠다."라고 하신 뜻이 도대체 어디에 있습니까?

답 체(禘)에 관한 설(說)이 비록 노(魯)나라에서 기휘(忌諱)하는 것이지만[68] 또한 그것에 관한 설(說)을 몰라서는 안 되니, 이것이 부자께서 이미 "알지 못하겠다."라고 답하시고서 또 당신의 손바닥을 가리키셨던 까닭입니다. 부자께서 체(禘)에 관한 설(說)에 대하여 어찌 참으로 모르셨겠습니까. 그러나 이제 그 말씀을 살펴보면 혼후하고 함축하여 흔적이 없으니, 참으로 성인의 말씀입니다.

문 '사불주피(射不主皮)'[69]에 관한 《집주》의 내용에서 양씨(楊氏 양시(楊時))가 이르기를, "적중하게 하는 것은 배워서 능할 수 있으나 힘은 억지로 하여서 이르게 할 수 없다."라고 하였는데, 이는 《맹자》에서 "화살이 과녁까지 도달하는 것은 너의 힘으로 되는 것이지만, 과녁에

있어서 천하를 여기에다가 올려놓고 보는 것과 똑같을 것이다.'라고 하시고, 당신의 손바닥을 가리키셨다.〔或問禘之說. 子曰: 不知也. 知其說者之於天下也, 其如示諸斯乎! 指其掌.〕"

68 체(禘)에……것이지만 : 체(禘)란 왕자(王者), 즉, 천자만이 지낼 수 있는 대제(大祭)이다. 당나라 조광(趙匡)의 설에 따르면, 시조의 사당을 세우고, 또 시조가 말미암아 나오게 된 바의 군주를 미루어서 시조의 묘에서 제사 지내는데, 이때 시조를 그분에게 배향한다. 노(魯)나라의 시조인 주공(周公)이 주(周)나라에 큰 공로가 있었기 때문에 성왕(成王)이 주공의 사당에서 체(禘)를 지낼 수 있도록 허락해 주었는데, 이는 '왕자가 아니면 체를 지낼 수 없다.〔不王不禘〕'라는 원칙에서 어긋난 것인바, 올바른 예법이 아니었다.

69 사불주피(射不主皮) : 이 말은 《논어》〈팔일(八佾)〉 제16장에 "공자께서 말씀하셨다. '활을 쏠 적에 과녁의 가죽을 뚫는 것을 위주로 하지 않는 이유는 사람의 힘이 똑같지 않기 때문이다. 이것이 옛날의 활 쏘는 도였다.'〔子曰: 射不主皮, 爲力不同科, 古之道也.〕"라고 한 데에 보인다.

적중하게 하는 것은 너의 힘으로 되는 것이 아니다."라고 하신 가르침[70]과 서로 정반대가 되니, 매우 의심할 만합니다.

답 과녁에 적중하게 하는 것은 법도가 있으므로 배워서 능할 수 있는 것입니다. 하지만 힘은 강약의 구별이 있으므로 억지로 하여서 이르게 할 수 없으니, 이것이 양씨가 한 말의 뜻입니다.

활을 쏠 적에 100보나 떨어진 먼 거리에서 능히 도달하는 것은 그 힘으로 되는 것입니다. 하지만 화살이 반드시 정곡(正鵠)이 붙어 있는 부위에 적중하게 하는 것은 그 기교로 되는 것이니, 이것이 맹자께서 하신 말씀의 뜻입니다.

맹자께서는 성(聖)과 지(智)를 분별하는 것으로 말씀하셨고, 양씨는 사람의 힘이 똑같지 않은 것으로 말하였습니다. 양자가 각각 주로 삼은 바가 있으니, 그렇다면 어찌 서로 정반대가 된다고 의심할 수 있겠습니까.

문 곡삭(告朔)의 예(禮)가 문공(文公) 때부터 무엇 때문에 폐해진 것입니까? 자공(子貢)은 어찌하여 군주에게 고하여 그 예(禮)를 회복할 것을 의논하지 않고서 도리어 그 양을 없애고자 한 것입니까?[71]

70 맹자에서……가르침 : 이와 관련된 내용은 《맹자》 〈만장 하(萬章下)〉 제1장에 "지혜는 비유하면 기교이고 성(聖)은 비유하면 힘이다. 이는 100보 떨어진 곳에서 활을 쏘는 것과 같으니, 화살이 과녁까지 도달하는 것은 너의 힘으로 되는 것이지만, 과녁에 적중하게 하는 것은 너의 힘으로 되는 것이 아니다.〔智譬則巧也, 聖譬則力也, 猶射於百步之外也, 其至爾力也, 其中非爾力也.〕"라고 한 맹자의 말에 보인다.

71 곡삭(告朔)의……것입니까 : 이는 《논어》 〈팔일(八佾)〉 제17장에 "자공이 초하룻날 태묘(太廟)에 고하는 의식에 쓰는 희생양을 없애고자 하였는데, 공자께서 말씀하셨

답 《춘추좌씨전》 문공 6년조를 살펴보면 윤월에 시삭(視朔)하지 않았으니, 이는 '농시에 관한 정령〔時政〕'에 태만한 것이고, 16년조를 살펴보면 넉 달째 시삭하지 않았으니, 이는 질병 때문에 폐한 것입니다.[72] 이후로는 마침내 다시 거행하지 않았습니다. 자공은 이 예(禮)에

다. '사야! 너는 그 양이 아까우냐? 나는 그 예가 아깝구나.'〔子貢欲去告朔之餼羊. 子曰: 賜也, 爾愛其羊, 我愛其禮.〕"라고 한 내용을 가지고 언급한 것이다. '곡삭'이란, 옛날에 천자가 매년 계동(季冬)에 그다음 해 열두 달의 초하루가 표기된 책력을 제후(諸侯)에게 나누어 주었는데, 제후가 이것을 받아 가서 선조(先祖)의 묘(廟)에 간직해 두고 매달 초하룻날에 희생(犧牲)으로 양(羊)을 바치며 종묘에 고한 후 해당 달의 책력을 꺼내어서 나라 안에 펴던 일을 이른다. 주희의 주해에 따르면, 노(魯)나라에서는 문공(文公) 때부터 초하루에 고하는 예를 행하지 않았는데 담당 관리가 여전히 희생양을 바쳤기 때문에 자공이 형식만 남은 이 예를 없애려고 하자, 공자는 예가 없어졌어도 양이 남아 있으면 그래도 복구될 희망이 있다는 이유로 이를 아깝게 여긴 것이다. 즉, 여기서는 그 근본정신을 잊지 않기 위해 아무리 형식만 남은 의절(儀節)이라고 할지라도 이를 지켜서 보존하는 것을 이른다.

72 춘추좌씨전……것입니다 : 이와 관련된 구체적인 내용은 다음과 같다. 《춘추좌씨전》 문공 6년(B.C.621)의 경문에 "윤월에 곡삭은 하지 않고, 오히려 종묘에 알현은 하였다.〔閏月不告月, 猶朝于廟.〕"라고 하였는데, 이에 대한 전(傳)에 "윤월에 곡삭하지 않았으니, 이는 예가 아니다. 윤월로써 사시를 바로잡고 사시로써 농사를 짓고 농사로써 백성의 생활을 넉넉하게 하는 것이니, 백성을 기르는 방도가 여기에 달려 있거늘 윤월에 곡삭하지 않았으니, 이는 농시(農時)와 정사(政事)를 함께 폐기한 것이다. 그러니 무엇으로 백성을 다스리겠는가?〔閏月不告朔, 非禮也. 閏以正時, 時以作事, 事以厚生, 生民之道於是乎在矣, 不告閏朔, 棄時政也, 何以爲民?〕"라고 하였다. 또한 16년(B.C.611)의 경문에 "여름 5월에 공이 넉 달째 시삭하지 않았다.〔夏五月, 公四不視朔.〕"라고 하였는데, 이에 대한 전(傳)에 "여름 5월에 공이 넉 달째 시삭하지 않았으니, 이는 질병 때문이었다.〔夏五月, 公四不視朔, 疾也.〕"라고 하였다. '시삭'이란, 고대에 천자와 제후가 매월 초하룻날에 그 조묘(祖廟)에다 고하고 책력을 받은 다음에 바로 책력에 해당하는 달의 정사를 보는 것으로, 결국 직접 '곡삭'하는 것이다.

대하여 폐해진 것을 갑작스럽게 부흥시키기가 어렵고 그 쓰이는 것을 아까워하였습니다. 그러므로 희생양을 없애고자 하였던 것입니다. 그러나 희생양이 사라지면 이 곡삭의 예(禮)도 이를 따라서 사라져 버리게 되는 것을 생각하지 않았으니, '무엇이 가볍고 무엇이 무거운지를 제대로 알지 못하였다.'라고 이를 만하겠습니다. 부자께서 "나는 그 예(禮)가 아깝구나."라고 대답하신 것은 이 때문입니다. 자공의 어짊으로 어찌 그 예(禮)를 회복하고자 하지 않았겠습니까마는 군주의 신임을 얻어서 자기가 품은 도(道)를 실제로 행하게 되는 경우가 아니면 옛것을 회복할 수가 없습니다. 그러므로 애당초 이것에 대하여 의논하지 않은 것입니다.

문 공자께서 〈관저(關雎)〉의 내용을 두고 '애이불상(哀而不傷)'이라고 말씀하셨습니다.[73] 무릇 애(哀)라는 것은 비척(悲慽 비상(悲傷))함을 이르니, 구지부득(求之不得)[74]이란 것이 어찌 비척함의 지경에 그치겠습니까?

답 애(哀)는 바로 우(憂 근심)입니다. 사람의 칠정(七情)인 희(喜)·노(怒)·애(哀)·낙(樂)·애(愛)·오(惡)·욕(欲)에서 우(憂)를 말

73 공자께서……말씀하셨습니다 : 이는 《논어》〈팔일(八佾)〉 제20장에 "〈관저〉의 내용은 즐거우면서도 지나치지 않고, 근심하면서도 화기(和氣)를 손상하지 않고 있다.〔關雎樂而不淫, 哀而不傷.〕"라고 한 공자의 말씀을 가리킨다.

74 구지부득(求之不得) : 이 말은 《시경》〈주남(周南) 관저(關雎)〉에 "요조숙녀를 자나 깨나 구하도다. 구하여도 얻지 못하니, 자나 깨나 그리워하여 길이 잊지 못하는지라 전전반측하도다.〔窈窕淑女, 寤寐求之. 求之不得, 寤寐思服, 悠哉悠哉, 輾轉反側.〕"라고 한 데에 보인다.

하지 않았으니, 우(憂)가 어찌 애(哀)에 속하는 것이 아니겠습니까.

문 공자께서 말씀하시기를, "관중이 없었다면 우리는 이적(夷狄)처럼 머리를 풀어 헤치고 옷섶을 왼쪽으로 여미게 되었을 것이다."[75]라고 하셨고, "누가 그의 인(仁)만 하겠는가, 누가 그의 인(仁)만 하겠는가."[76]라고 하셨는데, 또 말씀하시기를, "관씨가 예(禮)를 안다면 누가 예(禮)를 알지 못하겠는가."[77]라고 하셨습니다. 이미 그가 예(禮)를 알지 못하였으니, 그렇다면 어찌 그를 두고서 인(仁)이라고 이를 수 있겠습니까?

답 그의 공(功)이 크므로 "누가 그의 인(仁)만 하겠는가."라고 허여하신 것이고, 그의 그릇이 작으므로 예(禮)를 알지 못함을 책망하신 것입니다. 그 과(過)로써 그 공(功)을 가리지 않으셨고, 또한 그 공(功)으로써 그 과(過)를 줄이지 않으셨으니, 이는 그야말로 성인(聖人)의 참뜻입니다. 비록 그가 분수에 넘치게 사치스러워서 예(禮)를 넘었지만, 그가 이룩한 사업의 공적이 사람에게 영향을 끼친 것으로 말하면 어찌 그를 두고서 인(仁)이라고 이르지 않을 수가 있겠습니까. 이는 주자께서 "그 폄훼할 수 없는 것으로 일컬으셨을 뿐이다."[78]라고 말씀하신 것에 해당합니다.

75 관중이……것이다 : 이 말은 《논어》 〈헌문(憲問)〉 제18장에 보인다.

76 누가……하겠는가 : 이 말은 《논어》 〈헌문(憲問)〉 제17장에 보인다.

77 관씨가……못하겠는가 : 이 말은 《논어》 〈팔일(八佾)〉 제22장에 보인다.

78 그……뿐이다 : 이 말은 《회암집(晦庵集)》 권50 〈답반공숙(答潘恭叔)〉에 보인다.

문 공자께서 말씀하시기를, "순임금의 음악인 소(韶)는 지극히 아름다우면서도 지극히 선(善)하다."[79]라고 하셨습니다. 이 역시 제(齊)나라에 계실 때 하신 말씀입니까?[80] 그 당시 음악이 폐해지고 무너졌는데, 제나라만 유독 순임금의 음악이 있었던 것은 어째서입니까?

답 "소(韶)는 지극히 아름다우면서도 지극히 선(善)하다."라고 하신 가르침은, 틀림없이 제나라에 계실 때 하신 말씀입니다. 진(陳)나라는 우순(虞舜)의 후예인데,[81] 진경중(陳敬仲)이 제나라로 출분하여 나중에 전씨(田氏)가 되었습니다.[82] 진경중이 제나라로 왔을 때 소(韶) 역

79 순임금의……선(善)하다 : 이 말은 《논어》 〈팔일(八佾)〉 제25장에 보인다.

80 이……말씀입니까 : 이는 《논어》 〈술이(述而)〉 제13장에 "공자께서 제나라에 계실 때 순임금의 음악인 소를 들으시고, 석 달 동안 이것을 익히시며 고기 맛을 잊을 정도로 심취하시더니, 다음과 같이 이르셨다. '음악을 만든 것이 이렇게 아름다울 줄은 생각하지 못했다.'〔子在齊聞韶, 三月不知肉味, 曰 : 不圖爲樂之至於斯也.〕"라고 한 내용을 전제로 하여 질문한 것이다.

81 진(陳)나라는 우순(虞舜)의 후예인데 : 진(陳)나라는 서주(西周) 시대부터 춘추 시대까지 존속한 규성(嬀姓)의 제후국이다. 전하는 바에 따르면, 주나라 무왕(武王)이 상(商)나라를 멸한 뒤에 우조(虞朝) 순제(舜帝)의 후예인 규만(嬀滿)을 찾아서 진(陳) 지역에 분봉하고 우순(虞舜)의 종사(宗祀)를 봉행하게 하였는바, 이가 바로 진호공(陳胡公)으로, 이후 국호를 씨(氏)로 삼아 진씨(陳氏)가 생겨났다.

82 진경중(陳敬仲)이……되었습니다 : 진경중(陳敬仲)은 춘추 시대 진 여공(陳厲公)의 아들로 이름은 완(完)이고, 경중은 그의 자이다. 그는 진 선공(陳宣公) 저구(杵臼)의 조카로, 사촌 간인 태자 어구(御寇)와 친하게 지냈는데, 선공이 태자를 살해하는 것을 보고 위협을 느껴서 집안을 이끌고 제 환공(齊桓公) 14년(B.C.672)에 제나라로 망명하였다. 환공(桓公) 밑에서 벼슬하면서는 전씨(田氏)로 바꾸어 행세하였는데, 그의 후손이 점차 창성하여 경대부(卿大夫)가 되었고, 그의 9세손 전화(田和)에 이르러서는 끝내 강성(姜姓)의 제나라를 차지하였다. 이것이 사가(史家)들이 이른바 '전제(田齊)'이다.

시 따라서 왔기 때문에 제나라만 유독 순임금의 음악이 남아 있었던 것입니다.

문 공자께서 말씀하시기를, "마을에 인후(仁厚)한 풍속이 있는 것이 아름다움이 된다."[83]라고 하셨습니다. 여기서 이 '인(仁)' 자는 전체(全體)의 인(仁)으로 본 것입니까? 일단(一端)의 인(仁)으로 말한 것입니까? '언득지(焉得知)'의 '지(知)' 자는 마땅히 '지(智)' 자로 보아야만 하는 것입니까?

답 이 '인(仁)' 자는 굳이 전체(全體)의 인(仁)으로 볼 필요는 없습니다. 주자께서는 이미 '인후한 풍속'으로 해석하셨으니,[84] 그렇다면 인후의 인(仁)은 마땅히 일단의 인(仁)으로 보아야만 할 것입니다. '지(知)' 자는 옛적에 대체로 '지(智)' 자와 통용하였습니다.

문 공자께서 말씀하시기를, "인(仁)을 진정으로 좋아하는 자는 천하의 사물 가운데 이보다 더 좋아하는 것이 없다."[85]라고 하셨습니다.

83 마을에……된다 : 이 말은 《논어》 〈이인(里仁)〉 제1장에 "마을에 인후한 풍속이 있는 것이 아름다움이 되니, 마을을 택하되 인후한 풍속이 있는 마을에 거처하지 않는다면 어찌 지혜롭다고 할 수 있겠는가.〔里仁爲美, 擇不處仁, 焉得知?〕"라고 한 공자의 말씀에 보인다.

84 주자께서는……해석하셨으니 : 이는 《집주》에서 "마을에 인후한 풍속이 있는 것이 아름다움이 된다.〔里有仁厚之俗爲美.〕"라고 해석한 것을 가리킨다.

85 인(仁)을……없다 : 이 말은 《논어》 〈이인(里仁)〉 제6장에 "나는 인(仁)을 진정으로 좋아하는 자와 불인(不仁)을 진정으로 미워하는 자를 여태껏 보지 못하였다. 인(仁)을 진정으로 좋아하는 자는 천하의 사물 가운데 이보다 더 좋아하는 것이 없고, 불인을 진정으로 미워하는 자는 그가 인을 행하는 것이 불인한 것으로 하여금 자기 몸에 가해지

여기서 이 '호(好)' 자는 더할 것이 없는데, "도(道)를 좋아하는 자는 도를 즐기는 자만은 못하다."[86]라고 하신 가르침을 가지고 살펴보면 이 '호(好)' 자는 즐기는 경지에는 아직 이르지 못한 것 같습니다. 어떻게 보아야만 두 가지 설(說)이 각각 해당하는 바가 있겠습니까?

답 인(仁)을 진정으로 좋아하는 자가 바로 인(仁)을 즐기는 자입니다. 대체로 좋아함과 즐김을 나누어서 말하면 좋아하는 자는 즐기는 자만은 못하나 그저 좋아함만을 말한다면 좋아함이 바로 즐기는 것입니다.

문 '인(仁)'이라는 것은 마음의 온전한 덕(德)이자 천리(天理)의 공정함입니다. 군자의 과실이 후한 데에서 잘못되고 군자의 사랑함도 역시 공정함에 부합하지 못하니, 그렇다면 "과실만 살펴보아도 그 사람이 인(仁)한지 알 수 있다."[87]라고 하신 가르침은 무엇 때문에 말씀하신 것입니까?

답 "과실만 살펴보아도 그 사람이 인(仁)한지 알 수 있다."라고 하신 말씀의 인(仁)은 온전한 덕(德)으로서의 인(仁)이 아닙니다. 주자께서 말씀하시기를, "군자는 후한 데에서 잘못되고 소인은 박한 데에서

지 못하게 하는 것이다.〔我未見好仁者、惡不仁者. 好仁者, 無以尙之, 惡不仁者, 其爲仁矣, 不使不仁者加乎其身.〕"라고 한 공자의 말씀에 보인다.

86 도를……못하다 : 이 말은 《논어》 〈옹야(雍也)〉 제18장에 "도를 아는 자는 도를 좋아하는 자만은 못하고, 도를 좋아하는 자는 도를 즐기는 자만은 못하다.〔知之者不如好之者, 好之者不如樂之者.〕"라고 한 공자의 말씀에 보인다.

87 과실만……있다 : 이 말은 《논어》 〈이인(里仁)〉 제7장에 "사람의 과실은 각각 그 유(類)에 따라서 나오는 것이니, 과실만 살펴보아도 그 사람이 인(仁)한지 알 수 있다.〔人之過也, 各於其黨. 觀過, 斯知仁矣.〕"라고 한 공자의 말씀에 보인다.

잘못되니, 이러한 부분에 나아가서 살펴보면 인(仁)한지 인(仁)하지 않는지 알 수 있고, 여기서 또한 인(仁)의 기상(氣象)을 볼 수도 있다."[88]라고 하셨습니다. 그렇다면 성인께서 "과실만 살펴보아도 그 사람이 인(仁)한지 알 수 있다."라고 하신 가르침을 남기신 것은 다만 이것을 위하여 말씀하신 것일 뿐입니다.

문 "전적으로 주장하는 것도 없고 전적으로 안 된다고 하는 것도 없다."[89]라고 말씀하신 것은 마음〔心〕을 가리켜서 말한 것입니까? 일〔事〕을 가리켜서 말한 것입니까?
답 "전적으로 주장하는 것도 없고 전적으로 안 된다고 하는 것도 없다."라고 말씀하신 것은 마음을 가리켜서 말한 것이고, "오직 의(義)를 따를 뿐이다."라고 말씀하신 것에 이르러서야 비로소 일을 가리킨 것입니다.

문 덕(德)을 생각하는 군자는 덕(德)을 완성한 군자인 것 같고, 법을 생각하는 군자는 덕(德)을 완성한 군자가 아닌 것 같으니,[90] 이렇게

88 군자는……있다 : 이와 관련된 내용은 《회암집(晦菴集)》 권42 〈답오회숙(答吳晦叔)〉 및 《주자어류》 권26 〈논어8 이인편 상(里仁篇上)〉 '인지과야 장(人之過也章)'의 김거위(金去僞)의 기록에 보인다.

89 전적으로……없다 : 이 말은 《논어》 〈이인(里仁)〉 제10장에 "군자는 천하의 일에 전적으로 주장하는 것도 없고 전적으로 안 된다고 하는 것도 없다. 오직 의를 따를 뿐이다.〔君子之於天下也, 無適也, 無莫也, 義之與比.〕"라고 한 공자의 말씀에 보인다.

90 덕(德)을……같으니 : 이는 《논어》 〈이인(里仁)〉 제11장에 "군자는 덕을 생각하고 소인은 현재의 안일만 생각한다. 군자는 법을 생각하고 소인은 혜택 받을 것만 생각

보는 것이 무방합니까?

답 덕(德)을 생각하고 법을 생각하는 것에 대하여 《논어혹문》에서 "선(善)에 천심(淺深)이 있다."[91]라고 하였으니, 그렇다면 두 군자는 차등이 있는 것 같습니다.

문 공자께서 말씀하시기를, "능히 예와 겸양으로써 한다면 나라를 다스림에 무슨 어려움이 있겠는가."[92]라고 하셨습니다. 이에 대하여 《집주》에서는 "양(讓)이라는 것은 예(禮)의 실제이다."라고 하였는데, 그 바로 아래에 있는 소주(小註)에서는 "왕씨(王氏)가 말하였다. '예(禮)는 마음을 가지고 말한 것이다.'"[93]라고 하였습니다. 그렇다면 주자께서는 어찌하여 "마음의 실제이다."라고 말씀하지 않으시고 도리어 "예(禮)의 실제이다."라고 해석하신 것입니까?

답 양(讓)은 성(性)과 정(情)으로 나누어서 말한 것이 있으니, 맹자

한다.〔君子懷德, 小人懷土. 君子懷刑, 小人懷惠.〕"라고 한 공자의 말씀을 가리켜서 언급한 것이다.

91 선(善)에 천심(淺深)이 있다 : 이 말은 《사서혹문》 권9 〈논어(論語) 이인제사(里仁第四)〉 중 제11장과 관련된 부분에 "그 선과 악이 됨에 또한 각각 천심이 있다.〔其爲善惡, 亦各有淺深矣.〕"라고 보인다.

92 능히……있겠는가 : 이 말은 《논어》 〈이인(里仁)〉 제13장에 "능히 예와 겸양으로써 한다면 나라를 다스림에 무슨 어려움이 있으며, 예와 겸양으로써 나라를 다스리지 못한다면 예를 어찌하겠는가.〔能以禮讓爲國乎何有? 不能以禮讓爲國如禮何?〕"라고 한 공자의 말씀에 보인다.

93 왕씨(王氏)가……것이다 : 해당 소주의 전체 내용은 다음과 같다. "왕씨가 말하였다. '양은 마음을 가지고 말한 것이다. 그러므로 《집주》에서 '예의 실제'라고 말씀한 것이다.'〔王氏曰: 讓以心言, 故曰禮之實.〕"

께서 말씀하신 '예(禮)의 단서'[94]가 바로 여기에 해당합니다. 그리고 성(誠)과 위(僞)로 상대하여서 말한 것이 있으니, 주자께서 해석하신 '예(禮)의 실제'가 바로 여기에 해당합니다. 그저 각각의 말을 따라서 거기에 해당하는 해석을 만들어내야 할 뿐이지, 굳이 저것만을 고집한 채 이것을 의심할 필요는 없습니다. 만약 '마음의 실제'라고 말한다면 다만 성(誠)이 됨만을 볼 뿐이고 양(讓)이 됨을 볼 수는 없습니다.

문 "나의 도(道)는 한 이(理)가 만사를 꿰뚫고 있다."[95]라고 말씀하셨는데, 이에 대하여 《집주》에서는, "증자는 그 용(用)의 부분에 있어서는 대체로 이미 일을 따라 정밀하게 살피고 힘써 행하였으나 다만 그 체(體)가 하나임을 아직 알지 못하였을 뿐이다."라고 설명하였습니다. 이는 혹 '체(體)가 확립되지 못하였는데 용(用)만 홀로 행해진 것'[96]에 가까운 점이 없겠습니까? 만약 '한 이(理)가 만사를 꿰뚫고 있는 도(道)'로써 고해주지 않으셨다면 증자는 그 체(體)가 하나가 됨을 끝내

94 예(禮)의 단서 : 이 말은 《맹자》 〈공손추 상(公孫丑上)〉 제6장 제5절에 "사양하는 마음은 '예의 단서'이다.〔辭讓之心, 禮之端也.〕"라고 한 맹자의 말씀에 보인다.

95 나의……있다 : 이 말은 《논어》 〈이인(里人)〉 제15장에 보인다.

96 체(體)가……것 : 이는 《중용장구》 제1장 제5절에 대한 주희의 주해 중 "반드시 그 체가 확립된 뒤에 용이 행해질 수 있으니, 그렇다면 그 실제는 또한 두 가지 일이 있는 것이 아니다.〔必其體立而後用有以行, 則其實亦非有兩事也.〕"라고 한 내용을 전제로 하여 언급한 것이다. 여기서 '체'란 도(道)의 체로서 '하늘이 명(命)하신 성(性)'이자 '천하의 큰 근본'인 '중(中)'을 가리키며, '용'이란 도(道)의 용으로서 '성(性)을 어김없이 따르는 도(道)'이자 '천하에 두루 통하는 도(道)'인 '화(和)'를 가리킨다. 《논어》 〈이인(里人)〉 제15장에서는 충(忠)이 체이고 서(恕)가 용인바, 충은 대본(大本)인 중에 배합하고, 서는 달도(達道)인 화에 배합한다.

알지 못하는 것입니까? 배우는 자의 충(忠)·서(恕)는 성인(聖人)의 충(忠)·서(恕)와 다른 점이 있는데,[97] 증자가 "부자의 도(道)는 충(忠)과 서(恕)일 뿐이다."라고 한 것은 "한 이(理)가 만사를 꿰뚫고 있다."라고 말씀하신 뜻에 무슨 츤착(襯着 딱 들어맞음)하는 점이 있어서 그러한 것입니까?

답 《집주》에서 "증자는 그 용(用)의 부분에 있어서는 대체로 이미 일을 따라 정밀하게 살피고 힘써 행하였으나 다만 그 체(體)가 하나임을 아직 알지 못하였을 뿐이다."라고 설명한 것은 '체(體)가 확립되지 못하였는데 용(用)만 홀로 행해진 것'이 아닙니다. 증자께서 어찌 일찍이 달도(達道 화(和)·서(恕))만을 행할 뿐이고 대본(大本 중(中)·충(忠))을 능히 확립하지는 못한 적이 있으셨겠습니까. 함양(涵養)하고 성찰(省察)함에 체(體)와 용(用)이 모두 갖추어졌는데, 다만 한 이(理)가 관통하는 부분에 있어서 앎이 아직 도달하지 못하였을 뿐입니다. 그러므로 부자께서 "나의 도(道)는 한 이(理)가 만사를 꿰뚫고 있다."라고 고해주셨는데, 증자의 학문이 거의 위로 천리(天理)에 통달하였기 때문에 곧바로 '유(唯)'[98]라고 대답하였던 것입니다.

그러나 증자는 당시 나이가 29세였는데, 이미 "나의 도(道)는 한 이

97 배우는……있는데 : 이는 각각 《중용장구》 제13장에서 언급된 '위도불원(違道不遠)'의 충(忠)·서(恕)와 《논어》 〈이인(里人)〉 제15장에서 언급된 '부자지도(夫子之道)'의 충(忠)·서(恕)를 가리키는데, 전자는 현인군자 등 배우는 자들이 행하는 학문상의 절목(節目)이지만, 후자는 성인인 공자가 억지로 힘쓰지 않고 저절로 행하는 것이기 때문에 양자가 다르다는 말이다.

98 유(唯) : 이에 대하여 주자는 "'유(唯)'라는 것은 신속하게 응답하고서 의심함이 없는 것이다.〔唯者, 應之速而無疑者也.〕"라고 설명하였다.

(理)가 만사를 꿰뚫고 있다."라고 하신 말씀을 들었으니, 이것이 또한 빠르다고 하겠습니다. 부자께서 비록 "나의 도(道)는 한 이(理)가 만사를 꿰뚫고 있다."라고 고해주지 않으셨더라도 만약 진적력구(眞積力久)[99]한 뒤를 기다리면 또한 어찌 문득 스스로 깨닫는 때가 없어서 '그 체(體)가 하나임'을 알지 못한 데에서 끝마치겠습니까. 충(忠)이 일(一)이 되고 서(恕)가 관(貫)이 되니, 증자께서 '충서(忠恕)' 두 자로 '일관(一貫)'을 해석하신 것이 어찌 발명(發明)하기에 부족하겠습니까. 충(忠)·서(恕)가 아무리 배우는 자의 일이라고 하더라도 이미 '차(借)'라고 말하였으니,[100] 그렇다면 이것을 빌어서 형용함이 무슨 불가한 점이 있겠습니까.

문 "말은 어눌하게 하고 실행은 민첩히 한다."[101]라고 한 것은 '군자의

99 진적력구(眞積力久) : 오래도록 성실하게 학문을 갈고닦는다는 말로, 본래 《순자(荀子)》 〈권학(勸學)〉에 "성심으로 착실하게 쌓아가고 힘써 행하기를 오랫동안 지속하면 학문의 경지에 들어갈 수 있으니, 학문이란 죽음에 이른 뒤에야 그만두는 것이다.〔眞積力久則入, 學至乎沒而後止也.〕"라고 한 데에 보인다. 또한 《논어》 〈이인(里仁)〉 제15장에 대한 주희의 주해에서 증자의 경지를 설명하는 말로 원용하고 있다.

100 이미 차(借)라고 말하였으니 : 이는 주희의 주해에서 "증자가 이에 대하여 이해함이 있었으나 말로 표현하기가 어려웠다. 그러므로 배우는 자들이 자기 마음을 다하고 자기 마음으로 미루는 조목인 충과 서를 빌어서 드러내어 밝혔으니, 사람들이 쉽게 깨닫게 하려고 한 것이다.〔曾子有見於此而難言之, 故借學者盡己、推己之目, 以著明之, 欲人之易曉也.〕"라고 한 내용을 가리킨다.

101 말은……한다 : 이 말은 《논어》 〈이인(里仁)〉 제24장에 "군자는 말은 어눌하게 하고자 하고, 실행은 민첩히 하고자 한다.〔君子欲訥於言而敏於行.〕"라고 한 공자의 말씀에 보인다.

성덕(成德)'이라 이를 만한데, 한 '욕(欲)' 자를 '눌언민행(訥言敏行)'의 위에다 놓은 것은 마치 배우는 자가 공력을 들이는 듯한 점이 있습니다. 그러나 굳이 이렇게 볼 필요는 없을는지요?

답 '눌언민행'이란 군자가 하고자 하는 바입니다. '욕(欲)' 자는 마땅히 가볍게 보아야 할 것이니, 그러면 의미가 더욱더 좋습니다. 이는 '지욕원 행욕방(智欲圓行欲方)'[102]이라고 할 때의 욕(欲)과 같으니, '하고자 하나 아직 능히 하지 못한 것'은 아닙니다.

문 선도(善道)를 개진하여서 군주의 사심(邪心)을 막는 것[103]은 군주를 섬길 때의 번삭(煩數)함이고, 선(善)을 행하도록 서로 요구하고 선(善)을 취하여서 자신의 인(仁)을 돕는 것[104]은 벗을 인도할 때의 번삭함입니다. 이제 사욕(斯辱)과 사소(斯疏)의 가르침[105]을 가지고 살펴보면, 군주를 섬기는 자는 굳이 선도를 개진하여서 군주의 사심을

102 지욕원 행욕방(智欲圓行欲方) : 이 말은 본래 《회남자(淮南子)》 권9 〈주술훈(主術訓)〉에 "지혜는 원만해지고자 하면서도 행실은 방정해지고자 할 것이다.〔智欲員而行欲方.〕"라고 보인다. 이후 당대(唐代)의 손사막(孫思邈)이 이 말을 원용하여 유명해지는 바람에 마치 손사막이 한 말처럼 전해지게 되었는바, 《소학》과 《근사록》에도 손사막의 말로 실려 있다.

103 선도(善道)를……것 : 이 말은 《맹자》 〈이루 상(離婁上)〉 제1장에 보인다.

104 선(善)을……것 : 해당 원문은 '책선보인(責善輔仁)'으로, '책선'은 《맹자》 〈이루 하(離婁下)〉 제30장의 맹자의 말씀에, '보인'은 《논어》〈안연(顔淵)〉 제24장의 증자의 말씀에 보인다.

105 사욕(斯辱)과 사소(斯疏)의 가르침 : 이는 《논어》 〈이인(里仁)〉 제26장에 "군주를 섬길 때 자주 간하면 욕을 당하고, 벗에게 자주 충고하면 사이가 소원해진다.〔事君數, 斯辱矣; 朋友數, 斯疏矣.〕"라고 한 자유(子游)의 말을 가리킨다.

막을 필요가 없으며, 벗을 인도하는 자는 굳이 선을 행하도록 서로 요구하고 선을 취하여서 자신의 인을 도울 필요가 없는 듯합니다.

답 '선도를 개진하여서 군주의 사심을 막는 것'을 '군주를 섬길 때의 번삭함'으로 삼으신 것으로 말하면, 맹자께서 어찌 번삭함을 하셨겠습니까. '선을 취하여서 자신의 인을 돕고 절차(切磋)하는 것[106]'을 '벗을 인도할 때의 번삭함'으로 삼으신 것으로 말하면, 증자께서 어찌 번삭함을 하셨겠습니까.

군신 간과 붕우 간이란 남남이 만나서 의(義)로써 합하여 맺어진 관계입니다. 그렇기에 도(道)가 행해지지 않으면 떠나가야 하고 말을 따르지 않으면 그만두어야 하는 법이지 번삭하는 바람에 욕을 당하고 소원함을 당해서는 안 되는 것입니다. 이는 '굳이 선도를 개진할 필요가 없으며, 굳이 선을 행하도록 서로 요구할 필요가 없음'을 이른 것이 아닙니다.

문 공자께서 칠조개(漆雕開)에게 벼슬을 하도록 권하자, 그가 대답하기를, "저는 아직 이 이(理)에 대해 참으로 알아서 자신할 수 없습니다."라고 하니, 공자께서 기뻐하셨습니다.[107] 이미 칠조개에게 벼슬을

106 절차(切磋)하는 것 : 이는 본래 《시경》 〈위풍(衛風) 기욱(淇奧)〉에서 유래한 말로, 《대학》의 전(傳) 3장에서 이 시를 원용하면서 '절차'에 대해 '강습하고 토론하는 학문에 관한 일'을 나타낸다고 설명하였다. 《大學章句 傳之三章》 주희의 설에 따르면, 《대학》의 전문(傳文)은 증자의 뜻을 그 문인들이 기록해 완성한 것이 확실하므로 저자가 이를 원용하여서 언급한 것이다.

107 공자께서……기뻐하셨습니다 : 이와 관련된 내용은 《논어》 〈공야장(公冶長)〉 제5장에 보인다.

하도록 바라셨다면 "저는 아직 이 이(理)에 대해 참으로 알아서 자신할 수 없습니다."라고 한 말을 들으시고서 이것을 기뻐하신 것은 어째서입니까? 자장(子張)이 녹봉을 구하는 방도를 배우려 하자, 부자께서 "녹봉은 그 안에 들어 있는 것이다."라고 대답하셨습니다.[108] 칠조개는 벼슬을 원하지 않았는데 그에게 벼슬을 하도록 권하신 것은 어째서입니까?

답 부자께서는 칠조개의 재국(才局)이 사람을 다스릴 만하다는 것을 아셨습니다. 그러므로 벼슬을 하도록 권하신 것입니다. 칠조개는 '아직 자신할 수 없다는 것'을 스스로 알았으니, 그렇다면 장차 날로 나아가서 그치지 않을 자였습니다. 그러므로 그의 말을 듣고서 기뻐하신 것입니다.

관작과 녹봉이란 외물(外物)입니다. 그런데 자장은 녹봉을 구하는 방도를 배우려 하였으니, 그렇다면 외면에만 치중해 추구한 자였습니다. 그러므로 "녹봉은 그 안에 들어 있는 것이다."라고 말씀해 주셨습니다. 칠조개는 그 재국이 벼슬할 만하였는데, 그 심술(心術 마음)의 은미함은 성인이신 공자께서도 알지 못하신 바였습니다. 그러므로 그에게 벼슬을 하도록 권하신 것입니다. 그리고 칠조개는 이러한 점을

108 자장(子張)이……대답하셨습니다 : 이와 관련된 내용은 《논어》 〈위정(爲政)〉 제18장에 다음과 같이 보인다. 자장이 벼슬해서 녹봉을 받을 수 있는 방도에 대해 배우려 하자〔學干祿〕, 공자께서 말씀하셨다. "많이 듣고서 그중에 의심나는 것을 빼놓고 그 나머지를 조심스럽게 말하면 허물이 적을 것이고, 많이 보고서 그중에 위태로운 것을 빼놓고 그 나머지를 조심스럽게 행하면 후회하는 일이 적을 것이니, 말에 허물이 적으며 행실에 후회할 일이 적으면 녹봉은 그 가운데에 들어 있는 것이다.〔多聞闕疑, 愼言其餘則寡尤, 多見闕殆, 愼行其餘則寡悔, 言寡尤, 行寡悔, 祿在其中矣.〕"

스스로 알고서 작은 성취에 안주하지 않았습니다. 그러므로 부자께서 이를 기뻐하신 것입니다. 여기에서 도대체 무슨 의심할 만한 점이 있겠습니까.

문 맹무백(孟武伯)이 묻기를, "구(求)와 적(赤)은 인(仁)합니까?"라고 하였는데, 부자께서는 모두 "알지 못하겠다."라고 대답하셨습니다. 하지만 유(由)에 대해서는 먼저 "인(仁)합니까?"라고 물었는데, 처음에는 "알지 못하겠다."라고 대답하셨다가 재차 물어봄에 미친 뒤에야 비로소 "그가 인(仁)한지는 알지 못하겠다."라고 말씀하셨습니다.[109] 이렇게 하신 것은 아마도 깊은 뜻이 있는 것일는지요?

답 자로는 바로 맹무백이 가장 먼저 물어본 대상이었습니다. 그러므로 처음에는 "알지 못하겠다."라고 대답하신 것이고, 그가 또 물어봤기 때문에 말씀하시기를, "그가 인(仁)한지는 알지 못하겠다."라고 하신

109 맹무백(孟武伯)이……말씀하셨습니다 : 이와 관련된 내용은《논어》〈공야장(公冶長)〉 제7장에 다음과 같이 보인다. "맹무백이 '자로는 인(仁)합니까?'라고 묻자, 공자께서 '알지 못하겠다.'라고 대답하셨다. 다시 묻자, 공자께서 대답하시기를, '유(由)는 천승의 나라에서 그 군정을 다스리게 할 수는 있거니와 그가 인(仁)한지는 알지 못하겠다.'라고 하였다. '구(求)는 어떻습니까?'라고 묻자, 공자께서 대답하시기를, '구(求)는 천실(千室)의 큰 읍(邑)과 백승(百乘)의 집안에서 재(宰)가 되게 할 수는 있거니와 그가 인한지는 알지 못하겠다.'라고 하였다. '적(赤)은 어떻습니까?'라고 묻자, 공자가 대답하시기를, '적(赤)은 예복을 갖추어 입고 띠를 두르고서 조정에 서서 빈객을 맞아 대화를 나누게 할 수는 있거니와 그가 인한지는 알지 못하겠다.'라고 하였다.〔孟武伯問: 子路仁乎? 子曰: 不知也. 又問, 子曰: 由也, 千乘之國, 可使治其賦也, 不知其仁也. 求也何如? 子曰: 求也, 千室之邑百乘之家, 可使爲之宰也, 不知其仁也. 赤也何如? 子曰: 赤也, 束帶立於朝, 可使與賓客言也, 不知其仁也.〕"

것입니다. 구와 적은 재차 물어본 대상이 아니었습니다. 그러므로 처음에는 곧바로 "알지 못하겠다."라고 대답하신 것입니다.[110] 언어의 차서와 곡절이 자연히 응당 이와 같아야 하니, 여기에 어찌 깊은 뜻이 있겠습니까.

문 부자께서는 이미 '안회(顏回)만 못하다.'라는 내용을 들으셨습니다. 그렇다면 곧바로 거기서 그만두셔야 할 뿐인데, 또 자공더러 '네가 안회만 못하다.'라고 인정하셨습니다.[111] 어쩌면 이것이 또한 성인께서 훌륭한 점을 칭양(稱揚)하시는 뜻일는지요?

답 이는 훌륭한 점을 칭양하시는 뜻이 아니라 바로 권면하여서 앞으로 나아가게 하신 뜻입니다.

110 그러므로……것입니다 : 해당 원문은 '고초즉직이불지답지(故初則直以不知答之)'로, 《논어》〈공야장(公冶長)〉 제7장의 내용과 대조해 볼 때 원문에 오탈이 있는 것으로 추정된다.

111 부자께서는……인정하셨습니다 : 이와 관련된 내용은 《논어》〈공야장(公冶長)〉 제8장에 다음과 같이 보인다. "공자께서 자공에게 '너는 안회와 더불어 누가 나으냐?'라고 물으시자, 자공이 '제가 어찌 감히 안회를 바라겠습니까. 안회는 하나를 듣고서 열을 알고, 저는 하나를 듣고서 둘을 압니다.'라고 대답하였다. 공자께서 '네가 안회만 못하다. 나는 네가 그만 못함을 인정한다.'라고 말씀하셨다.〔子謂子貢曰: 女與回也, 孰愈? 對曰: 賜也何敢望回? 回也聞一以知十, 賜也聞一以知二. 子曰: 弗如也, 吾與女弗如也.〕"

이여홍[112]의 예의[113] 문목에 답하다
答李汝弘禮疑問目

문　조부모의 상(喪)에 관(冠)을 제거한다는 예문(禮文)이 없는데 오늘날의 풍속은 거의 모두 관을 벗으니, 시속을 따라 관을 제거하는 것이 무방합니까?

답　사계(沙溪 김장생(金長生))께서 이르시기를, "조부모의 상과 처의 상에 마땅히 길관(吉冠)을 제거해야 한다."[114]라고 하셨으니, 여기서 이른바 '길관'이란 오늘날의 칠포립(漆布笠)과 같은 따위가 아닙니다. 그러니 칠립(漆笠)을 착용하여도 무방합니다.

남계(南溪)는 관을 제거하는 것이 우리나라의 풍속이라고 하였고,[115] 수암(遂菴)과 도암(陶庵)도 모두 '기년복을 입는 사람이 관을

112 이여홍(李汝弘) : 이재의(李載毅, 1772~1839)로, 본관은 전주(全州), 자는 여홍, 호는 문산(文山)이다. 송환기(宋煥箕)와 박윤원(朴胤源)의 문인으로 홍직필과는 막역한 사이였다.

113 예의 : 예(禮)를 적용하기가 의심스러운 경우, 또는 적용하기가 의심스러운 예(禮)를 말한다.

114 조부모의……한다 : 이 말은 《사계전서》 권36 소재 《의례문해》 〈역복(易服)〉 '자최거관(齊衰去冠)'조에 "본생부모 및 조부모와 처의 상에 어찌 길관을 제거하지 않는 예가 있겠는가.〔爲所生父母及祖父母與妻喪, 豈有不去吉冠之禮乎?〕"라고 보인다.

115 남계(南溪)는……하였고 : 이와 관련하여 박세채(朴世采)는 "오늘날 사람들이 관을 제거하는 것은 또한 우리나라의 풍속이다. 사계께서 이르시기를, '조부모와 처의 상에는 마땅히 관을 제거해야 한다.'라고 하셨으니, 이로 미루어 보건대, 기복과 대공복의 무거운 복은 시속을 따라서 관을 제거하는 것이 혹 크게 어그러진 데에는 이르지

제거하는 것은 예법에 해당하는 명문(明文)이 없고, 또 몹시도 의용(儀容)이 없으니, 이를 행해서는 안 된다.'라고 하였으니,[116] 이 의론이 아마도 옳을 듯합니다.

문 여모(女帽)[117]의 제도.

않을 듯하다. 대 역시 화려하고 성대하다고 하여서 제거하는 것 같다.〔今人去冠, 亦東俗也. 沙溪謂祖父母妻喪則當去冠, 以此推之, 朞大功重服, 循俗去冠, 或不至大悖耶? 帶亦似以華盛而去之.〕"라고 말하였으며, 또한 "초상에 복의 경중을 따지지 않고 모두 관을 제거하는 것은 우리나라의 풍속이다. 《의례문해》에서는 본생부모와 조부모 및 처의 상에 또한 관을 제거하지 않는 것이 잘못되었다고 하였으니, 그렇다면 그 나머지는 관을 제거하지 않는 것 같다.〔初喪, 不論服之輕重皆去冠者, 東俗也. 疑禮問解以所生父母祖父母及妻喪, 亦不去冠爲非, 然則其餘似不去矣.〕"라고 말하였다.《南溪正集 卷51 答柳道卿問 -家禮○庚午-, 續集 卷14 答權賓之問 -禮○六月二十日-》

116 수암(遂庵)과……하였으니 : 이와 관련된 내용은 《한수재집(寒水齋集)》 권16 〈답채조응(答蔡祖應)〉 네 번째 편지와 《도암집(陶菴集)》 권19 〈답이인보문목(答李仁甫問目)〉에 자세히 보인다. 권상하(權尙夏)는 "《가례》의 '역복'조를 살펴보면, 상인 외에 복이 있는 자에 대해서는 '관을 제거한다.'라는 예문이 있지 않았으며, 다만 화려한 장식을 제거할 뿐이다.〔家禮易服條, 喪人之外有服者, 未嘗有去冠之文, 只去華飾.〕"라고 언급하였으며, 이재(李縡)는 "《가례》를 살펴보면, 처와 자식과 며느리와 첩은 모두 관을 제거하고, 조부모와 처의 상에 관을 제거한다는 예문이 없으며, 환질에 이르러서는 '모를 벗고 두건을 착용한다.'라고 하였다. 이것으로 보자면 고인은 관을 제거하지 않았던 것이 분명하다.〔家禮妻子婦妾皆去冠, 祖父母妻喪, 無去冠之文, 至環絰則曰去帽着頭巾, 以此觀之, 古人之不去冠明矣.〕"라고 언급하였다.

117 여모(女帽) : 이는 우리나라 조선 시대의 상례 풍습에서 여성의 초상에 사용한 것이다. 본래 사자(死者)에게는 관(冠)을 씌우지 않고 엄(掩)을 씌웠는데, 여모는 이 엄과 비슷하였다. 이에 대해서는 종래로 학자들의 의견이 분분하여 논란이 있는바, 그것의 제도에 관한 설명으로는 《국역 성호사설》 제5권 〈만물문 여모〉에 비교적 자세히 보인다. 또한 여성 묘주(墓主)의 분묘에서 출토된 실제 유물들에 관한 연구로는

답 여모는 어느 시대에 출현하였는지 알지 못하겠으나 이는 고례(古禮)가 아니라 바로 속례(俗禮)입니다. 고례는 엄(掩)[118]을 사용하였습니다. 그러나 시속을 따라 여모를 사용하는 것이 무슨 문제 될 것이 있겠습니까.

문 사계께서 말씀하시기를, "사망한 초기에 시신에 덮었던 이불도 대렴할 때 곧 시신의 아래에다 까는 깔개로 삼는 것이다."라고 하였습니다.[119] 사망한 초기에 시신에 덮었던 이불은 틀림없이 불결할 것으로

〈조선시대 여모(女帽) 형태 연구〉(차미희·최연우, 《한복문화》 제21권 2호(2018.6))가 참고할 만하다.

118 엄(掩) : 시신의 머리를 감싸는 마전한 비단으로, 옛날에는 사람이 죽으면 관(冠)을 씌우지 않고 이 비단으로만 머리를 감쌌다. 이와 관련하여 《의례》 〈사상례(士喪禮)〉에 "엄은 마전한 비단으로, 너비는 폭대로 다하고(2척이고), 길이는 5척이며, 그 끝을 가른다.〔掩, 練帛, 廣終幅, 長五尺, 析其末.〕"라고 하였는데, 이에 대한 정현의 주에 "엄은 머리를 감싸는 것이다. 그 끝을 가른다는 것은, 장차 그것을 턱 아래에서 매고, 또 돌려서 목덜미 가운데에서 매기 위해서이다.〔掩, 裹首也. 析其末, 爲將結於頤下, 又還結於項中.〕"라고 하였고, 가공언의 소에 "엄은 지금 사람의 복두와 같다. 다만 사자는 뒤의 두 끈을 턱 아래에서 묶는 것이 산 사람과 다른 점이 될 뿐이다.〔掩, 若今人幞頭. 但死者以後二脚於頤下結之, 與生人爲異也.〕"라고 하였다.

119 사계께서……하였습니다 : 이와 관련된 내용은 송준길(宋浚吉)과 김장생(金長生)의 문답에 다음과 같이 보인다. 송준길이 "사망한 초기에 시신에 덮었던 이불도 염습에 사용하지 않는지요?〔初死所覆之衾, 亦不用於斂襲耶?〕"라고 묻자, 김장생은 "온공의 설이 상고할 만하네. 온공은 다음과 같이 말하였네. '살펴보건대, 《의례》 〈사상례〉의 소에 「대렴할 때 이불 두 채를 함께 사용하는데, 하나는 시신의 아래에다 깔고 하나는 시신에 덮는다.」라고 하였으니, 그렇다면 사망한 초기에 사용했던 이불도 대렴할 때 곧 시신의 아래에다 까는 깔개로 삼는 것이지 놓아두고서 사용하지 않는 것이 아니다.'〔溫公說可攷. 溫公曰: 按士喪禮疏云大斂之時, 兩衾俱用, 一衾承薦於下, 一衾

사료됩니다. 그런데 이것을 대렴에 사용하는 것은 혹 온당치 못한 점이 없을는지요?

답 사계께서 이르신 '사망한 초기에 시신에 덮었던 이불'은, 망자가 생전에 병들었을 때 덮었던 이불이 아닌 것 같습니다. 그래서 불결하다는 혐의가 없으므로 대렴할 때 이것을 가지고 시신의 아래에다 까는 깔개로 삼고자 한 듯합니다. 하지만 상세히 알 수는 없습니다.

문 '최(衰)'[120] 자의 뜻에 대하여 자세히 들을 수 있겠습니까? 최(衰)

以覆尸, 則始死所用之衾, 至大斂, 卽以承薦, 非停而不用也.〕"라고 대답하였다. 《국역 사계전서 제37권 의례문해(疑禮問解) ○상례(喪禮) 대렴(大斂) '막 죽었을 때 덮었던 금(衾)은 대렴을 할 때까지 쓴다.'》《國譯同春堂別集 卷2 上沙溪先生》 김장생이 거론한 사마광의 설은 황간(黃幹)이 찬술한 《의례경전통해속》 권5 〈상대기상오(喪大記上五) 상례사지상(喪禮四之上) 보(補)〉의 '소렴(小斂)'조에 황간의 설로 실려 있다. 또한 여기서 거론된 《의례》 〈사상례〉의 해당 소의 구체적인 내용은 다음과 같다. "정현의 주에서 '대렴에서 사용할 이불'이라고 말한 것은, 《예기》 〈상대기〉를 살펴보건대, 군·대부·사 모두 소렴에 사용하는 이불은 한 채이며, 대렴에 사용하는 이불은 두 채이다. 지금 여기서는 사망한 초기에 대렴에서 사용할 두 채의 이불 중 한 채를 사용하여서 시신에 덮고, 이후 대렴할 때는 이불 두 채를 함께 사용하는데, 하나는 시신의 아래에다 깔고 하나는 시신에 덮는다. 그러므로 주에서 '대렴에서 함께 사용할 이불들'이라고 말한 것이다.〔言大斂所用之衾者, 案喪大記君大夫士皆小斂一衾, 大斂二衾. 今始死, 用大斂一衾以覆尸, 及至大斂之時, 兩衾俱用, 一衾承薦於下, 一衾以覆尸, 故云大斂所竝用之衾.〕"

120 최(衰) : 후대에는 실사 변(邊)을 더하여 '최(縗)'라고 적는바, 상복 제도 중 하나인데, 거친 마포(麻布)를 가지고 너비 4치, 길이 6치의 조각을 만들어 심장이 있는 왼쪽 가슴 앞에 달아 놓은 것이다. '최'란 '꺾임'으로, 효자에게 절통한 마음이 있음을 취하여 명명한 것이다. 여기서 더 확장하여 '최'가 붙어 있는 '최복(衰服)', 즉 상복(喪服)의 상의(上衣) 그 자체를 가리키기도 한다. 상복의 상의에는 왼쪽 가슴 앞에 다는

는 그 폭을 줄인 것을 밖으로 하고 상(裳)은 그 폭을 줄인 것을 안으로 하는데,[121] 이른바 '줄인 것을 밖으로 하고 줄인 것을 안으로 함'은 무슨 뜻입니까?

답 '최(衰)'라는 것은 '최(摧 꺾임)'이니, 슬픈 마음이 마치 꺾인 듯하다는 뜻을 취한 것입니다. '줄인 것을 밖으로 하고 줄인 것을 안으로 함'은 바로 의(衣 윗옷)와 상(裳 아래옷)의 꿰맨 부분인 솔기의 시접이 밖을 향함과 안을 향함을 가리켜서 말한 것입니다.

'최'와 더불어 뒤쪽 깃 밑에는 사방 1자 8치의 정방형의 삼베 조각인 부판(負版)을, 목 부분 좌우에는 사방 8치의 삼베를 4치가 되게 주름을 접어 만든 벽령(辟領)을 단다. '부판'이란 등에 짐을 진 것처럼 슬픔을 지고 있다는 뜻을 취해 명명한 것이며, '벽령'이란 애절한 마음이 오로지 부모에게 쏠려서 다른 일을 생각하지 못한다는 뜻을 취해 명명한 것이다.

121 최(衰)는……하는데 : 이는 상복(喪服)에서 윗옷 솔기의 시접은 밖을 향하도록 폭을 줄여서 꿰매고, 아래옷 솔기의 시접은 안을 향하도록 폭을 줄여서 꿰맴을 말한다. 《의례》〈상복〉의 기(記)에 "무릇 최는 폭을 줄인 것을 밖으로 하고, 상은 폭을 줄인 것을 안으로 한다.〔凡衰外削幅, 裳內削幅.〕"라고 하였는데, 이에 대한 정현의 주에 "삭(削)이란 줄임〔殺〕과 같다. 태고에는 관포와 의포에 대하여 먼저 윗부분을 만들 줄을 알아서 그 솔기의 가장자리 폭을 줄인 것을 밖으로 함으로써 몸에 편하게 하였으며, 뒤에 아랫부분을 만들 줄을 알아서 그 솔기의 가장자리 폭을 줄인 것을 안으로 하였는바, 조금 장식을 두었다. 후세에 성인이 바꾸어서 이것을 상복으로 삼았다.〔削猶殺也. 太古, 冠布衣布, 先知爲上, 外殺其幅, 以便體也, 後知爲下, 內殺其幅, 稍有飾也. 後世, 聖人易之, 以此爲喪服.〕"라고 하였고, 이에 대한 가공언의 소에 "'무릇'이라고 한 것은 오복 전체를 총괄하여서 말하였으므로 '무릇'이라고 말하여서 이를 다 포함한 것이다. '최는 폭을 줄인 것을 밖으로 한다.'라고 한 것은 솔기의 가장자리 폭이 밖으로 향함을 이르고, '상은 폭을 줄인 것을 안으로 한다.'라고 한 것은 또한 솔기의 가장자리 폭이 안으로 향함을 이른다.〔云凡者, 總五服而言, 故云凡以該之. 云衰外削幅者, 謂縫之邊幅向外. 裳內削幅者, 亦謂縫之邊幅向內.〕"라고 하였다.

문 조석(朝夕)으로 상식(上食)을 올릴 때 분향하고 곡하고 재배하는 것은 다만 집사자(執事者)가 할 뿐입니까? 상인(喪人)도 역시 재배합니까? 석전(夕奠)에 석곡(夕哭)을 겸하여 행하는 것이 무방합니까? 조석전(朝夕奠)에는 혼백(魂帛)을 꺼내놓고 조석곡(朝夕哭)에는 혼백을 꺼내놓지 않습니까?

답 조석으로 궤전(饋奠)[122]을 행할 때 장사 지내기 전에는 집사자가 분향재배하고 상인 역시 마땅히 재배해야 합니다. 석전과 석곡은 본래 두 가지의 일이니 아울러서 행해서는 안 됩니다. 조석곡에는 혼백을 꺼내놓지 않는 것이 마땅합니다.

문 저는 지금 조모의 상(喪)을 당하였는데,[123] 증조부[124]께서 상(喪)을 주관하시니, 장사 지내기 전에는 진실로 마땅히 제사를 폐해야 할 것입니다. 그러나 장사 지낸 뒤에는 이미 비유(卑幼)의 상(喪)이니, 선

122 궤전(饋奠) : 본래 빈소에다 제사의 형식을 갖추지 않고 음식을 올리는 예(禮)를 가리킨다. 이후 거상하는 동안 정식 제사의 형식을 갖추지 않고 아침과 저녁에 음식을 올리는 예(禮)를 주로 가리키게 되었다.

123 저는……당하였는데 : 이재의의 조모 청송 심씨는 정조(正祖) 무오년(1798) 정월 29일에 졸하였다.《璿源續譜 定宗大王子孫錄 德泉君派 卷9 版心38面(結字葉)~版心39面(爲字葉)》

124 증조부 : 이주국(李柱國, 1720~1798)으로, 본관은 전주(全州), 자는 군언(君彦), 호는 오백(梧栢)이다. 1740년(영조 16) 무과에 급제하여 이듬해 선전관에 임명된 뒤 훈련원 주부·판관 등을 지냈다. 이후 황해도 병마절도사, 어영대장, 훈련대장 등을 역임하였다. 시호는 무숙(武肅)이다.《淵泉集 卷33 刑曹判書李公諡狀》《性潭集 卷18 判書李公神道碑銘-幷序-》《璿源續譜 定宗大王子孫錄 德泉君派 卷9 版心38面(結字葉)~版心39面(爲字葉)》

조의 기일에 단헌무축(單獻無祝)[125]으로 제사를 지내서는 안 될 것 같습니다.……

답 자부의 기년복[126]이 비록 무겁더라도 장사 지낸 뒤라면 선조께 제사 지낼 적에 단헌무축으로 해서는 안 됩니다.

문 저의 8대조[127] 사우(祠宇)를 서족(庶族)의 집안으로 체천(遞遷)[128]하였는데, 그 서족이 작고하여서 이제는 매안(埋安)해야만 하기에 이미 택일하였습니다. 그런데 불행하게도 종손인 제가 조모의 상(喪)을 당하였습니다. 비록 대(代)의 수(數)가 다하기는 하였습니다만 저희 집안이 본래 대종(大宗)이라서 매안하는 일을 저희 집안이 주장하면 장사 지내기 전에 매안하는 것이 아무런 문제가 없을 수 있을는지요?

답 조천(祧遷 체천)한 신주는 이미 서족의 집안에 있고, 그 신주는 새로 난 상(喪)에 대하여 대(代)의 수(數)가 먼 것이 되니, 그렇다면 장사 지내기 전에 매안을 거행해서는 안 된다는 의리가 없을 것 같습니다.

125 단헌무축(單獻無祝) : 제사 지낼 때 세 번 올릴 술잔을 한 번만 올리고 축문을 읽지 않는 것인바, 정식 제사의 형식을 갖추지 못한 것이다.

126 장자부의 기년복 : 시부는 맏며느리를 위해서 의복(義服)으로 자최부장기복(齊衰不杖期服)을 입는다. 《家禮 卷4 喪禮 成服 不杖朞》《沙溪全書 卷24 家禮輯覽圖說 本宗五服之圖》

127 저의 8대조 : 이전(李瑑, 1596~1629)을 가리킨다. 《璿源續譜 定宗大王子孫錄 德泉君派 卷2 版心56面(光字葉)》

128 체천(遞遷) : 봉사손(奉祀孫)에게 대수(代數)가 다한 신주를 최장방에게 옮겨 제사를 받들도록 하는 것이다. 만약 최장방이 죽으면 그다음 장방이 모셔 가는데, 자손 중에 4대손이 다 죽은 뒤에는 무덤 옆에 그 신주를 매안(埋安)한다.

그러나 상가(喪家)에서 직접 이 일을 주장한다면 실로 몹시 불편한 단서가 많고, 또한 매안에 관한 곡절을 고하는 제사를 거행할 길이 없으니, 우선 장사 지낸 뒤를 기다려서 이 일을 행하는 것이 무방합니다.

문 저의 10대(代) 선영(先塋)이 한 산등성이에 함께 있는데, 7대조까지는 증조부께서 제사를 받들고 계시니, 그렇다면 장사 지내기 전에 마땅히 한식(寒食)의 절사(節祀)를 폐해야 할 것 같습니다. 그런데 7대조 위로는 비록 장사 지내기 전이라고 하더라도 묘제(墓祭)를 폐하지 않는 것인지요?

답 집안에 상(喪)이 있는데 아직 장사 지내지 않은 경우라서 이미 한식의 묘사(墓祀)를 폐하였습니다. 그렇다면 같은 산등성이 안에 함께 있는 원조(遠祖)의 묘위(墓位)에 대해서도 역시 단독으로 절사를 거행해서는 안 되니, 모두 폐하는 것이 마땅할 것 같습니다.

문 '돌아가신 조모를 장사 지내기 전에는 부거(赴擧)하지 않음'에 대해서는 선배가 이미 정론(定論)을 내렸습니다.[129] 사제(舍弟)가 연전에 전시(殿試)에 곧바로 응시할 자격을 받게 되었는데,[130] 전시가 장사

129 돌아가신……내렸습니다 : 정이(程頤)와 주희(朱熹)는 조부모를 위하여 기년복을 입는 동안에는 과거에 응시해서는 안 된다고 주장하였다. 우리나라 조선조에서는 정경세(鄭經世)와 김장생(金長生) 등이 기년복을 입는 동안에는 장사 지내기 전에 부거하는 것이 온당치 못하다고 보았다. 《朱子語類 卷85 禮2 儀禮 喪服經傳-沈僴錄-》《愚伏集 卷13 答宋敬甫問目》《同春別集 卷2 上沙溪先生》

130 사제(舍弟)가……되었는데 : '사제'는 이재의의 바로 아래 아우 이재홍(李載弘, 1775~1819)으로, 자는 여인(汝人), 본관은 전주이다. 1798년, 무과에 합격하여 함평

지내기 전에 있으니, 응시함이 도리에 크게 어긋나는 지경에 이르지 않을는지요? 어떤 이는 이르기를, '전시는 초시(初試)·회시(會試)와는 다른 점이 있으니, 응시하지 않음은 과한 것 같다.'라고 하니, 이것이 근거할 만한 점이 있습니까?

답 조부모의 상(喪)을 치르는 기년(朞年) 동안[131]에 부거해서는 안 되는 것에 관해서는 이미 정자(程子 정이(程頤))의 정론이 있습니다. 세속에서 혹 장사 지낸 뒤에 부거하는 자가 있으니, 이는 매우 잘못된 것입니다. 전시에 곧바로 응시할 자격을 받게 되었다는 것이 비록 여느 다른 과거와 똑같지는 않지만, 이 역시 결국에는 과거인 것이니, 조모를 위해 복(服)을 입으면서 장사 지내기 전에 전시에 응시하러 들어가는 것은 더할 나위 없이 온당하지 못한 것입니다.

문 분향하고 모사(茅沙)에 술을 붓는 것은 음양(陰陽)에서 신(神)을 구하는 뜻인데,[132] 장사 지내기 전에는 그저 분향만 할 뿐이고 모사에

현감·충청도 수군절도사를 거쳐 1818년, 숙천 부사를 지냈다. 이재홍은 1796년(정조20) 10월 16일, 시사(試射)에서 오중(五中)하여 전시(殿試)에 곧바로 응시할 자격을 받게 되었다. 이후 1798년(정조22) 3월 12일 춘당대에서 시행한 식년 무과 전시에서 원방(原榜) 2위로 급제하였다.《承政院日記 正祖20年 10月 16日》《崇禎三戊午式年文武科殿試榜目》《璿源續譜 定宗大王子孫錄 德泉君派 卷9 版心39面(爲字葉)》

131 조부모의……동안 : 조부모의 상에는 정복(正服)으로 자최부장기복(齊衰不杖期服)을 입는다. 여자는 출가(出嫁)하였더라도 강복(降服)하지 않는다.《家禮 卷4 喪禮 成服 不杖朞》《沙溪全書 卷24 家禮輯覽圖說 本宗五服之圖》

132 분향하고……뜻인데 : 향을 사르는 것은 화(火)로서 기(氣)와 혼(魂)에 해당하기 때문에 양(陽)과 천(天)에서 신을 구함을 상징하고, 술을 모사에 붓는 것은 수(水)로서 정(精)과 백(魄)에 해당하기 때문에 음(陰)과 지(地)에서 신을 구함을 상징한다.

술을 붓지는 않으니, 이렇게 하는 것은 어째서입니까? 체백(體魄)이 땅에 들어가기 전에는 음(陰)에서 신(神)을 구하는 뜻이 본래 없으므로 모사에 술을 붓는 한 절차를 우선 폐한 것일는지요?

답 모사에 술을 붓는 것은 바로 제례입니다. 분향은 신알(晨謁)에도 하는 것이니, 오로지 제사만을 위한 것은 아닙니다. 그러므로 장사 지내기 전에 그저 분향만 할 뿐이고 모사에 술을 붓지 않으니, 이는 '전(奠)을 차려 올리고 정식 제사를 지내지 않음'[133]이기 때문입니다. 만약 '체백이 아직 땅에 들어가지 않았을 적에는 음(陰)에서 신(神)을 구하는 뜻이 없다.'라고 간주한다면, 이는 아마도 반드시 옳지는 않을 것으로 생각합니다.

문 제 선영이 이틀 걸리는 거리에 있는데, 조상식(朝上食)은 발인하기 전에 설행하고 석상식(夕上食)은 여관에서 설행하는 것이 어떠할지 알지 못하겠습니다. 발인하기 전에 조상식을 설행하고자 하면 밥때가 아닌 것 같으니, 견전(遣奠)[134]에서 아울러 설행해야 할는지요?

133 전(奠)을……않음 : 이는 "아직 장사 지내지 않았을 때는 전(奠)을 차려 올리고 정식 제사를 지내지 않으니, 다만 술을 따라 올리고 음식을 진설하고 재배할 뿐이다. 우제에야 비로소 정식 제사의 예를 사용하니, 졸곡은 또 길제라고도 한다.〔未葬時, 奠而不祭, 但酌酒陳饌再拜而已. 虞始用祭禮, 卒哭則又謂之吉祭.〕"라고 한 주희의 말에 보인다.《晦庵集 卷50 答程正思》 여기서 '전(奠)'이란 망자가 사망한 직후인 '초종(初終)'부터 하관한 다음 무덤을 만드는 '성분(成墳)'까지 채소, 과일, 포, 육장 등을 진설하고 단헌무축(單獻無祝)으로 분향재배(焚香再拜)만하는 일종의 약식 제사이다. 반면 '제(祭)'란 전(奠)과 달리 삼헌독축(三獻讀祝)의 절차를 구비한 정식 제사로, 장사 지낸 당일에 지내는 '우(虞)'부터는 정식 제사에 속한다.

134 견전(遣奠) : 조전(祖奠)을 설행한 그다음 날, 즉 발인하는 날의 이른 새벽〔厥明〕

발인하는 날에 마땅히 조상식을 먼저 설행해야만 하니, 이 역시 '살아 있는 사람이 일찍 길을 떠날 적에 새벽밥을 먹음'을 형상한 뜻입니다. 어찌하여 꼭 밥때가 아님에 구애를 받아서 조상식을 견전에서 아울러 설행해야만 한다는 말입니까. 이는 매우 불가합니다.

답 양례(襄禮 장례)는 내달 27일로 택일하였습니다. 그러면 재우(再虞)는 29일에 거행하게 됩니다. 바로 이날 즉시 길을 떠나서 그다음 날에 반곡(反哭)할 텐데, 그날이 바로 강일(剛日)입니다. 삼우(三虞)를 바로 그날 설행하는 것이 어떠할지 알지 못하겠습니다.

집에 도착하는 날이 강일이면 마땅히 바로 이날 안에 삼우를 설행해야만 합니다. 그런데 선배가 혹 질명(質明)의 예문[135]에 어긋나는 점이 있다고 의심하여 그다음 강일로 미루어서 설행하고자 하였습니다. 그러나 이렇게 하는 것에 대하여 저는 아마도 옳지 않을 것으로 생각합니다.

문 8대조의 사우(祠宇)에 대해서는 조모를 장사 지내기 전에 매안(埋安)하는데, 조천(祧遷 체천(遞遷))한 신주를 매안할 때의 고유(告由)는

에 널〔柩〕을 옮겨 상여로 나아가 싣고서 설행하는 전(奠)이다. 견전은 청사(廳事)와 대문(大門) 사이의 뜰에서 설행한다.

135 질명(質明)의 예문 : 재우와 삼우는 당일의 질명에 거행해야 함을 언급한 예문이다. 《의례》 〈사우례〉의 기(記)에 "한낮에 일을 행한다.〔日中而行事.〕"라고 하였는데, 이에 대한 정현의 주에 "재우와 삼우는 모두 질명에 지낸다.〔再虞三虞, 皆質明.〕"라고 하였고, 가공언의 소에 "'재우와 삼우는 모두 질명에 지낸다.'라고 한 것은, 그날 아침에 장사 지내는 일이 없기 때문이다. 그러므로 모두 질명에 우제의 일을 행하는 것이다.〔云再虞三虞, 皆質明者, 以朝無葬事, 故皆質明而行虞事.〕"라고 하였다.

기일(期日)보다 앞서 사우가 있는 곳에서 설행합니까? 아니면 해당 묘소에서 한꺼번에 고합니까? 그리고 매안할 때 자손은 정리(情理)상 마땅히 한번 곡해야 할 것 같은데, 혹 선현(先賢)이 이미 행하셨던 예(禮)가 있습니까?

답 조천한 신주를 매안하는 것은, 새로 난 상(喪)의 장사 전에 행하거나 장사 후에 행하거나 모두 불가함이 없습니다. 그러므로 일찍이 이 두 가지 경우를 가지고 알려 드렸습니다. 이제 제가 듣기로 '장사 지내기 전에 행하고자 한다.'라고 하시니, 몹시 불편한 점이 과연 없을는지요?

그 해당 장방(長房)[136]의 집에서 길제(吉祭)를 지낼 적에는 합제(合祭)를 지내고 조천한 신주를 매안할 때의 축문에 '백배고사(百拜告辭)'[137]라는 말이 있으니, 그렇다면 조천한 신주를 받들고서 묘소로 갔을 때는 굳이 다시 고할 필요가 없습니다.

산 아래에 당도하여 악차(幄次 묘막)에서 사판(祠版 신주)을 받든 뒤 매안하려고 할 즈음에 술과 과일을 진설하여서 고하기를, "이제 묘소 곁에 나아가서 신주를 봉안하고 영원히 결별하게 되니, 사무치게 서글픈 이 마음을 가누지 못하겠습니다. 감히 맑은 술을 차려 놓고서 경건

136 장방(長房) : 여기서는 '최장방(最長房)'과 같은 말로, 4대 이내의 자손 중에 항렬과 나이가 가장 높은 사람이다. 봉사손(奉祀孫)에게 대수(代數)가 다한 신주를 최장방으로 옮겨 제사를 받들도록 한다. 이 최장방이 죽으면 그다음 최장방이 모셔 가는데, 자손 중에 4대손이 다 죽은 뒤에는 무덤 옆에 그 신주를 매안(埋安)한다.

137 백배고사(百拜告辭) : 이 말은 《상례비요(喪禮備要)》 〈길제〉의 '합제를 지내고 조천한 신주를 매안할 때의 축문〔合祭埋主祝〕'에 보인다. 이 축문은 본래 명나라 구준(丘濬)이 지은 《가례의절(家禮儀節)》 권6 〈상례(喪禮) 대상(大祥)〉에서 "조천한 신주를 받들어 묘소 옆에 매안함〔奉遷主埋於墓側〕"에 관한 의절(儀節)에 실려 있는 것이다.

하게 아뢰니다.〔今就墓側 奉安神主 永訣終天 不勝感愴 敢以淸酌 用伸虔告〕"라고 하고, 또 해당 신위의 분묘에 고하기를, "이제 조천함이 친진하게 되었습니다. 그래서 장차 신주를 묘소 곁에 매안하려고 하여 영역을 활짝 열게 되니, 사무치게 서글픈 이 마음을 가누지 못하겠습니다. 삼가 맑은 술을 차려 놓고서 경건하게 아뢰니다.〔今以祧遷親盡 將埋安神主于墓側 開破塋域 不勝感愴 謹以淸酌 用伸虔告〕"라고 합니다.-해당 분묘에 고유하는 것은 우암(尤庵)과 남계(南溪)가 모두 마땅히 행해야 한다고 하였습니다.-매안할 때 자손이 한번 곡하는 것은 도암(陶庵 이재)이 이미 논하신 바가 있으니, 마땅히 이것을 따라야만 합니다.

문　사제(舍弟)는 돌아가신 조모를 장사 지내기 전에 전시(殿試)에 응시하러 나아가서는 안 된다는 가르침을 이미 들었습니다. 이는 바로 분명하고도 완벽한 도리입니다. 하지만 집안에 팔순 노친[138]께서 응시할 것을 힘껏 권하고 계십니다. 게다가 근일의 규례(規例)로 말하면, '전시는 비록 기년복의 상(喪)에서 장사 지내기 전이라고 하더라도 감히 응시하지 않아서는 안 되니, 방방(放榜)하는 날에 차길(借吉)[139]

138　팔순 노친 : 이주국(李柱國, 1720～1798)으로, 본관은 전주(全州), 자는 군언(君彦), 호는 오백(梧栢)이다. 1740년(영조 16) 무과에 급제하여 이듬해 선전관에 임명된 뒤 훈련원 주부·판관 등을 지냈다. 이후 황해도 병마절도사, 어영대장, 훈련대장 등을 역임하였다. 시호는 무숙(武肅)이다.《淵泉集 卷33 刑曹判書李公謚狀》《性潭集 卷18 判書李公神道碑銘-幷序-》《璿源續譜 定宗大王子孫錄 德泉君派 卷9 版心38面(結字葉)～版心39面(爲字葉)》

139　차길(借吉) : 상제의 몸으로서 상중(喪中)인데도 임시로 길사(吉事)를 행하기 위해 특별히 길복(吉服)을 착용하는 것을 말한다.

해 입궐하여서 사화(賜花)와 홍패(紅牌)를 엎드려 받지 않을 수가 없다.'라고 합니다. 장사 지내기 전에 기년복을 입은 사람이 차길하는 것은 온당치 못한 것이 아닐는지요?

답 예제(禮制)를 모범(冒犯)하고서 전시에 응시하러 들어가는 것에 대해 이미 근일의 규례가 있으니, 그렇다면 어찌하여 굳이 예(禮)를 논하는 자에게 물어볼 필요가 있겠습니까. 그러나 만약 사세(事勢)와 시속(時俗)을 주로 삼으면 예(禮)는 거의 폐해질 것입니다. 조부모를 위하여 입는 복(服)은 방기(旁期)와 똑같지 않으니,[140] 그 상(喪 시신, 영구)이 빈(殯)에 있는데 창방(唱榜)하는 날에 사화를 꽂고 길복을 착용하는 것은 대단히 온당치 못합니다. 저는 이에 대해서 어떻게 말씀드려야 할지를 알지 못하겠으니, 부디 널리 물으셔서 잘 살펴 조처하십시오.

문 모든 상(喪)은 부친이 살아 계시면 부친이 상주(喪主)로서 상사(喪事)를 주관하니,[141] 그렇다면 우제와 졸곡부터 부제(祔祭)까지 부친이 모두 주관하는 것입니까? 《상례비요(喪禮備要)》의 '초우제 축문 서식' 중 소주(小註)에서 인용한 《예기》 〈상복소기(喪服小記)〉의 "며느리의 상을 치를 적에 우제와 졸곡은 그 지아비나 아들이 주관하고,

140 조부모를……않으니 : 같은 기년복이지만 차이가 있다는 말이다. 조부모를 위하여 입는 기년복은 정통기(正統期)이다. 이는 '정통(正統)의 기년복'이라는 뜻으로, 직계(直系) 존속(尊屬)을 위하여 입은 기년복인 것이다. 반면 '방기(旁期)'는 정통이 아닌 방계 친족의 존속이나 비속을 위하여 입는 기년복, 또는 그러한 복(服)을 입는 관계를 뜻하는바, 정통기는 방기에 비하여 더 중한 것으로 간주한다.

141 모든……주관하니 : 이 말은 《예기》 〈분상(奔喪)〉에 보인다.

부제는 시부가 주관한다.〔婦之喪 虞卒哭 其夫若子主之 祔則舅主之〕"라고 한 설(說)을 가지고 살펴보면, 우제와 졸곡은 아들이 주관하고 부제는 시부가 주관하는 것이 전혀 의의가 없으니, 이에 대하여 혹 선배의 정론(定論)이 있습니까?

답 며느리의 상(喪)을 치를 적에 우제와 졸곡을 그 지아비나 아들이 주관하면 '부친이 상주로서 상사를 주관한다.'라고 한 의의가 도대체 어디에 있겠습니까. 우암(尤庵 송시열)께서는 이에 대하여 "비록 고례(古禮)에서 나왔으나 현격하게 차이 나는 점이 있으니, 따르기가 어렵다."[142]라고 하였습니다. 대체로 이미 '자부(子婦)'로 제주(題主)하였으니, 그렇다면 우제와 졸곡도 시부가 마땅히 주관해야 할 것입니다. 〈상복소기〉의 글은 지금 따를 수가 없습니다.

문 조조(朝祖)[143]를 행할 때 사당에 고유축(告由祝)이 없는 것은, 이미 '막 죽었음〔始死〕'을 조묘(祖廟)에 고하였으므로 조조를 행할 때 다시 고할 필요가 없어서 그러한 것 같습니다. 그런데 막 죽었을 때부터 조조를 행할 때까지 날짜가 이미 오래되었으니, 고사(告辭 고유(告

142 비록……어렵다 : 이는 《송자대전》 권65 〈답박화숙(答朴和叔)〉에 "이것은 똑같이 고경(古經)에서 나오는데, 피차가 현격하게 차이 나니, 무엇을 따를지 어려운 점이 있습니다. 그러나 적부(嫡婦)와 서부(庶婦), 다른 집과 같은 집을 막론하고, 한결같이 '부친이 살아 계시면 부친이 상주로서 상사를 주관한다.'라고 한 설을 주장한 뒤에야 구애되고 어긋나는 병폐가 없습니다.〔此同出古經, 而彼此徑庭, 有難適從. 然無論適庶與異宮同宮, 一主於父在父爲主之說, 然後無有妨礙牴牾之弊矣.〕"라고 한 데에 보인다.

143 조조(朝祖) : 영구가 장지로 떠나가기 전에 사당에 모셔져 있는 조상의 위패를 알현하게 하는 절차이다.

由)하는 글)도 없이 곧바로 사당에 들어가는 것은 또한 매우 온당치 못합니다.

답 조조를 행할 적에 사당에 고유하는 것과 관련하여 예(禮)에 해당하는 명문(明文)이 없으니, 이미 '막 죽었음'을 고하였으므로 그러한 것 같습니다. 그 사이가 비록 이미 일자가 오래되었더라도 굳이 다시 고할 필요는 없습니다. 애황중(哀遑中 상중)에는 예(禮)에 구비하지 못한 바가 있으니, 그렇다면 비록 모르는 체한다는 혐의가 있더라도 빼놓는 것은 아무런 문제 될 것이 없습니다.

문 부제(祔祭)를 지낼 적에 사당에 이르러서 신주를 받들어 꺼낼 때 출주축(出主祝)이 없는 것은 어째서입니까?

답 옛적에 부제는 곧장 사당에서 거행하였습니다. 그러므로 출주축이 없는 것입니다. 그런데 만약 정침(正寢)이나 청사(廳事)와 같은 다른 곳에서 부제를 거행하면, "신주를 아무 곳으로 모셔가겠습니다.〔請主詣某所〕"라고 고하는데, 이런 고사(告辭 고유(告由)하는 글)는 매우 소략하여 사용하기가 어렵습니다. 도암(陶庵 이재(李縡))께서 만드신 고사가 있는데, "효손 아무가 이제 선고를 제부(躋祔)[144]하려고 하여 현증조고 아무 관 부군께 제사 드리는 일이 있게 되었습니다. 감히 현증조고와 현증조비의 신주를 내어와 정침으로 모셔가도록 하겠습니다.〔孝孫某今以躋祔先考 有事于顯曾祖考某官府君 敢請顯曾祖考顯曾祖妣神主出就正寢〕"라고 하였습니다. 이것을 근거로 삼아서 제사를 주관하는

144 제부(躋祔) : '승부(升祔)'라고도 하는바, 졸곡을 지낸 바로 그다음 날에 소목의 차례에 맞추어서 새 신주(神主)를 사당의 조상 신주 곁으로 올려 모시는 일을 가리킨다.

자의 속칭(屬稱)[145] 및 조고(祖考)와 조비(祖妣)의 '몇 대(代)'라는 칭호는 마땅히 그 부제의 대상이 되는 분께 맞추어서 일컬어야만 할 것입니다.

문 제 조모의 상(喪)이 정월 그믐에 있었는데,[146] 성복(成服)을 2월 초사흗에 행하였습니다. 대공(大功) 이하 복(服)이 있는 자는 상(喪)이 난 달을 기준으로 삼아서 계산하는 겁니까?

답 대공의 제복(除服)에 대하여 남계(南溪)가 비록 월수(月數)의 의론이 있었으나[147] 사계(沙溪)의 《의례문해》에 이미 "대공도 마땅히 사망한 달을 기준으로 삼아야 한다."[148]라고 하였고, 도암(陶庵)이 이를

145 속칭(屬稱) : 이는 본래 '신주(神主)'와 관련된 용어로, '속(屬)'이란 고(高), 증(曾), 조(祖), 고(考) 등을 이르고, '칭(稱)'이란 관직이나 호(號)·항렬의 차례 등을 이른다.《二程文集 卷11 伊川文集 作主式》 여기서는 축문(祝文), 고유문 등의 내용에서 돌아가신 분과 그분께 고하는 사람 사이의 관계를 나타내는 '칭위(稱謂)'를 뜻한다.

146 제……있었는데 : 이재의의 조모 청송 심씨는 정조(正祖) 무오년(1798) 정월 29일에 졸하였다.《璿源續譜 定宗大王子孫錄 德泉君派 卷9 版心38面(結字葉)~版心39面(爲字葉)》

147 대공의……있었으나 : 이와 관련하여 박세채는 "상복을 벗는 달수를 사망한 달로부터 계산한다는 것은《의례문해》의 의론이다.……대공 이하 달로써 계산하는 경우는 성복한 달을 기준으로 삼아서 계산하는 것이 마땅하다.〔除服月數, 從死月爲計,《問解》之論也.……至於大功以下, 以月數者, 自當以成服之月數數之.〕"라고 언급하였다.《南溪正集 卷50 答崔漢臣問-庚午十二月十一日-》

148 대공도……한다 :《의례문해》〈상례(喪禮) - 부(附)-변제(變除)〉에 "기년 이상은 이미 모두 사망한 달을 기준으로 계산하였는데, 유독 대공 이하에만 성복한 달을 기준으로 계산한다면 아마 의의가 없을 것이니, 사망한 달을 기준으로 삼는 것이 마땅하다.〔朞以上, 旣皆以死月爲計, 獨於大功以下, 以成服爲計, 恐無義意, 當以死月爲準.〕"

인용하여서 어떤 사람의 물음에 답하는 데에 증거로 삼았으니, 사계의 설(說)을 따르는 것이 마땅합니다.

문 어떤 사람이 그 형의 상(喪)을 당하였습니다. 장차 부제(祔祭)를 거행하려고 하는데, 그 종형(從兄)이 종자(宗子)이고 망자보다 나이가 조금 많습니다. 망자에게 고하는 축문에 마땅히 이름을 적어야 합니까? '종제(從弟)' 아래에다 다만 '모관(某官)'이라 칭할 뿐입니까? 아니면 '부군(府君)'까지 아울러 칭합니까?

답 종자가 부제를 거행하는데 망인이 종제이면 아무리 낮더라도 축문의 내용은 또한 마땅히 스스로 그 이름을 칭해야 할 것입니다. 그리고 망인을 칭하면 '종제'의 아래에다 다만 '모관'이라 적을 뿐이고 '부군'이라는 존칭을 사용해서는 안 됩니다.

문 장사 지낸 뒤 삭참과 망참의 예(禮)에 대하여 사계(沙溪)께서는 궤연(几筵)에 먼저 행한 뒤에 사당에 행한다고 하셨고, 우암(尤庵)께서는 사당에 먼저 행한 뒤에 궤연에 행한다고 하셨습니다. 장차 어느 쪽을 따라 처리해야 좋을는지요?

답 장사 지낸 뒤 조묘(祖廟)에 이미 삭참과 망참의 예(禮)를 행하였으니, 그렇다면 마땅히 사당에 먼저 한 뒤에 궤연에 해야 할 것입니다. 제 생각으로도 우암의 설(說)이 따를 만하다고 봅니다.

문 중제(仲弟)[149]의 과거 보는 일은 병조(兵曹)에 청원하여 진시(陳

라고 하였다.

試)[150]의 예(例)로 제사(題辭 제김)를 받았습니다. 어제 상(上)께서 특명(特命)으로 전시(殿試)를 제(除)하고 방말(榜末)에 붙이게 하시고, 이어서 방방(放榜)하는 날에 홍패(紅牌)를 출급하라고 하교하셨습니다.[151] 이제는 방방하는 날에 들어가서 사화(賜花)와 홍패를 받을 수밖에 없습니다. 그날 평복 차림으로 궐밖에 이르러서 사화와 홍패를 받은 뒤에 사람을 시켜서 이것을 잡아 쥐고 앞서서 가도록 하는 것이

149 중제(仲弟) : 이재의(李載毅, 1772～1839)의 바로 아래 아우 이재홍(李載弘, 1775～1819)으로, 본관은 전주, 자는 여인(汝人)이다. 1798년 무과에 합격하여 함평현감·충청도 수군절도사를 거쳐 1818년 숙천 부사를 지냈다. 이재홍은 1796년(정조20) 10월 16일, 시사(試射)에서 오중(五中)하여 전시(殿試)에 곧바로 응시할 자격을 받게 되었다. 이후 1798년(정조22) 3월 12일, 춘당대에서 시행한 식년 무과 전시에서 원방(原榜) 2위로 급제하였다. 《承政院日記 正祖20年 10月 16日》《崇禎三戊午式年文武科殿試榜目》

150 진시(陳試) : 대과(大科)나 소과(小科)의 초시(初試)에 합격한 사람이 삼년상을 치르는 중이거나, 기년상(朞年喪)을 당해 아직 장사를 지내기 전이거나, 부자(父子)가 같이 참여하는 경우, 그 사유를 고하고 진시장(陳試狀)을 받아 증광시(增廣試)나 다음 번 복시나 전시에 참여할 수 있게 한 것을 이른다. 가짜 진시장을 내는 경우 10년 동안 과거를 볼 수 없으며, 가짜 공문서를 내준 관원은 파직하였다. 《經國大典 禮典 諸科》

151 어제……하교하셨습니다 : 해당 원문의 '제전시(除殿試)'는 '전시를 시행하지 않음'이고, '부저방말(付諸榜末)'은 과거 급제한 사람의 성명을 방(榜)에 내릴 때, 임금의 특별한 지시로 초시(初試)에만 합격한 사람의 성명도 그 방의 끝에 붙여서 급제시키는 일을 말한다. 1798년(정조22) 3월 12일, 정조는 "전 훈련대장의 증손 이재홍은, 기년복을 입고 있어서 응시할 수 없다고 들었다. 여든의 원융에 대해서는, 그 증손이 과거에 급제한 경사를 보도록 하는 것이 마땅하니, 전시를 거행할 때 특별히 방말에 이름을 붙이고 창방하는 날 홍패를 내어주는 것이 가하다.〔前訓將之曾孫李載弘, 聞以朞制, 不得應試云. 八十元戎, 宜令見其科慶, 殿試時, 特付榜尾, 唱榜日, 出給紅牌, 可也〕"라고 거조(擧條)를 내었다. 《承政院日記 正祖22年 3月 12日》

마땅합니까? 장사 지내기 전에 길복을 입고 꽃을 꽂는 것은 끝내 온당하지 못하니, 어떻게 하면 좋겠습니까? 집에 돌아온 뒤에 즉시 가묘에 배례를 행하는데, 장사 지내기 전에는 신알례까지도 함께 다 폐하니, 그렇다면 우선 장사 지낸 뒤를 기다립니까? 궤연으로 말하면 비록 당일에 길복을 입고 꽃을 꽂았더라도 곡하는 것이 아무런 문제가 없을 수 있겠습니까? 중제는 영구를 따라 선영으로 가서 양례(襄禮 장례)를 행한 그다음 날에 그대로 소분(掃墳)의 예(禮)를 행합니까?

답 전시를 제하고 방말에 붙이라고 상께서 특별히 하교를 내리셨다고 하시니, 이는 진실로 남다른 예우입니다. 이것이 이미 아랫사람의 처지와 사정을 잘 살펴 헤아려주는 성상의 뜻에서 나왔으니, 그렇다면 대체로 정(情)을 펴게 하고자 하신 것입니다. 하지만 방방하는 날에 어찌 꽃을 꽂고 길복을 입을 수 있겠습니까. 사화와 홍패를 출급하는 즈음에 자신은 집에 있으면서 다만 사람을 보내 받아 오게 하는 것이 혹 온당하지 못할 것 같다면 평복 차림으로 나아가 궐문 밖에 이르러서 사람을 시켜 대신 받게 하여 집에 먼저 보내고, 자신은 뒤쫓아서 되돌아가는 것이 또한 한 가지 방법입니다. 이것을 잡아 쥐고 앞서서 가도록 하는 것으로 말하면 유가(遊街)에 가깝다는 혐의가 있으니, 결단코 불가합니다. 과거에 급제한 경사를 사당과 궤연에 고유하는 것은 모두 장사 지낸 뒤를 기다려 행하는 것이 마땅합니다. 둘째 아우께서 비록 선산 아래에 가더라도 졸곡 전에 영소(榮掃)[152]의 예(禮)를 행해서는

152 영소(榮掃) : '영분(榮墳)'이라고도 하며, 자기 또는 아들이 과거나 벼슬 등 경사로운 일이 있을 때, 선조의 무덤에 고하고 제사 지내는 일을 말한다. '영(榮)'은 영광, '소(掃)'는 '소분(掃墳)'의 뜻이다.

안 되고, 졸곡 뒤에 다시 가서 행하는 것이 옳습니다.

문 제 조비(祖妣)의 양례(襄禮 장례)를 증왕고(曾王考)[153]의 장사 전에 일정한 기일이 지나서 행하였습니다. 그러므로 우제와 졸곡과 부제는 이미 장사 지낼 때 곧바로 행하지 못하였습니다. 초우제 축문의 내용에서 마땅히 '뒤로 물려서 행하는 연유'를 고해야 하는 것이 어떠할지 알지 못하겠습니다.

답 존조비(尊祖妣)의 상(喪)에서 우제는 '지위가 높은 사람을 먼저 하고 낮은 사람을 나중에 하는 것이 예이다.〔先重而後輕 禮也〕'[154]라고 하는 의리에 의하여 응당 지위가 높은 분 상(喪)의 초우제 뒤 며칠 사이에 행해야 하는 것이 옳습니다. 그런데 이제 졸곡에 이르렀으나 먼저 장사 지낸 분의 우제를 단 한 차례도 행하지 못한 것은 지나치게 미루고 지체한 것 같습니다. 또한 '뒤로 물려서 행하는 곡절'은 기일(期日)보다 앞서서 상식을 올릴 때를 통하여 미리 고하는 것이 마땅하니, 어찌 초우제 축문의 내용에다 새로 말을 만들어서 적을 수가

153 증왕고(曾王考) : 이재의(李載毅, 1772~1839)의 증조부 이주국(李柱國, 1720~1798)으로, 자는 군언(君彦), 호는 오백(梧栢), 본관은 전주이다. 1740년(영조 16)에 무과에 급제하였고, 평안도·황해도·경상우도·함경북도 병마절도사, 어영대장, 훈련대장, 형조 판서 등을 지냈다. 시호는 무숙(武肅)이다. 이주국은 정조(正祖) 무오년(1798) 3월 23일에 향년 79세를 일기로 졸하였다. 《淵泉集 卷33 刑曹判書李公諡狀》《性潭集 卷18 判書李公神道碑銘-幷序-》《璿源續譜 定宗大王子孫錄 德泉君派 卷9 版心38面(結字葉)~版心39面(爲字葉)》

154 지위가……예이다 : 이 말은, 본래 부모의 상이 함께 났을 경우 그 우제(虞祭)는 지위가 높은 사람을 먼저 하고 낮은 사람을 뒤에 해야 한다는 뜻으로, 《예기》 〈증자문(曾子問)〉에 실린 공자의 말씀에 보인다.

있겠습니까.

문 초우와 재우는 혹 '합사(祫事)'라 일컫기도 하고 혹 '우사(虞事)'라 일컫기도 하며, 삼우와 졸곡은 모두 '성사(成事)'라 일컬으니,[155] 이는 무슨 뜻입니까?

답 삼우와 졸곡을 모두 성사라 일컫는 것은, 삼우는 '예는 세 번에서 완성됨〔禮成於三〕'[156] 때문에 그러한 것이며, 졸곡은 '졸(卒)'에 '성종(成終 끝을 이룸)'의 뜻이 있기 때문에 그러한 것입니다.

문 사제(舍弟 이재홍(李載弘))가 방방(放榜)한 뒤에 사당에 고유하는 것은, 조비(祖妣 청송 심씨(靑松沈氏))의 장사 전이라서 행하지 못하였습니다. 지금은 양례(襄禮 장사)가 이미 지났으니, 점차 졸곡을 지낸 뒤

155 초우와……일컬으니 : 이는 초우, 재우, 삼우 및 졸곡의 축문 내용을 두고 언급한 것이다. 통상 초우의 축문에서는 "슬피 합사를 올립니다.〔哀薦祫事〕"라고 하고, 재우일 경우에는 '합사'를 대신하여 그 자리에 '우사(虞事)'를 넣고, 삼우일 경우에는 그 자리에 '성사(成事)'를 넣어서 말을 만든다. 졸곡일 경우에도 '성사'를 넣어서 사용하는데, 다만 그 아래에다 '내일 조고 아무 벼슬 부군께 올려서 부(祔)합니다.〔來日隮祔于祖考某官府君〕'라는 말을 더 넣어서 축문의 격식을 갖춘다. 《국역사계전서 제24권 가례집람도설(家禮輯覽圖說) 삼우제, 졸곡제, 부제 및 소상, 대상, 담제의 축문을 쓰는 법식〔三虞卒哭祔及小祥大祥禫祭祝文式〕, 제33권 상례비요(喪禮備要) 우제(虞祭) 축문의 서식》

156 예는……완성됨 : 이 말은 《의례》 〈사상례(士喪禮)〉 중 "'아무개는 돌아오시오!'라고 긴소리로 세 번 불러야 한다.〔曰: '皐某復!' 三.〕"에 대한 가공언(賈公彦)의 소(疏)에 보인다. 또한 《서경》 〈주서(周書) 고명(顧命)〉 중 "마침내 '동(同)'이라는 술잔과 '모(瑁)'라는 옥홀(玉笏)을 받아, 왕이 세 번 진작(進爵)하고, 세 번 제주(祭酒)하고, 세 번 전작(奠爵)하였다.〔乃受同瑁, 王三宿, 三祭, 三咤.〕"에 대한 공안국(孔安國)의 전(傳) 및 채침(蔡沈)의 《집전(集傳)》에도 보인다.

를 기다려서 술과 과일을 마련해 사당에서 다례(茶禮 차례)를 설행하고자 합니다. 이때 그 축문의 내용은 어떻게 작성해야 합니까? 증조부께서 살아 계셨을 때 환후 중이라 비록 사화와 홍패를 받아 오는 것을 미처 보지 못하셨으나 '특별 하교로 방방한 일'에 대해서는 이미 알고 계셨으니, 그렇다면 다시는 다례를 추후해 설행하는 것이 불가합니까? 조비께서는 이미 방방한 일을 알지 못하신 채로 하세(下世)하셨으니, 그렇다면 다례를 추후해 설행하는 것은 아마도 그만둘 수 없을 듯합니다.

답 과거에 급제한 경사는 마땅히 선조의 사당 및 왕대부인(王大夫人)의 궤연(几筵)에 고해야 할 것입니다. 그런데 존부군(尊府君)[157]께서 이미 상을 치르고 계시는 중이라서 제사 지내 고하는 예(禮)를 직접 주관할 수 없으십니다. 《남계예설(南溪禮說)》의 '상중고사(喪中告辭)' 조에 "복(服)이 가벼운 자에게 시켜서 행하게 하되 연월(年月)과 수미(首尾)는 없고, 다만 '마땅히 행해야 하는 일'을 고할 뿐이다.[158]……"

157 존부군(尊府君) : 이재의의 부친 이응오(李應五, 1754~1805)를 가리킨다. 《璿源續譜 定宗大王子孫錄 德泉君派 卷9 版心38面(結字葉)~版心39面(爲字葉)》

158 복(服)이……뿐이다 : 이 내용은 "장사 지내기 전에 만약 가묘를 옮겨 봉안하는 예가 있으면, 그저 고유문만으로 행하는 것이 마땅합니까?〔葬前若有家廟移奉之禮, 則只行告辭爲當耶?〕"라고 한 조태구(趙泰耇)의 물음에, "장사 지내기 전에는 참(參)을 행하는 예는 전혀 없으나 만일 옮겨 봉안하는 거조가 있으면, 아마도 마땅히 복이 가벼운 자에게 시켜서 그저 고유문만으로 행하게 해야 할 듯합니다. 여기서 이른바 고유문이란 연월과 수미는 없고, 다만 마땅히 행해야 하는 일의 곡절을 고할 뿐입니다.〔未葬之前, 殊無行參之禮, 如有移安之擧, 則恐當使服輕者只告辭而行之, 所謂告辭者, 無年月首尾, 而只告當行之事故也.〕"라고 한 박세채의 대답에 보인다. 《南溪續集 卷13 答趙德叟問-禮○甲戌三月三日-》《南溪先生禮說 卷2 有事則告》

라고 하였으니, 이대로 행하는 것이 어떻겠습니까.

이미 연월을 사용하지 않았으니, 그렇다면 대신하여 고하는 자의 속칭(屬稱)[159]을 언급하지 않고, 다만 '몇 대손 아무개가 등과(登科)한 일의 곡절'을 고할 뿐이되 그것에 관한 말을 만드는 것은 뜻에 따라 만들어 사용하는 것이 옳습니다. 존증왕고(尊曾王考)께서 살아 계셨을 때 영계(令季 이재홍(李載弘))가 전시(殿試)에 특명으로 참여한 것을 이미 아셨으니, 그렇다면 이제 굳이 추후해 고할 필요는 없습니다.

문 《상례비요》를 살펴보면 졸곡 축문은 망자의 속칭(屬稱)을 따르고, 부제(祔祭)에서 망자에게 고하는 축문은 상(喪)을 주관하는 자의 속칭을 따릅니다. 혹 망자의 속칭을 따르기도 하고, 혹 상(喪)을 주관하는 자의 속칭을 따르기도 하는 것은 어째서입니까?

답 졸곡 축문의 말단에 '제부우조고(躋祔于祖考)'라고 한 것은 '망손(亡孫)의 부제 축문'이라는 뜻을 위주로 하여 망인을 따라 속칭으로 삼은 것이고, 부제의 축문 내용에서 '적우증조고(適于曾祖考)'라고 한 것은 부제를 행하는 사람을 위주로 하여 증손(曾孫)을 따라 속칭으로 삼은 것이니, 그 뜻이 진실로 각각 해당하는 바가 있습니다.

문 제가 증조부를 위해 자최복을 입어서 내달이면 복(服)이 다하는데,

159 속칭(屬稱) : 이는 본래 '신주(神主)'와 관련된 용어로, '속(屬)'이란 고(高), 증(曾), 조(祖), 고(考) 등을 이르고, '칭(稱)'이란 관직이나 호(號)·항렬의 차례 등을 이른다. 《二程文集 卷11 伊川文集 作主式》 여기서는 축문(祝文), 고유문 등의 내용에서 돌아가신 분과 그분께 고하는 사람 사이의 관계를 나타내는 '칭위(稱謂)'를 뜻한다.

조모의 중복(重服)은 아직 다하지 않았습니다.[160] 증조부를 위하여 입은 복(服)을 벗을 때 도로 도포(道袍)를 입고 포대(布帶)를 착용하고서 입곡(入哭)하는 것은 압존(壓尊)의 의리가 부족한 것 같습니다. 백포(白袍)에 소대(素帶) 차림으로 입곡하는 것이 마땅합니까?

답 조모를 위하여 기년복을 입는 동안 증조부를 위하여 입은 자최오월복을 벗을 때는 잠시 백포와 백대(白帶)를 착용하는 것이 마땅합니다.

문 윤 석호(尹石湖)가 묻기를, "천장할 때 직접 와서 참여할 수 없는 자도 마땅히 시마복을 만들어서 파구분(破舊墳)할 때 망곡하고 성복해야 하는 것입니까?"라고 하자, 동춘당이 말씀하기를, "이것이 아마도 옳을 듯합니다."라고 하였습니다.[161] 김공(金公) 재(栽)가 묻기를,

160 제가……않았습니다 : 이재의의 증조부 이주국(李柱國)은 정조(正祖) 무오년(1798) 3월 23일에 졸하였는데, 조모 청송 심씨는 이보다 앞서 동년 정월 29일에 별세하였다. 《璿源續譜 定宗大王子孫錄 德泉君派 卷9 版心38面(結字葉)~版心39面(爲字葉)》 예법에 따르면 증조부를 위해서는 자최오월복을 입고 조모를 위해서는 자최부장기복을 입는다. '중복'은 '중제(重制)'라고도 하는데 '무거운 복(服)'으로, 아홉 달 동안 입던 복제인 대공(大功) 이상의 상복을 가리킨다. 조모를 위하여 입는 복은 기년 동안 입는 복이기 때문에 중복이라고 한 것이다.

161 윤 석호(尹石湖)가……하였습니다 : 이는 윤문거(尹文擧)와 송준길의 문답에 보인다. 윤문거가 "직접 와서 참여할 수 없는 자질은 출관하고 하관하는 시간에 소복을 입고 망곡하는 거조가 있습니까? 제 아우 시거도 병에 걸려 수원에 있으므로 아마도 직접 와서 참여할 수 없을 것 같은데, 이런 경우도 마땅히 시마복을 만들어서 파구분할 때 망곡하고 성복해야 하는 것입니까?〔子姪之不能來參者, 於出柩下窆之時, 有素服望哭之擧耶? 賤弟時擧, 在水原嬰疾, 亦恐不能來參. 如此者, 亦當制緦服望哭成服於破舊墳之時耶?〕"라고 묻자, 이에 대해 송준길은 "주신 편지의 말씀이 옳은 듯합니다.〔來教恐然.〕"라고 답하였다. 《同春堂別集 卷5 答尹汝望-文擧-吉甫-宣擧○戊申-》

"조모의 묘소를 옮기는 것이 소상을 지낸 뒤에 있으니, 다시 시마복과 수질을 만들어서 최복(衰服)의 위에다 더합니까?"라고 하자, 남계가 말씀하기를, "시마복과 수질을 만들어서는 안 됩니다."라고 하였습니다.[162] 어느 설(說)을 따라야 마땅합니까?

답 천장할 적에 시마복을 입는 것은, 묘소에 직접 갈 수 없는 상황이면 마땅히 동춘당의 설(說)을 따라 묘를 파서 여는 날에 사차(私次)에서 면복(緬服)을 받아 입어야 할 것입니다. 삼년상을 치르는 동안에 개장하는 경우라면 시마복을 만들어 입지 않으니, 이는 남계의 설(說)이 옳은 것 같습니다.

문 삼년상을 치르는 동안에는 선조의 기제사를 행할 적에 제대로 된 예를 갖출 수 없고 단헌(單獻)의 예(禮)를 사용하니, 그렇다면 제모(祭茅)[163]의 의절도 마땅히 폐해야 할 것 같습니다. 이것이 어떠할지 알지 못하겠습니다.

답 상을 치르는 동안 선조께 제사 지낼 적에 단헌(單獻)의 의절도 마땅히 모사(茅沙) 위에 술을 세 번 부어야만 합니다. 남계가 말씀하

162 김공(金公)……하였습니다 : 이는 김재와 박세채의 문답에 보인다. 김재가 "조모의 묘소를 옮기는 것이 만약 소상을 지낸 뒤에 있으면 최복과 수질은 이미 벗어 버렸을 것입니다. 다시 시마복과 수질을 만들어서 최복의 위에다 더합니까?〔祖母遷墓, 若在小祥之後, 則衰服首絰旣已除去矣. 更制緦服首絰而加於衰服之上否?〕"라고 묻자, 이에 대해 박세채는 "역시 시마복과 수질을 만들어서는 안 됩니다.〔亦不當制緦絰.〕"라고 답하였다. 《南溪正集 卷44 答金仲固問 -喪禮○甲子六月二十二日-》

163 제모(祭茅) : 해당 원문은 '반모(反茅)'로 되어 있으나, 전후 문맥에 근거하여 '제모(祭茅)'로 바로 잡아 번역하였다. '제모'란 제사를 지낼 때 모사(茅沙)의 위에 술을 붓는 의식으로, 통상 세 번 술을 붓는다.

기를, “아헌과 종헌 및 독축과 고이성 외에는 모두 평상시의 제사와 똑같이 한다.”라고 하였으니,[164] 이것으로 살펴보면 단헌으로 행할 때도 모사에 술을 붓는 것은 변함없이 그대로인 것입니다. 어찌 유식(侑食)의 첨주(添酒)[165]라는 한 절차가 없다고 하여서 모사에 술을 붓지

164 남계가……하였으니 : 이는 이시춘(李時春)과 박세채의 문답에 보인다. 이시춘이 “《의례문해》의 ‘삼년내기제’조에, ‘다만 일헌일 뿐이니, 그렇다면 유식은 없다.’라고 하였습니다. 그렇다면 밥을 진설하지 않는 것 같은데, 혹자는 ‘비록 진설하더라도 유식하지 않는다.’라고 하니, 이 설이 어떠합니까? 오직 그 참신(參神)・강신(降神)・전헌 등의 의절만은 한결같이 평상시 제의와 똑같이 하고 그저 한잔도 모사에 붓지 않는 것입니까? 그저 삭망의 의절과 똑같이 할 뿐입니까?〔《問解》三年內忌祭條, 謂只一獻則無侑食也. 然則似不設飯, 而或者曰雖設而不侑. 此說如何? 惟其參降奠獻等節, 一如常祭儀, 而只一酌不祭茅耶? 只如朔望儀耶?〕”라고 묻자, 이에 대해 박세채는 “《의례문해》에서 이른바 ‘기제일헌’이라고 한 것은 《격몽요결》에 근본을 두고 있습니다. 그러나 《격몽요결》에서 다만 ‘찬품(饌品)을 평상시보다 줄인다.’라고 하였을 뿐 음식을 진설하지 않는다는 글이 없으니, 아마도 아헌과 종헌 및 독축과 고이성 외에는 모두 평상시의 제사와 똑같이 하는 듯합니다.〔《問解》所謂忌祭一獻云者, 原於《擊蒙要訣》只云饌品減於常時, 無不設食之文, 恐亞終兩獻及讀祝告利成之外, 竝如常祭矣.〕”라고 답하였다. 《南溪外集 卷8 答李仁甫問-甲子正月-》 ‘고이성’이란 제례를 마친 다음 제례가 끝났음을 신에게 고하는 의식이다. 이성(利成)은 예가 완성되었다는 뜻으로, 김장생(金長生)은 《사계전서(沙溪全書)》 권3 〈답민형숙(答閔衡叔)〉에서 고이성을 정의하기를, “이(利)는 공양(供養)한다는 뜻이며, 성(成)은 끝마쳤다〔畢〕는 말이다. 옛날에는 제사를 지낼 때 시동이 있었는데, 고이성이란 시동에게 제사를 끝마쳤으니 일어나라고 고하는 것이다.”라고 하였다.

165 유식(侑食)의 첨주(添酒) : ‘유식’이란 신에게 식사를 권한다는 뜻으로, 신령이 더 많이 흠향(歆饗)하도록 하는 제사 절차이다. 종헌(終獻) 때 올린 잔에 가득히 차도록 첨작(添酌)하여 따라 올리고 난 다음, ‘삽시(揷匙)’라고 해서 숟가락을 메에 꽂고 젓가락을 잘 갖추어 그 시접 위에 자루가 집사자의 좌측으로 놓이게 한 뒤 제주가 재배한다. 그리고 모든 제관(祭官)이 밖으로 나와 문을 닫고 서서 아홉 숟갈을 먹는 시간〔九飯之頃〕을 기다린다. 《가례》 〈상례〉 우제(虞祭)조의 ‘유식(侑食)’에 대한 원주(原註)를

않을 수 있겠습니까.

문 제 가친께서 한창 증조부에 대해 승중(承重)하여 참최복을 입고 계시는데,[166] 고조부의 기제사[167]를 지내야 할 경우 비록 직접 얼굴을 뵙지 못하였더라도 곡읍하며 제사를 지내는 것이 어떠할지 알지 못하겠습니다.

답 아무리 상중이라도 선조에 대하여 그분을 미처 섬기지 못하였으면 기제사를 지낼 적에 곡읍해서는 안 될 것 같습니다. '차마 자기 어버이가 돌아가신 것으로 여기지 못한다.〔不忍死其親〕'라고 하는 의리를 여기에서는 적용할 수 없습니다.

속절(俗節)에 참례(參禮)를 행하는 것으로 말하면, 삼일(三日 3월 3일)은 남계(南溪)가 쓰지 않았으니, 그 절일(節日)이 매우 비속하기 때문에 그러한 것 같습니다. 그러나 인가(人家)가 대부분 삼일에 참례를 행하니, 삼일에 참례를 행한들 무슨 문제가 될 것이 있겠습니까. 구일

살펴보면, "집사자가 주전자를 들고 나아가서 잔에 술을 첨가한다.〔執事者執注就, 添盞中酒.〕"라고 하였다.

166 제……계시는데 : '가친'은 이재의의 부친 이응오(李應五, 1754~1805)를, '증조부'는 이응오의 조부 이주국(李柱國, 1720~1798)을 가리킨다. 이응오는 부친 이현(李炫, 1737~1758)이 22세로 요절하였기 때문에 조부 이주국을 위해 승중하여 참최복을 입었던 것이다.《璿源續譜 定宗大王子孫錄 德泉君派 卷9 版心38面(結字葉)~版心39面(爲字葉)》

167 고조부의 기제사 : '고조부'는 이응오의 증조부 이함(李涵, 1682~1721)으로, 1721년 5월 14일에 졸하였다.《璿源續譜 定宗大王子孫錄 德泉君派 卷9 版心38面(結字葉)~版心39面(爲字葉)》

(九日 9월 9일)은 참례를 행하지 않을 수 없으니, 대체로 중양(重陽)이 그 무엇보다 영절(令節)이 되기 때문에 그러한 것입니다. 찬품(饌品)은 어찌 작정(酌定)할 수 있겠습니까. 오직 집안 재력의 형편에 맞추어서 행할 뿐입니다. 삭참과 망참에 과일을 차린 큰 쟁반 하나를 진설하는 것은 《가례》와 《상례비요》에 이미 해당하는 예문이 있으니,[168] 마땅히 이를 따라서 행해야 할 것입니다. 어찌 굳이 사소하며 간략하다고 혐의할 필요가 있겠습니까.

생신제(生辰祭)는 풍선(馮善)이 처음으로 만들어 내었다고 합니다.[169] 하지만 실제로는 주원양(周元陽)[170]부터 '생기(生忌)'[171]라는 명칭이 있

168 삭참과……있으니 : 《가례》 권1 〈통례(通禮) 사당(祠堂)〉에 "설날 · 동짓날 · 초하룻날 · 보름날에는 참례를 행한다.〔正至朔望則參.〕"라고 하였는데, 이에 대한 원주(原註)에 "설날 · 동짓날 · 초하룻날 · 보름날에는 하루 전에 물 뿌리고 쓸고 재계하며 하룻밤을 자고, 이른 새벽에 일찍 일어나서 문을 열고 발을 걷는다. 감실(龕室)마다 햇과일을 차린 큰 쟁반 하나를 탁자 위에 진설한다. 위(位)마다 찻잔과 차탁(茶托), 술잔과 잔받침(盞盤)을 각기 하나씩 신주 독(櫝) 앞에 진설한다.〔正至朔望, 前一日, 灑掃齊宿, 厥明夙興, 開門軸簾, 每龕設新果一大盤於卓上, 每位茶盞托酒盞盤各一於神主櫝前.〕"라고 하였다. 《상례비요》 역시 《가례》의 이 내용을 따랐다.

169 생신제(生辰祭)는……합니다 : '생신제'란 돌아가신 분의 생일에 지내는 제사이다. 풍선(馮善, ?~?)은 명대(明代)의 학자로, 상군(常郡) 석읍(錫邑) 사람이다. 자는 택현(擇賢), 호는 계헌(戒軒)이다. 《明名臣琬琰續錄 卷13》 생신제에 관한 주장은 그가 지은 《가례집설(家禮集說)》 〈제례(祭禮) 기일제(忌日祭)〉의 '생기(生忌)-친생지일(親生之日)-'조에 보인다.

170 주원양(周元陽) : 당(唐)나라 여남(汝南) 사람으로, 《신당서(新唐書)》 권58 〈예문지(藝文志)〉에 그의 저술로 《제록(祭錄)》 1권이 소개되어 있다.

171 생기(生忌) : 죽은 사람의 생일에 지내는 제사를 이른다. 돌아가신 분의 생일을

었습니다. 삼헌(三獻)하고 독축(讀祝)하여서 정식 제사를 지냈는데, 그 뒤로 감쇄하여 소사(小祀)인 다례(茶禮 차례)가 되었습니다. 그러나 예가(禮家)는 이를 행하는 것을 허락하지 않고 다만 삼년상을 치르는 동안에 행하는 것을 허락할 뿐입니다. 인가(人家) 중에 비록 사당에서 이를 행하는 경우가 있지만, 이는 끝끝내 예(禮)의 올바름이 아닙니다.

생신제는 예가(禮家)가 허락하지 않은 것이니, 어찌 유독 주갑(周甲)에 대해서만 달리하겠습니까. 사당에서 이를 행하면 해당 신위에만 설행하는 것이 불가하고, 또한 모든 신위에 함께 설행하는 것도 불가하니, 이 때문에 행하기가 어렵습니다. 성묘하여 설행하는 것은 더더욱 예(禮)가 아닙니다.

망자의 생신날이 혹 중월(仲月)이나 계월(季月)에 해당하면 인가(人家)가 비록 평상시에 시제(時祭)를 행하지 않더라도 반드시 이해 이 달에는 시제를 행하여서 정(情)을 펴는 방도로 삼는 경우가 많이 있습니다.

제 생각으로는, 주자(朱子)께서 생일(生日)에 예제(禰祭)를 행하신 의리[172]가 이와 같아서 이에 따라 행하는 것이 진실로 옳거니와 비록

말하는데, 상중에는 생기일에 제사를 지냈다.

172 주자(朱子)께서……의리 : 《가례》 권5 〈제례(祭禮) 예(禰)〉에 "계추에 예제를 지낸다.〔季秋祭禰.〕"라고 하였는데, 이에 대한 원주(原註)에 실린 정자의 설에 "계추는 만물을 이루어주는 시작이니, 또한 그 유를 형상하여 제사 지내는 것이다.〔季秋成物之始, 亦象其類而祭之.〕"라고 하였다. 그리고 이와 관련하여 주희는, "내 집에서는 옛날부

혹 곧바로 그날에 맞출 수 없다고 하더라도 해당 달 안에 추후하여 행하는 것이 또한 마땅합니다. 이는 대체로 산 사람의 생일도 수작(晬酌 생일잔치)을 추후하여 설행하는 규례가 있으므로 그러한 것입니다. 이것이 어떠할지 알지 못하겠습니다. 만약 맹삭(孟朔)을 만나면 맹삭에는 시제를 행할 수 없으니, 중삭(仲朔)으로 물려서 행하는 것이 또한 가지 방법입니다.

터 언제나 입춘과 동지와 계추의 세 제사를 지내왔는데, 뒤에 입춘과 동지의 두 제사가 체제(禘祭)와 합제(祫祭)에 가까워 편치 않음을 깨닫고는 마침내 중지하였다. 계추에는 예전처럼 예제를 지냈는데 내 생일을 사용하여 제사 지냈으니, 마침 내 생일이 계추에 들어 있어서이다.〔某家舊時常祭立春冬至季秋三祭, 後以立春冬至二祭近禘祫之祭, 覺得不安, 遂已之. 季秋依舊祭禰, 而用某生日祭之, 適値某生日在季秋.〕"라고 언급하였다.《朱子語類 卷87 禮4 小戴禮 祭義》 주희는 건염(建炎) 4년(1130) 9월 15일에 남검주(南劍州) 우계현(尤溪縣)에서 태어났다. 그래서 자신의 생일인 9월 15일에 예제를 지낸 것이다.

방여량 석필 에게 주다

與房汝良 錫弼

계산(稽山 충북 영동(永同))에서 머무르는 동안 그대의 훌륭한 풍모를 한번 만나보고서 고명(高明)께서 속된 선비가 아니라는 것을 이미 알았기에 실로 난실(蘭室)[173]에 교정(交情)을 부쳐보려는 소원이 있었는데, 그 뒤로 해후할 길이 없어서 삼 년 동안 몹시도 그리워하였습니다. 그러던 중 홀연 전달에 외람되게도 제가 머무는 곳을 직접 찾아와 주시니, 깜짝 놀라며 기쁘고도 감동한 이 마음을 거의 무어라 형언할 수 없었습니다.

근세에 학술이 흥기하지 못하는 바람에 도의(道義)가 밝혀지지 않아서 과거 공부에만 치중하는 선비는 명리에 골몰하여 되돌아오지 못하고 문장에만 주력하는 선비는 부화(浮華)함에 침닉하여 바뀌지 못하고 있습니다. 풍습을 초탈해 지취(志趣)를 높이 세워서 탁연히 군자의 빈빈(彬彬)한 학문을 자임하는 자로 말하면, 경향을 두루 살펴볼 적에 대체로 많이 보이지 않습니다. 오직 족하(足下)께서는 자질이 단아하고 재분(才分 천부적 자질)이 총명하여 남쪽 지역의 멀고도 외진 고을에서 태어났으나 능히 일찌감치 이러한 일이 있다는 것을 알았습니다. 그리고 또 일찍이 역옹(櫟翁 역천(櫟泉) 송명흠(宋明欽))의 문하에 출입하여 다년간 좇아서 섬김에 훈도(薰陶)를 받고 강마하여 들은 바를 높이고

173 난실(蘭室) : 지초(芝草)와 난초(蘭草)가 있어 그 향기로 그득한 방 안을 가리키는바, 선인・현자의 거처에 대한 미칭이다. 《孔子家語 卷4 六本》

아는 것을 행해 울연히 성취한 문장(文章 문리(文理))이 있게 되었습니다. 그래서 말과 행동을 근칙(謹飭)하고 견문과 학식이 정상(精詳)하며 지조와 행실이 돈독하니, 이는 그야말로 옛적에 이른바 '묻지 않아도 선생의 제자임을 알 수 있다.〔不問可知爲先生弟子〕'[174]라고 한 것입니다. 그 속에 보존된 것이 이미 이와 같은데 전심전력으로 나아가 게으르지 않고 애써 노력해 더욱더 힘쓰니, 이는 실로 세간의 평범한 사람이 가지지 못한 바입니다. 그러니 어찌 기이하지 않겠습니까. 이는 제가 그대를 한번 만나봄에 몹시 흠모하여 함께 사귐을 즐거워하고 서로 종유하여 절차탁마의 유익함을 받고자 하는 까닭입니다. 제가 존선사(尊先師)에 대해서는, 대체로 일찍이 풍성(風聲)을 듣고서 열복함이 다른 사람에게 뒤지지 않았는데 다만 미처 한번 찾아뵙지 못하였을 뿐입니다. 태어나 한 세상을 함께하면서 결국에는 직접 가르침을 받지 못하였으니, 지금까지도 깊은 한이 간절하기에 매양 그 문하에 오른 선비를 좇아서 한두 가지 서여(緖餘)를 탐문하고자 하였으나 여태껏 그렇게 할 수가 없었습니다. 지금 족하의 학문이 전수한 바가 있어서 다른 사람과 이를 함께할 수 있으니, 부디 제시(提示)함을 아끼지 마셔서 어리석고 비루한 저를 경계하여 깨우쳐주시기를 간절히 바랍니다.

174 묻지……있다 : 뛰어난 스승에 뛰어난 제자를 지칭하는 말로, 여기서는 방석필이 뛰어난 스승인 송명흠의 제자가 되었음을 뜻한다. 이 말은 본래 송대의 학자 호원(胡瑗, 993~1059)과 관련된다. 호원의 자는 익지(翼之), 호는 안정(安定)으로, 호안정공(胡安定公)으로 널리 알려져 있다. 호원이 호주(湖州)의 교수(敎授)로 있을 때, 많은 학생을 가르쳤으며 뛰어난 학생들이 많이 배출되었는데, 학생들의 행동거지도 반듯하여 굳이 묻지 않아도 선생의 제자임을 알 수 있었다고 한다.《文忠集 卷25 胡先生墓表》《小學 卷6 外篇 善行 實立敎》

방여량에게 주다
與房汝良

보내오신 편지에서 말씀하신 '해는 앞으로 나아가는데 학업은 뒤로 물러나 자립할 수 없다.'라는 탄식을 통해서 '학문은 따라가지 못할 듯이 해야 한다.〔學如不及〕'[175]라는 성대하신 뜻을 알 수 있었고, 저 역시 이로 말미암아 경계해 깨우친 바가 크게 있었습니다. 광음은 다하기가 쉬운데 학업은 이루기가 어려우니, 이는 주부자께서 '세모금단(歲暮金丹)'의 시(詩)[176]를 남기신 까닭입니다. 우리는 이제 모두 이미

175 학문은……한다 : 이 말은《논어》〈태백(泰伯)〉 제17장의 공자의 말씀에 보인다.

176 세모금단(歲暮金丹)의 시(詩) : 이와 관련된 구체적인 내용은《참동계(參同契)》에 대한 주희(朱熹)의 발문에 다음과 같이 보인다. "내가 왕년에 순창(順昌)을 경유해 가다가 운당포(篔簹鋪)에서 쉴 적에 그 벽에 '황황한 영지는 한 해에 세 번 꽃이 피건만 나는 홀로 무엇 하는고. 뜻만 지닌 채 이루지 못하도다.'라는 말이 적혀 있는 것을 보고서 그 말을 세 번 반복해 외면서 슬퍼하였다. 이 글을 적은 자가 누구인지 알지 못하였으나 마침 나의 뜻과 부합하였다. 경원 정사(1197) 8월 7일에 다시 그곳을 지나는데, 옛적에 적혀 있던 글은 진실로 다시 보지 못하였고, 세월을 손꼽아 헤아려 보니, 홀홀히 40년이 지난 뒤인데 이 뜻을 참으로 이루지 못하였다. 도중에 우연히 이 책을 읽다가 아울러 이전 일에 느꺼워 장난삼아 다음과 같이 절구를 쓰노라. '흘러가는 인생 백 년 얼마나 될 수 있을까. 세 번 피는 영지는 무엇 하려고 하는지. 금단은 한 해가 저물도록 이루어진 소식 없으니, 운당 벽에 적혔던 시 두고 거듭 탄식하노라. 회옹.'〔予頃年經行順昌, 憩篔簹鋪, 見有題煌煌靈芝一年三秀予獨何爲有志不就之語於壁間者, 三復其詞而悲之, 不知題者何人, 適與予意會也. 慶元丁巳八月七日, 再過其處, 舊題固不復見, 而屈指歲月, 忽忽餘四十年, 此志眞不就矣. 道間偶讀此書, 竝感前事, 戲題絶句. 鼎鼎百年能幾時? 靈芝三秀欲何爲? 金丹歲晩無消息, 重歎篔簹壁上詩. 晦翁.〕"《晦庵集 卷84 題袁機仲所校參同契後》'삼수(三秀)'란 영지초(靈芝草)의 별칭이다. 1년에 세 번 꽃이 핀다고

반생을 넘겼으니, 공부를 하루라도 유유범범하게 해서는 안 됩니다. 끝내 서로 더불어 힘쓰기를 바라나 땅이 천 리나 멀리 떨어져 있기에 한자리에 같이 앉을 길이 없어서 서신을 왕복하지만 결국에는 얼굴을 서로 마주하는 것만 못하니, 도대체 어느 때가 되어야 서로 마주하여 토론할 수 있을는지 알지 못하겠습니다.

별지 別紙

〈태극도설〉에서 "귀신과 그 길흉이 합치한다."라고 한 것은 실로 〈건괘(乾卦)〉 문언전(文言傳)의 글을 쓴 것인데,[177] '길흉' 두 글자에 대해서 《주역》 본문에 관한 주(註) 및 〈태극도설〉의 주(註)에 모두 자세히 해석한 곳이 없으니, 고명(高明)께서 의심하시는 것도 당연합니다.

스스로 지은 흉(凶)은 애당초 성인의 신상에서 언급할 만한 것이 아니거니와 맞닥뜨리는 바의 길흉으로 말하면, 성인이 대체로 불행하

하여 '삼수'라는 이름이 붙었다. 《爾雅翼 釋草 芝》

177 태극도설에서……것인데 : 이는 주돈이(周敦頤)의 〈태극도설(太極圖說)〉에서 "성인은 중·정·인·의로써 온갖 일을 정하되 고요함을 위주로 하여 사람의 표준을 세우셨다. 그러므로 성인은 천지와 그 덕이 합치하고 일월과 그 밝음이 합치하고 사시와 그 질서가 합치하고 귀신과 그 길흉이 합치한다.〔聖人定之以中正仁義, 而主靜, 立人極焉. 故聖人與天地合其德, 日月合其明, 四時合其序, 鬼神合其吉凶.〕"라고 한 것을 두고 말한다. 《주역》 〈건괘(乾卦) 문언(文言)〉에 "대인이란 천지와 그 덕이 합치하며, 일월과 그 밝음이 합치하며, 사시와 그 질서가 합치하며, 귀신과 그 길흉이 합치하여서 하늘보다 먼저 하여도 하늘이 어기지 않고 하늘보다 뒤에 하여도 천시(天時)를 받드나니, 하늘도 어기지 않는데 하물며 사람이나 귀신에게 있어서랴.〔夫大人者, 與天地合其德, 與日月合其明, 與四時合其序, 與鬼神合其吉凶, 先天而天弗違, 後天而奉天時, 天且弗違, 而況於人乎? 況於鬼神乎?〕"라고 한 구절이 나오는바, 주돈이가 〈태극도설〉을 지으면서 이를 원용한 것이다.

게도 흉(凶)을 만나는 경우가 있으니, 예컨대 문왕(文王)께서 유리(羑里)에 갇히신 경우[178]와 부자(夫子)께서 광(匡) 땅에서 포위된 액난을 겪으신 경우[179] 등이 바로 여기에 해당합니다. 성인께서 이러한 환난을 만나셨으나 능히 순히 하고 편안하게 여기신 이상 이는 바로 귀신과 그 길흉이 합치한 부분입니다. 그렇다면 이 '길흉'이라는 글자는 '맞닥뜨린 바의 길흉'이라고 이르더라도 될 것입니다.

보내오신 편지의 내용에서 "기덕(其德)과 기명(其明)과 기서(其序)는 모두 성인의 덕성(德性)에 귀속하는데 유독 길흉만은 '맞닥뜨린 바'로 말하였으니, 그렇다면 '기길흉(其吉凶)'의 '기(其)' 자는 윗글의 세 '기(其)' 자와 문세상 서로 부합하지 않는다."라고 하셨는데, 제 생각으로는, 길흉에 대하여 비록 '맞닥뜨린 바'라고 말하더라도 이 길흉을 실제로 맞닥뜨린 자는 바로 성인이니, 그렇다면 길흉은 바로 성인의 길흉입니다. 그러니 윗글과 문세상 무슨 부합하지 않는 점이 있겠습니까.

그러나 이른바 '길흉'이란 '맞닥뜨린 바의 길흉'일 뿐만 아니라 또한 '부리는 바의 길흉'이 있습니다. '부리는 바의 길흉'이란 성인이 위에 계시면서 사람에게 형벌을 내리고 사람에게 벼슬을 내림과 같은 것이 바로 여기에 해당합니다. 벼슬을 내림은 반드시 덕(德)에 따라서 해야

178 문왕(文王)께서……경우 : 주(周)나라 문왕(文王)이 은(殷)나라 말엽 서백(西伯)으로 있을 때 숭후(崇侯) 호(虎)가 시기하여 주왕(紂王)에게 무고하는 바람에 유리(羑里)의 옥(獄)에 갇힌 일이 있었다.《史記 卷3 殷本紀, 卷4 周本紀》

179 부자(夫子)께서……경우 : 공자가 일찍이 광(匡) 땅을 지나갈 적에 광 땅 사람들이 공자를 두고 앞서 광 땅에서 포악한 짓을 자행했던 양호(陽虎)로 착각해 공자를 포위하여 해치려고 했던 일을 말한다.《論語 子罕》

만 하며 형벌을 내림은 반드시 죄에 따라서 해야만 하니, 이는 귀신이 선한 이에게는 복을 내리고 악한 이에게는 화를 내리는 것과 서로 똑같은 이치인 이상 이것도 귀신과 그 길흉이 합치하는 부분입니다. 그렇다면 길흉은 또 오로지 '맞닥뜨린 바'로만 말할 수는 없습니다.

대체로 '길흉'이라는 두 글자는 포함하는 바가 매우 넓습니다. 이를 일러 '복선화음(福善禍淫)의 길흉이다.'라고 해도 맞고, 이를 일러 '체물불유(體物不遺)[180]의 길흉이다.'라고 해도 역시 맞습니다. 통괄하여 말하면 굴신(屈伸)과 소장(消長)의 수(數 규율, 도리)입니다. 굴신과 소장이 곧바로 길흉을 만드는 것은 비록 안 보이는 듯하지만, 그 실제로 말하면 이와 같은 것입니다. 〈태극도설〉의 편말에 이르기를, "처음을 추구해 보고 끝을 맞추어 본다. 그러므로 사생에 관한 말을 안다.〔原始反終 故知死生之說〕"라고 하였으니, 사생이 곧 길흉 아니겠습니까. 사생과 시종이 바로 굴신과 소장이니, 그렇다면 굴신과 소장이 곧 길흉 아니겠습니까. 보내오신 편지에서 말씀하신 바가 대체로 이미 맞았습니다. 그중 '혹자의 설에 귀신처럼 길흉을 안다고 하였다.'라고 말씀한 것으로 말하면, 혹자의 설 역시 일설로서 갖추어 둘 만하지만, 아마도 올바른 뜻이 아닌 듯합니다.

《중용》의 '지성전지(至誠前知)'[181]는 진실로 성인의 일이지만 끝내

180 체물불유(體物不遺) : 이 말은 《중용장구》 제16장에서 음양(陰陽)의 영활처(靈活處)인 귀신(鬼神)의 체용(體用)을 언급하면서 "귀신의 덕이 됨이 지극히 성대하도다. 보아도 보이지 않으며 들어도 들리지 않으나, 그것이 사물의 본체가 되어서 사물이 그것을 빠뜨릴 수가 없다.〔鬼神之爲德, 其盛矣乎! 視之而弗見, 聽之而弗聞, 體物而不可遺.〕"라고 한 부분에 보인다.

181 지성전지(至誠前知) : 이 말은 《중용장구》 제24장 중 "지성의 도는 일이 닥쳐오

'지(知)'라는 한쪽에 귀속하게 됩니다. 이것으로 '합길흉(合吉凶)'의 길흉을 말하면 이는 편벽한 것 같습니다. '합길흉'의 길흉은 포괄하는 바가 매우 넓으니, 그렇다면 '지길흉(知吉凶)' 역시 진실로 그 가운데에 포함되어 들어있을 것입니다. 만약 그 전체를 거론하면 오로지 '지길흉' 만을 가지고 말한 것이 아닙니다.

《주역》〈문언〉에 관한 주(註)에 비록 상세한 해석이 없지만, 또한 보아 낼 만한 한 부분이 있습니다. 소주(小註)에서 임천 오씨(臨川吳氏 오징(吳澄))의 설(說)에 이르기를, "능히 길하고 능히 흉한 까닭은 천지의 이(理)가 주재하는 것이다."[182]라고 하였습니다. '능길능흉(能吉能凶)'의 '능(能)' 자는 '지길지흉(知吉知凶)'을 이른 것이 아니라 바로 '작길작흉(作吉作凶)'을 이른 것이니, 그렇다면 '합길흉'의 길흉은 단순히 '지길흉'만을 말하는 데에 그치지는 않음이 분명합니다. 이제 만약 그저 '귀신처럼 길흉을 안다.'라고 말할 뿐이면, 귀신이 능히 길흉을 만드니, 어찌 다만 길흉을 알 뿐이겠습니까. 그러므로 '혹자의 설은 올바른 뜻이 아니다.'라고 말씀드린 것입니다. 제 견해는 이와 같으니, 이것이 어떠할는지를 알지 못하겠습니다.

기 전에 미리 알 수 있다.〔至誠之道, 可以前知.〕"라고 보인다.

182 능히……것이다 : 이 말은 《주역전의대전(周易傳義大全)》 권1 〈상경(上經) 건(乾) 문언(文言)〉의 소주에 "그 밝은 까닭과 차례 있는 까닭과 능히 길하고 능히 흉한 까닭은 모두 천지의 이가 주재하는 것이다.〔其所以明, 所以序, 所以能吉能凶, 皆天地之理主宰之.〕"라고 보인다.

어군필 석중 의 《이정전서》 문목에 답하다
答魚君必 錫中 二程全書問目

문 이천(伊川 정이(程頤))이 말씀하시기를, "공자께서 광(匡) 땅 사람들에게 포위당하신 것도 역시 구차하게 벗어나신 것이다."[183]……

답 이 단락은 가설한 말씀일 텐데 기록함에 자세히 하지 못한 점이 있는 것 같습니다. 그 기두(起頭)에 마땅히 '약사(若使 만약, 가령)'의 뜻을 넣어서 보아야 할 것이니, 이는 대체로 "만약 공자께서 광 땅에서 포위되는 액난을 당하셨을 적에 이를 기필코 면하고자 하는 마음이 있으셨다면 이것도 역시 구차하게 벗어남이다."라고 말한 것입니다. 성인께서는 환난에서 마땅히 해야 할 것을 행하시고[184] 만나는 바에 편안하시니,[185] 요행히 면하는 것을 틀림없이 구차하게 바라지 않으셨을 것입니다. 이러한 것은 "광 땅 사람들이 나를 어찌하겠느냐.〔匡人

183 공자께서……것이다 : 이는 노(魯)나라 양호(陽虎)가 일찍이 광(匡) 땅에서 횡포를 부렸는데, 공자의 얼굴이 양호와 비슷하여 광 땅 사람들이 공자를 양호인 줄 오인하고서 포위해 위협했던 사건을 두고 말한 것이다. 《論語 子罕》 이 말은 《이정유서(二程遺書)》 권6과 《논어정의(論語精義)》 권5 〈자한(子罕)〉 등에 "공자께서 광(匡) 땅 사람들에게 포위당함을 면하신 것도 역시 구차하게 벗어나신 것이다.〔孔子免匡人之圍, 亦苟脫也.〕"라고 되어 있다. 또한 《논어정의》에 근거하면 정호(程顥)의 말이 된다.

184 환난에서……행하시고 : 해당 원문은 '행어환난(行於患難)'으로, 《중용장구》 제14장에 '행호환난(行乎患難)'으로 보인다.

185 만나는 바에 편안하시니 : 해당 원문은 '안어소우(安於所遇)'으로, 이 말은 《논어》 〈술이(述而)〉 제10장 제1절에 대한 주희의 주해에서 인용된 윤돈(尹焞)의 말에 보인다.

其如予何]"라고 하신 말씀을 가지고 살펴보면 알 수 있습니다.

이 '면(免)' 자는 '행면(倖免)'의 뜻이 있으니, 환란을 우려하고 미리 생각하지 못한 문제를 방비하는 방도와는 똑같지 않습니다. 환란을 우려하고 미리 생각하지 못한 문제를 방비하는 방도는, 응당 '미복 차림으로 송나라를 지나셨던 상황'[186]에서 말씀해야만 할 것이고, 여기에서 말씀해서는 안 될 것입니다. 정자의 글은 대체로 간고(簡古)하고 심오하여 제대로 이해하기가 어려운 것이 이와 같습니다. 저는 이렇게 해석하여서 보고자 하니, 이것이 어떠할는지를 알지 못하겠습니다.

문 명도(明道 정호(程顥))께서 말씀하시기를, "요부(堯夫)는 내성외왕(內聖外王)의 학문이다."[187]……

186 미복……상황 : 이와 관련하여《맹자》〈만장 상(萬章上)〉 제8장에 "공자께서 노나라와 위나라에서 머물기 좋아하지 않아 떠나셨는데, 송나라 사마환퇴가 길목에서 기다려 살해하려고 하였기에 미복 차림으로 송나라를 지나셨다. 이때 공자께서는 곤액을 당하시면서도 진나라 군주 주의 신하가 된 사성 정자를 주인으로 삼았다.〔孔子不悅於魯、衛, 遭宋桓司馬將要而殺之, 微服而過宋. 是時孔子當阨, 主司城貞子爲陳侯周臣.〕"라고 한 내용이 보인다.

187 요부(堯夫)는 내성외왕(內聖外王)의 학문이다 : '요부'는 송(宋)나라의 학자인 소옹(邵雍, 1011~1077)의 자이다. 정호의 이 말이 정확하게 보이는 자료는《송사(宋史)》 권427 〈도학열전(道學列傳) 소옹(邵雍)〉이다. 그러나 이와 관련된 구체적인 내용은 소백온(邵伯溫)이 찬술한《문견록(聞見錄)》 권15 및 이를 근거로 삼은《이정문집(二程文集)》 부록(附錄) 권상(卷上)의 〈전문속기(傳聞續記) 이선생어(二先生語)〉에 다음과 같이 보인다. "하루는 이정 선생이 태중공을 모시고 천진의 집으로 강절을 방문하였다. 강절이 술을 가지고 와 달빛 비치는 언덕에서 술을 마시며 매우 즐거워하며 평소 학문과 출처의 핵심에 대하여 말하였다. 그다음 날 명도가 슬픈 모습을 하고 제자 주순명에게 말하기를, '어제 요부 선생을 좇아 노닐면서 그의 의논을 들어 보니, 고풍을

답 요부에 대하여 '내성외왕의 학문'으로 일컬으신 것은 포창이지 폄훼가 아닙니다. 성도(聖道)와 왕도(王道)는 진실로 하나인데, 성(聖)에는 궁하여 아래에 있는 경우가 있어서 성(聖)이 왕도를 겸할 수가 없습니다. 그러므로 나누어서 말씀한 것입니다.

수신(修身)으로부터 시작하여서 극처(極處)에 도달하게 되면 이를 일러 '성(聖)'이라 하고, 치인(治人)으로부터 시작하여서 온 천하에 미치게 되면 이를 일러 '왕(王)'이라 합니다. 수신과 치인은 내(內)·외(外)의 구별이 있습니다. 그러므로 '내성외왕'이라 말씀하신 것이니, 여기에는 의심할 만한 점이 없을 것 같습니다.

문 명도께서 사현도(謝顯道)에게 말씀하기를, "기억하고 들음이 매우 넓으니, 이는 바로 완물상지(玩物喪志)이다."라고 하셨는데, 사현도가 자기도 모르게 부끄러워 땀을 흘리니, 명도께서 말씀하시기를, "이것이 측은지심(惻隱之心)이다."라고 하셨습니다.[188] 이는 수오지심(羞

떨치는 호걸이었으나 세상에 등용되지 않음이 애석하다.'라고 하였다. 주순명이 '말씀하신 것이 무슨 의미입니까?'라고 말하니, 명도가 '내성외왕의 도를 지니고 있다.'라고 말하였다.〔日, 二程先生侍太中公, 訪康節於天津之廬, 康節攜酒, 飮月陂上, 歡甚, 語其平生學術出處之大致. 明日, 明道悵然謂門生周純明曰 : 昨從堯夫先生游, 聽其論議, 振古之豪傑也, 惜其無所用於世. 純明曰 : 所言如何? 明道曰 : 內聖外王之道也.〕" '내성외왕'이란 안으로는 성인의 덕을 갖추고 밖으로는 왕자(王者)의 풍도를 갖추었다는 뜻으로, 학술과 덕행을 겸비함을 말한다. 즉 자신을 닦아 성인처럼 되는 것과 남을 다스려 왕도(王道)를 펴는 것을 가리킨다. 《장자(莊子)》〈천하(天下)〉에 "천지의 아름다움을 능히 구비하고 신명의 경지에 능히 걸맞은 인물을 거의 찾을 수 없다. 이 때문에 내성외왕의 도가 어두워져서 밝아지지 못하고 답답하게 막혀 나오지 못하는 것이다.〔寡能備於天地之美, 稱神明之容, 是故內聖外王之道, 闇而不明, 鬱而不發.〕"라고 하였다.

惡之心)이라고 이를 만한 것으로 측은지심이라고 일러서는 안 되니, 이것이 어떠할는지를 알지 못하겠습니다.

답 어떤 사람이 이에 대하여 의심이 나서 주자께 여쭈었는데, 주자께서 말씀하시기를, "오직 측은지심이 있어야 비로소 동할 수 있으니, 만약 측은지심이 없으면 동할 수 없다. 오직 먼저 동하여야 비로소 수오가 있고 비로소 공경(恭敬)이 있고 비로소 시비(是非)가 있게 되니, 동하는 곳이 바로 측은이다."[189]라고 하셨습니다.

여기에서 살펴보면 수오지심이 동해서 나올 수 있도록 하는 것이 바로 측은지심이니, 공경지심과 시비지심이 모두 이렇습니다. 인(仁)이 이미 의(義)·예(禮)·지(智)를 겸하였으니, 그렇다면 측은이 유독 수오·공경·시비를 겸하지 못하겠습니까. 이러한 부분은 마땅히 스스로 체험해야만 비로소 알게 되는 것입니다.

188 명도께서……하셨습니다 : '사현도'는 정호(程顥)의 제자 사양좌(謝良佐, 1050~1103)로, 현도는 그의 자이며, 호는 상채(上蔡)이다. '완물상지'는 물건이나 일에 탐닉하여 이목이 좋아하는 것만 추구하는 바람에 마음이 여기에 빠져서 그 뜻을 잃는 것을 가리키는 말로, 《서경》 〈주서(周書) 여오(旅獒)〉에 보인다. 사량좌가 정호를 뵙고 역사책을 들어 한 글자도 빠뜨리지 않고 줄줄 외자, 정호가 "완물상지라고 이를 만하다."라고 말씀하였는데, 사량좌는 부끄러워 땀이 흘러 등을 적시고 얼굴에 붉은빛이 나타났다. 이에 정호는 "이것이 곧 측은지심이다."라고 하였다. 여기서 정호가 언급한 '측은지심'이란 '측연하여 마음에 숨김이 있음〔惻然有隱于心〕'을 가리킨다. 《上蔡語錄 卷2》《二程外書 卷12 傳聞雜記》《伊洛淵源錄 卷9 謝學士》《孟子精義 卷3 公孫丑章句上》

189 오직……측은이다 : 이 말은 황숭로(黃嵩老)의 물음에 답한 것으로, 《주자어류》 권53 〈맹자(孟子)3 공손추 중(公孫丑中)〉 '인개유불인인지심 장(人皆有不忍人之心章)'의 섭하손(葉賀孫)의 기록에 보인다.

문 이천이 말씀하시기를, "허발(許渤)은 창을 사이에 두고도 그 아들이 글을 읽는 소리를 듣지 못하였으니, 이 사람의 지경(持敬)이 이와 같았다."라고 하셨습니다.[190] 글 읽는 소리가 내 귀에 매우 가까운데 어찌 듣지 못할 리가 있겠습니까. 정자께서 이를 일컬으신 것은 틀림없이 이유가 있어서 그러하셨을 것입니다.

답 정자의 말씀은, 대체로 그의 이른바 '지경'이란 것이 바로 이러한 수준일 뿐임을 이르신 것이지 그가 참으로 '지경'에 능함을 이르신 것이 아닙니다.

문 회암(晦庵 주희)께서 말씀하시기를, "연평(延平)께서는 희노애락이 아직 발하지 않았을 때 그 기상이 어떠한지를 증험하셨으니,[191] 이

190 이천이……하셨습니다 : 허발(許渤, 978~1074)의 자는 중용(仲容)으로, 포성(蒲城) 사람이다. 1019년에 진사가 되었으며, 범중엄(范仲淹)이 추천하여 비서승(秘書丞)에 이르렀다. 허발이 그 아들과 창 하나를 사이에 두고 침실을 쓰면서도 아들이 책 읽는 소리를 듣지 못했다고 하는데, 정이(程頤)가 이러한 허발을 두고 "이 사람의 지경(持敬)이 이와 같았다."라고 하였다. 《二程遺書 卷3 謝顯道記憶平日語 伊川先生語》

191 연평(延平)께서는……증험하셨으니 : '연평'은 주희의 스승 연평 선생(延平先生) 이통(李侗, 1093~1163)으로, 자는 원중(愿中)이며, 남검주(南劍州) 검포(劍浦) 사람이다. 이와 관련하여 《회암집(晦庵集)》 권97 〈연평선생이공행장(延平先生李公行狀)〉에 "처음에 구산 선생이 동남에서 도를 제창하시자 그 문하에 노니는 선비들이 매우 많았다. 그러나 생각을 침잠하고 힘써 행하여 무거운 임무를 짊어지고 지극한 데에 도달한 경우로 말하면 대체로 나공과 같은 분 한 사람일 뿐이다. 선생이 이미 그분을 따라 배웠는데, 강송한 나머지에 꼿꼿이 종일토록 앉아서 희노애락이 발하기 전의 기상이 어떠한지를 증험하고, 이른바 '중'이라는 것을 구하셨는데, 이와 같이 한 지가 오래되자 천하의 대본이 참으로 여기에 소재가 있다는 것을 알게 되었다.〔初龜山

는 바로 구산(龜山)의 문하에서 서로 전수한 지결(旨訣)이다.[192]"라고 하셨습니다. 만약 기상이 어떠한지를 증험해 살펴본다면 이는 심(心)이 이미 발한 것이니, 이렇게 하는 것이 가능하겠습니까?

답 이 '험(驗)' 자는 긴중하게 보아서는 안 되니, 사색해 성찰함을 이른 것이 아닙니다. 주자께서 어떤 사람의 물음에 답하시기를, "증험해 본다는 것은 다만 이와 같음을 보고자 한 것일 뿐이다."라고 하셨으니,[193] 다만 이와 같음을 보고자 할 뿐이라면 어찌 이발(已發)에 관계되는 지경에 이르겠습니까. 주자께서 일찍이 이르시기를, "보지 않음으로써 그것을 보는 것이다.〔以不觀觀之〕"[194]라고 하셨으니, 그렇다면

先生唱道東南, 士之遊其門者甚衆. 然語其潛思力行, 任重詣極, 如羅公, 蓋一人而已. 先生旣從之學, 講誦之餘, 危坐終日, 以驗夫喜怒哀樂未發之前氣象爲如何, 而求所謂中者, 若是者蓋久之, 而知天下之大本眞有在乎是也.〕"라고 한 내용이 보인다.

192 이는……지결(旨訣)이다 : '구산'은 이통의 스승 양시(楊時, 1053~1135)로, 자는 중립(中立)이며, 남검주 사람이다. 이와 관련하여 주희가 하호(何鎬)에게 답한 편지에 "연평 이 선생께서 사람을 가르치실 적에, 대체로 고요한 가운데에 대본인 미발일 때의 기상을 체인하기를 분명하게 하면 곧 일을 처리하고 사물에 응함이 자연 절도에 맞는다고 하셨으니, 이는 바로 구산의 문하에서 서로 전해 온 지결이다.〔李先生教人, 大抵令於靜中體認大本未發時氣象分明, 即處事應物, 自然中節, 乃龜山門下相傳指訣.〕"라고 한 내용이 보인다. 《晦菴集 卷40 答何叔京》

193 주자께서……하셨으니 : 이와 관련하여 《주자어류》 권96 〈정자지서(程子之書) 2〉 정가학(鄭可學)의 기록에 "'이천께서 소계명에게 답하시기를, 희노애락에서 중을 구한다고 하셨는데 이는 되레 이발입니다. 제가 보건대 연평께서 또한 희노애락이 발하기 전이 어떠한가를 증험해야 한다고 말씀했습니다. 이 설이 또 계명에게 답한 것과 똑같은 것 같습니다.'라고 여쭙자, 다음과 같이 말씀하셨다. '다만 이와 같음을 보고자 한 것일 뿐이다.'〔問: 伊川答蘇季明云, 求中於喜怒哀樂, 却是已發. 某觀延平亦謂驗喜怒哀樂未發之前爲如何, 此說又似與季明同. 曰: 但欲見其如此耳.〕"라고 한 내용이 보인다.

어찌 '마음으로써 마음을 본다.〔以心觀心〕'라는 폐단이 있겠습니까. 퇴계(退溪)도 이르시기를, "양구산(楊龜山), 나예장(羅豫章), 이연평(李延平) 세 선생은 모두 성품이 본래 침착하고 고요하여 구하지 않음으로써 구하셨다. 그러므로 병통은 없었고 얻음이 있었던 것이다."[195] 라고 하였습니다. 저는 이 때문에 말하기를, "이 '험(驗)' 자는 불관(不觀)의 관(觀)과 불구(不求)의 구(求)로 인식하면 미발이 되는 데에 아무런 문제가 없다."라고 하는 바입니다. 이러한 부분은 마땅히 스스로 공부해야 하지 언어로 구해서는 안 될 것입니다.

194 보지……것이다 : 이 말은 《주자어류》 권103 〈나씨문인(羅氏門人) 이원중(李愿中)〉에서 진순(陳淳)의 기록에 보인다.

195 양구산(楊龜山)……것이다 : 이 말은 《퇴계집》 권36 〈답이굉중(答李宏仲)〉에 보인다.

박계립[196] 명벽 의《대학》문목에 답하다

答朴季立 命壁 大學問目

문 〈대학장구서〉에 이르기를, "인군이 몸소 행하고 마음으로 얻음〔人君躬行心得〕."……

답 '궁행심득(躬行心得)'은 다만 표(表)·리(裏)를 가지고 말하였을 뿐이니, 굳이 체(體)·용(用)을 나누어서 볼 필요는 없습니다. 주자께서 일찍이 '덕(德)' 자를 해석하시기를, "도를 행하여 마음에 얻음이 있는 것이다.〔行道而有得於心〕"[197]라고 하셨는데, 이것도 역시 먼저 '행(行)'을 말한 뒤에 '심득(心得)'을 말한 것이니, 어세(語勢)가 진실로 이러한 점이 있습니다.

문 '명명덕(明明德)'의 소주(小註)에 실린 신안 오씨(新安吳氏)의 설(說)[198]…….

196 박계립(朴季立) : 박명벽(朴命璧, 1773~1827)으로, 자는 계립, 호는 금호(錦湖)·습재(習齋), 본관은 영해(寧海)이다. 1803년(순조3)에 31세의 나이로 진사시에 합격하였고, 1816년에 처음으로 벼슬하여 의릉 참봉(義陵參奉)이 되었다. 그 외에 통례원 인의, 사헌부 감찰 등을 지냈다.

197 도를……것이다 : 이는 주희(朱熹)가 '덕(德)'을 풀이한 말로,《논어》〈위정(爲政)〉 제1장의 주해에 보인다.

198 신안 오씨(新安吳氏)의 설(說) : '신안 오씨'는 송(宋)나라 때의 학자인 오역(吳棫, 1100~1154)으로, 자는 재로(才老)이며, 건안(建安) 사람이다. 오씨의 설은 "태어나는 초기에 기품이 구애하고 태어난 뒤에 물욕이 가려서 어둡지 않은 것이 어둡게 되는 것이다. 그러나 비록 어두운 때가 있지만 식멸하는 이치는 없다.〔氣禀拘之有生之

답　태어나는 초기에 어찌 기품(氣稟)에 구애됨이 없겠습니까. 자월초(子越椒)가 막 태어났을 적에 곧바로 악하였던 경우[199]가 태어나는 초기에 기품에 구애된 것이라고 하겠습니다. 사람의 성(性)은 본래 선(善)한데 기품에 선(善)과 불선(不善)이 있는 것은, 성(性)이 곧 이(理)이고 이(理)는 하나일 뿐이지만 기(氣)는 음양과 오행의 가지런하지 못함이 있으므로 그러한 것입니다. 본래 선(善)한 성(性)이 기(氣)에 구애되는 것은, 물이 본래 맑은데 진흙과 모래에 의해 흐려지는 것과 같습니다. 성(性)은 진실로 하늘이 명한 것이고 기(氣)도 역시 하늘이 부여한 것이니, 《중용(中庸)》 수장(首章)의 《장구(章句)》에서 "기로써 형체를 이루고 이 또한 부여하였다.〔氣以成形 而理亦賦焉〕"라고 한 것을 살펴보면 이러한 사실을 알 수 있습니다. 사람이 하늘에게 기(氣)를 품수(稟受)하지 않고서 어디를 통해 스스로 얻겠습니까. 기(氣)가 비록 성명(性命)의 가운데에서 품수해 온 것이지만 복잡하고 혼란하여 사람과 물(物)의 만수(萬殊)를 내기 때문에 청(淸)·탁(濁)과 수(粹)·박(駁)이 있을 뿐만 아니라 또한 편(偏)·전(全)

初, 物欲蔽之有生之後, 不昧者, 所以昏也. 然雖有昏昧之時, 而無息滅之理.〕"라고 말한 것을 가리킨다.

199 자월초(子越椒)가……경우 : 초(楚)나라 사마자량(司馬子良)이 아들 월초(越椒)를 낳았는데, 자량의 형 자문(子文)이 말하기를 "반드시 이 아이를 죽여라. 이 아이는 곰과 호랑이의 형상에 시랑의 소리를 내니, 죽이지 않으면 반드시 약오씨(若敖氏)를 멸망시킬 것이다. 속담에 '시랑의 새끼는 야심이 있다.'라고 하니, 이 아이가 바로 시랑이다. 어찌 길러서야 되겠는가?〔必殺之, 是子也, 熊虎之狀而豺狼之聲, 弗殺, 必滅若敖氏矣. 諺曰: 狼子野心. 是乃狼也, 其可畜乎?〕"라고 하였다. 후에 과연 초왕(楚王)을 공격하였다가 실패하여 약오씨가 전멸당함으로써 제사 지낼 후손이 끊기고 말았다. 《春秋左氏傳 宣公 2年, 4年》

과 통(通)·색(塞)의 똑같지 않음이 있습니다.

문 '유정(有定)'과 '능정(能靜)'에 관한 소주(小註)에 실린 주자의 설(說).[200]……

답 주자께서 말씀하시기를, "정(定)은 이(理)로 말하였기 때문에 유(有)라 말하였고, 정(靜)은 심(心)으로 말하였기 때문에 능(能)이라 말하였다."[201]라고 하신 것은 이(理)와 심(心)이 저기에 있고 나에게 있음을 가지고 말씀한 것이 아닙니다. 대체로 정(定)은 이(理)가 정(定)함이 있는 것이기 때문에 유(有)라 말하였고, 정(靜)은 심(心)이 능히 정(靜)하는 것이기 때문에 능(能)이라고 말한 것입니다.

문 치지는 격물에 달려 있다.〔致知在格物〕……

답 치지와 격물은 바로 똑같이 한 가지 일이니, 저것을 밝게 알기만 하면 곧 이것을 깨닫게 됩니다.[202] 그러므로 '재(在)' 자를 가지고 긴

200 유정(有定)과……설(說) : 이는 《대학장구》 경 1장 제2절에 "그칠 데를 안 뒤 정(定)함이 있으니, 정한 뒤에 능히 고요하고, 고요한 뒤에 능히 편안하고, 편안한 뒤에 능히 생각하고, 생각한 뒤에 능히 얻는다.〔知止而后有定, 定而后能靜, 靜而后能安, 安而后能慮, 慮而后能得.〕"라고 한 대목에 대한 소주(小註)에 보인다.

201 정(定)은……말하였다 : 이 말은 《주자어류》 권14 〈대학(大學)1 경 상(經上)〉에 보이며, 《대학장구대전》 경 1장 제2절의 소주에도 보인다.

202 저것을……됩니다 : 이 말은 《근사록》 권3 〈치지(致知)〉에 "사물을 관찰하여 자신을 살핌은 또한 사물을 봄으로 인하여 자기 몸에 돌이켜 찾는 것입니까?〔觀物察己, 還因見物反求諸身否?〕"라는 물음에 대하여 "굳이 이렇게 말할 것이 없으니, 사물과 내가 한 이치이다. 사물의 이치를 밝게 알기만 하면 곧 내 마음의 이치를 깨닫게 되니, 이것이 내·외를 합하는 방법이다.〔不必如此說, 物我一理, 纔明彼卽曉此, 此合內外之道

밀하게 붙여서 말한 것입니다. 하지만 공효를 거둘 때로 말하면, 반드시 물(物)의 이(理)가 남김없이 다한 뒤에야 그 앎이 비로소 지극해지기 마련이니, 선후의 차서가 없을 수 없습니다. 그러므로 여기에 이르러서 나머지 여섯 개의 조목과 똑같은 예(例)로 말한 것입니다. 이러한 뜻은 이미 우옹(尤翁)이 기록하신 〈사계선생어록(沙溪先生語錄)〉에 보입니다.[203] 공효에 비록 선후가 있지만 본래 똑같이 한 일이니, 그렇다면 어찌 이를 일러 '친근하고 절실하지 못하다.'라고 할 수 있겠습니까.

문 본말 장(本末章)[204]의 소주(小註).……

也.〕"라고 한 정이(程頤)의 답에 보인다.

203 이러한……보입니다 : 이와 관련된 내용은 《송자대전》 권212 〈사계선생어록〉 및 《사계유고(沙溪遺稿)》 권10 〈어록(語錄) 송시열록(宋時烈錄)〉의 모두에 다음과 같이 보인다. 송시열이 "《대학》 경 1장에 하나는 '치지는 격물에 달려 있다.'라고 하였으니, 이는 격물과 치지가 다만 한 가지 일일 뿐인 것이고, 하나는 '물(物)이 격(格)한 다음에 앎이 지극해진다.'라고 하였으니, 이는 또 두 가지 일인 것입니다. 서로 다른 까닭에 대해 듣고 싶습니다.〔大學經一章, 一則曰致知在格物, 此則格致只是一事, 一則曰物格而後知至, 此則又是兩件事, 願聞其所以異.〕"라고 묻자, 이에 대해 김장생은, "격물할 때 앎이 저절로 지극해지는 것이니, 격물하고 또 치지하는 것은 아니다. 그러므로 '치지는 격물에 달려 있다.'라고 하였다. 공효를 거둘 때로 말하면, 반드시 물(物)의 이(理)가 남김없이 다한 뒤에야 그 앎이 비로소 지극해지기 마련이니, 선후의 차서가 없을 수 없다. 그러므로 '물(物)이 격(格)한 다음에 앎이 지극해진다.'라고 하였다. 먼저 재(在) 자를 보고 뒤에 이후(而後) 자를 보면, 그 뜻이 분명해질 것이다.〔格物時知自然至, 非是格物而又致知, 故曰致知在格物, 至於收功時, 則必須物之理盡, 然後其知乃至, 不得無先後之序, 故曰物格而後知至, 先看在字, 後看而後字, 則其意曉然矣.〕"라고 대답하였다.

답 노옥계(盧玉溪)의 설(說)[205]은 대체로 경문(經文)과 전문(傳文)이 서로 조응해 긴밀하게 맞물린 부분을 가지고 말한 것이지 "본말의 뜻이 바로 수장(首章)에 갖추어져 있으니, 굳이 또 본말 장을 말할 필요가 없다."라고 말한 것은 아닙니다. 보내오신 편지의 내용에서 '종시 장(終始章)이 있지 않아서는 안 됨이 이와 똑같다.'라고 말씀하신 것은 아마도 구애된 듯합니다. 《혹문》에서 이미 이것을 언급하여 "옛사람이 경을 해석할 적에 그 대략적인 것을 취하였으니, 반드시 이와 같이 번다하고 자질구레하게 하지는 않았다."[206]라고 하였습니다.

204 본말 장(本末章) : 이는 《대학장구》 전 4장으로, 경 1장 제3절의 '본말'을 해석한 것이다.

205 노옥계(盧玉溪)의 설(說) : '노옥계'는 노효손(盧孝孫)으로, 이는 "처리할 만한 송사가 있음은 신민의 지선이 아니니, 처리할 만한 송사 자체가 아예 없어야 비로소 신민의 지선이 되는바, 송사 자체가 아예 없으면 백성이 새로워지게 될 것이다. 백성으로 하여금 송사 자체가 아예 없도록 하는 것은 오직 명덕을 밝힌 자만이 능할 수 있으니, 송사를 처리함과 송사 자체가 아예 없도록 함의 본말과 선후는 바로 명덕과 신민의 본말과 선후이다. 경문의 '물유본말' 위에 '지지능득' 한 절이 있는데, 앞 장이 '지어지선'을 해석하여 '지지능득'의 뜻이 이미 그 안에 들어있다. 그리고 경문의 '물유본말' 아래에 '종시선후'가 있고, 또 '수신위본' 및 '본란말치자부의'가 있는데, 여기서 '지본'을 말하였으니, 그렇다면 '종시선후'의 뜻이 그 안에 들어있을 뿐만 아니라 '수신위본' 및 '본란말치자부의'의 뜻 역시 그 안에 들어있는 것이다.〔有訟可聽, 非新民之至善, 無訟可聽, 方爲新民之至善, 無訟則民新矣. 使民無訟, 惟明明德者能之, 聽訟使無訟之本末先後, 卽明德新民之本末先後也. 經文物有本末上有知止能得一節, 前章釋止至善, 而知止能得之義已在其中. 經文物有本末下有終始先後, 又有脩身爲本及本亂末治者否矣, 此言知本則不特終始先後之義在其中, 而爲本及本亂末治者否之意, 亦在其中矣.〕"라고 한 것을 가리킨다.

206 옛사람이……않았다 : 이와 관련하여 《대학혹문》에 다음과 같은 내용이 보인다. "'종시에 대해 논급하지 않은 것은 어째서입니까?'라고 묻자, 다음과 같이 말씀하셨다.

문 치국 장(治國章)[207]에서 '치국재제기가(治國在齊其家)'라고 말하지 않음.……

답 이 장에서 '재제기가(在齊其家)'라 말하지 않고 '필선제기가(必先齊其家)'라 말한 것은, 권양촌(權陽村 권근(權近))이 "수장(首章)의 후박(厚薄)[208]을 이어받아서 맺은 것이다."라고 하였는데, 사계(沙溪)께서 그 설(說)을 취하셨습니다. 대체로 장차 "자기 집안을 가르치지 못하고 남을 가르칠 수 있는 자는 없다."라고 한 것을 말하려고 하였기 때문에 '필선(必先)'이라는 글자를 사용한 것이지 우연히 변문(變文)한 것은 아닙니다.

문 평천하 장(平天下章)[209]의 소주(小註)에 실린 호운봉(胡雲峰 호병문(胡炳文))의 설(說).……

답 호운봉이 이 장을 나누어서 여덟 개의 절(節)로 만든 것을 우옹(尤翁)께서는 일찍이 취하지 않으셨습니다. 이는 대체로 수절(首節)을 나누어 두 개의 절(節)로 삼고, 언패(言悖)와 강고(康誥)를 합하여

'옛사람이 경을 해석할 적에 그 대략적인 것을 취하였으니, 반드시 이와 같이 번다하고 자질구레하게 하지는 않았다. 또한 이 장의 아래에 궐문이 있으니, 본래 있었는데 모두 망실된 것이 아니라고 또 어찌 장담하겠는가.'〔不論夫終始者, 何也? 曰: 古人釋經, 取其大略, 未必如是之屑屑也. 且此章之下有闕文焉, 又安知其非本有而幷失之也耶?〕"

207 치국 장(治國章) : 이는 《대학장구》 전 9장이다.

208 수장(首章)의 후박(厚薄) : 《대학》 경 1장의 마지막 절로, "근본이 어지럽고서 말단이 다스려지는 경우는 없으며, 후하게 할 것에 박하게 하고서 박하게 할 것에 후하게 할 자는 여태껏 없었다.〔其本亂而末治者否矣, 其所厚者薄, 而其所薄者厚, 未之有也.〕"라고 한 것을 가리키는데, 경문 전체의 맺음말이다.

209 평천하 장(平天下章) : 이는 《대학장구》 전 10장이다.

한 개의 절(節)로 삼은 것을 잘못으로 보아서 그러하신 것입니다.[210]

210 호운봉이……것입니다 : 이와 관련된 내용은 《(국역)송자대전》 권101 〈정경유(鄭景由)에게 답함-정사년(1677) 2월 23일〉에 자세히 보인다. '수절'은 전 10장의 제1절, '언패'는 제11절, '강고'는 제12절을 가리킨다.

박계립[211]의 《중용》 문목에 답하다
答朴季立中庸問目

문 편벽하지 않고 기울지 않아서 과불급이 없음〔不偏不倚 無過不及〕.[212]……

답 '편벽하지 않고 기울지 않아서 과불급이 없음'은 마땅히 네 개의 뜻으로 보아야 할 것인데, '편벽하지 않고 기울지 않음'은 미발(未發)로 말한 것이고 '과불급이 없음'은 이발(已發)로 말한 것입니다. 지(智)·우(愚)와 현(賢)·불초(不肖)에 이르러서는 기질(氣質)로 말한 것입니다. 만약 '정(情)이 이미 발한 뒤 모두 절도에 들어맞음'으로 논하면, 진실로 '현(賢)·불초(不肖)의 과불급이 없다.'라고 이를 만합니다. '정(情)이 아직 발하지 않았을 때 마음〔心〕에 있는 중(中)'으로 논하면, 이는 한 성(性)이 혼연(渾然)하여 기질(氣質)이 아직 용사(用事)하지 않을 때이니, 어찌 나눌 만한 지(智)·우(愚)가 있겠습니까.

한 '편(偏)' 자는 진실로 '중(中)'의 상대가 될 만하나 그저 '불편(不偏)'만 말하면 장차 이것이 '미발(未發)의 중(中)'이 되는지 '시중(時中)

211 박계립(朴季立) : 박명벽(朴命壁, 1773~1827)으로, 자는 계립(季立), 호는 금호(錦湖)·습재(習齋), 본관은 영해(寧海)이다. 1803년(순조3)에 31세의 나이로 진사시에 합격하였고, 1816년에 처음으로 벼슬하여 의릉 참봉(義陵參奉)이 되었다. 그 외에 통례원 인의, 사헌부 감찰 등을 지냈다.

212 편벽하지……없음 : 이는 '중용(中庸)'의 '중(中)' 자에 대한 주희의 정의로, 《중용장구》 첫머리 서명의 아래에 보인다.

의 중(中)'이 되는지 알지 못하게 되므로 '편벽하지 않고 기울지 않음'을 미발에 소속하고 '과불급이 없음'을 이발에 소속하여 체(體)·용(用)을 나누어서 말한 것입니다.

문 중(中)이란 천하의 정도(正道)이고, 용(庸)이란 천하의 정리(定理)이다.[213]……

답 도(道)라는 것은 탄연(坦然)하여 사곡(邪曲)함이 없기 때문에 반드시 정(正)이라 말한 것이고, 이(理)라는 것은 확연하여 준칙이 있기 때문에 반드시 정(定)이라 말한 것입니다.

문 제일장(第一章)의 '천명지성(天命之性)'에 관한 《장구(章句)》에…….

답 '인물지생 각득(人物之生各得)'[214]의 '각(各)' 자는 '개(皆)' 자의 뜻이니, 그렇다면 물(物)의 성(性)도 역시 건순(健順)과 오상(五常)[215]이 있음을 알 수 있습니다.

213 중(中)이란……정리(定理)이다 : 이는 '중용(中庸)'에 대한 정자의 정의로, 《중용장구》 첫머리 서명 아래 편제주(篇題註)에 보인다.

214 인물지생 각득(人物之生各得) : 이는 《중용》 제1장 제1절의 "하늘이 명하신 것을 성(性)이라 이른다.〔天命之謂性〕"에 대한 주희의 주해로, 해당 전문은 다음과 같다. "명(命)은 영(令)과 같고, 성은 바로 이(理)이다. 하늘이 음양·오행으로 만물을 화생함에 기(氣)로써 형체를 이루고 이 또한 부여하니, 이것이 명령함과 같다. 이에 사람과 물(物)이 태어남에 각기 부여한 이를 얻음으로 인하여서 건순·오상의 덕으로 삼으니, 이른바 성이라는 것이다.〔命, 猶令也. 性, 卽理也. 天以陰陽五行, 化生萬物, 氣以成形而理亦賦焉, 猶命令也. 於是人物之生, 因各得其所賦之理, 以爲健順五常之德, 所謂性也.〕"

말이 깨물어 씹고 소가 뿔로 들이받는 것은 하늘이 명하신 성(性)이 아니라 바로 기질(氣質)이니, 진서산(眞西山)의 설(說)[216]이 바로 옳습니다. 소가 밭을 갈고 말이 달리는 것을 본연(本然)으로 삼으면 괜찮지만, 뿔로 들이받는 것과 깨물어 씹는 것은 본연이 아닙니다. 뿔로 들이받고 깨물어 씹는 것은 서로 해하는 뜻이니, 그렇다면 이는 악(惡)으로, 악(惡)은 기(氣)에서 나온 것입니다. 기린의 육각(肉角)[217]으로 말하면, 본래 인수(仁獸 어진 길짐승)인 것이니, 사람에게 비유하면 유선(柔善)이고, 맹호가 이를 가는 것으로 말하면 본래 여충(戾蟲 패려궂은 대충(大蟲))인 것이니, 사람에게 비유하면 강악(剛惡)입니다. 주렴계(周濂溪)가 말씀한 유선강악(柔善剛惡)[218]은 모두 기질이니, 물

215 건순(健順)과 오상(五常) : 천도(天道)의 음양(陰陽)·오행(五行)을 인도(人道)로 바꾸어 말한 것으로, 건은 양(陽)의 덕이고 순은 음(陰)의 덕이며, 오상은 인(仁)·의(義)·예(禮)·지(智)·신(信)의 오성(五性)을 가리킨다.

216 진서산(眞西山)의 설(說) : '진서산'은 진덕수(眞德秀, 1178~1235)로, 이와 관련된 내용은《서산독서기(西山讀書記)》권1〈천명지성(天命之性)〉의 '중용천명지위성솔성지위도수도지위교(中庸天命之謂性率性之謂道修道之謂敎)'조 및《중용장구대전》제1장 제1절의 소주에 다음과 같이 보인다. "자사께서 '솔성'이라고 말씀한 것은, 그 하늘이 명하신 성을 그대로 따르는 것이니, 범과 이리가 자애롭고 인자하며, 말과 소가 굳세고 순한 것이 바로 여기에 해당한다. 쳐서 때리고 깨물어 씹고 발로 차고 뿔로 들이받는 것으로 말하면, 기품이 하는 바이지 천명의 본연이 아니다. 어찌 유독 물만 그러하겠는가.〔子思之所謂率性云者, 循其天命之性也, 虎狼之慈仁, 馬牛之健順是也. 若夫搏噬踶觸, 則氣稟之所爲而非天命之本然矣, 豈獨物爲然?〕"

217 기린의 육각(肉角) : '육각'이란 기린의 뿔 끝에 살이 있는 것이다. 이 때문에 기린은 다른 동물을 뿔로 들이받아 해하는 행동을 하지 않는다고 한다. 이와 관련된 내용은《시경》〈주남(周南) 인지지(麟之趾)〉의 제3장에 대한 주희의 주해에 보인다.

218 주렴계(周濂溪)가 말씀한 유선강악(柔善剛惡) : 주돈이(周敦頤)는 기품(氣稟)

(物)의 선(善)・악(惡)이 태어나는 초기에 이미 나뉜 것은 기질이 똑같지 않기 때문에 그러한 것입니다. 그러니 어찌 "기질이 그러하게 만든 것이 아니다."라고 이르겠습니까. 그러나 기질도 역시 하늘에게 품수한 것입니다. 그렇다면 소가 뿔로 들이받고 말이 깨물어 씹는 것도 역시 이(理)라고 하지 않을 수가 없으니, 이것이 바로 '기질지성(氣質之性)'[219]입니다.

문 제이장(第二章)의 중용(中庸)과 반대로 하는 소인(小人).[220]……
답 중용과 반대로 하는 소인이 《대학》 성의 장(誠意章)에서 말한 소인[221]과 어찌 조금이라도 다른 점이 있겠습니까. 혼자 거처할 때 불

의 성(性)에 대하여 강유(剛柔)의 선악(善惡)에 따라 강선(剛善), 강악(剛惡), 유선(柔善), 유악(柔惡) 및 중(中)의 다섯 가지로 구분하였다. 강선은 의로움〔義〕, 올곧음〔直〕, 과단함〔斷〕, 엄숙하고 굳셈〔嚴毅〕, 노련하고 견고함〔幹固〕이며, 강악은 사나움〔猛〕, 협애함〔隘〕, 강경하고 포학함〔强梁〕이며, 유선은 자애로움〔慈〕, 순함〔順〕, 부드러움〔巽〕이며, 유악은 나약함〔懦弱〕, 과단성이 없음〔無斷〕, 간사하고 아첨함〔邪佞〕이다. 오직 '중(中)'만 '화(和)'이고 '절도에 맞게 함〔中節〕'을 말한다. 이는 주돈이의 《통서(通書)》 〈사(師)〉에 자세히 보인다.

219 기질지성(氣質之性) : 천리(天理)가 유형(有形)의 신체에 부여되자마자 곧바로 기(氣)의 영향을 받는데, 도덕적 본성이 신체의 욕구와 교착하여 함께 있는 상태를 가리킨다.

220 제이장(第二章)의……소인(小人) : 이는 《중용》 제2장에 "군자는 중용을 지켜서 하고 소인은 중용과 반대로 한다. 군자가 중용을 지켜서 하는 것은 군자의 덕으로 때에 알맞게 행하기 때문이고, 소인이 중용과 반대로 하는 것은 소인의 마음으로 거리낌이 없기 때문이다.〔君子中庸, 小人反中庸, 君子之中庸也, 君子而時中, 小人之中庸也, 小人而無忌憚也.〕"라고 한 공자의 말씀에 보인다.

221 대학……소인 : 이는 《대학》 전 6장 제2절에 "소인이 혼자 거처할 때 불선한 짓을

선한 짓을 하되 이르지 못하는 바가 없다면 이것이 바로 거리낌이 없는 것입니다. 군자를 본 뒤에 겸연쩍어 슬그머니 그 불선함을 가리는 것은 참으로 거리낌이 있는 것은 아닙니다. 이는 거짓으로 선(善)을 행하고 악(惡)을 행하는 데에 진실한 것이니, 더할 나위 없이 형편없는 것으로, 중용과 반대로 하는 소인과 매한가지입니다.

문 제십칠장(第十七章)에서 위(位)와 녹(祿)을 먼저 말함.[222]……
답 위(位)와 녹(祿)은 조만(早晚)이 있는데, 수(壽)는 그 종(終 끝, 끝맺이)입니다. 《중용》에서는 대덕이 반드시 얻는 바를 일컬을 적에 그 종(終)을 추구하여 말하였으므로 수(壽)가 뒤에 자리한 것입니다. 사람의 부귀는 반드시 수(壽)가 있고 난 뒤에야 누릴 수가 있으므로 〈홍범(洪範)〉에서는 오복(五福)의 차례를 나열하면서 수(壽)를 제일

하되 이르지 못하는 바가 없다가, 군자를 본 뒤에 겸연쩍어 슬그머니 그 불선함을 가리고 선함을 드러내기 마련이다. 남들이 자기를 보기를 자신의 폐와 간을 들여다보듯이 할 것이니, 그렇다면 무슨 유익함이 있겠는가. 이것을 일러 '내면에 성실하면 외면에 드러난다.'라고 하는 것이다. 그러므로 군자는 반드시 그 독처를 삼가는 것이다.〔小人閒居, 爲不善, 無所不至, 見君子而后, 厭然揜其不善, 而著其善, 人之視己, 如見其肺肝然, 則何益矣? 此謂誠於中, 形於外, 故君子, 必愼其獨也.〕"라고 한 데에 보이는 소인을 말한다.

222 제십칠장(第十七章)에서……말함 : 이와 관련된 내용은 《중용》 제17장에 "순은 더할 나위 없이 위대한 효자이시다. 덕은 성인이고, 존귀함은 천자이고, 부유함은 천하를 다 소유하시어, 종묘에서 선조의 향사를 받들고, 자손이 오래도록 그 분봉 받은 제후국을 보전하였다. 그러므로 더할 나위 없이 위대한 덕을 지닌 분은 반드시 그 지위를 얻고, 반드시 그 녹을 얻고, 반드시 그 명예를 얻고, 반드시 그 장수를 누린다.〔舜其大孝也與! 德爲聖人, 尊爲天子, 富有四海之內, 宗廟饗之, 子孫保之, 故大德必得其位, 必得其祿, 必得其名, 必得其壽.〕"라고 한 공자의 말씀에 보인다.

로 삼았습니다.[223] 이는 말의 선후 순서가 똑같지 않은 까닭입니다.

문 제이십오장(第二十五章)의 《장구》에서 이르기를, "성(誠)은 심(心)으로 말한 것이니 본(本)이고, 도(道)는 이(理)로 말한 것이니 용(用)이다."[224]……

답 도(道)는 본래 체(體)·용(用)이 있는데 심(心)과 상대하여 말하면 도(道)가 되레 용(用)이 되니, 이는 왜냐하면 심(心)이 일신(一身)을 주재하는 것이기 때문에 본(本)이 되고 이(理)가 만물에 산재한 것이기 때문에 용(用)이 되어서 그러한 것입니다. 주자(朱子)의 설(說)에 어떤 경우는 이(理)를 체(體)로 삼은 부분이 있기도 하고 어떤 경우는 이(理)를 용(用)으로 삼은 부분이 있기도 하여 말씀이 진실로 각각 해당하는 바가 있습니다.

"모든 물(物)은 반드시 이 마음이 있는 법이니, 이 마음이 있고 난 뒤에야 반드시 이 일이 있는 것이다."라고 말씀하신 것[225]은 단순히 언어로 구해서는 안 됩니다. 이제 만물에서 살펴보면, 저 무지한 화목

223 홍범(洪範)에서는……삼았습니다 : 《서경》 〈주서(周書) 홍범(洪範)〉의 구주(九疇)에서 아홉 번째로 '오복(五福)'이 나오는데, 그 순서는 '장수함'인 수(壽), '녹이 있음'인 부(富), '환난이 없음'인 강녕(康寧), '도를 즐김'인 유호덕(攸好德), '그 올바름을 순순히 받아들임'인 고종명(考終命)이다.

224 성(誠)은……용(用)이다 : 이 말은 《중용》 제25장 제1절인 "성(誠)이란 스스로 이루어지는 것이고, 도(道)는 스스로 행해야 할 것이다.〔誠者自成也, 而道自道也.〕"에 대한 주희의 주해에 보인다.

225 모든……것 : 이 말은 《주자어류》 권64 〈중용(中庸)3 제이십오장(第二十五章)〉 및 《중용장구대전》 제25장 제1절의 소주에 보인다.

(花木)이 어느덧 갑자기 피었다가 어느덧 갑자기 지는 것이 모두 유심(有心)한 것임을 알 수 있으니, 이것으로 미루어 보면 어떤 물(物)이든 그러하지 않겠습니까. 그러므로 말하기를, "복(復)에서 아마 천지(天地)의 마음을 볼 수 있을 것이다."[226]라고 하였으니, 이는 무형의 심(心)이지 유형의 심(心)이 아닙니다. 물(物)은 모두 심(心)이 있고 사(事)가 있으니, 그 '애써 하는 바가 없어도 저절로 이루어짐〔無爲而成〕'[227]도 역시 심(心)입니다. 물(物)이 만약 심(心)이 없으면 성인께서 '한창 자라는 초목을 꺾지 않고 땅속에서 막 나온 벌레를 죽이지 않음'[228]을 어떻게 가르치셨겠습니까.

226 복(復)에서……것이다 : 이 말은 《주역》 〈복괘(復卦)〉의 단전(彖傳)에 보인다.

227 애써……이루어짐 : 이 말은 《중용》 제26장 제6절에 보인다.

228 한창……않음 : 이는 공자의 제자인 고시(高柴)에 관한 내용으로, 《공자가어(孔子家語)》 〈제자행(弟子行)〉에 의하면, 그가 공자를 만나 뵌 이후로 '발로는 다른 사람의 그림자를 밟지 않았으며, 땅속에서 막 나온 벌레를 죽이지 않았으며, 한창 자라나는 초목을 꺾지 않았다〔足不履影 啓蟄不殺 方長不折〕'라고 한다. 고시의 자는 자고(子羔)로, 성품이 우직하고 후덕하였다. 그래서 《논어》 〈계씨(季氏)〉에서 공자는 "고시는 우직하다.〔柴也愚〕"라고 평하였는바, 이 내용은 《논어집주》에도 인용되어 있다. 또한 《소학》 〈계고(稽古) 경신(敬身)〉에도 실려 있다.

박계립[229]에게 답하다

答朴季立

보내주신 편지의 여러 가지 말씀에서 도(道)를 구하심이 정성스럽고 간절하여 분발해 매진하는 뜻이 있음을 알 수 있습니다. 뜻을 세움이 이러하시니, 아무리 멀더라도 도달하지 못하겠습니까. 구구한 저는 삼가 깊이 가상히 여기어 감탄합니다.

그러나 나아가기를 빨리 하는 자는 물러나기가 쉬우며[230] 빨리 이루려고 하면 달성하지 못하는 법이니,[231] 이는 경계하지 않을 수가 없는 것입니다. 맹자께서 이르신 "잊지도 말고 조장하지도 말라."[232]는

229 박계립(朴季立) : 박명벽(朴命璧, 1773~1827)으로, 자는 계립(季立), 호는 금호(錦湖)·습재(習齋), 본관은 영해(寧海)이다. 1803년(순조3)에 31세의 나이로 진사시에 합격하였고, 1816년에 처음으로 벼슬하여 의릉 참봉(義陵參奉)이 되었다. 그 외에 통례원 인의, 사헌부 감찰 등을 지냈다.

230 나아가기를……쉬우며 : 이와 관련된 내용은 《맹자》 〈진심 상(盡心上)〉 제44장에 보인다. 맹자가 "나아가기를 빨리 하는 자는 물러남도 빠르다.〔其進銳者, 其退速.〕" 라고 하였는데, 이에 대한 주희의 주해에 "나아가기를 빨리 하는 자는 마음을 너무 지나치게 써서 기운이 쉽게 쇠해진다. 그러므로 물러남이 빠른 것이다.〔進銳者, 用心太過, 其氣易衰, 故退速.〕"라고 하였다.

231 속히……법이니 : 이와 관련된 내용은 《논어》 〈자로(子路)〉 제17장에 보인다. 자하(子夏)가 거보(莒父)의 읍재(邑宰)가 되어 정치에 관해 묻자, 공자가 "빨리 이루려고 하지 말고 작은 이익을 보지 말아야 한다. 빨리 이루려고 하면 달성하지 못하고 작은 이익을 보면 큰일이 이루어지지 않는다.〔無欲速, 無見小利, 欲速則不達, 見小利則大事不成.〕"라고 하였다.

232 잊지도……말라 : 이는 맹자가 의리를 집적(集積)하는 데에 있어서 서두르지 말

말씀이 정당한 절도이니, 그 공효를 계교하다가 도리어 병통이 발생하게 해서는 안 될 것입니다. 이렇게 하는 것이 어떠할는지요. 어떠할는지요.

보내오신 서신의 내용에서 '선생'이라는 호칭은, 어쩌면 이다지도 잘못되었단 말입니까. 수업(受業)하고 청익(請益)[233]한 실상이 없는데 이 호칭을 붙이시니, 부문(浮文)과 허사(虛辭)가 됨이 없을 수 있겠습니까. 우리 사이에 상대할 적에 이렇게 해서는 안 됩니다. 게다가 어리석고 비루한 제가 어찌 감히 버젓이 얼굴을 들고서 이것을 담당하는 바가 있겠습니까. 앞으로 서신을 보내오실 적에 반드시 이 두 자를 고치시고 다시는 사용하지 마시기를 바랍니다.

고 차근차근 쌓아 가라는 뜻으로 한 말로, 《맹자》 〈공손추 상〉 제2장에 "반드시 집의(集義)로 일삼는 바를 두되 그 효과를 미리 기대하지 말며, 마음에서 일삼는 바를 둠을 잊지도 말고 조장하지도 말라.〔必有事焉而勿正, 心勿忘勿助長也.〕"라고 보인다.

233 청익(請益) : 《논어》 〈자로(子路)〉에 "자로가 정사를 묻자, 공자께서 말씀하셨다. '솔선해야 하며 부지런히 해야 한다.' 더 자세히 말씀해 주시기를 청하자, 다음과 같이 말씀하셨다. '게을리하지 말아야 한다.'〔子路問政, 子曰 : 先之勞之. 請益, 曰 : 無倦.〕"라고 한 데에서 유래한 말로, 여기서는 '가르침을 청한다.'라는 뜻이다.

박계립[234]에게 답하다

答朴季立

보내오신 편지의 내용에서 사람과 물(物)의 오상(五常)이 서로 같은지 다른지를 의심하신 것은 관계된 바가 지극히 정미한 부분이니, 좌하(座下)의 처지에서 보면 아마도 발설하기를 너무 일찍 한 듯합니다. 제가 지난날 인용한 것은 바로 주자의 《중용장구(中庸章句)》의 말씀이니, 그렇다면 어찌 "주자의 설(說)과 서로 반대된다."라고 이르겠습니까. 주자께서는 앞과 뒤에서 서로 다른 두 가지 설(說)을 남기신 것이 아닙니다. 《맹자》의 '생지위성 장(生之謂性章)'으로 말하면, 고자(告子)가 기(氣)에 해당하는 본능인 지각(知覺)과 운동(運動)을 성(性)이라고 하였기 때문에 맹자께서 이를 배척하신 것입니다.[235] 주자

234 박계립(朴季立) : 박명벽(朴命璧, 1773~1827)으로, 자는 계립(季立), 호는 금호(錦湖)·습재(習齋), 본관은 영해(寧海)이다. 1803년(순조3)에 31세의 나이로 진사시에 합격하였고, 1816년에 처음으로 벼슬하여 의릉 참봉(義陵參奉)이 되었다. 그 외에 통례원 인의, 사헌부 감찰 등을 지냈다.

235 맹자의……것입니다 : 이와 관련된 부분은《맹자》〈고자 상〉 제3장으로, 그 전문은 다음과 같다. "고자가 말하였다. '본능을 성(性)이라고 합니다.' 맹자께서 말씀하셨다. '본능을 성이라고 하는 것은, 흰 것을 희다고 하는 것과 같습니까?' '그렇습니다.' '그렇다면 흰 깃털의 흰 것이 흰 눈의 흰 것과 같고, 흰 눈의 흰 것이 흰 옥(玉)의 흰 것과 같다는 말입니까?' '그렇습니다.' '그렇다면 개의 성이 소의 성과 같으며, 소의 성이 사람의 성과 같단 말입니까?'〔告子曰: 生之謂性. 孟子曰: 生之謂性也, 猶白之謂白與? 曰然. 白羽之白也, 猶白雪之白, 白雪之白, 猶白玉之白與? 曰然. 然則犬之性, 猶牛之性, 牛之性, 猶人之性與?〕"

께서는 《집주》에서 사람과 물(物)의 편(偏)·전(全)을 가지고 말씀하셨으니, 이는 기(氣)를 겸하여서 성(性)을 말씀한 것입니다. 자사(子思)께서 이르신 '천명지성(天命之性)'이란 다름 아닌 '본원을 끝까지 궁구한 성〔窮源極本之性〕'으로 사람과 물(物)이 똑같이 받은 것입니다. 그러므로 《장구》에서 '각득건순오상(各得健順五常)'으로 말씀하셨으니,[236] 이는 기(氣)에 뒤섞지 않고서 성(性)만을 말씀하신 것입니다. 말씀이 진실로 각각 합당한 바가 있으니, 하나만을 고집하여서 다른 하나를 폐기해서는 안 됩니다. 그러나 이 설(說)이 유가에서 분쟁 거리가 된 지가 오래되어서 그칠 기약이 없으니, 우선 놓아두고서 논하지 않습니다.

236 장구에서 각득건순오상(各得健順五常)으로 말씀하셨으니 : 이와 관련된 내용은 《중용》 제1장 제1절의 "하늘이 명하신 것을 성(性)이라 이른다.〔天命之謂性.〕"에 대한 주희의 주해에 "사람과 물(物)이 태어날 때 각기 부여받은 이(理)를 얻음으로 인하여 건순·오상의 덕(德)으로 삼으니, 이른바 성(性)이다.〔人物之生, 因各得其所賦之理, 以爲健順五常之德, 所謂性也.〕"라고 한 데에 보인다. 건순과 오상은 천도(天道)의 음양(陰陽)·오행(五行)을 인도(人道)로 바꾸어 말한 것으로, 건은 양(陽)의 덕이고 순은 음(陰)의 덕이며, 오상은 인(仁)·의(義)·예(禮)·지(智)·신(信)의 오성(五性)을 가리킨다.

김중칙 이행 에게 답하다
答金仲則 彝行

예(禮)에 '일이 있으면 고한다.〔有事則告〕'[237]라고 한 명문(明文)이 있으니, 그렇다면 상중(喪中)에 적소(謫所)로 가는 자가 길을 떠날 적에 영연(靈筵)에 고한 다음 곡하면서 하직하는 것이 마땅할 것 같습니다.

상인(喪人)이 적소에서 연상(練祥 소상과 대상)을 만났는데, 만약 돌아가서 제사 지낼 수 있도록 말미를 허락해 주는 영(令)이 없으면 타소(他所)에서 변제(變除)[238]하는 것이 비록 매우 애통하고 원망스럽더라도 형세상 그렇게 하지 않을 수가 없습니다. 상인이 제사를 주관하는 자일 경우라면 영연에서 제사를 행하는 것은 집에 있는 자제를 시켜서 '대신 고함〔攝告〕'으로 행하며, 자제가 없을 경우라면 친속도 역시 괜찮습니다.

237 일이 있으면 고한다 : 이 말은 《가례》 권1 〈통례(通禮) 사당(祠堂)〉에 보인다.

238 변제(變除) : 보통 '변복(變服)'과 '제상(除喪)'의 병칭으로서 사용하는 말이다. '변복'이란 삼년상의 절차 중 의복을 바꾸어 입는 상황들을 가리키는바, 그중 소상과 대상 및 담제가 대표적이다. 소상 때는 연복(練服)으로 갈아입는데, 남자는 수질(首絰)을, 여자는 요질(腰絰)을 제거하며, 대상 때는 담복(禫服)으로, 담제 때는 길복(吉服)으로 갈아입는다. 일설에 의하면 대상 때는 상복(祥服)으로, 담제 때는 담복으로 갈아입는다고 한다. '제상'이란 상기(喪期)를 다 끝마치고 상복을 완전히 벗는 것인데, 주로 대상 때를 가리킨다. 《喪禮備要 下 小祥, 大祥, 禫》《四禮便覽 卷6 喪禮4 小祥, 大祥, 禫》

윤인지[239] 선대 에게 답하다

答尹仁之 善大

문 제가 실인(室人)의 상(喪)을 당하여 부장기복을 입는데,[240] 상례를 살펴보면, 모든 상은 부친이 살아 계시면 부친이 상주(喪主)로서 상사(喪事)를 주관하고,[241] 또 이르기를, "부친은 서자(庶子)의 죽은 처를 위하여 상주가 되지 않으므로 지아비가 모두 죽은 처를 위하여 상장(喪杖)을 짚어 정을 펼 수 있는 것이다."[242]라고 하였으며, 주자께서 말씀하시기를, "부친이 살아 계시면 돌아가신 모친을 위하여 기년복을 입으니, 이는 모친에게 박하게 한 것이 아니라 다만 높음〔尊〕이 그 부친에게 있어서 그러한 것일 뿐이다."[243]라고 하셨습니다. 그렇다면

239 윤인지 : 윤선대(尹善大, 1753~?)로, 본관은 파평(坡平), 자는 인지(仁之), 호는 지비헌(知非軒)이다. 형조판서(刑曹判書) 윤헌주(尹憲柱)의 증손으로, 1795년(정조19) 사마시(司馬試)에 합격하여, 음보(蔭補)로 현감(縣監)에 이르렀다. 저서는《지비헌시고(知非軒詩稿)》가 있다.

240 제가……입는데 : 아내가 죽었을 경우 남편은 죽은 아내를 위하여 자최장기복을 입어야 하는데, 만약 부모가 살아 계시면 상장은 짚지 않는 자최부장기복을 입기 때문에 이렇게 말한 것이다.

241 모든……주관하고 : 이 말은《예기》〈분상(奔喪)〉에 보인다.

242 부친은……것이다 : 이 말은《의례》〈상복(喪服)〉의 가공언(賈公彦) 소(疏)에 다음과 같이 보인다. "천자 이하로 사서인까지 아버지는 모두 서자의 죽은 처를 위하여 상주가 되지 않으므로 지아비가 모두 죽은 처를 위하여 상장을 짚어 정을 펼 수 있는 것이다.〔自天子以下, 至士庶人, 父皆不爲庶子之妻爲喪主, 故夫皆爲妻, 杖得伸也.〕"

243 부친이……뿐이다 : 이 말은《주자어류》권89〈예(禮)6 관혼상(冠昏喪) 상(喪)〉의 '담(禫)'조에 보인다.

부친이 살아 계시는 날에는 비록 모친의 상을 치르더라도 이미 그 정복(正服 자최삼년복)을 입고서 정을 펼 수가 없는데, 처의 상에 이르러서는 자최장기복을 입어 정을 펼 수 있으니, 잘 모르겠습니다만 이는 어디에 근거하여서 그러한 것입니까?

답 물어보신 예(禮)의 의문 사항으로 말하면, 〈분상〉의 글과 〈상복〉의 소(疏)가 본래부터 똑같지 않은데, 다만 〈분상〉의 글에서 "부친이 살아 계시면 부친이 상주로서 상사를 주관한다."라고 한 것은 한 집에 함께 거처하는 서자부(庶子婦)의 상(喪)인 경우를 이르고, 〈상복〉의 소에서 "부친은 서자의 죽은 처를 위하여 상사를 주관하지 않는다."라고 한 것은 다른 집에 거처하는 서자부의 상인 경우를 이릅니다. 한 집에 함께 거처함과 다른 집에 거처함에 따라서 부친이 상사를 주관함과 주관하지 않음이 달라지니, 그렇다면 이 두 예가 자연히 서로 장애가 되지 않습니다.

그러나 근세에 현석(玄石 박세채(朴世采))의 설(說)이 "한 집에 함께 거처함과 다른 집에 거처함을 막론하고 한결같이 '부친이 살아 계시면 부친이 상주로서 상사를 주관한다.'라고 한 예문을 적용하여서 시부가 적자부(嫡子婦)와 서자부의 상을 모두 마땅히 주관해야만 한다."라고 주장하였습니다. 그러므로 인가(人家)가 대부분 이 주장에 의거하여서 행하고 있습니다. 부친이 이미 그 자부의 상을 주관하였으면 마땅히 상장을 짚지 않아야 할 것입니다. 지금 좌우께서 돌아가신 내자를 위하여 자최부장기를 입는 것으로 확정하신 것은 참으로 옳습니다.

부재모상(父在母喪)에는 자최삼년복을 입고서 정을 펼 수가 없고 자최장기복을 입는데, 이는 '집안에는 두 높은 분이 없다.〔家無二尊〕'[244] 라고 한 의리입니다. 처상으로 말하면 이와 다른 점이 있습니다. 아무리 부친이 살아 계시는 날에 치른다고 하더라도 이미 자기가 다른 집에 거처하여서 자기가 직접 상을 주관하게 된 이상 '자최장기복을 입고서 정을 펼 수 있는 것이 불가하다.'라는 의리는 없을 듯합니다. 그러므로 마침내 자최장기복을 입는 것입니다. 고례(古禮)의 뜻이 이와 같으니, 여기에는 의심할 만한 점이 없을 듯합니다.

문 "부제는 시부가 주관하고 우제와 졸곡은 지아비가 주관한다."[245]라고 한 글로 말하면, 이미 고례의 명문이 있습니다. 우제와 졸곡의 축문 내용에서 '시부가 아들 아무개를 시켜〔舅使子某〕……'라고 일컫는 것이 또 《의례문해속(疑禮問解續)》에 보이니, 의심의 여지 없이 준용해야 합니다. 이미 '시부가 아들 아무개를 시킨다.'라고 말하였으니, 그렇다면 '부친이 상주로서 상사를 주관한다.'라고 한 의리가 절로 있고, 또한 "우제와 졸곡은 지아비가 주관한다."라고 한 예문에도 부합합니다. 이것이 어떻습니까. 어떻습니까.

답 자부의 상(喪)에서 제주(題主)할 적에 '망(亡)' 자를 쓰지 않고, 그저 '자부모씨신주(子婦某氏神主)'라고 쓸 뿐이라는 한수재 선생(寒水齋先生 권상하)의 설(說)이 있으니,[246] 이 설에 의거하여 신주에 쓰는

244 집안에는……없다 : 이 말은 《예기》 〈상복사제(喪服四制)〉에 보인다.

245 부제는……주관한다 : 이 말은 《예기》 〈상복소기(喪服小記)〉에 보인다.

246 자부의……있으니 : 이와 관련된 내용은 《한수재집(寒水齋集)》 권15 〈답성중거(答成仲擧) -병신정월(丙申正月)-〉에 다음과 같이 보인다. "자부의 상에서 제주할 적에 저희 집에서는 '자부모씨'라고 칭하였습니다. '망장자'라든지 '망총부'라든지 하는 것은 예법에서 해당하는 명문이 없고, 다만 '망자모', '자부모씨'라고 하였을 뿐이니, 이렇게 하면 서로 혼동할 우려가 없을 것 같습니다.〔子婦題主, 鄙家稱以子婦某氏, 亡長子亡

것이 마땅할 것 같습니다.

冡婦云云, 禮無其文, 只曰亡子某子婦某氏則似無相混之患矣.〕”

윤인지[247]에게 답하다
答尹仁之

사계 선생(沙溪先生 김장생)께서 말씀하시기를, "부친상에서 우제와 졸곡을 지낸 뒤에야 비로소 죽은 처를 위한 두 상제〔二祥〕를 지낸다."[248] 라고 하셨습니다. 이미 '두 상제'라고 말하였으니, 그렇다면 연제(練祭)를 당연히 행해야 하는 것은 의심의 여지가 없습니다. 혹자가 인용한 '상을 치르는 삼 년 동안 바꾸지 않는다.'라고 한 설(說)은 어디에 근거하였는지를 알지 못하겠습니다.

기(記)에 이르기를, "대공친인 자가 다른 사람의 상을 주관할 경우 위하여 두 제사를 지내 준다."라고 하였습니다.[249] 시부가 죽은 자부를 위하여 입는 복은 비록 기년복과 대공복이지만[250] 그 지아비가 죽은

247 윤인지 : 윤선대(尹善大, 1753~?)로, 본관은 파평(坡平), 자는 인지(仁之), 호는 지비헌(知非軒)이다. 형조판서(刑曹判書) 윤헌주(尹憲柱)의 증손으로, 1795년(정조19) 사마시(司馬試)에 합격하여, 음보(蔭補)로 현감(縣監)에 이르렀다. 저서는《지비헌시고(知非軒詩稿)》가 있다.

248 부친상에서……지낸다 : 이 말은《의례문해》권4〈상례(喪禮) 담(禫)〉에 보인다.

249 기(記)에……하였습니다 : 이와 관련된 구체적인 내용은《예기》〈상복소기(喪服小記)〉에 다음과 같이 보인다. "대공친인 자가 다른 사람의 상을 주관할 경우 삼년상의 복을 입는 자가 있으면 반드시 그들을 위하여 연제(練祭)와 상제(祥祭)의 두 제사를 지내 준다.〔大功者主人之喪, 有三年者則必爲之再祭.〕" 여기서 '대공친'이란 망자의 사촌 형제이며, '삼년상의 복을 입는 자'란 망자의 처와 어린 아들이다.

처를 위하여 복을 입는 것은 실로 삼년상의 체재를 갖추었으니, 그렇다면 마땅히 그 지아비를 위하여 연제를 행해야 할 것입니다. 혹 "적자는 부친이 살아 계실 경우 죽은 처를 위하여 상장을 짚지 않으니, 그렇다면 담제를 지내지 않는다."[251]라고 한 예문에 의거하여서 연제까지도 함께 없애야 함을 의심한다면 이는 잘못된 것입니다. 더군다나 부제는 시부가 주관하고 우제와 졸곡은 지아비가 주관하니,[252] 그렇다면 부친이 비록 상을 주관하더라도 그 지아비가 죽은 처를 위하여 연제를 지내는 것을 어찌 허락하지 않을 수 있겠습니까. 그렇다면 부친이 살아 계실 경우도 역시 마땅히 죽은 처의 연제를 행해야 할 것입니다. 부친이 돌아가시고서 죽은 처의 연제를 행하는 것은, '부친이 살아 계실 적의 예를 바꾼다.'라고 한 혐의가 있음을 아직 보지 못하였습니다.

250 시부가……대공복이지만 : 시부는 죽은 장자부를 위하여 자최부장기복을, 중자부를 위하여 대공복을 입는다.

251 적자는……않는다 : 이 말은 《예기》 〈상복소기(喪服小記)〉의 공영달(孔穎達) 소(疏)에 보인다.

252 부제는……주관하니 : 이 말은 《예기》 〈상복소기(喪服小記)〉에 보인다.

윤인지[253]에게 답하다
答尹仁之

문 지난번 내려 보여주신 의심스러운 예(禮)를 사천(沙川)에게 물어 보았더니, 답이 이러하였습니다. 만약 이 뜻에 근거하면 부친이 계시는지 안 계시는지를 막론하고 이미 자최장기복을 입지 못하게 되었으니, 그렇다면 연제를 행할 수 없을 것 같습니다. 이것이 어떠할는지를 알지 못하겠습니다. 상장을 짚지 않으면 연제를 지내지 않는 것도 역시 과연 《예기》의 소(疏)에 있습니까? -사천의 설(說)은 다음과 같습니다. "저의 견해로는, 《예기》의 소(疏)에서 '상장을 짚지 않으면 연제를 지내지 않고 담제를 지내지 않는다.'라고 한 것은 일관된 도리인 것 같은데, 《상례비요》 '장기(杖期)'의 주(註)에 실린 유울지(庾蔚之)의 설(說)[254]과 우암의 〈답인서〉에 근거하면, 모친이 돌아가셨는데 부친이 이윽고 돌아가셨을 경우도 오히려 모친을 위하여 자최삼년복을 입고 정을 펼 수 없으니, 그렇다면 처상은 더욱더 '부친이 살아 계실 적의 예를 바꿈'이란

253 윤인지 : 윤선대(尹善大, 1753~?)로, 본관은 파평(坡平), 자는 인지(仁之), 호는 지비헌(知非軒)이다. 형조판서(刑曹判書) 윤헌주(尹憲柱)의 증손으로, 1795년(정조19) 사마시(司馬試)에 합격하여, 음보(蔭補)로 현감(縣監)에 이르렀다. 저서는 《지비헌시고(知非軒詩稿)》가 있다.

254 상례비요……설(說) : 이와 관련된 내용은 《사계전서》 권32 소재 《상례비요》 〈성복〉 '자최장기(齊衰杖朞)'의 기(己)에 관한 소주에 다음과 같이 보인다. "유울지가 말하였다. '부친이 살아 계시는 날에 모친이 돌아가신 지가 이미 오래되었다면 어떻게 부친이 돌아가셨다고 하여서 바꿀 수가 있겠는가.' 또 말하였다. '모든 복은 다 처음 제정한 것을 단안으로 삼는다.'〔庾蔚之曰：父在之日，母亡已久，寧可以父亡而變之乎？又曰：凡服，皆以始制爲斷.〕"

있기가 어렵습니다. '우제와 졸곡은 지아비가 주관함'에 이르러서는 그 예(禮)가 후세에 있으니, 부친이 제주(題主)한 뒤로써 보자면 아마도 행할 수 없을 듯합니다."-

답 우암께서 구시경(具時經)에게 답한 서신[255]에 이르기를, "처상은 실로 삼년상의 체단을 갖추었으므로 상장을 짚고 연제를 지내고 상제를 지내고 담제를 지내는 이 네 가지가 다만 한 맥락의 일일 뿐이라네. 이제 상장을 짚지 않는다고 하여서 담제를 지내지 않으면 유독 연제만를 행할 뿐이니, 이는 아마도 반상낙하일 듯하네. 삼가 생각건대《예기》〈상복소기(喪服小記)〉에 보이는 주(註)의 설(說)은 아마도 정론으로 삼을 수 없을 듯하네. 그러나〔然〕 이미 주의 설을 깨뜨릴 수 있는 분명한 예문(禮文)을 얻지 못하였으니, 그렇다면 그저 이것을 따라 거행하여야 전혀 근거가 없는 지경에 이르지는 않을 것이네."라고 하셨습니다. 우옹께서는 이미 '유독 연제만을 행하는 것'을 두고 의심할 만하다고 여기셨는데, 그 아래에서 오히려 또한 이렇게 말씀하신 것은 어째서이겠습니까. 이는 대체로 신중히 하려는 뜻입니다. 그러므로 저는 '연(然 그러나)' 자 이하의 말씀을 따르고자 합니다.

문 '죽은 처의 연제'라는 한 의절에 대한 저의 생각은, 비록 부친이

255 우암께서……서신 : 이는《송자대전》권83에 실려 있는〈답구제백(答具濟伯)〉제17서이다. 구시경(具時經, 1637~1699)의 본관은 능성(綾城), 자는 제백(濟伯), 호는 독락재이다. 송시열의 문인으로 송시열이 덕원에 유배되었을 때 따라가 모셨으며 30여 년을 시봉하며 학문에 정진하였다. 능성 감동관(綾城監董官), 홍성 판관(洪城判官), 연천 현감(漣川縣監) 등을 지냈다. 문집인《독락재집(獨樂齋集)》이 있으나, 구시경의 사후에 후손이 편집한 것으로 주변 인물들이 구시경에게 준 글을 모아 엮은 것이다.

살아 계시더라도 또한 마땅히 행해야 할 것이라고 봅니다. 이는 대체로 예(禮)에서 다만 '담제를 지내지 않음'을 말했을 뿐이고 '연제를 지내지 않음'을 말하지 않았기 때문입니다. 부친이 돌아가셨을 적에 비록 죽은 처의 연제를 행하더라도 상장을 짚지 않고 담제를 지내지 않는 것은 예전 그대로이니, 어찌 '부친이 살아 계실 적의 예를 바꾼다.'라고 한 혐의가 있겠습니까. 이는 부친상을 치르는 동안에 모친상을 당한 경우와는 똑같지 않을 것 같습니다. 그러나 사천께서 논하신 것이 이러하시니, 제가 어찌 감히 자신하겠습니까.

답 《예기》의 소(疏)에는 진실로 "상장을 짚지 않으면 연제를 지내지 않는다."라고 한 글이 없는데, 어떤 이는 이르기를, "비록 '연제를 지내지 않음'을 말하지는 않았으나 실제로는 하나만 거론하여서 함께 포함하는 것이다."라고 하니, 이 말이 틀림없이 그러한지는 알지 못하겠습니다.

윤인지[256]에게 답하다

答尹仁之

문 《상례비요(喪禮備要)》〈소상(小祥)〉의 '소상의 제구(諸具)'에서 "연제를 지낼 때 만약 고례(古禮)를 적용해서 요질(腰絰)을 갈(葛)로 바꾸어서 착용하면 효대(絞帶)도 역시 마땅히 포(布)로 바꾸어서 착용해야 한다."라고 하였습니다. 그런데 지금의 풍속은 참최복을 입는 상(喪)에서 변복(變服)하게 되면 효대는 숙마(熟麻)로 바꾸어서 착용하는 경우가 많으니, 포와 숙마 중에서 무엇이 옳은지 알지 못하겠습니다.

답 요질을 갈로 바꾸어서 착용하고 효대를 포로 바꾸어서 착용하는 것은 바로 옛적에 우제를 지내고 변복하는 예(禮)인데 소상으로 옮겨서 적용했기 때문에 그러한 것입니다.

참최복을 입는 상에서 연제를 지낼 때 혹 마효(麻絞)로 바꾸어서 착용하는 경우도 있으니, 이는 외암(巍巖 이간(李柬))의 의론인데, 대체로 가공언의 소에서 '포로 바꾸어서 착용한다.'라고 한 글[257]을 따르지

256 윤인지 : 윤선대(尹善大, 1753～?)로, 본관은 파평(坡平), 자는 인지(仁之), 호는 지비헌(知非軒)이다. 형조판서(刑曹判書) 윤헌주(尹憲柱)의 증손으로, 1795년(정조19) 사마시(司馬試)에 합격하여, 음보(蔭補)로 현감(縣監)에 이르렀다. 저서는 《지비헌시고(知非軒詩稿)》가 있다.

257 가공언의……글 : 《의례》 〈상복〉의 전(傳)에 "효대란 승대이다.〔絞帶者, 繩帶也.〕"라고 하였는데, 이에 대한 가공언의 소에 "질대(絰帶)는 우제를 지낸 뒤에 마(麻)를 바꾸어 갈(葛)을 착용한다. 효대에 대해서는 우제를 지낸 뒤에 바꾸는 바를 말하지

않고자 해서 그러한 것입니다. 그러나 《의례》의 경문이 미비한 부분은 마땅히 소의 설을 따라야만 할 것이니, 그렇다면 가공언의 소는 아마도 폐기해서는 안 될 듯합니다. 또한 문원 선생(文元先生 김장생)께서 《상례비요》에 이미 실어 놓으셨으니, 그렇다면 비록 참최복을 입는 상에서 연제를 지낼 때의 효대라고 하더라도 역시 포로 바꾸어서 착용하는 것이 마땅합니다. 이것이 어떻습니까. 어떻습니까. 요질과 수질은 '갈이 없으면 경을 쓴다.〔無葛用穎〕'[258]라는 의리에 따라 만약 갈을 얻기 어려우면 이를 대신하여 숙마를 쓰는 것이 무슨 문제 될 것이 있겠습니까.

않았지만, 공사(公士)와 중신(衆臣)이 군주를 위하여 포대(布帶)를 착용하고, 또 자최 이하도 포대를 착용하니, 그렇다면 효대는 우제를 지낸 뒤에 마를 바꾸어 포를 착용하는 것이 예의 뜻에 옳다.〔絰帶至虞後變麻服葛, 絞帶虞後雖不言所變, 案公士衆臣爲君服布帶, 又齊衰已下, 亦布帶則絞帶虞後變麻服布, 於義可也.〕"라고 하였다.

258 갈이……쓴다 : 경(穎)은 모시와 비슷한 식물인데, 갈(葛)이 나지 않는 고장에서 그 대용으로 사용하였다. 《예기》 〈잡기 하(雜記下)〉에 "만일 앞의 상과 뒤의 상이 모두 삼년상이면, 뒤의 상에 마질(麻絰)을 경질(穎絰)로 바꾼 뒤에 앞의 상을 위한 연제(練祭)와 상제(祥祭)를 모두 행한다.〔如三年之喪, 則旣穎, 其練、祥皆行.〕"라고 하였는데, 이에 대한 정현의 주에서 "경은 풀의 이름이니, 갈이 나지 않는 지방에서는 마질을 제거하고 나면 경질을 착용하였다.〔穎, 草名, 無葛之鄕, 去麻則用穎.〕"라고 설명하였다. 《禮記注疏 卷42 雜記下》 '경질'이란 우제와 졸곡을 지낸 뒤에 바꾸어서 착용하는 질대(絰帶), 즉 수질과 요대를 가리킨다.

찌지를 붙여서 윤인지[259]의 《상서차의》에 대해 논하다
籤論尹仁之尙書箚疑

문 〈순전(舜典)〉의 '척방내사(陟方乃死)'를 《집전(集傳)》에서 '척방(陟方)'을 가지고 '조락(殂落)'이라 풀이하였다.[260] 만약 이 설(說)에 근거하면 아랫글의 '내사(乃死)'와 중복이 되는데, 제가(諸家)는 '척방악(陟方嶽)'[261]을 올바른 것으로 삼은 이가 많다. 그러므로 마침내 '순이 창오에서 죽었다.〔舜死蒼梧〕'[262]라고 한 글이 있으니, 우선 이를 따

259 윤인지 : 윤선대(尹善大, 1753~?)로, 본관은 파평(坡平), 자는 인지(仁之), 호는 지비헌(知非軒)이다. 형조판서(刑曹判書) 윤헌주(尹憲柱)의 증손으로, 1795년(정조19) 사마시(司馬試)에 합격하여, 음보(蔭補)로 현감(縣監)에 이르렀다. 저서는 《지비헌시고(知非軒詩稿)》가 있다.

260 순전(舜典)의……풀이하였다 : 채침의 《집전》에 "경문의 '척방'은 '승하'라고 말한 것과 같다.……'방'은 '운조호방'의 '방'과 같으니, '척방내사'는 '조락하여서 죽음'이라고 말한 것과 같다.〔陟方, 猶言升遐也.……方, 猶雲徂乎方之方, 陟方乃死, 猶言徂落而死也.〕"라고 설명하였다. '운조호방'은 '구름이 날아서 사방으로 간다.'라는 말로 양웅(揚雄)의 《법언(法言)》〈과견(寡見)〉에 보인다. 이궤(李軌)는 방(方)을 사방(四方)이라고 해석하였다. '조락(徂落)'은 '조락(殂落)'으로도 적는바, 조(徂)와 조(殂)는 '간다.'라는 뜻으로 사람의 명이 다해서 떠나감을 이르고, 낙(落)은 '떨어진다.'라는 뜻으로 사람의 죽음이 초목의 잎이 떨어짐과 같음을 말한 것이다.

261 척방악(陟方嶽) : 동악(東岳) 태산(泰山), 서악(西岳) 화산(華山), 남악(南岳) 곽산(霍山) 또는 형산(衡山), 북악(北岳) 항산(恒山) 등 사방의 산악에 오른다는 뜻이다. 고대에 천자가 사방의 제후국을 순수할 적에 각방 지역의 산 아래에서 조회하게 하여 고적(考績)해 출척(黜陟)을 행하였다. 순이 수수(巡狩)하는 일로 인하여 방악(方岳)에 올라 제후를 조회하게 하고 이에 창오(蒼梧)에서 죽어서 마침내 장사 지낸 것이다.

262 순이 창오에서 죽었다 : 순의 죽음에 관한 설(說)은 일정하지 않다. 채침의 《집

른다.

답 '척방'이란 바로 혼기(魂氣)가 하늘의 일방(一方)으로 올라가는 것입니다. 장차 그 죽음을 적으려고 하는데 그저 '일방에 오른다.〔升于方〕'라고만 말하면 말이 자세하고 분명하지 못하기 때문에 반드시 '내사'라는 글자를 놓아야만 하는 것이니, 이는 중복이 아닙니다. 요(堯)의 죽음에 대해서 '조락(殂落)'이라고만 일컫고 '사(死)'를 다시 말하지 않은 것[263]은, '낙(落)'이란 체백(體魄)이 땅으로 돌아가는 것이니, 이미 '체백이 땅으로 돌아갔다.'라고 말하였으면 굳이 '사(死)'를 다시 말할 필요는 없어서 그러한 것입니다. 《집전》에서 '척방'에 대해 "'조락하여서 죽음'이라고 말한 것과 같다.'라고 해석한 것은, 대체로 '혼이 하늘로 올라가고 백이 땅으로 내려가서 죽음'이라고 말한 것이니, 이것이 또한 반드시 문의(文義)를 이루지 못한 것은 아니기 때문에 그러한 것입니다. 제가가 주장한 '척방악'의 설(說)은, 여기서 이른바 '방악'이란 대체 어느 방위의 산악입니까? 만일 정말로 남쪽으로 순수했다면 이는 남악인 것이니, 틀림없이 '방악'이라고 범범하게 칭하지 않았을

전》에는 "사기에 말하기를, '순이 순수하다가 창오의 들에서 붕어하였다.'라고 하였고, 맹자께서는 '순이 명조에서 졸하셨다.'라고 하니, 무엇이 옳은지 알지 못하겠다. 현재 영릉 구의에 순총이 있다고 한다.〔史記言舜巡守, 崩于蒼梧之野. 孟子言舜卒於鳴條, 未知孰是. 今零陵九疑, 有舜塚云.〕"라고 설명하였고, '척방내사'에 대한 공안국의 전에 "방은 길이다. 순이 즉위한 지 50년에 남방으로 길에 올라 순수하다가 창오의 들에서 죽어서 장사 지냈다.〔方, 道也. 舜卽位五十年, 升道南方巡守, 死于蒼梧之野而葬焉.〕"라고 하였다.

263 요(堯)의……것 : 《서경》 〈우서(虞書) 순전(舜典)〉에 "요임금이 붕어하거늘 백성은 부모의 상을 당한 듯이 삼 년의 복을 입었고, 온 천하가 팔음을 중지하여 조용하게 하였다.〔帝乃殂落, 百姓如喪考妣三載, 四海遏密八音.〕"라고 하였다.

것입니다. 그러므로 저는 제가의 설을 따라서는 안 된다고 생각하는 바입니다.

문 〈대우모(大禹謨)〉의 '윤집궐중(允執厥中)'[264]에서 '중(中)'이라는 것은 태극(太極)의 중(中)이다. 만약 체(體)와 용(用)의 도(道)를 가지고 논하면, 중(中)은 체(體)이고 권(權)은 용(用)이다. 중(中)이 만약 권(權)이 없으면, 경중을 달고 다소를 헤아릴 수 없을 것이다.
답 중(中)이 본래 체(體)와 용(用)이 있으니, 반드시 권(權)을 기다린 뒤에야 체(體)와 용(用)이 비로소 갖추어지는 것은 아닙니다. 이 '권(權)' 자가 '권경중(權輕重 경중을 달다)'의 권(權)을 범범하게 일컫는 것이라면 진실로 또한 아무런 문제 될 것이 없지만, 만약 '경(經)'에 상대되는 권(權)일 경우, 권(權)에 변사(變事)를 만난 뒤에 행하는 것이 있으니, 이제 '중(中)은 권(權)이 아니면 용(用)이 없다.'라고 이른다면 경상(經常)의 도(道)가 어찌 체(體)만 있고 용(用)은 없겠습니까.

문 '유구출호(惟口出好)'[265]가 〈열명〉의 '유구기수(惟口起羞)'[266]와 똑

264 대우모(大禹謨)의 윤집궐중(允執厥中) : 《서경》 〈우서(虞書) 대우모(大禹謨)〉에 "인심은 위태롭고 도심은 미묘하니 정하게 살피고 한결같이 지켜야 진실로 그 중을 잡을 것이다.〔人心惟危, 道心惟微, 惟精惟一, 允執厥中.〕"라고 한 순임금의 말이 보인다.

265 유구출호(惟口出好) : 《서경》 〈대우모(大禹謨)〉에 "입은 우호(友好)를 내기도 하고 전쟁을 일으키기도 하니, 짐은 다시 다른 말을 하지 않겠다.〔惟口出好興戎, 朕言不再.〕"라는 말이 나온다.

같지 않은 것은 어째서인가. 대체로 선한 사람의 말은 온갖 복록이 따르며 악한 사람의 말은 온갖 재앙이 따르기 마련이니, 여기에서 감계(鑑戒)로 삼지 않을 수 있겠는가.

답 '출호(出好)'의 아래에 '흥융(興戎)'이 있으니, '흥융'이 '기수(起羞)'와 똑같습니다.

문 〈우공(禹貢)〉에 대해서 혹자가 이르기를, "오행상생(五行相生)의 법[267]으로 구주(九州)의 물을 다스렸으니, 예컨대 기(冀)는 북으로 수(水)에 속하기 때문에 먼저 기주(冀州)를 다스려서 천일생수(天一生水)[268]의 뜻에 부합하고, 연(兗)·청(靑)은 동으로 목(木)에 속하기 때문에 다음으로 연(兗)·청(靑) 두 주(州)를 다스려 수(水)로 목(木)을 생하고, 서(徐)·양(揚)·형(荊)은 남으로 화(火)에 속하기 때문에 다음으로 서(徐)·양(揚)·형(荊) 세 주(州)를 다스려 목(木)으로 화(火)를 생하고, 예(豫)는 중앙으로 토(土)에 속하기 때문에

266 유구기수(惟口起羞) : 《서경》 〈상서(商書) 열명 중(說命中)〉에 "말은 수치를 일으키고 갑주(甲冑)는 전쟁을 일으킵니다. 덕이 있는 이에게 명하는 의상(衣裳)을 상자에 보관해 두시고, 죄가 있는 자를 토벌하는 창과 방패로 자신을 돌이켜 보십시오.〔惟口起羞, 惟甲冑起兵. 惟衣裳在笥, 惟干戈省厥躬.〕"라고 하였다.

267 오행상생(五行相生)의 법 : 목생화(木生火), 화생토(火生土), 토생금(土生金), 금생수(金生水), 수생목(水生木)의 이치이다.

268 천일생수(天一生水) : 《주역》의 수리(數理)에 의하면, 하늘은 홀수이고 땅은 짝수이다. 주희가 오행(五行) 생성의 이치를 말하면서 "하늘은 일(一)로서 수(水)를 낳고, 땅은 이(二)로서 화(火)를 낳고, 하늘은 삼(三)으로서 목(木)을 낳고, 땅은 사(四)로서 금(金)을 낳고, 하늘은 오(五)로서 토(土)를 낳는다.〔天一生水, 地二生火, 天三生木, 地四生金, 天五生土.〕"라고 하였다. 《近思錄集解 卷1 太極圖說註》

다음으로 예주(豫州)를 다스려 화(火)로 토(土)를 생하고, 양(梁)·옹(雍)은 서로 금(金)에 속하기 때문에 마지막으로 양(梁)·옹(雍) 두 주(州)를 다스려 토(土)로 금(金)을 생한 것이다. 이것이 오행상생의 이치로 선후가 문란하지 않다. 곤(鯀)에 대해서 '골진오행(汨陳五行)'이라 이른 것[269]은, 먼저 서주(徐州)·양주(揚州)로부터 시작하여 그 물을 다스림에 오행의 차서를 어지럽혔기 때문에 공용(功用)이 이루어지지 못한 것[270]이다."라고 하니, 이 설(說)이 어떠한가.

답 구주의 물을 다스린 선후가 오행의 차서에 부합하는 것이 비록 이치가 있을 것 같으나 나누어 배열함이 지나치게 공교로우니 아마도 견강부회인 듯합니다. 또한 곤(鯀)이 골진(汨陳)한 것은, 수(水)가

269 곤(鯀)에……것 : 《서경》 〈주서(周書) 홍범(洪範)〉에 "내가 들으니, 옛날에 곤이 홍수를 막아 오행을 어지럽게 늘어놓자 상제가 이에 진노하시어 홍범구주를 내려 주지 않으시니, 인륜이 이 때문에 무너지게 되었다. 곤이 죽고 우 임금이 뒤이어 일어나자 하늘이 홍범구주를 내려 주시니, 인륜이 이 때문에 펴지게 되었다.〔我聞在昔鯀陻洪水, 汨陳其五行, 帝乃震怒, 不畀洪範九疇, 彝倫攸斁. 鯀則殛死, 禹乃嗣, 興天乃錫禹洪範九疇, 彝倫攸敍.〕"라고 한 기자(箕子)의 말에 보인다.

270 먼저……것 : 요임금 때에 홍수(洪水)가 나 세상이 어지러워졌을 때, 우(禹)임금의 부친인 곤(鯀)을 9년 동안 시험하여 공적이 없자 내친 것을 가리킨다. 《서경》 〈우서 요전(堯典)〉에 "요임금이 말하기를, '아, 사악아. 넘실대는 홍수가 한창 해를 끼쳐 거침없이 산을 감싸고 언덕을 넘어 도도하게 하늘까지 넘실댄다. 백성들이 한탄하고 있으니, 능히 다스릴만한 자가 있으면 다스리게 하리라.'라고 하자, 모두들 '아, 곤입니다.'라고 하였다. 요임금이 '아, 그렇지 않다. 그는 명을 거역하며 족류들을 무너뜨릴 것이다.'라고 하니, 사악이 '흡족하지 않더라도 시험해 본 뒤에 그만두소서.'라고 하기에, 요임금이 곤에게 '가서 공경히 수행하라.'라고 하였는데, 9년 동안에 공적이 이루어지지 않았다. 〔帝曰: 咨四岳, 湯湯洪水方割, 蕩蕩懷山襄陵, 浩浩滔天, 下民其咨, 有能俾乂. 僉曰: 於鯀哉. 帝曰: 吁咈哉, 方命圮族. 岳曰异哉, 試可乃已. 帝曰: 往欽哉. 九載, 績用弗成.〕"라고 하였다.

오행 중의 하나인데 수(水)의 성(性)을 거슬러서 이것을 막았기 때문에 한 행(行)이 어지럽혀지는 바람에 나머지가 모두 어지럽혀진 것이니, 반드시 서주(徐州)·양주(揚州)로부터 시작하였기 때문에 그러한 것은 아닙니다.

문 〈요전(堯典)〉이 시작하매 천문(天文)이 밝아졌고, 〈순전(舜典)〉이 계승하매 인도(人道)가 품절(品節 등급·층차에 따라 절제함)되었고, 〈우공(禹貢)〉이 완성되매 지리(地理)가 통하였다.
답 이전(二典)과 〈우공〉에 대하여 삼재(三才)를 가지고 나누어서 설명한 것이 참으로 훌륭합니다.

문 현규(玄圭)는, 그 규(圭)의 형상이 위는 둥글고 아래는 네모져서 '천성지평(天成地平)'을 체현하였는데, 그 빛깔이 검은 것에 대하여 임씨(林氏)가 "수(水)의 색이 검기 때문에 그러한 것이다."라고 하였으니,[271] 이 설(說)이 훌륭하다.

271 현규(玄圭)는……하였으니 : '현규(玄圭)'란 검은 옥으로 만든 기물(器物)로, 《서경》〈하서(夏書) 우공(禹貢)〉에 "동쪽으로 바다에 무젖고, 서쪽으로 유사 지역까지 입혀졌으며, 북쪽과 남쪽의 끝까지 이르렀다. 그리하여 그 풍성과 교화가 사해에 전부 다 미치자, 우가 검은 규를 올리면서 그 일이 완성되었다고 순임금께 아뢰었다.〔東漸于海, 西被于流沙, 朔南曁. 聲敎訖于四海, 禹錫玄圭, 告厥成功.〕"라고 한 데에 보인다. '임씨'는 임지기(林之奇)로, 위의 대문(大文)에 대한 채침(蔡沈)의 《집전》에 "물과 땅이 이미 평정되어 다스려지매 우가 현규를 폐백으로 삼아 순임금에게 공을 이룸을 아뢰었다. 수의 색은 검다. 그러므로 규를 검은 것으로써 하였다.〔水土旣平, 禹以玄圭爲贄, 而告成功于舜也. 水色黑, 故圭以玄云.〕"라고 한 임지기의 설이 인용되어 있다. '천성지평'은 〈우서(虞書) 대우모(大禹謨)〉에 "아! 너의 말이 옳다. 땅의 수토(水土)가 다스려

답 현규는 수(水)의 색을 형상한 것입니다. 그런데 규란 본디 위는 둥글고 아래는 네모지니, 궁규(躬圭)와 신규(信圭)[272]의 제도가 어찌 모두 천성지평을 체현한 것이겠습니까. 만일 반드시 '천성지평을 형상하였다.'라고 말해야만 한다면 수(水)를 취한 뜻이 전일하지 못하게 됩니다.

문 〈탕고(湯誥)〉의 '비약초목(賁若草木)'[273]에 대해 《집전》에서 "천명이 어긋나지 않음이 찬연하여 초목이 무성해 개화하는 것과 같다."라고 하였으니, 이는 매우 통창하지 못하다. 《서경》에서 '약(若)' 자는 대부분 '순히 하다.〔順之〕'라는 뜻으로 사용되었으니, 예컨대 〈이훈

짐에 하늘이 만물을 이루어주어서 육부와 삼사가 진실로 다스려져 만세토록 영원히 힘입음은 너의 공이다.〔兪, 地平天成, 六府三事允治, 萬世永賴時乃功.〕"라고 한 순임금의 말에 보인다.

272 궁규(躬圭)와 신규(信圭) : 제후가 조빙(朝聘)할 때 잡는 신부(信符)로, 모두 옥으로 만들며, 길이는 7촌이다. '궁규'는 백(伯)이, '신규'는 후(侯)가 잡는데, 모두 사람의 형상을 아로새겨 장식한다. 궁규의 조각 문양은 사람이 허리를 꺾어 굽힌 형상으로 등급이 낮아 거만하지 않음을 취한 것이며, 신규의 조각 문양은 사람이 허리를 곧게 세운 형상으로 등급이 높아 비굴하지 않음을 취한 것인바, 이는 사람이 그 행동을 삼가서 자신을 보전하도록 하려는 의미를 담고 있다. 정현(鄭玄)은 '신(信)'을 '신(身)'의 오자로 보았다. 이 외에도 '신(信)'을 '신(伸)'의 뜻으로, '궁(躬)'을 '굴(屈)' 또는 '국궁(鞠躬)'의 뜻으로 해석하기도 한다. 《周禮注疏 卷18 春官宗伯 大宗伯, 卷20 典瑞》《周禮句解 卷5 春官宗伯 大宗伯, 典瑞》

273 비약초목(賁若草木) : 이 말은 《서경》 〈상서(商書) 탕고(湯誥)〉에 "상천이 진실로 하민을 돕기에 죄인이 쫓겨나 굴복하니, 천명이 어긋나지 아니하여 찬란함이 초목과 같다. 그러므로 만민이 참으로 번성하는 것이다.〔上天孚佑下民, 罪人黜伏, 天命弗僭, 賁若草木, 兆民允殖.〕"라고 한 데에 보인다.

(伊訓)〉에서 "날짐승과 길짐승 및 어류와 자라들이 모두 순히 하였다.〔鳥獸魚鼈咸若〕"라고 한 것이 바로 여기에 해당한다. 이 장(章)에서 '비약(賁若)'의 '약(若)' 자도 역시 '함약(咸若)'의 '약(若)' 자로 보면 주자께서 "초목이 화미하고 백성이 풍성하게 늘어나니, 이는 사람과 물이 모두 이루어짐이다."라고 말씀하신 것[274]과 그 뜻이 서로 부합할 수 있다.

답 주자께서 '초목이 화미하다.'라고 말씀하신 것은 아마도 정론(正論)이 아닌 듯합니다. 그 바로 다음에 어떤 사람의 물음에 답하기를, "위 구의 '천명이 어긋나지 않음'과 연결하면 명백하여 보기가 쉽다.[275]……"라고 하셨으니, 마땅히 이 가르침을 따라야만 합니다. 진신안(陳新安)의 설(說)[276]도 역시 매우 분명합니다. 만일 《서경》에서

274 주자께서……것 : 이와 관련된 내용은 《서전대전(書傳大全)》 권4 〈상서(商書) 탕고(湯誥)〉 제5절에 대한 소주에 다음과 같이 보인다. "'비약'은 초목의 아름다움을 말하고, '윤식'은 만민이 그 삶을 참으로 편안하게 여김을 말한다. 죄인이 이미 쫓겨나 굴복하니, 천명이 이미 어긋나지 아니하므로 초목이 화미하고 백성이 풍성하게 늘어나니, 이는 사람과 물이 모두 이루어짐을 이른다.〔賁若, 言草木之美, 允殖, 言兆民信安其生. 罪人旣黜伏, 天命旣弗差, 故草木華美, 百姓豐殖, 謂人物皆遂.〕"

275 위……쉽다 : 이 말은 《회암집(晦庵集)》 권60 〈답반자선(答潘子善)〉 및 《서전대전(書傳大全)》 권4 〈상서(商書) 탕고(湯誥)〉 제5절에 대한 소주에 보인다.

276 진 신안(陳新安)의 설(說) : '진 신안'은 진력(陳櫟)으로, 이와 관련된 내용은 《서전대전(書傳大全)》 권4 〈상서(商書) 탕고(湯誥)〉 제5절에 대한 소주에 다음과 같이 보인다. "'천명이 어긋나지 아니하여 찬란함이 초목과 같다.'라고 한 것은 《논어》에서 '초목에 비유하면 초목이 갖가지 종류로 구별되는 것과 같다.'라고 한 뜻과 같다. '만민이 참으로 번성함'은 '죄인이 쫓겨나 굴복함'과 서로 호응한다. 죄인이 쫓겨나 굴복하면 만민이 참으로 번성하는 것이니, 천명의 어긋나지 않음이 초목의 찬연함과 같음을 볼 수 있다. 뿌리를 잘 내리는 것을 더 북돋아 주고, 스스로 기울어지는 것을 엎어 버림은

의 '약(若)' 자가 대부분 '순(順)'의 뜻이라고 하여서 '비약(賁若)'의 '약(若)' 자를 '함약(咸若)'의 '약(若)' 자로 간주하고자 하면, 이는 구애됨에 가까운 것 같습니다.

문 〈열명〉의 '몽뢰량필(夢賚良弼)'[277]에 대하여 어떤 이가 이르기를, "이런 일이 실제로 있다고 말하기는 어렵다. 그러나 한번 꿈에 내려준 것이 어찌 어진 보필임을 알아서 이에 그를 세워서 상(相)으로 삼았단 말인가. 아마도 무정(武丁)이 민간에서 나고 자라서[278] 부열(傅說)이 판축(版築)할 때[279] 이미 그의 어짊에 대해 깊이 알았기 때문에 제위

모두 그것이 자초한 것이다.〔天命弗僭, 賁若草木, 如語'譬諸草木區以別矣'之意. 兆民允殖, 與罪人黜伏相應, 罪人黜伏則兆民信生殖, 可見天命之弗僭差, 如草木之粲然. 栽培傾覆, 皆其自取也.〕"

277 몽뢰량필(夢賚良弼) : 이 말은 《서경》〈상서(商書) 열명 상(說命上)〉에 "고종이 말하기를, '꿈에 상제께서 나에게 어진 보필을 내려 주셨으니, 그가 나의 말을 대신할 것이다.'라고 하고서 이에 그 상(象)을 자세히 살펴 그림으로 그리고 그 형상으로 천하에 널리 구하게 하였다. 부열이 부암의 들에서 거주하였는데, 그 모습이 꿈에서 본 것과 똑같았다. 이에 부열을 세워 상으로 삼아 왕이 그 좌우에 두었다.〔夢帝賚予良弼, 其代予言, 乃審厥象, 俾以形, 旁求于天下, 說築傅巖之野, 惟肖, 爰立作相, 王置諸其左右.〕"라고 한 데에 보인다.

278 무정(武丁)이……자라서 : '무정'은 상(商)나라 22대 군주인 고종이다. '자(子)' 성(姓)으로 이름은 소(昭)이며 반경(盤庚)의 조카이자 소을(小乙)의 아들이다. 전설에 의하면 무정은 소싯적에 부왕의 명령으로 궁 밖에서 평민과 똑같이 역에 종사함으로써 민중의 고통과 농사의 어려움을 몸소 체험할 수 있었다고 한다. 《書經 周書 無逸》

279 부열(傅說)이 판축(版築)할 때 : 이와 관련하여 《맹자》〈고자 하(告子下)〉에 "부열은 판축의 사이에서 등용되었다.〔傅說擧於版築之間.〕"라고 한 내용이 보인다. '판축'이란 흙을 다져서 성벽이나 제방 등을 축조하는 것이다. '판(版)'은 장판(牆版)이고 '축(築)'은 '공이〔杵〕'로, 두 개의 널을 일정한 거리를 두고 세운 다음, 그 사이에 흙을

를 이어받은 초기에 이러한 '이에 세워서 상으로 삼음'의 거조가 있었던 것이리라. 반드시 '상제가 내려 준 것'에 의탁하여 언사로 삼은 것은, 상(商)나라의 풍속이 귀신을 숭상하였기 때문에 사람들이 듣는 것을 믿게 하고자 하여서 그러한 것이다."라고 하였는데, 이 설(說)이 어떠한가.

답 성인의 마음은 하늘과 하나입니다. 그래서 꿈에서 상제께서 내려 주심을 보았으면 분명 그가 어진 보필임을 아는 것입니다. 그림으로 그려서 구함에 사람이 닮은 점이 있으면 이에 들어서 상으로 삼아 의심하지 않았으니, 이것이 고종이 성인이 된 까닭입니다. 그런데 해설하는 자가 "고종이 민간에 거처하여서 부열의 어짊을 이미 알았고, 이에 그를 세워서 상으로 삼음에 미쳐서는 상제가 내려 주심에 의탁함으로써 사람들의 들음을 믿게 하였다."라고 하니, 이는 하늘과 사람이 서로 함께하는 즈음에 감응하는 묘리를 알지 못하고 사사로운 지혜로 망령되이 성인을 헤아려 본 경우라고 하겠습니다. 만약 고종이 이렇게 하였다면 이는 후대의 권모술수이니, 고종이 어찌 이것을 하였겠습니까. 이는 변별하지 않을 수가 없습니다.

문 "옛날에 감반(甘盤)에게 배웠다."[280]라고 한 것은, 감반의 어짊이 부열보다 아래이지 않은데 고종의 치세에 감반이 나타나지 않았으니, 아마도 은둔자의 유가 아니겠는가.

채워 공이로 다지는 방법이다.

280 옛날에 감반(甘盤)에게 배웠다 : '감반'은 은(殷)나라의 현신(賢臣)으로, 이 말은 《서경》〈상서(商書) 열명 하(說命下)〉에 보인다.

답 감반과 부열의 우열에 대해서는 감히 알지 못하겠으나 만약 '은둔자의 유'라고 말한다면 '세상을 잊어버림에 과감함〔果哉〕'이니, 이는 대현(大賢)의 정도(正道)가 아닙니다. 고종의 치세에 감반은 어쩌면 이미 죽었던 것일지도 모르겠습니다. 아니면 여러 지위에 나열되어 있었는데[281] 마침 사서에서 보이지 않은 듯합니다.

문 〈태서〉의 '우탕유광(于湯有光)'[282]은, 순(舜)이 우(禹)에게 선양한 것으로 말하면 실로 제요(帝堯)에게 빛이 있는 것인데, 무왕(武王)이 주(紂)를 토벌함도 역시 성탕(成湯)에게 빛이 있는 것인가. 나는 '무왕의 무공(武功)은 성탕의 참덕(慙德)[283]에 근본을 두었다.'라고 생각한다.

답 성탕의 '참덕이 있음'에서 지공무사함을 알 수 있습니다. 무왕이 탕의 마음으로 탕의 일을 행하니, 어찌 탕에게 빛이 있지 않겠습니까. 공성(孔聖)께서 대무(大武)를 논하시어 지극히 선하지는 못하다고 평

281 여러……있었는데 : 이는 "제가 이로써 능히 그 뜻을 공경해 받들어 뛰어나고 어진 이를 널리 불러 여러 지위에 나열하여 세우겠습니다.〔惟說式克欽承, 旁招俊乂, 列于庶位.〕"라고 한 부열의 말을 원용한 것이다.《書經 商書 說命下》

282 우탕유광(于湯有光) : 이 말은《서경》〈주서(周書) 태서 중(泰誓中)〉에 "우리의 무용을 드날려 저들의 국경을 침입하여 저 흉악하고 잔학한 주(紂)를 취함으로써 우리의 정벌이 장대(張大)해지면 탕에게 빛이 있을 것이다.〔我武惟揚, 侵于之疆, 取彼凶殘, 我伐用張, 于湯有光.〕"라고 한 데에 보인다.

283 성탕의 참덕(慙德) : 이 말은《서경》〈상서(商書) 중훼지고(仲虺之誥)〉에 "성탕이 걸을 남소로 추방하고 덕이 고인과 같지 않음을 부끄러워하는 마음이 있어서 이에 말하였다. '나는 후세에 나를 구실로 삼을까 두려워한다.'〔成湯放桀于南巢, 惟有慙德, 曰予恐來世, 以台爲口實.〕"라고 한 데에 보인다.

하신 가르침[284]을 가지고 살펴보면, 간과(干戈)가 진실로 읍손(揖遜)에 미치지 못합니다. 하지만 '일부인 주(紂)를 베었다는 말은 들었다.'라고 한 맹자의 말씀[285]을 가지고 살펴보면, 무왕이 융복(戎服)을 입었으나 몸이 영명(令名)에 대하여 잃지 않았음[286]을 알 수 있습니다.

문 홍범구주(洪範九疇)의 차서[287]는 진실로 오행에 근본을 두고 있다.

284 공성(孔聖)께서……가르침 : 이와 관련된 내용은 《논어》 〈팔일(八佾)〉 제25장에 "공자께서 소를 평하시기를, '지극히 아름답고 지극히 선하다.'라고 하시며, 무를 평하시기를, '지극히 아름답지만 지극히 선하지는 못하다.' 하였다.〔子謂韶, 盡美矣, 又盡善也. 謂武, 盡美矣, 未盡善也.〕"라고 한 데에 보인다. '소'는 순(舜)의 음악이고, '무'는 '대무(大武)'로, 무왕의 음악이다.

285 일부인……말씀 : 이와 관련된 맹자의 말은 다음과 같다. "인을 해치는 자를 적(賊)이라 하고, 의를 해치는 자를 잔(殘)이라 하며, 잔적한 사람을 일부라 이르니, 일부인 주(紂)를 베었다는 말은 들었어도 군주를 시해하였다는 말은 여태껏 듣지 못하였다.〔賊仁者, 謂之賊; 賊義者, 謂之殘; 殘賊之人, 謂之一夫, 聞誅一夫紂矣, 未聞弑君也.〕" 《孟子 梁惠王下》

286 무왕이……않았음 : 이는 《중용장구》 제18장 제2절에 "무왕이 태왕・왕계・문왕의 기업(基業)을 계승하시어 한번 융복을 입고서 천하를 소유하셨는데, 몸은 천하의 훌륭한 이름을 잃지 않으셨다.〔武王, 纘大王王季文王之緒, 壹戎衣而有天下, 身不失天下之顯名.〕"라고 한 부분을 원용한 것이다.

287 홍범구주(洪範九疇)의 차서 : '홍범'이란 《서경》의 편명으로, '천하를 다스리는 천지의 큰 법'이며, '구주'란 '아홉 가지 부류'로, 기록에 의하면 옛날 우(禹)임금이 홍수를 다스릴 적에 낙수(洛水)에서 거북이가 나왔는데, 그 등에 1부터 9까지의 점이 그려져 있었고, 이를 보고서 홍범구주를 만들었다고 한다. 그 첫 번째는 수(水)・화(火)・목(木)・금(金)・토(土)의 오행(五行)이고, 두 번째는 모(貌)・언(言)・시(視)・청(聽)・사(思)의 오사(五事)이고, 세 번째는 식(食)・화(貨)・사(祀)・사공(司空)・사도(司徒)・사구(司寇)・빈(賓)・사(師)의 팔정(八政)이고, 네 번째는 세(歲)・월(月)・일(日)・성신(星辰)・역수(曆數)의 오기(五紀)이고, 다섯 번째는 황극(皇極)

그러므로 한 주(疇)마다 모두 오(五)에서 그치는데, 팔정(八政) · 삼덕(三德) · 육극(六極)과 같은 것에 이르러서는 그 수가 한결같지 않으니, 이는 어째서인가.

팔정으로 말하면 식(食) · 화(貨) · 사(祀)가 비록 세 가지 일이지만 식(食)이 있으면 화식(貨殖)할 수 있고 제사 지낼 수 있으니, 진실로 한 가지 일이고, 사(師) 및 사구(司寇)는 모두 간악함을 다스리고 포학함을 금지하는 관원이니, 그렇다면 또한 두 가지 일이 아니다. 만약 화(貨)와 사(祀)를 식(食)에다 겸하고 사(師)를 사구(司寇)에다 합하면, 팔(八)에 근원을 두고서 삼(三)을 덜어냄이니, 진실로 오(五)라는 수에 어긋나는 바가 없을 것이다. 삼덕으로 말하면 정직(正直) · 강극(剛克) · 유극(柔克)이 비록 삼덕의 체(體)이지만 강(剛) · 유(柔)의 용(用)이 각자 별개의 일이다. 그렇다면 삼(三)에다 이(二)를 더함이니, 진실로 오(五)라는 수이다. 육극으로 말하면 질(疾)과 우(憂)가 또한 한 가지 일이므로 오(五)라는 수에 부합하니, 구주가 오(五)라는 수에 근본을 두고 있으며 오(五)라는 수가 오행에 근본을 두고 있음을 더욱더 믿게 되는 바이다.

답 이 부분은 묘오처(妙悟處)입니다.

이고, 여섯 번째는 정직(正直) · 강극(剛克) · 유극(柔克)의 삼덕(三德)이고, 일곱 번째는 우(雨) · 제(霽) · 몽(蒙) · 역(驛) · 극(克) · 정(貞) · 회(悔)의 계의(稽疑)이고, 여덟 번째는 우(雨) · 양(暘) · 욱(燠) · 한(寒) · 풍(風) · 시(時)의 서징(庶徵)이고, 아홉 번째는 수(壽) · 부(富) · 강녕(康寧) · 유호덕(攸好德) · 고종명(考終命)의 오복(五福)과 흉단절(凶短折) · 질(疾) · 우(憂) · 빈(貧) · 악(惡) · 약(弱)의 육극(六極)이다.

문 〈주고(酒誥)〉 한 편은 성인께서 경계를 남겨주신 것이 깊다. 혹자가 이르기를, "사당에서 현주(玄酒 무술)를 쓰고 활쏘기에서 예주(醴酒 감주, 단술)를 쓰면 온 세상에 술이 없다 한들 무슨 문제 될 것이 있겠는가."라고 하니, 이 설(說)이 어떠한가.

답 궁실(宮室)의 제도가 갖추어졌으니 증소(橧巢)와 토굴을 다시 만들어서는 안 되고, 의복과 음식의 쓰임이 갖추어졌으니 풀로 옷을 해 입고 털까지 먹는 것을 다시 해서는 안 됩니다.[288] 이는 대체로 인문(人文)이 점점 드러나서 고금(古今)에 그 마땅함이 서로 다르기 때문에 그러한 것입니다. 천지미록(天之美祿)[289]이 내려온 지가 이미 오래되었는데, 사용됨이 매우 커서 어버이를 봉양할 적에 술로써 노쇠함을 부지하고 선조를 받듦에 술로써 신명과 교감하니, 이는 없을 수가 없습니다. 제사에 현주를 올리고 활쏘기에 예주를 마련해 놓음은 다만 근본을 잊어버리지 않은 것일 뿐이니, 어찌 청주(淸酒)를 전부 다 폐기할 수 있겠습니까. 〈주고〉 본문의 '사자주(祀玆酒)'[290]도 역시 '예주

288 궁실(宮室)의……됩니다 : 이는 《예기》 〈예운(禮運)〉에 "옛날에 선왕이 아직 궁실이 없었으므로 겨울에는 흙을 파내거나 쌓아 만든 굴에서 살고, 여름에는 섶으로 만든 둥지에서 살았으며, 아직 화식이 없었으므로 초목의 열매와 조수의 고기를 먹었으며, 그 피를 마시고 그 털까지 함께 먹었으며, 아직 삼과 실이 없어서 그 깃털과 가죽을 입었다.〔昔者先王, 未有宮室, 冬則居營窟, 夏則居橧巢, 未有火化, 食草木之實、鳥獸之肉, 飮其血, 茹其毛, 未有麻絲, 衣其羽皮.〕"라고 한 말을 원용한 것이다. '증소(橧巢)'란 새의 둥지처럼 섶〔薪〕을 쌓아 만든 주거 형태이다.

289 천지미록(天之美祿) : 하늘이 내려 준 세상에서 가장 아름다운 식록(食祿)이라는 뜻으로, 술의 별칭이다. 《漢書 卷24 食貨志下》

290 사자주(祀玆酒) : 이 말은 《서경》 〈주서(周書) 주고(酒誥)〉에 "네 목고(穆考)이신 문왕이 처음 나라를 창건하여 서토에 계실 적에 서방의 여러 선비 및 소정과 어사들을

를 씀에 그침'을 이른 것이 아닙니다.

문 〈낙고(洛誥)〉로 말하면, 무릇 저 요·순은 기주(冀州)에 도읍을 정하였고 문왕·무왕은 풍호(豐鎬)[291]에 도읍을 정하였으니, 이는 천하의 훌륭한 기업(基業)이다. 이제 낙읍(洛邑)이라는 지역은 황하가 후면의 기운이 새어 나가도록 하고, 이수(伊水)와 낙수(洛水)가 명당(明堂)의 온축된 기운을 쏟아내 버리며, 그 좌우와 전후를 돌아보건대 명산대천의 방한(防限 막아줌)이 없어서 토지가 평평하고 탁 트여 풍기(風氣)가 비천하고 약하니, 결국에는 평왕(平王)의 동천(東遷)[292] 뒤에 가까운 후복(侯服)과 전복(甸服)조차 다시는 위엄으로 복종시키지 못하였다. 그렇다면 낙읍을 경영한 주공(周公)의 수고로움이 다만 당을 내려가서 제후를 만나보는 조짐[293]을 열어 놓을 만할

가르치고 경계하시어 아침저녁으로 당부하시기를, '제사에만 이 술을 쓸 것이니, 하늘이 명을 내리시어 우리 백성에게 처음 술을 만들게 하신 것은 오직 큰 제사에 쓰게 하려 하신 것이다.〔乃穆考文王, 肇國在西土, 厥誥毖庶邦庶士, 越少正御事, 朝夕曰; 祀茲酒, 惟天降命, 肇我民, 惟元祀.〕"라고 한 데에 보인다.

291 풍호(豐鎬) : 지금의 섬서(陝西) 서안(西安) 서남쪽에 해당하는 두 지역의 명칭으로, 주(周)나라의 옛 도읍지이다. 문왕은 풍을 도읍으로 정하였는데, 이는 서안의 서남 지역 풍수(豐水) 이서에 해당하며, 이후 무왕은 호를 도읍으로 정하였는데, 이는 풍수 이동에 해당한다.

292 평왕(平王)의 동천(東遷) : 주(周)나라 유왕(幽王)이 무도하여 견융(犬戎)에게 살해되자 그 아들 평왕(平王)이 서쪽 호경(鎬京)에서 동쪽 낙읍(洛邑)으로 도읍을 옮긴 것을 말한다.

293 당을……조짐 : 이와 관련된 내용은 《예기》〈교특생(郊特牲)〉에 "근례(覲禮)에 천자는 당(堂)을 내려가서 제후를 만나보지 않는 법이니, 당을 내려가서 제후를 만나보는 것은 천자가 예를 잃은 것이다. 이는 이왕(夷王)으로부터 시작되었다.〔覲禮, 天子不

뿐이었단 말인가.

답 풍수설(風水說)은 경(經)에 보이지 않습니다. 요·순과 문왕·무왕의 시절에 제후가 모두 복종한 것은 덕(德)의 성대함 때문에 그러한 것이지 기주와 풍호의 지리 때문에 그러한 것은 아닙니다. 평왕의 동천 뒤에 주나라 왕실이 날로 낮아진 것은 덕이 쇠하였기 때문에 그러한 것이지 동쪽 낙읍의 풍기가 약하기 때문에 그러한 것은 아닙니다. '덕에 달려 있지 산천의 험고함에 달려 있지 않다.'[294]라고 한 말을 듣지 못하였습니까.

문 〈무일(無逸)〉은, 〈무성(武成)〉을 살펴보면 공류(公劉)·태왕(大王)·왕계(王季)·문왕(文王)을 낱낱이 일컫고 있으나[295] 〈금등(金

下堂而見諸侯. 下堂而見諸侯, 天子之失禮也. 由夷王以下.〕"라고 보인다.

294 덕에……않다 : 이는 전국 시대 오기(吳起)의 말이다. 위(魏)나라 무후(武侯)가 배를 타고 서하(西河)의 중류를 내려가다가 오기를 돌아보고서 산천이 험고한 것이야말로 위나라의 보배라고 자랑하였다. 그러자 오기는 덕을 닦지 않아 나라가 망한 사례를 열거한 다음 '사람의 덕에 달려 있지 산천의 험고함에 달려 있는 것이 아닙니다. 만약 군주가 덕을 닦지 않으면 이 배 안에 있는 사람들 모두가 적국 사람이 될 것입니다.〔在德不在險. 若君不修德, 舟中之人, 盡爲敵國也.〕'라고 대답하였다. 《史記 卷65 吳起列傳》

295 무성(武成)을……있으나 : 이와 관련된 내용은 《서경》 〈주서(周書) 무성(武成)〉에 다음과 같이 보인다. "선왕 후직(后稷)께서 나라를 세우고 땅을 열어 주셨는데, 그 증손 공류께서 능히 전대의 공렬을 돈독히 더하시고, 태왕 고공단보에 이르러서 처음으로 왕업의 토대를 닦으셨으며, 조부 왕계께서는 왕가를 위해 열심히 애쓰셨다. 그리고 우리 선고 문왕께서 능히 그 공훈을 이룩하시어 크게 천명을 응수(膺受)하시고 이로써 사방의 화하(華夏)를 어루만져 편안하게 하셨다.〔惟先王, 建邦啓土, 公劉克篤前烈, 至于大王, 肇基王迹, 王季其勤王家, 我文考文王, 克成厥勳, 誕膺天命, 以撫方夏.〕"

滕)〉과 〈무일〉은 그저 세 왕[296]만을 일컫고 공류를 거론하지 않았는데, 〈무일〉은 바로 성왕(成王) 때의 글이다.[297] 그러니 마땅히 무왕의 덕(德)으로 세 왕의 사이에 참여해야 할 것인데, 끝내 일컬음이 없으니, 이는 어째서인가.

답 〈무성〉에서 가장 먼저 공류를 언급한 것은, 대대로 적루한 근면함을 낱낱이 진술하되 반드시 원조(遠祖)에 근본을 두어야 해서 그러한 것입니다. 〈금등〉에서 그저 세 왕만을 일컬은 것은, 기도하여 명을 청하는 일을 마땅히 세대의 차서에서 가까운 분들에게 해야 해서 그러한 것입니다. 〈무일〉에서 무왕을 일컫지 않은 것은 참으로 의심할 만한 듯합니다. 그러나 문왕과 무왕의 덕은 전후로 헤아려보면 행한 도(道)가 똑같습니다. 문조(文祖 문왕)를 법으로 삼아 본받는 것이 다음 아닌 무왕을 계술(繼述)하는 방법이니, 〈무일〉에서 별도로 무왕을 일컫지 않은 것은 아마도 이 때문인 듯합니다.

문 〈고명(顧命)〉에서 '하도재동서(河圖在東序)'[298]라고 하였는데, '하도'라는 글이 처음으로 그 이름을 드러내었으나 그 이치를 아직 해석하지 않았으니, 아마도 당우(唐虞) 이전의 일이므로 그 먼 것을 생략하

296 세 왕 : 태왕, 왕계, 문왕이다

297 무일은……글이다 : 〈무일〉은 주공(周公)이 처음으로 정사를 보게 된 성왕(成王)을 위하여 군주는 안일(安逸)하여서는 안 된다는 뜻을 담아 지어서 바친 것이다.

298 하도재동서(河圖在東序) : 이 말은 《서경》 〈주서(周書) 고명(顧命)〉에 "옥을 오중으로 하며 보물을 진열하니, 적도와 대훈과 홍벽과 완염은 서서에 있고, 대옥과 이옥과 천구와 하도는 동서에 있다.〔越玉五重, 陳寶, 赤刀, 大訓, 弘璧, 琬琰. 在西序, 大玉, 夷玉, 天球, 河圖, 在東序.〕"라고 한 데에 보인다. '동서(東序)'는 동상(東廂)이다.

여서 그러한 것이 아니겠는가.

답 하도에 '복희씨가 긋고 문왕이 부연함'이 있는 것은 〈홍범〉과 똑같습니다. 이는 다만 선왕이 대대로 전한 글을 들어서 언급한 것일 뿐이니, 굳이 그 이치를 해석할 필요는 없습니다. 이제 '그 먼 것을 생략한다.'라고 이른 것은 아마도 옳지 않은 듯합니다.

문 〈강왕지고(康王之誥)〉의 '석면반상복(釋冕反喪服)'[299]은, 만약 그 당시 주공께서 살아 계셨다면 반드시 이렇게 하지 않았을 것이다. 그러나 어진 소공(召公)[300]이 또한 반드시 사왕(嗣王)에게 결국 실례를 범하게 하지는 않았을 것이다.

답 여러 사람의 말이 뒤섞여 어지러운 경우에는 성인에게서 절충(折衷 올바름을 취함)하는 법입니다. 소공이 제정하고 공자께서 취하셨으면 그 예가 반드시 잘못된 것이 아님을 알 수 있습니다. 주자께서 이에 대하여 진실로 두 가지 설(說)을 남기셨는데,[301] 마땅히 반자선(潘子善

299 석면반상복(釋冕反喪服) : 이 말은 《서경》 〈주서(周書) 강왕지고(康王之誥)〉에 "여러 공이 이미 모두 명령을 듣고는 서로 읍하고 추창하여 나가자, 강왕이 면복을 벗고 상복으로 돌아왔다.〔群公旣皆聽命, 相揖趨出, 王釋冕, 反喪服.〕"라고 한 데에 보인다. 이에 대한 채침의 주해는 '성왕(成王)이 별세하여 장사 지내지 않았는데, 군주와 신하가 모두 면복(冕服)을 입는 것은 예(禮)가 아니다.'라고 한 소식(蘇軾)의 설을 인용하여 강왕 및 신하들의 이러한 행위가 잘못되었음을 밝혔다.

300 어진 소공(召公) : 《서경》 〈주서(周書) 강왕지고(康王之誥)〉에 의하면, 당시 소공은 태보(太保)로서 서방 제후들을 통솔하여 응문(應門)의 왼쪽으로 들어왔다.

301 주자께서……남기셨는데 : 한 가지 설은 소식의 견해와 동일한 것으로, 그 내용은 다음과 같다. "〈강왕지고〉에서 강왕이 참최복을 벗고 곤면을 착용했으니, 이는 예법상 그릇된 것이다. 그런데 공자께서 이를 취하셨으니, 이것이 또 어찌된 영문이지를 알지

반시거(潘時擧))에게 답한 편지의 내용을 주로 삼아야 할 것입니다. 한남당(韓南塘)이 《주자언론동이고(朱子言論同異攷)》에서 이미 이것에 대해 논하였습니다.[302]

못하겠다. 가령 예와 악을 제작하는 이러한 직무를 담당하였다면 그저 제거할 따름이다.〔康王之誥, 釋斬衰而服袞冕, 於禮爲非. 孔子取之, 又不知如何. 設使制禮作樂, 當此之職, 只得除之.〕"《朱子語類 卷79 尙書2 顧命康王之誥》 또 다른 한 가지 설은 소식의 견해에 동조하지 않은 것으로, "강왕이 상복을 벗고 곤면을 입으며, 또한 황색과 주색의 폐백 및 규옥과 폐물을 바치는 것을 받은 것에 대하여 제가가 모두 이를 예의 변통이라고 하는데, 유독 소씨만 예의 잘못됨이라 하였습니다.〔康王釋喪服而被袞冕, 且受黃朱圭幣之獻, 諸家皆以爲禮之變, 獨蘇氏以爲禮之失.〕"라고 한 반시거(潘時擧)의 질문에 대하여 다음과 같이 답한 것이다. "천자와 제후의 예는 사서인과 똑같지 않다. 그러므로 맹자께서 제후의 예는 내가 아직 배우지 못하였고 말씀하였으니, 대체로 이러한 부류를 이른 것이다. 예컨대 《서경》 〈상서(商書) 이훈(伊訓)〉에서 원사 12월 삭에도 또한 새로 난 초상이었는데, 이윤은 이미 사왕을 받들어서 공경히 그 조부를 뵈었으니, 이는 진실로 흉복을 사용할 수 없는 것이었다. 한(漢)나라와 당(唐)나라에서 새로운 군주가 즉위할 때 모두 책례를 행하여서 군주와 신하가 모두 길복을 입고 선제의 명을 추후해 기술하여서 사군에게 고하였다. 대체로 대(代)를 바꾸어 나라를 물려줌은 국가의 대사이니 마땅히 그 예(禮)를 엄격하게 해야 하고, 왕후는 나라를 집으로 삼으니, 비록 선군의 상(喪)이라도 자기의 사사로운 복으로 여긴다〔天子諸侯之禮, 與士庶人不同. 故孟子有吾未之學之語, 蓋謂此類耳. 如伊訓元祀十二月朔, 亦是新喪, 伊尹已奉嗣王祗見厥祖, 固不可用凶服矣. 漢唐新主卽位, 皆行冊禮, 君臣亦皆吉服, 追述先帝之命以告嗣君. 蓋易世傳授, 國之大事, 當嚴其禮, 而王侯以國爲家, 雖先君之喪, 猶以爲己私服也.〕."《晦庵集 卷60 答潘子善》

302 한남당(韓南塘)이……논하였습니다 : 이와 관련된 내용은 한원진(韓元震)의 《주자언론동이고(朱子言論同異攷)》 권4 〈서(書)〉에 보인다. 한원진은 채침의 《집전》에 실린 소식의 설 및 《어류》의 내용보다는 〈답반자선(答潘子善)〉의 내용이 더 타당하다고 보았다.

문 〈군아(君牙)〉에 "무덥고 비가 내리며 크게 추우면 백성이 원망하고 탄식한다."[303]라고 하였다. 무덥고 비가 내리며 크게 추운 것은 바로 의복과 음식으로 인하여 어려울 때이니, 백성이 원망하고 탄식함이 마땅하다. 목왕(穆王)이 특별히 이러한 말을 하여 백성의 질고를 걱정하였으니, '명철한 군주'라 이를 만하다. 그러나 끝내 실제 은덕이 백성에게 입혀짐이 없었으니, 나는 여기에서 '알기가 어려운 것이 아니라 행함이 어려운 것이다.'[304]라고 한 부열(傅說)의 가르침을 더욱더 믿게 되었다.

답 이는 참으로 지당한 말씀입니다.

303 무덥고……탄식한다 : 이 말은《서경》〈주서(周書) 군아(君牙)〉에 "여름에 무덥고 비가 내리면 백성이 원망하고 탄식하며, 겨울에 크게 추우면 백성이 또한 원망하고 탄식하니, 어려운 것이다. 그 어려움을 생각하여서 쉽게 해줄 것을 도모하면 백성들이 이에 편안하게 될 것이다.〔夏暑雨, 小民惟曰怨咨, 冬祁寒, 小民亦惟曰怨咨, 厥惟艱哉. 思其艱, 以圖其易, 民乃寧.〕"라고 한 데에 보인다.

304 알기가……것이다 : 이 말은《서경》〈상서(商書) 열명 중(說命中)〉에 "부열이 절하고 머리를 조아려 다음과 같이 말하였다. '알기가 어려운 것이 아니라 행함이 어려운 것입니다. 임금이 정성으로 믿어 어렵게 여기지 않으시면 진실로 선왕이 이룩하신 덕에 합하시리니, 열이 말하지 않으면 그 허물이 있을 것입니다.'〔說拜稽首曰: 非知之艱, 行之惟艱, 王忱不艱, 允協于先王成德, 惟說不言, 惟厥咎.〕"라고 한 데에 보인다.

근재집

제18권

書서

이용지[1] 용 에게 답하다
答李容之 溶

물어보신 예절에 대해서는, 참최와 자최의 경중을 주로 삼아 연제(練祭) 뒤에도 마땅히 항상 부친의 복(服)을 입어야 한다는 내용으로 대답하였습니다. 그런데 다시 생각해 보니, 여기에 옳지 못한 점이 있습니다. 참최가 아무리 중한 복(服)이라고 하더라도 연제 뒤에 자연히 응당 변절(變節)이 있습니다. 《통전(通典)》에서 '연제를 지낸 뒤에 모친의 복(服)을 입는다.'라고 한 내용[2]은 비록 따를 수 없지만 《예기》 〈간전(間傳)〉에 보이는 '경포중특(輕包重特)'의 예문[3]은 본래 대경대

1 이용지(李容之) : 이용(李溶, ?~?)으로, 본관은 전주(全州), 자는 용지, 호는 회은(晦隱)이다. 무안대군(撫安大君) 이방번(李芳蕃)의 후손으로, 무과에 급제하여 관북 지방에서 33년 동안 여러 고을의 현감을 역임하고, 중앙에서 첨정을 지내기도 하였다. 기행가사인 〈북정가(北征歌)〉와 한문으로 된 시문집 《적의(適宜)》가 전한다.

2 통전(通典)에서……내용 : 이는 《통전(通典)》 권97의 〈병유부모지상급연일거려악실의(竝有父母之喪及練日居廬堊室議)〉에서 "만약 부친을 장사 지낸 뒤에 모친이 돌아가시면 모친의 복을 입으며, 모친의 우제를 마치면 다시 부친의 복으로 갈아입으며, 부친의 연제(練祭)를 지내고 나면 다시 모친의 복으로 갈아입는다. 부친의 상을 벗을 때가 되면 다시 부친의 복을 입고서 탈상하며, 탈상을 마치면 모친의 복으로 갈아입는다.〔若父已葬而母卒, 則服母之服, 至虞訖, 反服父之服, 旣練則服母之服. 喪可除則服父之服以除之, 訖而服母之服.〕"라고 한 것을 가리킨다.

3 예기……예문 : 중한 상(喪)과 경한 상을 함께 당했을 경우, 비교적 경한 신체 부위에는 두 상의 복을 함께 입고 중한 부위에는 한 상의 복만을 입는 것을 말한다. '포(包)'는 겸한다는 뜻이고 '특(特)'은 단독으로 하여 겸하지 않는다는 말이다. 《예기》 〈간전(間傳)〉에 "참최상에서 우제와 졸곡을 지내고 난 뒤에 자최상을 당했을 경우, 경하게

법이기에 의심할 여지가 없이 그대로 좇아서 적용해야 하는 것입니다. 우옹(尤翁 송시열(宋時烈))께서는 비록 이것에 대하여 '아마도 또한 세속을 깜짝 놀라게 할 듯하다.'라고 하셨으나 실제로는 세상 사람들이 이 예(禮)를 실행하지 않음에 대하여 강개하신 것이지, 이 예(禮)를 두고 '오늘날에 마땅하지 않아서 행할 수 없다.'라고 여기신 것은 아닙니다. 사계(沙溪 김장생(金長生))부터 우암과 동춘당(同春堂 송준길(宋浚吉))까지 여러 선생께서 모두 '경포중특'을 당연한 예(禮)로 여기셨으니, 그렇다면 이 예(禮)를 행할 수 있는 것이 분명합니다. 만일 '경포중특'이라는 이 한 예절을 쓰지 않으면 병유상(幷有喪 상(喪)이 동시에 있는 경우)의 뜻을 드러낼 수 없으니, 지금 시속에서 불편하게 여기는 바라고 하여서 올바른 예(禮)를 행하지 않을 수가 있겠습니까.

여기는 부위에는 포를 하고 중하게 여기는 부위에는 특을 한다.〔斬衰之喪, 旣虞卒哭, 遭齊衰之喪, 輕者包, 重者特.〕"라고 하였는데, 이에 대한 공영달의 소(疏)에서 "남자의 경우 경하게 여기는 부위가 허리이므로 자최의 요대를 한 상태에서 참최의 요대를 겸하여 맬 수 있고, 부인의 경우 머리를 경하게 여기므로 자최의 수질을 한 상태에서 참최의 수질을 겸하여 쓸 수 있다. 그래서 경하게 여기는 부위에는 포를 한다고 한 것이다. 남자의 경우 머리를 중하게 여기므로 참최의 수질만 단독으로 남기고, 여자의 경우 허리를 중하게 여기므로 참최의 요대만 단독으로 남긴다. 이것이 바로 중하게 여기는 부위에 특을 하는 것이다.〔男子所輕要者, 得著齊衰要帶而兼包斬衰之帶, 婦人輕首, 得著齊衰首絰而包斬衰之絰, 故云輕者包也. 男子重首, 特留斬衰之絰, 婦人重要, 特留斬衰要帶, 是重者特也.〕"라고 하였다.

고생 홍제 에게 답하다
答高生 興濟

부친상이 모친상의 장사를 치르기 전에 있을 경우는 그대로 기년복을 입고 제주(題主)할 적에 '현비(顯妣)'로 적는 것이 비록 현격한 차이가 있는 것 같지만 실제로는 '함께 행해져서 서로 어긋나지 않는다.'[4]라는 의리입니다. 그대로 기년복을 입음은 부친이 계실 적의 예(禮)를 차마 바꾸지 못하는 것이며, '현비'로 제주함은 부친이 이미 돌아가셔서 '망실(亡室)'로 제주할 수 없는 것입니다. 여기에는 각각 해당한 바가 있다고 하겠습니다.

'현비(顯妣)'로 제주(題主)하는 뜻도 마땅히 고유(告由)해야만 합니다. 그 조어(措語)는 마땅히 "선고께서 불행히도 아무 해 아무 달 아무 날에 불초한 소자를 버리셨습니다. 예법상 마땅히 부재모상[5]의 예를

4 함께……않는다 : 이는 《중용장구》 제30장의 "만물이 함께 길러서 서로 해치지 않으며, 도가 함께 행해져서 서로 어그러지지 않는다.〔萬物幷育而不相害, 道幷行而不相悖.〕"라는 구절을 원용한 것이다.

5 부재모상 : 부친이 살아 계시고 모친이 먼저 돌아가신 경우에 적용하는 예법으로, 이때는 부친이 상주가 되기 때문에 자식은 부친에게 압존되어서 장기복(杖期服)을 입는다. 이는 상장(喪杖)을 짚고 거상(居喪)하는 기년복(朞年服)으로, 자최삼년복(齊衰三年服) 다음으로 무거운 복(服)이다. 부재모상은 13개월째인 첫 번째 기일에 대상을 지내기 때문에 소상은 앞당겨서 11개월째 되는 달에 날을 가려서 지내며, 담제는 15개월째가 되는 달 하순의 정일이나 해일에 지낸다. 자식은 상기가 끝나 기년복을 벗었더라도 심상(心喪)을 거행하여 삼년의 기한을 채운다.

그대로 써서 기년복을 입어야 할 터인데, 선비의 제주에 대해서는 선현의 정론을 따라서 마땅히 '현비'로 제주해야 합니다. 망극함이 더욱 더 깊습니다. 감히 고하나이다.〔先考不幸以某年某月某日棄不肖 禮當仍用父在母喪之例 服以朞年 而先妣題主 依先賢定論 當題以顯妣 罙增罔極敢告〕"라고 해야 할 것입니다. 이것을 따라서 쓰는 것이 어떻겠습니까.

동시에 상이 나서 빈(殯)에 있으면 궤(几)를 달리함에 대해서는 정강성(鄭康成)의 설(說)이 있으니,[6] 예의(禮意)가 매우 엄격합니다. 애가(哀家)[7]가 아무리 가옥이 매우 좁아서 어쩔 수 없이 한 방 안에 두 궤연을 함께 마련하였다고 하더라도 또한 병장(屛障) 따위로 가려서 막아야만 할 것이니, 조석으로 올리는 상식(上食)과 삭망(朔望)으로 올리는 제전(祭奠)을 모두 선후로 각각 거행하는 것이 마땅합니다. 만약 고례(古禮)의 '부친상의 우(虞)·부(祔)가 다 끝나기를 기다려서 모친상의 우(虞)를 거행한다.'라는 예문[8]을 적용하면, 한 분은 시기

6 동시에……있으니 : 이와 관련된 내용은 다음과 같이 보인다. 《주례》〈춘관종백상(春官宗伯上) 사궤연(司几筵)〉에 "매양 한 궤(几)를 덮는다.〔每敦一几.〕"라고 하였는데, 이에 대한 정현(鄭玄)의 주에 "도(敦)는 도(燾)로 읽으니, 도(燾)는 '덮음〔覆〕'이다.……비록 합장하거나 동시에 빈(殯)에 있더라도 모두 궤를 달리 하는 것은 체(體)가 실제로 같지 않기 때문이며, 사당에서 제사 지낼 때 궤를 같이 쓰는 것은 정기가 합하기 때문이다.〔敦讀曰燾, 燾覆也.……雖合葬及同時在殯, 皆異几, 體實不同, 祭於廟, 同几, 精氣合.〕"라고 하였다.

7 애가(哀家) : 상(喪)을 당한 상대방의 집을 가리켜 말한다.

8 고례(古禮)의……예문 : 이와 관련된 내용은 다음과 같이 보인다. 《예기》〈상복소기(喪服小記)〉에 "부친과 모친의 상을 함께 만났으면 먼저 장사 지내는 자에 대해서는 우제와 부제를 지내지 않고 부친의 장례와 우제·부제를 기다려서 지내니, 모친을 장사

를 지나서 행하고 한 분은 아직 행하지 않았으니, 무슨 온당치 못한 점이 있겠습니까. 아직 우제를 지내지 않은 분께 추후하여 상식을 행하는 것 또한 어찌 온당치 못하겠습니까. 일시에 우제를 거행하되 다만 찬수(饌需)를 진설하고 축문을 읽는 것을 가지고 대략 선후를 구분할 뿐인 것으로 말하면, 이는 예률(禮律)을 크게 위배한 것입니다.

대체로 부친상의 우제와 부제가 다 끝나기를 기다려서 모친상의 우제와 부제를 거행하는 것에 대해서는 예법에 해당하는 명확한 글이 있습니다. 우옹(尤翁 송시열(宋時烈))께서는 반드시 이 예법을 지키고자 하셨는데, 남계(南溪)는 '모친상의 초우제를 과장(過葬) 몇 순(旬) 뒤에 거행하는 것은 혼령을 안정시키는 데에 급급히 하려는 우제 본연의 의도가 아니다.'라고 하여서 이러한 경우를 당한 사람이 부친상의 우제를 지낸 다음 날에 모친상의 우제를 거행하고 재우와 삼우도 역시 차례대로 이와 똑같이 하도록 하고자 하였습니다. 그러나 이렇게 거행하면 모친상의 우제가 장차 강일과 유일을 어기고 말 것이니, 또한 온당하지 못할 듯합니다.[9] 차라리 준엄하고 정직한 우옹의 설을 따르는 것이

지낼 적에 참최복을 입는다.〔父母之喪偕, 先葬者不虞、祔, 待後事. 其葬服斬衰.〕"라고 하였는데, 이에 대한 진호(陳澔)의 《집설》에 "……모친을 장사 지낸 다음 날에 바로 부친의 장사를 치르고 부친의 장사를 마치고서 우제와 부제를 지낸 뒤에 모친을 위하여 우제와 부제를 지낸다. 그러므로 '뒷일을 기다린다.'라고 말하였으니, 제사는 중한 것을 먼저 하고 가벼운 것을 나중에 한다.……〔……蓋葬母之明日, 卽治父葬, 葬父畢虞、祔, 然後爲母虞、祔, 故云待後事, 祭則先重而後輕也.……〕"라고 하였다.

9 남계(南溪)는……듯합니다 : '과장(過葬)'은 '시기를 지나서 장사 지냄'을 말한다. 이와 관련된 내용은 박세채(朴世采, 1631～1695)가 1667년(현종8)에 이단상(李端相, 1628～1669)에게 보낸 편지에 보인다. 다만 박세채는 "장사 지내는 날 부친의 우제를 지내고 그다음 날 모친의 우제를 지내며, 또 그다음 날 부친의 재우제를 지내서 차례로

더 낫지 않겠습니까.

아니면 또 한 가지 방도가 있으니, 장사 지내는 날 안에 일력(日力)이 만일 주선할 수 있을 정도가 된다면 부친상의 우제를 거행한 뒤에 또 모친상의 우제를 거행하여 모두 이날을 넘기지 않고, 재우와 삼우도 역시 일야(一夜) 안에 차례로 잇달아 거행하는 것이 불가하지 않을 듯합니다. 겨울철은 밤이 길어 충분히 거행할 수 있으니, 축초(丑初)에 제사를 시작하여 부친상의 우제를 거행해 끝마치고 인정(寅正)과 인말(寅末) 사이에 모친상의 우제를 거행하면 제사를 끝마침이 비록 일출(日出)에 이르더라도 무슨 문제 될 것이 있겠습니까.

삼년상을 치르는 동안에 천장(遷葬)할 경우 산하(山下)의 영좌(靈座)와 집 안의 궤연(几筵) 두 곳에 모두 조석으로 상식을 올리는 것에 대해서는, 선현(先賢)의 정론(定論)이 있음을 봤던 적이 있습니다. 마땅히 이를 따라서 행해야 할 것입니다.

이처럼 한다면, 《가례》에서 '강일을 만나고 유일을 만났을 때 지낸다.'라는 의리를 잃게 되니, 장차 어떻게 처리할지 모르겠습니다.〔葬日行父虞, 明日行母虞, 又明日行父再虞, 次第倣此, 則竝失家禮遇剛遇柔之義, 未知將何以爲處也.〕"라고 하여 본문에서 언급한 저자의 뜻과는 조금 다르다. 《가례》에 따르면, 초우제는 장사 지내는 당일에 지내고, 재우제는 유일에 지내며 삼우제는 강일에 지내고, 졸곡은 다시 강일에 지낸다. 《南溪外集 卷4 與李幼能》《家禮 喪禮 虞祭, 卒哭》

고생에게 답하다
答高生

문 어떤 사람이 참최의 상복을 입고 있습니다. 그 대상일(大祥日)이 이달 24일인데, 또 이달 초열흘에 모친상을 당하였습니다. 자최의 성복(成服) 뒤에는 참최를 지복(持服)해야 하는 것입니까. 자최를 지복해야 하는 것입니까.

참최의 대상(大祥)은 자최의 장사를 지내기 전에 거행해서는 안 될 듯한데, 대상일에 '대상을 거행해서는 안 되는 연고'를 아뢰어야 합니까. 이미 고사(告辭 고유하는 말)가 있으면 대략 찬품(饌品)을 갖추는 것이 무방합니까.

참최의 대상을 자최의 장사를 치른 뒤로 미루어서 거행하느라 본래의 대상일이 이미 지나가 버렸으면, 궤연이 비록 있더라도 상식을 올리는 것을 그만두는 것이 옳습니까. 자최 상중에 참최의 담제(禫祭)를 빠뜨려서는 안 되는 것입니까. 질정해 주시는 가르침을 듣고 싶습니다.

답 참최와 자최가 비록 경중이 있지만 '아직 장사 지내지 않음'과 '이미 연제(練祭)를 지냄'은 신(新)・구(舊)가 똑같지 않습니다. 후상(後喪)[10]의 졸곡 전에는 마땅히 신상(新喪 새로 난 상)의 자최를 지복해야 하고, 졸곡 뒤에야 비로소 구상(舊喪 먼저 난 상, 본래 치르던 상)의 참최로

10 후상(後喪) : '뒤에 난 상'으로, '모친상'을 가리킨다. 이는 맹자(孟子)가 부친상을 먼저 치르고 모친상을 당하여 치렀던 것에서 유래한 말로, 《맹자》 〈양혜왕 하(梁惠王下)〉 제16장에 보인다.

되돌아가야 하니, 예의(禮意)가 그러한 것 같습니다.

'전상(前喪)의 대상을 뒤로 미루어서 거행함'이라는 한 절목으로 말하면, 예법상 마땅히 전상의 궤연에다 고유해야 할 것입니다. 그런데 '찬수를 진설하고 단헌(單獻)으로 하는 것'은 후상이 빈(殯)에 있어서 거행해서는 안 되니, 그저 고사만을 쓰는 것이 아마도 마땅할 듯합니다.

본래의 대상일이 비록 이미 지나가 버렸더라도 궤연이 철거되지 않았으면 상식을 올리는 것을 어찌 그만둘 수 있겠습니까. 이전대로 행하는 것이 의심할 여지가 없습니다. '상중에 담제를 지내지 않음'에 대해서는 이미 사계(沙溪)의 설(說)이 있습니다.[11] 참최가 비록 무겁기는 하지만 모친상을 치르는 동안에 담제를 행해서는 안 됩니다.

문 습(襲)할 적에 상계(桑笄)를 사용함은 남자와 여자가 모두 해당하는데,[12] 이것이 지금 또한 의심의 여지 없이 시행할 만한 것입니까. 시신의 머리카락을 정리해 안정시키는 제도에 대해 들어 볼 수 있겠습니까.

답 고례(古禮)에서 습할 때 사용한 상계를 오늘날의 사람들이 사용하

11 상중에……있습니다 : 담제는 길제이기 때문에 흉사인 상을 치르는 동안에는 거행해서는 안 된다는 뜻이다. 이와 관련된 내용이 《(국역)사계전서》 제41권 소재 《의례문해(疑禮問解)》 〈상례(喪禮) 담(禫)〉에 자세히 보인다.

12 습(襲)할……해당하는데 : '상계(桑笄)'란 시신의 머리카락을 안정시키는 일종의 비녀이다. 사자(死者)의 상투에 꽂는 비녀는 남자와 여자 모두 있는데, 뽕나무를 사용하며, 길이는 주척(周尺)으로 4촌이고, 양쪽 머리는 넓고 중앙은 좁게 하여 가운데 부분을 잘록하게 한다. 《儀禮注疏 卷12 士喪禮》

지 않으니, 어찌 굳이 옛적의 예법에 구애될 필요가 있겠습니까. 시신의 머리카락을 정리해 안정시키는 제도는, 남자의 상에는 상투를 묶고〔束髻〕, 여자의 상에는 댕기를 드려서 서려 둘 뿐입니다.

홍생 희복 에게 답하다
答洪生 羲復

양학(洋學)이 치성해 만연함으로 말하면, 이는 결코 말을 전달한 사람이 잘못 전달한 것이 아닙니다. 경향(京鄕)을 막론하고 그 설(說)이 걷잡을 수 없이 퍼져나가 어리석은 백성이 분주하고 답지하여 서로서로 유혹하는 바람에 의관지인(衣冠之人)조차 왕왕 그 설(說)의 가운데로 빠져들어 가니, 몹시도 한심스러워할 만합니다. 성스럽고 명철하신 금상께서 위에 계시어 만물 중 어느 것 하나 빠짐없이 덕교(德敎)에 둘러싸여 있는데도 이 무리는 도리어 덕화(德化)의 밖에 있으니, 더욱더 통탄할 만합니다.

그 설(說)이 추악하고 사리에 어긋나며 요사스럽고 망령됨은 진실로 이루 다 셀 수 없을 정도로 많은데, '부조(父祖)에게 제사를 지내지 않는다.'라고 한 한 가지 사안으로 말하면, 이는 바로 승냥이와 수달만도 못한 것입니다.[13] 맹자께서 말씀으로 양주(楊朱)와 묵적(墨翟)을

13 이는……것입니다 : 무지한 동물조차 자기가 생겨난 근본에 보답할 줄 안다는 말이다. 고대 중국인들은 승냥이와 수달이 조상의 은덕에 보답할 줄 안다고 여겼다. 이 때문에 《예기》 〈월령(月令)〉에는 "맹춘인 1월에는 수달이 물고기를 가지고 제사 지내고, 계추인 9월에는 승냥이가 짐승을 가지고 제사 지낸다.〔孟春之月, 獺祭魚, 季秋之月, 豺祭獸.〕"라고 한 내용이 보이며, 또한 〈왕제(王制)〉에는 "수달이 물고기를 가지고 제사 지낸다는 절기가 지난 뒤에야 우인이 택량에 들어가 물고기를 잡으며, 승냥이가 짐승을 가지고 제사 지낸다는 절기가 지난 뒤에야 우인이 산림에 들어가 사냥한다.〔獺祭魚然後虞人入澤梁, 豺祭獸然後田獵.〕"라고 한 내용이 보인다.

물리치신 것은, 그것이 금수에 가까우므로 그러하신 것인데,[14] 더군다나 금수만도 못한 경우는 더 말하여 무엇 하겠습니까. 이는 마땅히 말씀하여 물리쳐서 훤하게 열어 놓아야만 하는 것입니다.[15]

한유(韓愈)가 말하기를, "불교와 도교의 해는 양주와 묵적의 해보다 심하고, 나의 현능은 맹자에 미치지 못한다."[16]라고 하였습니다. 지금으로 말하면, 양학의 해는 불교와 도교의 해보다도 더 심한데 맹자의 시대는 이미 지나간 지가 오래되었고, 한유와 같은 자가 있다는 것도 당대에 거의 듣지 못하였으니, 이루 다 탄식할 수 있겠습니까. 한유는 도(道)에 대하여 그저 문(文)을 통해서 들어간 사람에 불과할 뿐입니다. 그런데 저런 한유조차 끊어진 지 오래된 우리 유학의 도통을 찾아내어서 사나운 물결을 만회할 수가 있었으니,[17] 더군다나 대군자(大君

14 맹자께서……것인데 : 이와 관련된 내용은 《맹자》 〈등문공 하(滕文公下)〉 제9장에 실린 맹자의 말씀에 다음과 같이 보인다. "더 이상 성왕께서 출현하지 않자 제후들이 방자해지고 초야의 인사들이 제멋대로 의론을 펴서 양주와 묵적의 주장이 온 천하에 가득 차게 되었고, 이에 따라 천하의 학설이 양주의 주장에 귀결되지 않으면 묵적의 주장으로 귀결되는 상황이 되었다. 양씨는 자신만을 위하는 위아설을 주장하는데, 이는 결국 임금이 없게 되는 것이며, 묵씨는 모든 이를 똑같이 사랑하라는 겸애설을 주장하는데, 이는 결국 아비가 없게 되는 것이다. 아비가 없고 임금이 없으면 이는 결국 금수인 것이다.〔聖王不作, 諸侯放恣, 處士橫議, 楊朱墨翟之言盈天下. 天下之言, 不歸楊則歸墨, 楊氏爲我是無君也, 墨氏兼愛, 是無父也, 無父無君是禽獸也.〕"

15 이는……것입니다 : 이와 관련된 내용은 본래 양웅(揚雄)의 《법언(法言)》 권2 〈오자(吾子)〉의 "옛적에 양주와 묵적이 성인의 올바른 도를 막았는데, 맹자께서 말씀하여 물리쳐서 훤하게 열어 놓았다.〔古者, 楊墨塞路, 孟子辭而闢之廓如也.〕"라고 한 데에 보인다. 이 말은 한유(韓愈)의 〈여맹간상서서(與孟簡尙書書)〉와 주희의 〈맹자집주서설(孟子集註序說)〉에도 인용되어 있다.

16 불교와……못한다 : 이 말은 한유의 〈여맹간상서서(與孟簡尙書書)〉에 보인다.

子)로서 한유와 같은 사람이 되기를 스스로 기약하려고 하지 않고서 이에 맹자를 배우기를 원하는 경우라면, 기필코 천리를 밝혀 인심을 바루어서 홍수처럼 험악하게 범람하는 사설의 해악[18]을 종식하여 우리 동토의 예의를 높이는 풍속이 결국에는 '서로서로 이끌어 타락하여서 오랑캐가 됨〔淪胥而爲夷〕'을 면하도록 해야만 할 것입니다. 이러한 책무를 맡을 만한 적임자가 어찌 끝끝내 없겠습니까. 장차 공손히 귀를 기울여서 소식이 있기를 기다리려고 합니다.

문 《근사록》의 이유선악(理有善惡).[19]……

17 저런……있었으니 : 이 말은 한유의 〈진학해(進學解)〉에 "오래전에 단절되어 막막한 유학의 도통을 찾아 홀로 널리 수색하여서 먼 옛날의 성인을 계승하였으며, 백천을 막아서 동쪽으로 흐르게 하고, 이미 거꾸로 흐르는 사나운 물결을 만회하였다.〔尋墜緒之茫茫, 獨旁搜而遠紹, 障百川而東之, 迴狂瀾於旣倒.〕"라고 한 내용을 원용한 것이다.

18 홍수처럼……해악 : 이는 사설의 해가 마치 홍수가 범람하는 듯함을 말한 것이다. 해당 원문의 '회상(懷襄)'은 '회산상릉(懷山襄陵)'을 줄인 말로, 큰물이 넘쳐흘러 산을 휘감고 구릉을 삼킨다는 의미이다. 《서경》 〈우서(虞書) 요전(堯典)〉에 "넘실대는 홍수가 폐해를 끼쳐서 드넓게 산을 에워싸고 언덕을 넘어 크고도 질펀하게 하늘까지 번진다.〔湯湯洪水方割, 蕩蕩懷山襄陵, 浩浩滔天.〕"라고 한 데에 보인다.

19 근사록의 이유선악(理有善惡) : '이유선악'은 정호(程顥)의 말로, 이와 관련된 구체적인 내용은 《근사록》 권1 〈도체(道體)〉 제21조에 다음과 같이 보인다. "태어남을 성이라고 이르니, 성은 바로 기이고 기는 바로 성이라는 것은 생(生)을 이른다. 사람이 태어날 때의 기품은 이치상 선악이 있기 마련이나 성 가운데에 원래 이 두 물건이 상대하여 나온 것은 아니다. 어릴 때부터 선한 사람이 있기도 하고 어릴 때부터 악한 사람이 있기도 하니, 이는 기품에 그러함이 있어서이다. 선(善)은 진실로 성이거니와 악(惡)도 성이라고 하지 않을 수 없다.〔生之謂性, 性卽氣氣卽性, 生之謂也. 人生氣稟, 理有善惡, 然不是性中元有此兩物相對而生也. 有自幼而善, 自幼而惡, 是氣稟有然也. 善固性也, 然惡亦不可不謂之性也.〕" 이에 대해 주희는 "이(理)는 다만 합(合) 자로 보아야 한다.

답 "사람이 태어날 때의 기품은 이치상 선악이 있기 마련이다.〔人生氣稟 理有善惡〕"의 '이(理)' 자에 대해서 주자께서 말씀하시기를, "실리(實理)를 말씀한 것이 아니고 '이치상 마땅히 이와 같아야 한다.〔理當如此〕'라고 말하는 것과 같다."[20]라고 하셨습니다. 이미 '이치상 마땅히 이와 같아야 한다.'라는 것이면 섭채(葉采)의 주(註)에서 언급한 "이 역시 이치상 있는 것이다."[21]라고 한 것이 또한 마땅하지 않겠습니까. 대체로 천하에는 이(理)를 벗어나 그것의 밖에 존재하는 물(物)이란 없습니다. 악은 그야말로 '이(理)의 본연(本然)'이 아니기는 하지만 또한 '이(理)에 근본을 두지 않았다.'라고 이를 수도 없습니다. 그러나 이(理)의 원초에 어찌 선을 하고 악을 하는 단서가 있겠습니까. 이(理)는 오로지 순수하게 선할 뿐 악은 전혀 없고, 기품에 구애되어야 비로소 악이 있게 되는 것입니다. 섭채의 주설(註說)에서 "선과 악이 이로 말미암아 나누어진다."라고 한 것이 "기품이 뒤섞인다."라고 한 것의 아래에 있으니, 그렇다면 어찌 일찍이 '기(氣)가 하는 바'를 말하지 않은 적이 있겠습니까.

악이 비록 '기(氣)가 하는 바'이지만, 만약 이러한 이(理)가 없다면

〔理只作合字看.〕"라고 하였다.《朱子語類 卷95 周子之書1》

20 실리(實理)를……같다 : 이 말씀은《주자어류》권95〈정자지서(程子之書)1〉의 심한(沈僩)의 기록에 보인다.

21 이……것이다 : 이 말은《근사록집해(近思錄集解)》권1〈도체(道體)〉제21조에 "기품이 뒤섞임에 선과 악이 이로 말미암아 나누어지니, 이 역시 이치상 있는 것이다. 그러나 이 성의 근본을 추구해보면 그저 선일 뿐이고, 성 가운데에 원래 선과 악 두 가지가 아울러 나오는 것은 아니다.〔氣稟雜揉, 善惡由分, 此亦理之所有, 然原是性之本, 則善而已, 非性中元有善惡二者竝生也.〕"라고 한 데에 보인다.

기(氣)가 어떻게 악을 하겠습니까. 그러므로 "이치상 있는 것이다."라고 말한 것입니다. 설령 "악도 역시 이치상 있는 것이다."라고 말한다손 치더라도 또한 어찌 이 말로 인하여 인욕(人欲)을 천리(天理)로 오인하는 문제점이 있겠습니까.

선과 악이 다르다는 것은 얼음과 숯의 관계나 흑색과 백색의 관계처럼 실제로는 분별하기가 쉬운데, 다만 사람이 스스로 살피지 않을 뿐입니다. 그러나 천리와 인욕은 외형상 나타나는 행동은 같으나 그 실정은 다르니〔天理人欲 同行異情〕,[22] 이것 역시 그야말로 '변별하기가 어려운 부분'이 있습니다. 그러므로 혹 도적을 자식으로 오인하기도 하고 혹 자식을 도적으로 오인하기도 하니, 이는 군자가 궁리(窮理)와 격물(格物)을 귀하게 여기는 까닭이며, 성인께서 유정(惟精)의 가르침[23]을 남겨 주신 까닭입니다. 이는 배우는 자가 마땅히 삼가고 두려워해야 할 바입니다.

문 "악(惡)도 성(性)이라고 하지 않을 수 없다."[24]……

답 "선과 악은 모두 천리이다.〔善惡皆天理〕"[25]의 '천리'도 역시 하늘이

22 천리와……다르니 : 이는 본래 오봉(五峯) 호굉(胡宏)의 《지언(知言)》 권1에 보이는 말로, 《맹자집주》 〈양혜왕 하(梁惠王下)〉 제5장의 장하주에도 실려 있다.

23 유정(惟精)의 가르침 : 이는 순임금이 우(禹)에게 제위를 물려주면서 한 말씀으로, 《서경》 〈우서(虞書) 대우모(大禹謨)〉의 "인심은 위태롭고 도심은 미묘하니, 정하게 하고 한결같이 하여야 진실로 중도(中道)를 잡을 수 있다.〔人心惟危, 道心惟微, 惟精惟一, 允執厥中.〕"라고 한 데에 보인다. 주희의 해석에 의하면, '정(精)'이란 인심과 도심 양자의 사이를 자세히 살펴서 서로 뒤섞이지 않게 하는 것이다.

24 악(惡)도……없다 : 164쪽 주19 참조.

명해서 부여해 준 이(理)이니, 어찌 하늘이 명해서 부여해 준 이(理) 외에 또 별도로 천리가 있겠습니까. 하늘이 명해서 부여해 준 이(理)에 나아가 볼 적에 그 본연(本然)을 가리키면 순수하여 지극히 선하나 그 말류를 가리키면 기(氣)에 빠져서 악(惡)이 되니, 이것이 "선과 악은 모두 천리이다."라고 말씀한 까닭입니다. 묵자(墨子)의 겸애(兼愛)는 본래 측은지심(惻隱之心)인데, 그 폐단이 결국 아비가 없게 되는 지경에 이르므로 주자께서 이것을 가지고 "악(惡)도 성(性)이라고 하지 않을 수 없다."라고 한 설(說)을 증명하셨습니다. 이를 통해 살펴보건대, 어찌 악(惡)도 이(理)에서 나온 것이 아니겠습니까.

보내오신 편지의 내용에서, "정자께서 이 천리를 말씀하신 것[26]은 이(理)의 본연처(本然處 본연의 측면)를 가리킨 것이 아니라 다만 이(理)의 소연처(所然處 소이연(所以然)의 측면)를 말씀하셨을 뿐이다."라고 하신 것은 대체로 맞는 말씀입니다.

문 "'계지자선야(繼之者善也)'라는 것은 물이 흘러서 아래로 내려가는 것과 같다."[27]……

25 선과……천리이다 : 이 말은 《이정유서(二程遺書)》 권2상 〈원풍기미여여숙동현이선생어(元豐己未呂與叔東見二先生語)〉에 "천하의 선과 악은 모두 천리이다. 그것을 일러 악이라고 한 것은 본래 악이 아니고, 다만 지나치거나 미치지 못하면 문득 이와 같을 뿐이니, 예컨대 양주와 묵적의 유이다.〔天下善惡皆天理. 謂之惡者, 非本惡, 但或過或不及, 便如此, 如楊・墨之類.〕"라고 한 데에 보인다.

26 정자께서……것 : 위의 주25 참조.

27 계지자선야(繼之者善也)라는……같다 : 이와 관련된 내용은 《근사록》 권1 〈도체〉 제21조 및 《이정유서》 권1 〈단백전사설(端伯傳師說)〉에 다음과 같이 보인다.

답　이 단락의 '수류이취하(水流而就下)' 및 '개수야(皆水也)' 이하의 말씀[28]에 대해 주자께서 말씀하시기를, "이는 두 가지 비유이니, 당시에 그저 뒤섞어서 말씀하신 것일 뿐이다."[29]라고 하셨으니, 만약 두 가지 비유로 본다면 의심할 만한 점은 없을 것입니다. 정자께서 성(性)에 대해 논하실 적에 기(氣)를 겸하여 말씀하신 것이 맹자와 똑같지 않습니다. 그러나 기질지성(氣質之性)과 본연지성(本然之性)이 실제

"……무릇 사람들이 성을 말하는 것은 다만 '계지자선야'를 말하는 것일 뿐이니, 맹자께서 '성선'이라고 말씀하신 것이 바로 여기에 해당한다. 무릇 소위 '계지자선야'란 물이 흘러서 아래로 내려가는 것과 같다. 모두 똑같은 물이지만 흘러서 바다에 이르러서도 끝내 더럽혀진 바가 없다면 이 어찌 인력을 번거롭게 쓸 필요가 있겠는가. 흘러서 멀리 가기도 전에 진실로 벌써 점점 흐려지는 경우가 있으며 흘러나와 아주 멀리 간 뒤에야 비로소 흐려지는 경우가 있는데, 흐려짐이 많은 경우도 있고 흐려짐이 적은 경우도 있으니, 맑고 흐림이 비록 똑같지 않으나 흐린 것이라 하여서 물이라고 하지 않을 수 없는 것이다.……〔……凡人說性, 只是說繼之者善也, 孟子言性善是也. 夫所謂繼之者善也者, 猶水流而就下也. 皆水也, 有流而至海, 終無所汚, 此何煩人力之爲也, 有流而未遠, 固已漸濁, 有出而甚遠, 方有所濁, 有濁之多者, 有濁之少者, 淸濁雖不同, 然不可以濁者不爲水也.……〕" '계지자선야'는 《주역》 〈계사상전(繫辭上傳)〉 제5장에 "한번 음(陰)하고 한번 양(陽)하게 함을 도라 이르니, 이 도를 계속하는 것이 선이고, 이 도를 갖추고 있는 것이 성이다.〔一陰一陽之謂道, 繼之者善也, 成之者性也.〕"라고 한 데에 보이는 말로, 주희는 "도는 음에 갖추어져 있고 양에 행해진다. 계(繼)는 그 발함을 말한 것이고 선(善)은 화육의 공을 이르니, 양의 일이다. 성(成)은 그 갖추고 있음을 말한 것이고 성(性)은 물이 받은 것을 이르는데, 물이 태어나면 성이 있어 각기 이 도를 갖추고 있음을 말한 것이니, 음의 일이다.〔道具於陰而行乎陽. 繼, 言其發也, 善, 謂化育之功, 陽之事也; 成, 言其具也, 性, 謂物之所受, 言物生則有性而各具是道也, 陰之事也.〕"라고 설명하였다.

28 이……말씀 : 167쪽 주27 참조.

29 이는……뿐이다 : 이 말은 《주자어류》 권4 〈성리1 인물지성기질지성(人物之性氣質之性)〉의 임기손(林夔孫)의 기록에 보인다.

로는 두 가지의 성(性)이 있는 것이 아니므로 비록 청(淸)·탁(濁)과 원(遠)·근(近)을 가지고서 기질지성을 비유하셨으나 '맹자도성선(孟子道性善)'의 아래에서는 '물이 아래로 내려감'을 가지고 비유로 삼으셨으니,[30] 글을 읽는 자가 여기에서 마땅히 대의(大意)를 제대로 알아야 할 뿐입니다.

'계지자선(繼之者善)'에서 '계(繼)'는 '천명유행(天命流行)'의 뜻이니, '성지(成之)'에 이른 뒤에야 비로소 성(性)인 것입니다. 그러므로 주자께서 매양 "맹자의 성선(性善)은 아래의 한 절반을 말씀하셨다."[31]라고 하셨는데, '천명유행'의 체(體)가 선하면 사람이 품수한 성(性)도 역시 선하다는 사실을 알 수 있습니다.

30 맹자도성선(孟子道性善)의……삼으셨으니 : 167쪽 주27 참조. 《근사록》 및 《이정유서》 원문에는 '맹자언성선(孟子言性善)'으로 되어 있다.

31 맹자의……말씀하셨다 : 이는 그저 용공(用功)만 말씀했을 뿐 본체(本體)를 말씀하지 않았다는 뜻으로, 《회암집(晦庵集)》 권40 〈답하숙경(答何叔京)〉에 보인다.

백생[32] 한장 에게 주다

與白生 漢章

자주 만나 어울린 교분은 참으로 얼마 되지 아니하지만 도리어 그 정분으로 말하자면 이미 오래전부터 사귀어 온 사이와 다를 바가 없습니다. 그대가 있는 서쪽으로 천 리 먼 길을 바라다보며 밤낮으로 아득히 그리워하고 있었는데, 근자에 그대가 거주하는 마을 사람의 가록(歌鹿)[33]의 걸음을 통하여 대략이나마 유덕자(有德者)의 일상 동정(動靜)에 대해 듣게 되니, 이 마음이 조금이나마 위로되었습니다. 요즈음 봄기운이 점점 따뜻해지고 있는데, 기거가 다시 어떠하신지 알지 못하겠습

32 백생(白生) : 백한장(白漢章)으로, 미상(未詳)이다. 평안도 삼등(三登) 사람으로 한천(寒泉) 이재(李縡)의 문하에서 수학하였으며, 사료에 의하며, 정조 14년(1790) 6월 24일에 경외의 조관으로서 70세 이상인 사람과 사서인으로서 80세 이상인 사람에게 각각 한 자급(資級)씩을 더하였을 적에 첨지중추부사에 단부되었다. 박윤원의 부친 박사석은 1765년 12월 3일에 평안도(平安道) 삼등 현령(三登縣令)으로 임명되었다. 당시 박윤원은 부친을 따라 삼등에 갔는데, 이때 만나서 교류한 사람으로 보인다. 《近齋集 卷32 渼湖金先生語錄》《承政院日記 英祖41年 12月 3日》《日省錄 正祖14年 6月 24日》

33 가록(歌鹿) : '〈녹명(鹿鳴)〉을 노래한다.'라는 뜻인데, 〈녹명〉은 《시경》 소아(小雅)의 편명이다. 본래는 임금이 신하를 위해 연회를 베풀며 연주하던 악가(樂歌)인데, 후대에는 군현의 장리(長吏)가 향시(鄕試)에 급제한 거인들을 초치하여 향음주례(鄕飮酒禮)를 베풀어주며 그들의 전도(前途)를 축복하는 뜻으로 이 노래를 부르게 하였다. 한유의 〈송양소윤서(送楊少尹序)〉에 "양후(楊侯)가 향리에서 과거에 급제한 뒤에 녹명을 부르면서 올라왔다.〔擧於其鄕, 歌鹿鳴而來.〕"라는 대목이 나온다. 여기에서 의미가 확장되어 과거 시험장이라는 뜻으로도 쓰인다.

니다.

저 윤원은 어버이를 받들어 모시며 그럭저럭 부지하고 있었는데, 수년 전부터는 질병이 점점 찾아들어 침석(枕席)의 사이를 오랫동안 벗어나지 못하여 도규(刀圭)가 서책을 방해하고 앓는 소리가 글 읽는 소리를 침탈하고 있습니다. 뜻을 세움이 이미 견고하지 못한 데다가 또 장애를 입은 것이 이와 같으니, 유유히 흘러가는 저 세월이 사람을 기다려 주려고 하겠습니까. 몹시도 근심스럽고 두려울 만합니다.

우리 유문(儒門)이 불행하여 미옹(渼翁)께서 역책(易簀)하셨으니,[34] 후학의 애통함을 어찌 말로 다 표현할 수 있겠습니까. 돌아보건대 이는 비록 집지(執贄)한 적은 없었으나 평생 존경하고 사모하여 스승과 제자의 관계나 다를 바가 없으니, 또한 내 사사로운 정으로 곡하는[35] 비통한 심정을 가누지 못할 뿐입니다.

이전의 서신에서 저를 칭찬해 장려해 주심이 지나치게 성대하셨기에 너무나도 부끄러워 땀이 날 지경입니다. 좌하께서 저를 아낌이 후하

34 미옹(渼翁)께서 역책(易簀)하셨으니 : '미옹'은 김원행(金元行, 1702~1772)으로, 본관은 안동(安東), 자는 백춘(伯春), 호는 미호(渼湖)·운루(雲樓)이다. 김창협(金昌協)의 손자로 입양되었으며, 이재(李縡)의 문인이다. 저서에《미호집(渼湖集)》이 있으며, 시호는 문경(文敬)이다. 김원행은 1772년 7월 7일에 향년 71세를 일기로 졸하였다. 동년 9월에 양주(楊州) 도산(陶山)에 안장되었다.

35 내……곡하는 : 상대방의 죽음을 사문을 위해서 슬퍼할 뿐만 아니라 개인의 정리로 슬퍼한다는 뜻으로, 이는 구양수(歐陽脩)가 죽은 희령(熙寧) 5년(1072), 소식이 지은 〈제구양문충공문(祭歐陽文忠公文)〉에 "조사를 천 리 먼 길에 봉함하여 슬픈 마음을 부칠 뿐이니, 위로는 천하를 위하여 애통하고 아래로는 저의 사사로운 정 때문에 곡합니다.〔緘詞千里, 以寓一哀而已矣, 蓋上以爲天下慟, 而下以哭其私.〕"라고 한 부분을 원용한 표현이다.《蘇軾文集 卷63 祭歐陽文忠公文》

신 나머지 저를 끌어서 고인(古人)의 경지에 들이고자 하신다는 것을 진실로 잘 알겠습니다만, 어리석고 비루한 저에게 마땅히 베풀어야 할 바가 아니니, 이를 어찌하겠습니까.

"사문을 담당해 세교를 부지한다.〔擔負斯文 扶持世敎〕"라고 말씀하신 것은 다름 아닌 대유 군자(大儒君子)의 일이니, 제가 어찌 감히 이를 담당하겠습니까. 제가 어찌 감히 이를 담당하겠습니까. 어떤 사람을 비견할 때는 반드시 그 수준이 비슷한 사람으로 비견해야 하는 법이니,[36] 좌하께서는 또한 이 점을 다시 생각해 보셔야만 할 것입니다.

저 윤원이 애당초 어찌 학문이 있겠습니까. 저는 자질이 본래 어리석고 거친데 성품은 또한 산만하고 나태합니다. 어려서는 쇄소의 예절을 알지 못한 데다가 자라서는 궁리(窮理)와 격물(格物)의 공부를 익히지 못한 채로 사화(詞華)에만 창광(猖狂)하고 거업(擧業)에 물들고 더럽혀져서 전도(顚倒)하고 낭패하다가 지금에 이르게 된 것입니다. 뒤늦게야 비로소 뉘우치고 깨달아 사학(斯學)으로 되돌아가고자 하는데, 이미 '완강하게 거부하고 괴롭기만 하다.'[37]라는 탄식이 있게 되었습니다. 그래서 견식이 틀어막혀 통하기 어렵고 기질이 치우치고 구애되어 변하기 어려워서 방촌(方寸)의 가운데에 수고로움과 분란이 항상 많고 일신(一身)의 위에 과실이 그저 쌓일 뿐입니다. 이에 따라 존양(存養)과 천리(踐履)에 있어서 얻은 바가 전혀 없으니, 결국 그럭

36 어떤……법이니 : 이 말은 《예기》 〈곡례 하(曲禮下)〉에 보인다.

37 완강하게……하다 : 이 말은 《예기》 〈학기(學記)〉에 "발한 뒤에 금하면 완강하게 거부하여 가르침을 받들지 못하고, 때가 지난 뒤에 배우면 괴롭기만 하고 이루어지기 어렵다.〔發然後禁, 則扞格而不勝; 時過然後學, 則勤苦而難成.〕"라고 한 부분에 보인다.

저력 시일을 보내며 모두 버려두어서 노년에 이르러도 이룬 바가 없을까 두렵습니다.

좌하께서는 자성(資性)이 순후하시고 공부가 독실하시어 향사(鄕士)들이 학식에 탄복하고 이인(里人)이 행의(行誼)를 칭찬하니, 보존해 지니신 바가 가득 차 있다는 것을 알 수 있습니다. 일찍이 듣기로, 천옹(泉翁 이재(李縡))의 문하에 출입하여 가르침을 받고 강마하신 지가 수십 년이라고 하였습니다. 실로 음하(飮河)[38]의 국량과 관해(觀海)[39]의 식견이 있으시니, 그렇다면 서도(西道)의 유자(儒者)를 손꼽아 헤아려 볼 적에 좌하께서 마땅히 제일류(第一流)가 되실 것입니다. 그런데 지금 도리어 지나치게 스스로 폄하하고 억제하여서 마치 공소(空疏)한 자인 듯이 하시니, 이는 어째서입니까. 이는 진실로 겸목(謙牧)[40]

38 음하(飮河) : '황하의 물을 마심'으로, 여기서 '황하의 물'이란 바로 스승의 훈도, 스승의 방대한 학식 등을 비유한다. 이 말은 《장자(莊子)》 〈소요유(逍遙遊)〉에 "뱁새는 깊은 숲에 둥지를 지으면서 가지 하나로 만족하고, 두더지는 황하의 물을 마시면서 제 배를 채우면 그만이다.〔鷦鷯巢於深林, 不過一枝, 偃鼠飮河, 不過滿腹.〕"라고 한 데에 보이는데, 이는 본래 자기의 분수에 만족함을 의미하는 것이다. 하지만 여기서는 황하처럼 방대한 스승의 학식을 제자가 흡수하였음을 뜻하는바, 훌륭한 스승의 교화를 받았음을 가리키는 말로 전용(轉用)한 것이다.

39 관해(觀海) : 이미 한번 바다를 직접 눈으로 보게 된 이상 제아무리 큰 강이나 호수일지라도 더 이상 눈에 차지 않아 하찮게 보인다는 뜻이다. 이는 "바다를 한번 직접 눈으로 본 사람에게는 어지간해서는 다른 물은 물이 되기가 어렵고, 성인의 문하에서 한번 직접 종유한 사람에게는 어지간해서는 다른 사람의 말은 말이 되기가 어렵다.〔觀於海者, 難爲水; 遊於聖人之門者, 難爲言.〕"라고 한 맹자의 말씀에 보인다. 《孟子 盡心上》

40 겸목(謙牧) : 이는 《주역》 〈겸괘(謙卦) 초육(初六) 상(象)〉의 "지극히 겸손한 군자는 몸을 겸손히 낮추는 도로써 스스로 처신한다.〔謙謙君子, 卑以自牧也.〕"라는 말을

의 뜻에서 나온 것일 테지만 어쩌면 또한 처하신 곳이 멀고도 외졌기에 혹 경화(京華)의 문명(文明)한 땅에 뒤졌다고 여겨서 그러한 것일지도 모르겠습니다. 진실로 그 사람이 두드러지게 뛰어나 위대하고 걸출하다면 산천의 풍기에 국한되지 않는 법입니다. 그러므로 돈암(遯庵)[41]이 서방에서 일어났고 송암(松巖)[42]이 북방에서 일어났으니, 이러한 제현(諸賢)이 어찌 일찍이 멀고도 외진 지역에서 나지 않은 적이 있었겠습니까.

바라건대, 좌하께서는 한갓 퇴양만 하지 마시고 스스로 그 몸을 소중히 하시어 더욱더 덕을 증진하고 학업을 닦으십시오. 그리고 끝내 그 덕을 완성하여서 능성(能城)이라는 십실지읍(十室之邑)[43]으로 하여금 도학(道學)의 군자가 있도록 하십시오. 그러면 제가 장차 흔연하여 하풍(下風)[44]에서 절을 올릴 것입니다. 편지 끝의 예식을 제대로 갖추

원용한 것이다.

41 돈암(遯庵) : 선우협(鮮于浹, 1588~1653)으로, 본관은 태원(太原), 자는 중윤(仲潤), 호는 돈암, 시호는 문간(文簡)이다. 평안도 태천(泰川) 출신으로, 학문이 뛰어나 세상에서 '관서부자(關西夫子)'라고 불렸다. 1628년(인조6)에 학행으로 천거되었으나 모두 사양하고 후진 양성에 전념하였다. 저서로는 《돈암전서(遯菴全書)》가 있다.

42 송암(松巖) : 이재형(李載亨, 1665~1741)으로, 본관은 전주(全州), 자는 가회(嘉會), 호는 송암, 시호는 문간(文簡)이다. 함경도 경성(鏡城)에서 태어났다. 송시열의 제자 학암(鶴菴) 최신(崔愼)을 사숙(私淑)하고, 1685년(숙종11) 북평사(北評事)로 부임한 농암(農巖) 김창협(金昌協)을 찾아가 수학하였다. 천거로 장악원 주부(掌樂院主簿)를 지냈다.

43 능성(能城)이라는 십실지읍(十室之邑) : '능성'은 평안도 삼등현의 옛 별호이다. '십실지읍'이란 '열 가구쯤 사는 작은 마을'로, 평안도 삼등이 작은 고을임을 뜻한다. '십실지읍'은 《논어》 〈공야장(公冶長)〉 제27장의 공자의 말씀에 보인다.

44 하풍(下風) : 본래 '바람이 불어가는 방향'으로, 뜻을 인신하여 '바람의 아래 방면에

지 못합니다.

있음', '아래 자리', '아래 자리에 처해 있음' 등을 지칭한다. 즉, 수하(手下)나 하위(下位)에 있는 사람이 존귀한 사람 앞에서 자신을 낮추는 말이다.《春秋左氏傳 僖公 15年》

박생 희 에게 답하다
答朴生 曦

보내오신 편지의 내용에서 "의관을 정제하고 시선을 점잖게 함[45]이 몸과 마음을 거두어들이는 데에 있어서 최우선이 된다."라고 하신 말씀은 매우 좋습니다. 다만 "농사짓는 시골에서 낳고 자라 몹시도 가난하고 수고롭게 힘을 들여서 몸과 마음에 베푸는 공부가 없다."라고 이르신 것으로 말하면, 이는 아마도 그렇지 않은 듯합니다.

으레 선비라고 한다면 은거할 때를 당하여 누군들 몸소 농사짓지 않겠습니까. 이윤(伊尹)과 같은 성인도 농사지었고[46] 제갈량(諸葛亮)과 같은 현인도 농사지었으며,[47] 경술(經術)이 있는 예관(兒寬)도 농사지었고[48] 재행(才行)이 있는 동소남(董邵南)도 농사지었습니다.[49] 천

45 의관을……함 : 이는 주희의 〈경재잠(敬齋箴)〉에 "의관을 정제하고 시선을 점잖게 하여 마음을 고요히 가라앉힌 채로 거처해서 상제를 마주하는 듯이 하라.〔正其衣冠, 尊其瞻視, 潛心以居, 對越上帝.〕"라고 한 데에 보이는 말이다. 이는 주희가 장식(張栻)의 〈주일잠(主一箴)〉을 읽고서 그 유의(遺意)를 모아 글을 지은 다음 스스로 경계한 것이라고 한다. 《晦庵集 卷85 敬齋箴》

46 이윤(伊尹)과……농사지었고 : 이와 관련된 내용은 《맹자》 〈만장 상〉 제7장에 "이윤이 유신의 전야에서 농사지었다.〔伊尹耕於有莘之野.〕"라고 한 맹자의 말씀에 보인다.

47 제갈량(諸葛亮)과……농사지었으며 : 후한(後漢) 말에 제갈량(諸葛亮)은 남양(南陽) 융중(隆中) 땅에서 초옥(草屋)을 짓고 직접 농사지으며 은거하고 있었다. 《三國志 卷35 蜀書5 諸葛亮傳》

48 경술(經術)이……농사지었고 : 전한 때 예관(兒寬)은 천승(千乘) 사람으로, 《상

하를 다스림은 진실로 농사지으면서 할 수는 없지만[50] 학문하는 것으로

서(尙書)》에 주력해 연구하며 구양생(歐陽生)을 섬기고, 또 공안국(孔安國)에게 학업을 전수(傳受)하였다. 그는 가난하여 품팔이로 농사지었는데, 경서를 낀 채로 다니면서 호미질하다가 잠시 쉴 때면 곧 소리를 내어 외곤 했다〔帶經而鉏 休息輒讀誦〕고 전한다. 《漢書 권58 兒寬傳》

49 재행(才行)이……지었습니다 : 당(唐)나라의 동소남은 수주(壽州) 안풍(安豐) 사람으로, 한유(韓愈)와 교분이 두터웠다. 정원(貞元) 연간에 동소남은 진사과에 응시하였으나 낙방하여 결국 고향으로 돌아오게 되었다. 하지만 그는 고향으로 돌아와 어려운 여건 속에서도 주경야독하면서 부모를 잘 모시고 처자식을 잘 보살펴 집안을 건사하였다. 이렇게 훌륭한 효자(孝慈)의 행실을 두고 한유가 〈차재동생행(嗟哉董生行)〉이라는 고시를 지어서 "아아, 동생이여! 아침에는 들에 나가 농사짓고, 돌아와서 밤에는 옛사람의 글을 읽네. 종일토록 쉴 수가 없으니, 산에 가서 나무도 하고, 물에 가서 고기도 잡는다네. 부엌에 들어가서 맛난 음식 갖추어 놓고, 당 위로 올라가서 기거를 여쭈어보니, 부모님은 근심하지 않으시고 처자식은 탄식하지 않는다네.〔嗟哉董生朝出耕, 夜歸讀古人書. 盡日不得息, 或山而樵, 或水而漁. 入廚具甘旨, 上堂問起居. 父母不戚戚, 妻子不咨咨.〕"라고 칭찬하였다. 《小學 卷6 外篇 善行 實明倫》

50 천하를……없지만 : 이는 '농가(農家)'인 진상(陳相)과 맹자의 대화에서 나온 말로, 《맹자》 〈등문공 상(滕文公上)〉 제4장의 맹자의 말씀을 원용한 것이다. 진상은 본래 '유가(儒家)'로, 전국 시대 초(楚)나라의 유학자인 진량(陳良)의 제자였다. 그러나 진상은 그동안 배웠던 학문을 모두 폐기하고, 신농씨(神農氏)의 학설을 주장하는 허행(許行)을 추종하여 그의 문도가 되었다. 그는 맹자와 만나 논쟁을 벌이면서 위정자가 백성과 함께 직접 농사지어야만 함을 주장하다가 "백공의 일은 진실로 농사지으면서 할 수 없습니다.〔百工之事, 固不可耕且爲也.〕"라고 말하였는데, 이에 대해 맹자는 "그렇다면 천하를 다스리는 일은 유독 농사지으면서 할 수 있단 말인가. 위정자의 일이 있고 백성의 일이 있는 것이다. 게다가 한 사람의 몸에는 백공이 만든 것들이 갖추어져 있어야 하는데, 만일 이것을 반드시 직접 만들어서 써야만 한다면, 이는 온 천하 사람들을 모두 길로 내몰아서 쉴 틈도 없이 분주하게 만드는 격이다.〔然則治天下, 獨可耕且爲與? 有大人之事, 有小人之事, 且一人之身而百工之所爲備, 如必自爲而後用之, 是率天下而路也.〕"라고 논파하였다.

말하면 본래 농사지으면서 할 수 있습니다. 가난한 집에 살고 거친 옷을 입었지만 결국에는 공문(孔門)의 고제(高弟)로 일컬어졌으니,[51] 그렇다면 가난함이 결코 도(道)에 해가 되는 것이 아니고, 어초(漁樵)의 문답(問答)이 소옹(邵雍)의 책 중《황극경세서》에 실려 있으니,[52]

51 가난한……일컬어졌으니 : 이는 공자의 제자 원헌(原憲)을 두고 한 말이다. 원헌의 자는 자사(子思)로, 송(宋)나라 상구(商丘) 사람이다. 그는 몹시도 빈한하였으나 성품이 개결하였으며, 종신토록 세속에 영합하지 않고 안빈낙도를 추구하였다.《사기》 권67 〈중니제자열전(仲尼弟子列傳)〉을 살펴보면, 공자에게 직접 수업(受業)하여 육예(六藝)에 정통한 77명의 대표 제자 중 한 사람으로 수록되어 있다. 해당 본문의 언급과 관련된 대표적인 기록으로,《사기》 권124 〈유협열전(遊俠列傳)〉의 '서(序)'에 "계차와 원헌은 한평생을 아무것도 없는 누추한 실과 쑥 풀을 엮어서 만든 문호에 거처하면서 갈(褐)로 만든 옷을 입고 거친 밥만 먹었지만 싫어하지 않았다.〔季次、原憲終身空室蓬戶, 褐衣疏食不厭.〕"라고 하였으며, 또한《장자(莊子)》〈양왕(讓王)〉 제10장에서는 노나라에 거처하는 원헌의 집에 관해 서술하며, "환도의 실에 지붕은 생풀로 이었으며, 쑥 풀을 엮어 만든 문호도 완전하지 않은데, 뽕나무를 깎아 지도리로 삼고, 깨진 독 조각을 창으로 삼은 두 실을 갈로 막았다. 게다가 위에서 비가 새어 아래는 축축하게 젖어 있었다.〔環堵之室, 茨以生草, 蓬戶不完, 桑以爲樞, 而甕牖, 二室, 褐以爲塞, 上漏下濕.〕"라고 한 내용이 보인다. '환도(環堵)'란 높이와 너비가 각각 1장(丈)씩 되는 흙벽으로 사방을 둘렀다는 뜻으로, 협소하고도 누추한 거처를 가리킨다. '봉호(蓬戶)'란 쑥 풀로 엮어서 만든 외짝 문으로, 호(戶)는 실(室)에 설치하는 것이다. '갈(褐)'이란 칡〔葛〕과 짐승의 털로 직조한 옷감, 또는 그것으로 지은 옷을 가리키는데, 고대에는 주로 가난하고 천한 자들이 입었다. 후대에는 칡 대신 거친 베, 삼〔大麻〕 등을 사용하였다.

52 어초(漁樵)의……있으니 : 이는 송(宋)나라 때의 학자 소옹(邵雍)의 저술인《황극경세서(皇極經世書)》 중 〈어초문대(漁樵問對)〉를 가리켜서 한 말이다. 〈어초문대〉는 가상의 인물인 초자(樵者)와 어자(漁者)가 문답을 주고받는 형식으로 구성되는데, 양자의 문답으로 음양화육(陰陽化育)의 단서와 성명도덕(性命道德)의 심오한 이치를 논설하였다. 특히 어자는 '도(道)'를 체현한 인물로, 중요한 내용은 어자의 입을 통해 서술된다.

그렇다면 어초가 결코 도(道)를 알지 못하는 자가 아닙니다.

고명(高明)께서 옛적의 은자를 인용하여서 스스로 탄식하셨는데, 이는 또한 깨닫기를 잘하신 것입니다. 이미 학업을 증진하고 지혜를 증익하려는 마음이 있는데, "앎이 분명하지 못하고 행함이 독실하지 못하다."라고 말씀하셨으니, 이것이 만약 지나치게 겸손하게 하신 말씀이 아니라면 그야말로 체험으로부터 우러나온 진심이 담긴 말씀입니다.

한 치 나아갔다가 한 자나 후퇴함〔進寸退尺〕은 간단(間斷)하여서 그러한 것입니다. 용감하게 과결(果決)하지 못하고 견고하게 입심(立心)하지 못한다는 것은 스스로 분명하게 잘 알고 있다는 것입니다. 이렇게 하는 것이 병인 줄 알았다면 곧 이렇게 하지 않는 것이 약인 법이니,[53] 어찌 굳이 다른 사람에게 물어볼 필요가 있겠습니까.

부디 빈천하다고 하여서 스스로 저상하지 마시고 또한 농사짓는다고 하여서 스스로 핑계하지 마시어 오직 '순임금은 어떤 사람이며 나는 어떤 사람인가.'라고 한 말씀[54]을 가지고 마음으로 삼아서 어려운 일을 먼저 하고 얻는 것을 뒤에 하여[55] 참으로 알고 실제로 행하여 속히

53 이렇게……법이니 : 이는 《회암집》 권64 〈답혹인(答或人)〉에 "이렇게 하는 것이 병인 줄 알았다면 곧 이렇게 하지 않는 것이 약이다.〔知得如此是病, 卽便不如此是藥.〕"라고 한 주희의 말을 원용한 것이다.

54 순임금……말씀 : 이는 《맹자》 〈등문공 상(滕文公上)〉 제1장에 "안연이 말하였다. '순임금은 어떤 사람이며 나는 어떤 사람인가? 훌륭한 일을 하는 사람도 이와 똑같다.'〔顔淵曰, 舜何人也, 予何人也? 有爲者亦若是.〕"라고 한 맹자의 말씀을 가리킨 것이다.

55 어려운……하여 : 이는 《논어》 〈옹야〉 제20장에 보이는 공자의 말씀을 원용한 것이다. 공자의 말씀은 인(仁)에 관하여 여쭈어본 제자 번지의 말에 대답하신 것으로,

이루려고 하는 공효[56]를 구하지 마십시오. 그러면 자연히 한 해를 단위로 삼아서 헤아려 볼 적에 넉넉해질 것입니다.[57]

성현께서 이루어 놓으신 법이 전적(典籍)에 분명하게 드러나 있어서[58] 해와 별처럼 눈부시게 밝고 단청처럼 환하게 밝으니, 이것을 그대로 따라서 행하면 어찌 그 문정(門庭 문로(門路))을 얻지 못함을 걱정하겠습니까.

그 단계와 등급을 순서대로 밟지 않고서 도리어 전도(顚倒)하고 미혹(迷惑)하여 무엇을 먼저 해야 하고 무엇을 나중에 해야 할지를 알지 못함으로 말하면, 이는 다름이 아니라 궁벽한 시골에서 독학함에 제대로 지도해 줄 만한 사람이 없어서 비록 오랫동안 독서하더라도 그 진정한 의미를 제대로 알지 못하기 때문에 그러한 것입니다. 시험 삼아 한번 《근사록》과 《심경》 등의 책을 가져다 놓고 아침저녁으로 완미하

급선무이면서 하기 어려운 일을 먼저 하고, 그것의 결과로서 얻게 되는 공효에는 집착하지 않는다는 뜻이다.

56 속히……공효 : 이는 《논어》 〈자로〉 제17장에 보이는 공자의 말씀을 원용한 것이다. 제자 자하(子夏)가 거보(莒父)의 읍재(邑宰)가 되어서 정치에 관해 여쭙자, 공자께서 "일을 속히 이루려고 하지 말고, 작은 이익에 연연하지 말라. 일을 속히 이루려고 하면 달성하지 못하고, 작은 이익에 연연하면 큰일이 이루어지지 않는다.〔無欲速, 無見小利, 欲速則不達, 見小利則大事不成.〕"라고 말씀하셨다.

57 한……것입니다 : 변함없이 꾸준하게 하다 보면 결국에는 큰 성과를 얻게 된다는 말로, 《장자》 〈경상초(庚桑楚)〉 제1장에 보인다.

58 성현께서……있어서 : 해당 원문의 '방책(方冊)'은 목판(木版)과 죽간(竹簡)을 합하여 일컫는 것으로 '방책(方策)'으로도 표기하는바, 전적(典籍)·사책(史冊)을 뜻한다. 이는 《중용장구》 제20장에 "문왕과 무왕의 훌륭한 정사가 방책에 분명하게 드러나 있다.〔文、武之政, 布在方策.〕"라고 한 공자의 말씀을 원용한 것이다.

여 탐구하고 반복하여 체인(體認)해 보십시오. 그러면 아마도 터득함이 있게 될 것입니다.

전날에 삼가 권면해 드렸던 '관이율(寬而栗)'[59] 세 글자는 대체로 완급을 조절하는 데[60]에 도움을 드리고자 한 것이었습니다. 그런데 지금 보내오신 편지를 받아보니 '중(中)을 얻을 수 없다.'라고 말씀하셨으니, 삼가 개탄하는 바입니다. 관(寬)과 율(栗)이란 본래 병행하는 것이 마땅합니다. 그런데 어찌하여 관(寬)과 율(栗)의 사이에 있는 하나의 '이(而)' 자에 대해 깊이 완미하여서 체행(體行)하지 않으십니까.

좌하의 기품(氣稟)은 스스로 말씀하기를, "관(寬)은 충분하나 율(栗)은 부족하다."라고 하셨습니다. 무릇 학문이란 그 기질을 변화시키려고 하는 것입니다. 그러므로 선유(先儒)가 말하기를, "기질의 용(用)은 작고 학문의 공(功)은 크다."라고 하였으니,[61] 역시 맹렬하게 반성해

59 관이율(寬而栗) : 이는 《서경》 〈우서(虞書) 순전(舜典)〉 및 동서 〈고요모(皐陶謨)〉에 보인다. 이에 대해 채침은 〈순전〉의 주해에서 "율이란 장엄하고 공경함이다.〔栗, 莊敬也.〕"라고 하였고, 〈고요모〉의 주해에서 "관이율이란 관대하면서도 장엄함이다.〔寬而栗者, 寬弘而莊栗也.〕"라고 하였다.

60 완급을 조절하는 데 : 해당 원문은 '현위(弦韋)'로, '활시위와 다룸가죽'의 병칭이다. 이는 완급(緩急), 완급의 조절을 비유하는 것으로, 전국 시대 위(魏)나라의 서문표(西門豹)는 성질이 지나치게 급하여 다룸가죽을 패용함으로써 스스로 느긋하게 처신하였고, 춘추 시대 동안우(董安于)는 성질이 지나치게 느긋하여 활시위를 패용함으로써 스스로 급하게 처신하였다는 고사에서 유래한 말이다. 《韓非子 卷8 觀行》 여기서 의미를 인신하여 자신의 단점을 보충하는 자료, 스스로 경계하고 면려하려는 용도의 물건을 뜻한다.

61 선유(先儒)가……하였으니 : '선유'는 오징(吳澄, 1249~1333)으로, 이 말은 《오문정집(吳文正集)》 권2 〈답인문성리(答人問性理)〉에 보인다.

공력을 쏟아부어 다급히 바로잡음으로써 일편(一偏)의 병통을 제거해야만 할 것입니다.

《소학》에 관한 주해 가운데 정유(程愈)의 《집설(集說)》, 하사신(何士信)의 《집성(集成)》, 오눌(吳訥)의 《집해(集解)》, 진선(陳選)의 《증주(增註)》 등은 모두 구본(舊本)에 실려 있지 않은 것들인데, 금본(今本)에 실어 놓았으니, 이는 대체로 금본을 구본에 비하여 더 상세히 하고자 하였기 때문에 그러한 것입니다.[62] 율곡께서 주해들을 한데 모아서 분류하셨고, 사계(沙溪 김장생(金長生))께서 고증하셨으니, 그렇다면 이미 두 선생의 손을 거친 셈입니다. 어찌 주장한 바가 없이 그러한 것이겠습니까.

《논어》의 모든 편 중에 오직 〈향당(鄕黨)〉 한 편만이 문리(文理)가 이어지고 혈맥(血脈)이 관통할 뿐이고, 그 밖의 다른 편들은 전부 다 그렇지 못하니, 이는 대체로 기록이 한 사람의 손에서 나오지 않았기 때문에 그러한 것입니다. 그러나 또한 대부분 유(類)에 따라 붙였으니, 이는 몰라서는 안 되는 것입니다.

좌하와 서로 만나 보지 못한 지가 지금 벌써 여러 해입니다. 좌하의 수준이 현재 어느 정도에 이르렀는지 알지 못하겠으나 학문은 한소(寒

62 소학에……것입니다 : 《소학》은 주희가 제자 유청지(劉淸之)를 시켜서 편찬하게 한 것으로, 1187년에 완성되었다. 이후 명(明)나라 건안(建安) 사람 하사신(何士信)이 《소학집성(小學集成)》을, 해우(海虞) 사람 오눌(吳訥)이 《소학집해(小學集解)》를, 고소(姑蘇) 사람 진조(陳祚)가 정오(正誤)를, 천태(天台) 사람 진선(陳選)이 《소학증주(小學增註)》를, 순안(淳安) 사람 정유(程愈)가 《소학집설(小學集說)》을 저술했다. 이 오종의 주해를 우리나라에서 율곡 이이가 종합하여서 《소학집주(小學集註)》를 완성하였다.

素)함에서 나옴이 많고 의리는 빈궁함에 빼앗기지 않는 법이니, 재식이 이를 통해 확충될 수 있고 규모가 이를 통해 개활할 수 있습니다. 오직 이치를 궁구하고 힘써 행하여 향곡(鄕曲)의 유속(流俗) 가운데에서 우뚝하게 스스로 벗어나야만 할 뿐인데, 마땅히 먼저 해야만 하는 것은 《논어》의 '주충신(主忠信)'[63]과 《맹자》의 '구방심(求放心)'[64]이 바로 여기에 해당합니다. 이는 대체로 사람이 충신하지 못하면 일이 모두 무실(無實)하고[65] 마음이 보존되지 않음이 있으면 이(理)가 또한 밝혀지지 못하기 때문에 그러한 것입니다. 반드시 이 두 가지 방법을 써서 무엇보다 먼저 힘쓰고 힘써서 그만두지 않아야 할 것이니, 그렇다면 장차 한없이 좋은 소식이 있게 될 것입니다. 이것이 어떠할는지요. 이것이 어떠할는지요.

유자(儒者)에 진(眞)과 위(僞)가 있는 것은 예로부터 그러하였으니, '군자유 소인유(君子儒小人儒)'[66]와 같은 것이 바로 여기에 해당합니다. 그러므로 학문한다고 표방하는 자들 가운데에 나아가서 위기(爲

63 주충신(主忠信) : 충신을 주로 삼는다는 뜻으로, 《논어》〈학이〉 제8장의 공자의 말씀에 보인다.

64 구방심(求放心) : 잃어버린 마음을 구한다는 뜻으로 《맹자》〈고자 상〉 제11장의 맹자의 말씀에 보인다.

65 사람이……무실(無實)하고 : 이 말은 《논어》〈학이〉 제8장 제2절에 관한 주희의 주해에 보인다.

66 군자유 소인유(君子儒小人儒) : 이 말은 《논어》〈옹야〉 제11장의 공자의 말씀에 보인다. '유'란 '배우는 자[學者]'로, 군자유는 위기(爲己)에 힘쓰는 학자를, 소인유는 위인(爲人)에 치중한 학자를 말한다.

己)와 위인(爲人)의 똑같지 않음을 제대로 분별해 낸다면 진가(眞假)를 변별할 수 있을 것입니다. 지금 논하신 말씀 중에서 다만 학문하는 선비를 진유(眞儒)로 삼고 문사에 종사하는 사람을 가유(假儒)로 삼을 뿐이셨는데, 이는 아마도 정밀하고 자세함이 부족한 듯합니다.

마지막 단락에서 논척하신 금인(今人)의 말 중에 '《소학》은 읽어서는 안 된다.'라고 한 것과 '순경(荀卿)과 양웅(揚雄)과 장주(莊周)와 사마천(司馬遷)의 글을 숙독해야 한다.'라고 한 것 등으로 말하면, 이는 참으로 근래 풍속의 고질적인 폐단이니, 논하신 것이 옳습니다. 사람이면서 《소학》을 읽지 않으면 어떻게 사람이 되겠습니까. 그리고 순경, 양웅, 장주, 사마천의 글을 익히면 이단(異端)의 학설과 부화(浮華)한 문사에 귀결하니, 이는 모두 슬퍼할 만합니다. 좌하께서 개연히 의론을 세우심에 그 초탈한 면모를 볼 수 있으니, 사람으로 하여금 흠탄하게 합니다.

김생 이경 에게 주다

與金生 履敬

겨울과 봄을 지내고 지금까지 무슨 책을 연독하고 있는가? 책을 읽음은 이 마음을 유지하려는 것이고[67] 또한 지식을 열어서 넓히려는 것이니, 단 하루라도 그만두어서는 안 되는 것일세. 군(君)의 연소하고 총명함으로 진실로 능히 부지런히 공부하여 학문에 힘쓰기를 그만두지 않아 점점 장진(長進)이 있게 되는 경우, 잘되면 충분히 하방(遐方)의 거유(巨儒)가 될 수 있고 그렇지 않더라도 한 고을의 훌륭한 선비가 되고야 말 것이네. 바라건대, 자기(自棄)[68]하지 말고 끊임없이 힘써서 나의 이 바람에 부응해 주게나.

글을 읽고 외는 여가에 아무리 때때로 문장을 짓는다고 하더라도 또한 마땅히 많이 쌓고서 조금만 나타내야 하니,[69] 순제(旬題)[70]나 백일장(白日場)으로 말하면 급급하게 여길 바가 아니라네. 내가 일찍이

67 책을……것이고 : 이는 장재(張載)의 말로, 《장자전서(張子全書)》 권6 〈의리(義理)〉 및 《근사록》 권3 〈치지(致知)〉 제74조에 보인다.

68 자기(自棄) : '스스로 인의(仁義)를 행할 수 없다고 생각하여 인격 수양을 포기한다.'라는 말로, 《맹자》 〈이루상(離婁上)〉 제10장의 맹자의 말씀에 보인다.

69 많이……하니 : 이는 소식의 〈가설(稼說)〉에 "널리 보고서 조금만 취하고 후하게 쌓고서 조금만 나타내야 한다.〔博觀而約取, 厚積而薄發.〕"라고 한 부분을 원용한 표현이다. 《東坡全集 卷92》

70 순제(旬題) : 조선 시대 지방의 향교(鄕校) 유생(儒生)에게 열흘마다 글 제목을 내어 주고 집에서 제술(製述)하여 바치게 하던 일종의 재택시험을 가리킨다.

보건대, 향곡(鄕曲)의 수재(秀才)가 칠언(七言)을 지을 줄 알기만 하면 곧 이미 여기에만 골몰하게 되어 끝끝내 경(經)에 통달해 높은 견식을 갖춘 선비가 될 수 없으니, 이것이 깊이 경계할 만한 점일세. 모름지기 이러한 뜻을 알아 반드시 먼저 책을 읽고 몸가짐을 삼가는 것을 힘써야 할 것이네. 어떻게 생각하는가.

김생에게 답하다
答金生

그대가 물어본 사서(四書)를 읽는 차례는, 주자의 가르침에 언제나 《대학》을 맨 먼저 읽고 그다음에 《논어》를 읽고 그다음에 《맹자》를 읽고 맨 마지막에 《중용》을 읽는다고 말씀하셨는데, 율옹(栗翁)의 《격몽요결》에 실려 있는 것[71]도 역시 이와 같으니, 이러한 순서가 진실로 전도되어서는 안 되네.

그러나 지금 이미 전부 다 이 법(法)을 따를 수 없는 상황이니, 그렇다면 《맹자》를 다 읽은 다음에 이어서 《논어》를 읽는 것이 또한 무슨 문제 될 것이 있겠는가. 그러나 결국에는 《대학》을 맨 먼저 읽는 것이 그 무엇보다 좋으니, 이는 대체로 《대학》이 처음 배우는 자가 덕으로 들어가는 문이 되기 때문에 그러한 것일세.[72] 이전에 이미 《소학》을 읽었는가? 《소학》을 제대로 익혀 숙달하여서 근거할 만한 근기(根基)가 있게 된 뒤에 《대학》으로 들어가야 비로소 하수처(下手處 착수할 곳, 공부할 곳)가 있게 되니, 이는 또 몰라서는 안 되는 것일세.

멀리서 서찰을 보내와 물어본 그대의 정성스러움을 매우 훌륭하게 여겼기에 내가 옛적에 들었던 바를 대략 말하는 것일세.

71 율옹(栗翁)의……것 : 이와 관련된 내용은 《격몽요결》 〈독서장(讀書章)〉에 보인다.

72 대학이……것일세 : 이는 《대학장구》의 편제(篇題)에 인용된 정자의 말씀을 원용한 것이다. '편제'란 편(篇)의 첫머리에다 쓴 글로, 해당 편에 대해 총괄적이면서도 간략하게 설명해 놓은 일종의 서문이나 해제 성격의 글을 이른다.

박생 경유 에게 답하다
答朴生 景兪

제게 물어보신 내용은 삼가 잘 살펴보았습니다. 대상(大祥)을 지내고서도 입묘(入廟)하지 않는 것은 예의(禮意)에 크게 어긋나니, 이는 혹자의 설(說)에 의해 잘못된 것 같은데 혹자의 설(說)은 세속의 그릇된 관습을 무턱대고 따른 것이므로 결코 따라서는 안 됩니다.

선조의 사당에서 본래 삭참과 망참을 행하지 않음은, 새 신주〔新主〕를 부(祔)한 뒤에는 삭참과 망참을 모두 함께 행하지 않으니, 이는 이치와 형세가 당연한 것입니다. 어찌 이로 말미암아서 반드시 삭참과 망참을 행하고자 하여 그대로 궤연(几筵)에다 받들 수가 있겠습니까. '지자(支子)가 별소(別所 별도의 다른 장소)에 봉안하였을 경우는 곡하면서 삭참과 망참의 예를 행한다.'라고 한 의절 역시 참고해 적용할 만한 것이 아닙니다. 정(情)은 비록 끝이 없지만 예(禮)는 한정이 있습니다. 부친이 계시면 압굴(壓屈)하는 의리[73]가 지극히 엄격하고도 중대하니, 어찌 이처럼 구차하게 사사로운 정(情)을 좇아 반상낙하하는 일을 할 수 있겠습니까.

국초(國初)부터 중엽까지 그 어간에 인가(人家)에서는 대체로 부친

73 압굴(壓屈)하는 의리 : '압굴'이란 압존(壓尊)하여 굽혀진다는 뜻으로, 상대적으로 존귀한 대상으로 인해 그보다 덜 존귀한 대상에게 당연히 갖춰야 할 예를 갖추지 못하거나, 어른에 대한 공경을 더 높은 어른 앞에서, 혹은 특별한 이유로 인해 억누르는 것이다. 흉례에서 살아 계신 부친으로 인해 먼저 돌아가신 모친의 상기(喪期)를 자최삼년에서 자최장기으로 줄이는 것도 압존에 의해서이다.

이 살아 계시는데 모친의 대상(大祥)을 치르고 궤연을 철거하지 않고서 그대로 상식(上食)을 올리는 것을 거행하는 경우가 많이 있었습니다. 그 뒤 많은 유현(儒賢)이 배출되어 예문(禮文)이 크게 밝아져서 구속(舊俗)이 변화하여 예(禮)를 따르니, 더 이상 이것에 대해 의문하는 자가 없었습니다. 그러므로 '선유의 문자 중에 보지 못하였는가.'라고 이른 것입니다. 그러나 남계(南溪)의 설(說) 중 '장기(杖期)'조에서 정이(鄭湁)의 물음에 답한 내용[74]을 살펴보면 대략 미루어 생각하여 알 수 있을 것입니다.

대상을 치르고서 부묘(祔廟)하지 않음은 이미 앞에서 잘못한 것이거니와 지금 뒷수습을 잘하기 위한 가장 좋은 방도는, 담제 하루 전에 말을 잘 만들어서 선조의 사당 및 새 신주에 고유(告由)하여 입묘의 예(禮)를 추후해 거행하고, 그다음 날 새벽에 새 신주를 받들어 내어 와 영좌(靈座)의 원래 자리에서 담제를 거행하는 것이 마땅하겠으니, 이렇게 하는 것이 어떠할는지를 알지 못하겠습니다.

74 남계(南溪)의……내용 : 이는 《남계정집(南溪正集)》 권52 〈답정직장문(答鄭直長問)〉에 "부친이 살아 계실 적에 돌아가신 모친을 위하여 기년복을 입는 것은, 《가례》는 당시 제도를 따라 삼년으로 정하여 《의례》와 똑같지 않습니다. 우리나라 선현들이 반드시 고쳐서 기년복을 입는 예(禮)를 따른 것은 또한 나라의 제도가 실제로 《의례》를 적용하고 또 주자의 평소 의론이 있어서 이것을 올바른 것으로 삼았기 때문에 그러한 것입니다. 이미 궤연을 거두고 입묘한 뒤에 도로 청사에다 받들어 삭망의 은전을 거행하는 것은 아마도 또한 온당하지 못할 듯합니다. 어떻게 생각하십니까.〔父在爲母期, 家禮從時制爲三年, 與儀禮不同. 其在我國先賢, 必改從服期之禮者, 亦以國制實用儀禮, 而又有朱子平日議論, 以此爲正故也. 旣已撤几筵入廟之後, 還奉廳事, 行朔望殷奠, 恐亦未安矣, 如何.〕"라고 한 내용을 가리키는바, 박세채가 1682년 4월 9일에 답한 편지이다. 정이(鄭湁)는 정철의 손자이자 정홍명(鄭弘溟, 1582~1650)의 아들이다.

박생 경부 에게 답하다

答朴生 景孚

문 졸곡(卒哭)의 축문에 이미 월삭(月朔)의 간지를 적었으니, 그렇다면 일자의 간지를 중첩해 적어서는 안 될 것 같습니다. 무엇을 선택하는 것이 마땅하겠습니까? 제 생각으로는 마땅히 전자를 선택하여 월삭의 간지만을 적어야 할 것 같습니다. 지금 이로써 삼가 여쭤봅니다.

답 초길(初吉)에 제사를 거행할 경우 굳이 월삭의 간지를 중첩해 적을 필요는 없습니다. 이것이 비록 선현이 논한 바에 보이지는 않지만, 문리(文理)를 가지고서 미루어 생각해 보면 중첩해 적는 것은 아무런 의의가 없습니다. 보내오신 편지에서 말씀하신 대로 전자를 선택하여 월삭의 간지만을 적는 것이 합당할 것 같습니다.

문 졸곡의 축문에 조고(祖考)는 분명히 망자(亡者)의 속칭(屬稱)[75]인데, 어째서 '현(顯)' 자를 사용하지 않습니까. 이는 또한 무슨 의의가 있는 것입니까?

답 무릇 '현(顯)' 자를 사용해 조고를 일컫는 것은 고하는 자의 말입니다. 지금 이 축문 가운데 조고는 망자의 입장에서 말한 것이기 때문에

75 속칭(屬稱) : 이는 본래 '신주(神主)'와 관련된 용어로, '속(屬)'이란 고(高), 증(曾), 조(祖), 고(考) 등을 이르고, '칭(稱)'이란 관직이나 호(號)·항렬의 차례 등을 이른다.《二程文集 卷11 伊川文集 作主式》여기서는 축문(祝文), 고유문 등의 내용에서 돌아가신 분과 그분께 고하는 사람 사이의 관계를 나타내는 '칭위(稱謂)'를 뜻한다.

'현(顯)' 자를 일컫지 않았으니, 의심할 만한 점이 없을 것 같습니다.

문 아들의 상(喪)을 치르며 부제(祔祭)를 지낼 적에 망자에게 고하는 축문에서 '애천부사(哀薦祔事)'[76]의 '애천(哀薦)' 두 자는 우제(虞祭)의 축문에서 부친이 아들에게 고하는 '진차(陳此)'의 예(例)[77]에 근거하여 '진차부사(陳此祔事)'로 고치는 것이 어떨지 알지 못하겠습니다.
답 '애천(哀薦)'은 '진차(陳此)'로 바꾸는 것이 마땅합니다.

76 애천부사(哀薦祔事) : 《가례》 권4 〈상례(喪禮) 부(祔)〉 초헌(初獻)조의 원주(原註)를 살펴보면, 망자 앞에서 고하는 축문의 내용에 "선고 모관부군께 부사를 올리고자 황모고 모관부군께 나아가니, 부디 흠향하소서.〔薦祔事于先考某官府君, 適于皇某考某官府君, 尙饗.〕"라고 되어 있다. 또한 《사계전서》 권24 〈가례집람도설(家禮輯覽圖說)〉 중 〈삼우제, 졸곡제, 부제 및 소상, 대상, 담제의 축문식〔三虞卒哭祔及小祥大祥禫祭祝文式〕〉의 소주(小註)를 살펴보면, 망자에게 고할 경우 부친에 대해서는 "현고 모관부군께 슬피 부사를 올리고자 현증조고 모관부군께 나아가니, 부디 흠향하소서.〔哀薦祔事于顯考某官府君, 適于顯曾祖考某官府君, 尙饗.〕"라고 하였고, 모친에 대해서는 "선비 모봉모씨께 슬피 부사를 올리고자 현증조비 모봉모씨께 나아가니, 부디 흠향하소서.〔哀薦祔事于先妣某封某氏, 適于顯曾祖妣某封某氏, 尙饗.〕"라고 하였다.

77 우제(虞祭)의……예(例) : 《가례》 권4 〈상례(喪禮) 우제(虞祭)〉 초헌(初獻)조의 원주(原註)를 살펴보면, 축문의 내용에 "날과 달이 머물지 아니하여 문득 초우가 되었습니다. 아침 일찍 일어나 밤늦게 잠들도록 슬퍼 사모하는 마음 편치 아니합니다. 삼가 결생(潔牲)·유모(柔毛)·자성(粢盛)·예제(醴齊)로, 슬피 합사(祫事)를 거행하오니, 부디 흠향하시옵소서.〔日月不居, 奄及初虞, 夙興夜處, 哀慕不寧, 謹以潔牲柔毛粢盛醴齊, 哀薦祫事, 尙饗.〕"라고 되어 있는데, 《사계전서》 권33 〈상례비요(喪禮備要) 우제(虞祭)〉에서 축문의 서식 중 '애천합사(哀薦祫事)'에 관한 주석에 "형에게 고하는 경우 '천차합사(薦此祫事)'라고 하고, 아들, 아우, 아내에게 고할 경우는 모두 '진차합사(陳此祫事)'라고 한다."라고 하였다.

문 과수(寡嫂 맏형의 아내)의 어버이의 병세가 몹시 심하여 회생할 가망이 없게 된 처지입니다. 만약 졸곡 전에 상(喪)을 당하면 성복(成服)하기 전에 와서 제사 지내는 일에 참여할 수 없는데, 이는 제사를 주관하는 자가 아니니, 굳이 이 때문에 다른 날로 물려서 거행할 필요가 없는 것인지요?

답 졸곡의 거행 여부는 진실로 망인의 처가 참석하느냐 참석하지 않느냐와 아무런 상관이 없습니다. 다만 망자의 입장에서 말하면 새로 난 상(喪)의 사위가 되니, 아직 빈(殯)을 마련하지도 않았는데 성대한 제사를 받는 것이 온당하지 못한 점이 없을 수 있겠습니까. 예(禮)에 이르기를, "졸곡(卒哭)에 귀신으로 섬기는 일〔鬼事〕이 시작된다."[78]라고 하였으니, 졸곡 전에는 오히려 살아 있을 때를 형상하는 뜻이 있어서 그러한 것입니다. 뒤의 강일(剛日)로 물려서 거행하는 것도 무방할 것 같습니다.

문 졸곡의 축문에 '제부조고(隮祔祖考)'라고 한 것은 이미 망자의 속호(屬號)를 따른 것인데[79] 부제를 지낼 적에 망자에게 고하는 축문에 '적우현증조고(適于顯曾祖考)'라고 한 것은 어째서 고하는 자의 속호를 사용하였습니까?[80] 전후가 현격히 다르니 이는 매우 심하게 온당하

78 졸곡(卒哭)에……시작된다 : 이 말은 《예기》 〈단궁 하(檀弓下)〉에 보인다.

79 졸곡의……것인데 : 이와 관련하여 《가례》 권4 〈상례(喪禮) 졸곡(卒哭)〉 초헌(初獻)조의 원주(原註)를 살펴보면, 축문의 내용에 "내일 조고 모관부군께 올려 부하겠으니〔隮祔〕 부디 흠향하시기 바랍니다.〔來日隮祔于祖考某官府君, 尙饗.〕"라고 보인다. 여기서 '조고(祖考)'는 망자(亡者)의 조고이다.

80 부제를……사용하였습니까 : 이와 관련하여 《가례》 권4 〈상례(喪禮) 부(祔)〉 '초

지 못합니다. 한쪽의 축문을 고쳐서 서로 똑같게 만들고자 하니, 어떻게 생각하십니까?

답 졸곡의 축문은 망자인 손(孫)을 그 조(祖)에게 부(祔)하는 뜻을 말하였기 때문에 망자의 입장에서 '조고'라 일컬은 것이고, 부제의 축문에서 '근이청작서수(謹以淸酌庶羞)'라고 한 말은 주인의 일이기 때문에 주인의 입장에서 '현증고(顯曾考)'라고 일컬은 것인바, 각각 해당하는 바가 있으니, 판연히 다른 것이 아닙니다. 결코 한쪽의 축문을 고쳐서는 안 될 것입니다.

문 부제를 지낼 적에 고비(考妣)의 신위를 모두 내어 모셔 와서 제사를 거행하는 것이 예의(禮意)에 합당합니까?

답 《상례비요》 '부제'조에 "모친상이면 조고의 신위를 설치하지 않는다.〔母喪則不設祖考位〕"라는 글[81]을 가지고 살펴보건대, 망자가 남자

헌(初獻)'조의 원주(原註)를 살펴보면, 축문의 내용에 "효자 모는 삼가 결생・유모・자성・예제로 황모고 모관부군께 나아가 손자 모관을 제부하오니, 부디 흠향하소서.〔孝子某, 謹以潔牲柔毛粢盛醴齊, 適于皇某考某官府君, 隮祔孫某官. 尙饗.〕"라고 하였다. 이는 증손이 돌아가신 부친을 증조에게 부(祔)할 적에 아뢰는 축문이다. 또한《사계전서》 권24 〈가례집람도설(家禮輯覽圖說)〉 중 〈삼우제, 졸곡제, 부제 및 소상, 대상, 담제의 축문식〔三虞卒哭祔及小祥大祥禫祭祝文式〕〉의 소주(小註)를 살펴보면, 부제를 지낼 경우, 부친을 합부할 때 그 축문은 "삼가 맑은 술과 여러 가지 음식을 가지고 현증조고 모관부군께 나아가 손 모관을 제부하오니, 부디 흠향하소서.〔謹以淸酌庶羞, 適于顯曾祖考某官府君, 隮祔孫某官, 尙饗.〕"라고 되어 있다. 여기서 '현증조고'는 고하는 자에게 증조가 되고, '손'은 증조의 손자로 고하는 자에게 부친이 된다.

81 상례비요……글 : 이는 본래 《가례》 권4 〈상례(喪禮) 부(祔)〉에 "졸곡의 제사를 지내고 찬을 이미 걷고 나면 곧바로 기물을 진설하고 찬을 갖춘다.〔卒哭之祭, 旣徹, 卽陳器具饌.〕"라고 한 부분의 원주에 보인다.

이면 부제를 지낼 적에 조고와 조비의 신위를 함께 설치한다는 사실을 알 수 있으니, 이는 대체로 고(考)가 흠향하시면 비(妣)는 따르기 때문에 그러한 것입니다.

박생에게 답하다
答朴生

문 15세 된 아들의 상(喪)을 당한 자가 있습니다. 이 아들이 이미 관례를 치르고 아내를 맞아들이지 못하였으니, 그렇다면 마땅히 상복(殤服)[82]을 적용해야 할 텐데, 이때 명정(銘旌)과 제주(題主)는 어떻게 적습니까?

답 상상(殤喪)의 명정은 우암(尤庵)께서 "마땅히 모수재(某秀才)라고 적어야 한다."[83]라고 하셨습니다. 여기서 '모(某)'는 성(姓)을 이르니, 김수재(金秀才)·이수재(李秀才)와 같은 따위입니다.

상상의 제주는 도암(陶庵)께서 '망자(亡子)'의 아래에다 한 '동(童)' 자를 더하고자 하셨으니,[84] '동(童)' 자의 아래에는 마땅히 이름을 적어

82 상복(殤服) : '상(殤)'이란 성인이 되기 전에 죽는 것으로, 16세~19세에 죽은 경우를 장상(長殤), 12세~15세에 죽은 경우를 중상(中殤), 8세~11세에 죽은 경우를 하상(下殤)이라고 한다. 이 기준에 따라 상복과 상기가 달라지는데, 8세 미만에 죽은 경우는 복(服)을 입지 않는다. 《儀禮 喪服傳》

83 마땅히……한다 : 이 내용은 《송자대전(宋子大全)》 권119의 두 번째 〈답이중거(答李仲擧)〉에 "성인이 못 되어 죽었을 경우 그 명정은, 여자는 '아무 낭'으로 적고 남자는 '아무 수재'로 적으면 거의 서로 걸맞을 것입니다.〔未成人銘旌, 女子則書以某娘, 男子則書以某秀才云, 則庶乎相稱矣.〕"라고 한 데에 보인다.

84 상상의……하셨으니 : 이와 관련된 내용은 《도암집(陶菴集)》 권9 〈답이여오문목(答李汝五問目)〉에 "제주는 이름만 적더라도 문제 되지 않습니다. 그러나 아마도 상(殤)이 됨을 알지 못할 듯하니, '망손(亡孫)'의 아래에 한 '동(童)' 자를 더하는 것이

야 합니다. 근세에 망자(亡子)의 제주에 혹 이름을 적지 않는 경우가 있는데, 동자(童子)라면 이름을 적는다고 한들 무슨 문제 될 것이 있겠습니까.

문 백수(伯嫂)의 기일이 바로 재명일입니다. 공제(公除)[85] 전에는 제사의 예식을 제대로 갖춰서는 안 될 것 같으니, 아마도 마땅히 단헌(單獻)으로 약설(略設)해야 할 듯합니다. 이것이 어떨지 알지 못하겠습니다.
답 물어보신 기제사 한 절목은 종전의 제현이 모두 국장(國葬) 전에 단헌으로 행하고자 하였는데, 근년에 선왕조(先王朝)에서 제도를 정

어떻겠습니까. 《예기》에 '동왕기(童汪踦)'라는 글이 있으니, 이것이 근거할 만합니다. 〔題主則只書名不妨矣. 然恐莫知其爲殤, 亡孫下添一童字如何? 禮記有童汪踦之文, 此爲可據.〕"라고 한 데에 보인다. '동왕기'는 '동자(童子) 왕기'라는 뜻으로, 춘추 시대 노(魯)나라의 동자이다. 노나라와 제나라가 낭(郎) 땅에서 싸울 적에 공숙 우인(公叔禺人)이 이웃 마을의 동자 왕기와 함께 싸움터에 달려가서 싸우다가 모두 죽었다. 노나라 사람들이 동자 왕기를 상(殤)의 예(禮)로 장례하지 않고자 해서 공자에게 물었는데, 중니가 말하기를, "능히 창과 방패를 잡고서 사직을 보호하였으니, 비록 상례로 장례하지 않으려 한다 할지라도 또한 옳지 않겠는가.〔能執干戈以衛社稷, 雖欲勿殤也, 不亦可乎!〕"라고 하였다. 《禮記 檀弓下》

85 공제(公除) : 제왕이 승하했을 때 그 아들이 삼년상을 마치도록 국사를 돌보지 않을 수 없으므로 개월 수를 일수로 치환해 삼년상의 27개월을 27일로 줄여서 상복을 벗는 것을 가리킨다. 이를 처음 시행한 사람은 한(漢)나라 효무제(孝武帝)이다. '공제'란, 호삼성(胡三省)의 설명에 의하면 "천하(天下)로써 공(公)을 삼아 상복을 벗는 것이다."라고 하였다. 《漢書 卷4 文帝紀》《資治通鑑 卷137 齊紀3 世祖武皇帝 永明8年》 조선조에서도 국왕이 승하한 날로부터 27일째 되는 날에 새로 즉위한 국왕이 상복을 벗었는데, 《전율통보》에는 공제 기간을 성복(成服)한 날부터 계산한다고 하였다. 삼년상이 아닌 경우 공제하는 시기는, 장기(杖朞)는 15일, 기년복(朞年服)은 13일, 대공복(大功服)은 9일, 소공복(小功服)은 5일, 시마복(緦麻服)은 3일이다.

한 뒤로 사가(私家)의 기제사를 거행하는 것을 허락하지 않았기 때문에 단헌까지도 모조리 폐하였습니다. 그러나 이는 대상(大喪)과 내상(內喪)[86]의 경우를 말한 것입니다. 소상(小喪)[87]인 경우는 신민이 처한 바가 절로 대상과는 차이가 있으니, 장사 전에 단헌으로 행하는 것은 아마도 안 될 것도 없을 듯합니다. 그러나 이와 관련된 전례(前例)가 거의 있지 않기 때문에 선현이 논급한 것이 있지 않으니, 제가 어떻게 억단하겠습니까. 이 일은 오직 마땅히 조정의 법령을 준수해야 할 뿐인데 우선 거조(擧條)를 내어 통지하는 일이 없으니 진실로 난처합니다. 근자에 의론을 들어보니 혹자는 이르기를, "기제사는 공제 전에는 완전히 폐하고 공제 후에 단헌으로 행한다."라고 하고, 혹자는 이르기를, "사가의 제사를 폐할지 말지는 다만 마땅히 국장 전후를 따져야 할 뿐이고 공제 전후를 따져서는 안 된다."라고 하니, 이 두 가지 설(說) 중에 무엇이 옳은지 알지 못하겠습니다. 공제 후에 비록 기제사를 거행하더라도 삼헌(三獻)으로 하는 것은 불가합니다. 대체로 사가에서 기년복이나 대공복을 입을 경우는 으레 그 장사 전에는 기제사와 묘제사를 단헌으로 줄여서 거행하는 것입니다. 그렇다면 더군다나 저군(儲君)의 상(喪)에서 아직 장사를 치르지 않았으니, 어찌 감히 제사의 예식을 제대로 갖추겠습니까. 존백수(尊伯嫂)의 기일이 공제 전에 있으니, 그렇다면 기제사는 마땅히 폐해야만 하는 명목에 해당할 듯합니다. 저의 견해는 이와 같습니다.

86 대상(大喪)과 내상(內喪) : 대상은 국왕의 상을, 내상은 대비나 왕비 등의 상을 가리킨다.

87 소상(小喪) : 왕세자나 왕세손의 상을 가리킨다.

어떤 이에게 답하다
答或人

'차손(次孫)이 승중(承重)한다.'라는 한 가지 조목에 대해서는 예로부터 갑론을박하는 쟁론이 있어서 진실로 헤아려 정하기 어렵습니다. 그러나 사계 선생(沙溪先生 김장생(金長生))과 남계(南溪 박세채(朴世采))는 모두 범선(范宣)의 설(說)을 따르고자 하니, 범선의 설(說)은 다름 아닌 차손이 복상(服喪)함을 옳게 여긴 것입니다.

대체로 지손을 적손으로 삼는 것이 비록 혐의쩍다고 말하지만, 조부의 상에 상주가 없는 것이 또한 중대한 일에 관계되니, 그렇다면 이미 중손(衆孫)이 있는데 그 조부를 위하여 삼년복을 입는 자가 없는 것은 매우 불가할 것 같습니다. 차손이 우선 그 조부를 위해 복상해 승중하였다가 훗날 장손이 후사를 세우기를 기다려서 고유하고 그 종통을 되돌려주는 것이 아마도 변례(變禮) 가운데에 올바름을 얻은 것일 듯합니다. 어찌 생각하십니까. 어찌 생각하십니까.

부친을 대신하여 복(服)을 받아서 입는 것[88]은 장례로 인하여 복(服)을 만들어서 입으니, 이에 대해서는 이미 송민구(宋敏求)가 복제령(服

88 부친을……것 : 원문의 '수복(受服)'은 '이어받아 낮추어 입는 복'을 가리키는바, 복(服)을 이어받아 무거운 상복을 가벼운 상복으로 바꿔 입는 것이다. 《의례》〈상복(喪服)〉의 주(注)에 "수(受)는 이어받는다는 뜻이다. 무거운 복을 벗고 가벼운 복으로 이어받는 것이다."라는 말이 나온다. 여기서는 '대신하여 받아 입는 복'이다.

制令)을 의논하여 정한 바가 있습니다.[89] 이제 차손으로서 승중한 자가 복(服)을 받아서 입는 것도 역시 마땅히 계빈(啓殯)하는 날에 해야 할 것입니다.

동자(童子)는 상장(喪杖)만 짚고 수질(首絰)을 쓰지 않는 법이니, 이는 대체로 수질은 문(免)[90]이 아니고 규항(缺項)[91]인바, 관례를 치르지

89 송민구(宋敏求)가……있습니다 : '복제령'이란 송나라 조정의 예율(禮律)로 상복 입는 기간을 명시한 기록을 가리킨다. 별도의 서책은 없고 다만 일이 있을 때마다 왕이 그에 관한 조령을 내리는데, 복제에 관해 내린 조령이라서 복제령이라고 한다. 송민구(宋敏求, 1019~1079)는 송(宋)나라 월주(越州) 평극(平棘) 사람으로, 자는 차도(次道)이다. 《신당서(新唐書)》의 수찬에 참여하고, 《인종실록(仁宗實錄)》을 편수하였다. 조정의 전고(典故)에 익숙하고, 저서가 매우 많았다. 주요 저서로는 《춘명퇴조록(春明退朝錄)》, 《장안지(長安志)》, 《대당조령집(大唐詔令集)》 등이 있다. 송민구가 의론하기를, "아들이 부친의 삼년상 안에 죽고 적손이 종묘 주인의 지위를 계승한 경우에 대해 예령(禮令)에는 해당하는 문구가 없다.……마땅히 장례로 인하여 다시 참최의 복제를 만들어서 3년을 입어야 한다.〔子在父喪而亡, 嫡孫承重, 禮令無文.……當因其葬而再制斬衰, 服三年.〕"라고 하였다.

90 문(免) : 상중(喪中)에 하는 복식의 한 가지이다. 관(冠)을 벗고 머리카락을 묶는 것으로, 보통은 오복(五服) 이외의 친족에 대해 애도를 표시할 때 하는 것이다. 《가례》 권4 〈상례(喪禮) 소렴(小斂)〉 '구괄발마문포좌마(具括髮麻免布髽麻)'에 "문(免)은 포(布)를 찢거나 견(絹)을 기운 것을 이르니, 너비는 한 촌으로 뒷덜미에서 앞으로 향하여 이마 위에서 교차시키고, 다시 상투에 둘러 약두(掠頭)를 착용하듯이 한다.〔免謂裂布, 或縫絹, 廣寸, 自項向前, 交於額上, 却遶髻, 如著掠頭也.〕"라고 설명하였다. '약두'는 머리카락이 흐트러지지 않게 감아서 동여매는 일종의 망건이다.

91 규항(缺項) : 규항(頍項)이라고도 하는데, 치포관을 쓸 적에 동곳이나 비녀로 관을 고정시키지 않고 규(頍)라는 장식으로 머리를 둘러싸서 목덜미 중앙에서 매듭을 지어 묶는 것을 말한다. 《家禮增解 喪禮》 《의례》 〈상복〉 참최장(斬衰章)의 정현(鄭玄) 주에서 "수질은 치포관의 규항을 본뜬 것이다.〔首絰象緇布冠之缺項〕"라고 하였다. 또한

않았으면 규항이 없기 때문에 그러한 것입니다.

정현은 "《시경》에 나오는 '유규자변(有頍者弁)'의 '규(頍)'로 읽어야 한다."라고 하였다.

어떤 이에게 답하다

答或人

합독(合櫝)[92]할 적에는 별도로 고사(告辭 고유하는 말)가 없고 그날 새벽에 신주를 받들어 정침(正寢)으로 모시고 나아간 뒤에 합독하고 그대로 이어서 제사를 거행하는데 제사 지낼 때 축문을 사용하니, 이는 바로 《상례비요》에 실려 있는 합제신주축(合祭新主祝)입니다. 승중손(承重孫)이면 원래 축문의 '현고(顯考)'·'현비(顯妣)'를 '현조고(顯祖考)'·'현조비(顯祖妣)'로 고칩니다.

92 합독(合櫝) : 부부의 신주(神主)를 한 독(櫝) 안에 모시는 것을 이른다. 독은 신주를 담아 두는 나무로 만든 상자이다.

어떤 이에게 답하다
答或人

물어보신 예절의 내용 가운데 정해진 날짜보다 앞서 발인하는 집에서 사용하는 조전(祖奠)과 견전(遣奠)의 축문 내용 중 '좋은 때가 머물지 아니한다.〔靈辰不留〕'라고 한 것이나 '묘소로 나아간다.〔往卽幽宅〕……'[93]라고 한 것은, '너무 미리 한다.'라는 혐의가 없을 듯하니, 어찌 말을 만들어서 첨가해 넣을 필요가 있겠습니까. 경제(京第)에서 이미 조전과 견전을 행하였으면 산 아래에서 영구를 멈추고 있는 것이 비록 여러 날이 걸리더라도 장례 시기에 임하여 굳이 다시 고사(告辭 고유하는 말)를 만들 필요가 없습니다. 이는 이전에 이미 '묘소로 나아간다.'라고 고하였기 때문이니, 어찌 다시 고하는 말이 있겠습니까. 다시 고하는 것도 번쇄한 예법에 해당하니, 아마도 해서는 안 될 듯합니다.

93 묘소로 나아간다 : 이 말은 남송(南宋)의 고항(高閌, 1094~1150)이 지은 《후종례(厚終禮)》에 "상여에다 이미 멍에를 메웠으니 묘소로 나아갑니다. 이에 보내는 의식을 거행하오니 세상 끝까지 영원히 이별입니다.〔靈輀旣駕, 往卽幽宅, 載陳遣禮, 永訣終天.〕"라고 한 내용에 보인다.

어떤 이에게 답하다

答或人

편지에서 말씀하신 제현(諸賢)의 문답은, 이는 또한 일찍이 이미 보았던 것입니다. 실마리가 이리저리 어지럽게 뒤얽혀 진실로 절충하기 어려우나 제 생각으로는 항상 '심상(心喪)의 변제(變制)[94]는 반드시 길월(吉月 길제를 지내는 달)을 기다린 뒤에야 비로소 마음에 편안하니, 이것이 또한 심본비복(心本非服)[95]의 의리를 얻은 것이다.'라고 여겼

94 심상(心喪)의 변제(變制) : '심상'이란 실제로는 상복을 입지 않지만 상기(喪期) 동안 상을 치르는 마음으로 지내는 것을 이르는데, 일반적으로 스승과 벗의 상에 행하며, 또한 부재모상(父在母喪)에서 자식들이 행한다. '변제'란 '변제(變除)'와 같은데, 보통 '변복(變服)'과 '제상(除喪)'의 병칭으로서 사용하는 말이다. '변복'이란 삼년상의 절차 중 의복을 바꾸어 입는 상황들을 가리키는바, 그중 소상과 대상 및 담제가 대표적이다. 소상 때는 연복(練服)으로 갈아입는데, 남자는 수질(首絰)을, 여자는 요질(腰絰)을 제거하며, 대상 때는 담복(禫服)으로, 담제 때는 길복(吉服)으로 갈아입는다. 일설에 의하면 대상 때는 상복(祥服)으로, 담제 때는 담복으로 갈아입는다고 한다. '제상'이란 상기(喪期)를 다 끝마치고 상복을 완전히 벗는 것인데, 주로 대상 때를 가리킨다. 《喪禮備要 下 小祥, 大祥, 禫》《四禮便覽 卷6 喪禮4 小祥, 大祥, 禫》

95 심본비복(心本非服) : "심상은 본래 복(服)이 아니다."라는 뜻이다. 이와 관련하여 김집(金集, 1574~1656)의 《의례문해속(疑禮問解續)》〈상례(喪禮) 연상담(練祥禫)〉에 다음과 같은 내용이 보인다. "나의 의견으로는 옛날에는 변제(變制)의 절차가 없었는데, 이미 마음〔心〕이라 했으면 본래 상복이 아니니, 어떻게 변제가 있을 수 있겠는가? 만일 재기에 상복을 벗는다면 심제(心制)가 과연 재기에 끝나는 것인가? 담월의 정일은 그래도 괜찮기는 하지만, 마침내 길제 때까지 기다렸다가 평상복으로 회복하면 변제할 것도 없이 자연히 변제가 되는 합당함만 못할 것이다. 대개 효자가 압굴(壓屈)되어서 3년의 상제를 다하지 못하기에 다만 자기의 마음을 다하자는 것뿐이지, 애당초 가벼운

습니다.

제가 보기에는 삼년상에서 담월(禫月)에 길제(吉祭)를 거행하는 것[96]과는 약간 다른 점이 있는 듯하였습니다. 그러므로 지난번에 면대하여 일러줌에 과연 이렇게 운운한 것이 있었습니다. 그런데 지금 살펴보니, 보내오신 편지의 내용 중 우옹(尤翁)의 설(說)[97]은 삼년상을 범

복으로 갈아입는〔受服〕 절차가 없었는데 어찌 변제의 절차가 있었겠는가. 예문에 없는 것을 별도의 절목으로 만들면 합당하지 않을 듯하다.〔鄙意, 古無變制之節, 旣曰心, 本非服也, 何變制之有? 若除於再朞, 則心制果盡於再朞乎? 禫月丁日猶之可也, 而終不若待吉祭之期而復常, 無事於變制而自爲變制之爲當也. 大概孝子厭屈, 不得盡三年之制, 而只欲盡己之心而已, 初無受服之節, 寧有變除之節? 無於禮而別爲節目, 恐未得中也.〕"

96 삼년상에서……것 : 길제는 보통 담제(禫祭)를 지낸 다음 달 정일(丁日)이나 해일(亥日)의 날을 정해 지내는 것이 일반적이다. 그러나 담제를 지낸 달이 중월(仲月)이면 바로 그달에 지내게 되는데, 그것은 중월이 정제(正祭)의 달이며 상제(喪祭)를 마친 뒤 길제를 빨리 지내야 하기 때문이다. 그러므로 윤달이라도 피하지 않는다.

97 우옹(尤翁)의 설(說) : 이와 관련된 내용은 《송자대전》 권99 〈답김문중(答金文仲)-을묘(乙卯)-〉에 다음과 같이 보인다. "……물어보신 예에 관한 의문 사항은, 예법에서 이미 길제 뒤에 침을 회복함을 허락한 이상 관례와 혼취를 행함이 불가함을 보지 못했습니다. 대체로 담제 뒤 한 달을 건너서 길제를 지냄은 바로 올바른 예법입니다. 만약 혹 담제를 지내는 달이 제사 지내야 하는 중월이면 한 달을 건넘을 기다리지 않고서 길제를 지내니, 이는 선조를 받듦을 급하게 여겨서 그러한 것입니다. 그러나 달수가 곧장 줄어들므로 길제를 지낼 때도 오히려 신주와 구주를 합향하지 않으니, 이는 달수가 정상에서 바뀌었으므로 그 예법 역시 바뀐 것입니다. 그러나 이미 제사 지낸 뒤 신주와 구주의 독을 합하는 것으로 말하면 본래 한결같이 평상시의 예법과 똑같은 것입니다. 이미 평상시의 예법과 똑같은 이상 무릇 길사에 관계된 것이 또다시 무슨 구애가 있겠습니까. 또 예법에는 담제에 길복을 입고 제사가 다 끝나면 도로 미흉의 복을 착용하며 길제에 이른 뒤에야 비로소 순길의 복을 입습니다. 지금 애가에서는 이미 길제를 행하지 못하고 시제를 행하신 이상 응당 시제가 끝난 뒤에 순길의 복을 입어야만 할 것입니다.

범하게 가리킨 것이지 심상을 가리킨 것이 아닙니다. 또한 《예의유집(禮疑類輯)》에 있는 본래의 설(說)을 고찰해 보면 '달수가 곧장 줄어든다.'라는 말이 있는데, 선생께서는 이미 지난(持難)하는 은미한 뜻이 있으셨습니다. 다만 그 '연(然)' 자 아래가 비록 근거할 만한 것 같으나 '제사 지낸 뒤에 독(櫝)을 합한다.'라고 말씀하신 것이 '다음 달에 소뢰(小牢)와 같이하여서 배향한다.'[98]라는 글과 똑같지 않으니, 이는 제가 의심이 없을 수가 없는 것입니다.

"담제를 지내는 달에 길제를 지내더라도 오히려 배향하지는 않는다." 라고 한 것은 바로 《의례》 〈사우례(士虞禮)〉의 기(記)의 글인데[99] 《상례비요》 '길제'조의 소주(小註)에도 보입니다. 담제를 지내는 달에 비록 길제를 거행하더라도 복침(復寢)[100]은 반드시 내월을 기다려서 해야

〔……所詢疑禮, 禮旣許吉祭後復寢, 則冠與昏娶, 未見其不可行也. 蓋禫後踰月而吉祭, 是正禮也. 若或禫月是當祭之仲月, 則不待踰月而吉祭, 是以奉先爲急而然也. 然月數徑縮, 故吉祭之時, 猶不以新舊主合享, 是月數變於常, 故其禮亦變也. 然旣祭之後, 新舊主合櫝, 則自是一如常禮矣. 旣如常禮, 則凡係吉事, 更何拘礙? 又禮禫祭吉服, 祭畢還著微凶之服, 至吉祭然後始服純吉之服矣. 今哀家旣不行吉祭, 而行時祭, 則當於時祭畢後, 服純吉之服矣.〕"

98 다음……배향한다 : 《의례》 〈사우례(士虞禮)〉의 기(記)에 "달을 건너뛰어서 담제를 지낸다. 이달에 길제를 지내더라도 오히려 배향하지는 않는다.〔中月而禫, 是月也吉祭, 猶未配.〕"라고 하였는데, 이에 대한 가공언(賈公彦)의 소(疏)에 "담제를 지내는 달에 길제를 행하게 되면 배향하지 않고, 다음 달에 길제를 행하면 소뢰와 같이하여서 배향한다.〔禫月吉祭, 未配, 後月吉, 如少牢配.〕"라고 하였다. 여기서 '다음 달에 길제를 지낸다.〔後月吉〕'라고 한 것은 한 달 지나서 길제를 지내는 것으로, 한 달 지나서 길제를 행하면 비위(妣位)를 고위(考位)에 배향함에 소뢰궤사례(小牢饋食禮)와 같이한다는 뜻이다.

99 담제를……글인데 : 위의 주98 참조.

하니, 이는 종전에 어떤 한 예서(禮書)의 내용 중에서 볼 수 있었던 것인데 제가 병이 들어 정신이 혼미하여 제대로 기억하지 못하는 바람에 누구의 설(說)인지 자세히 알지는 못하겠습니다. 그러나 다음 달에 소리와 같이하여서 배향하기 전에는 복침하는 것이 오히려 온당하지 못할 것 같습니다.

대체로 저는 '길월 전에 과거를 보러 간다.'라는 한 가지 절목에 대하여 '예가 의심스러울 경우 후하게 하는 쪽을 따른다.〔禮疑從厚〕'[101]라는 의리를 따르고자 하는데, 아마도 이 역시 송사를 초치하기가 쉬울 듯하니, 모름지기 이런 일을 당한 자로 하여금 널리 물어보아 사정을 잘 헤아려서 처리하도록 해야 할 것입니다.

100 복침(復寢) : 거상 중에 머물렀던 여막에서 본래의 거처로 돌아오는 것을 이른다. 《예기》 〈상대기(喪大記)〉에 "길제를 지내고 나서 침소를 회복한다.〔吉祭而復寢.〕"라고 하였다.

101 예가……따른다 : 이 말은 《주자어류》 권89 〈예(禮)6 관혼상(冠昏喪)〉의 상(喪)에 보인다.

어떤 이에게 주다

與或人

말씀해 주신 명덕(明德)에 관한 설(說)은 저의 견해와 현격히 차이가 나는 정도에서 그치지 않습니다. 전날 말씀드린 저의 설(說)에 대하여 제대로 알지 못한 부분[102]이 많이 있으니, 비록 "먹은 귀를 틔웠다."라고 말하지만 저는 아직 믿지 못하겠습니다. 의론이 비록 매우 드넓더라도 살펴서 선택함이 정밀하지 못하고 끌어다 씀이 적절하지 못하여 심(心)과 기(氣)를 분별함에 있어서 완전히 헷갈렸습니다. 근원이 한 번 잘못되는 바람에 지엽이 모두 병들었으니, 만약 다시 생각하지 않으면 아마도 전전하다가 오류를 이룰 듯합니다. 사람의 견해란 으레 대부분 한결같지 않기에 억지로 일치하도록 하는 것이 진실로 불가합니다. 하지만 이 문제로 말하면 대체로 글 뜻 사이에 작은 잘못이 아니라 관계된 것이 비상하니, 잘 헤아려서 귀일점을 볼 수밖에 없는 것입니다. 다시 예전의 말씀을 거듭 아뢸 테니 더욱 자세하게 살펴 주십시오. 그리고 부디 예전의 견해에 집착하지 마시고 마음을 비우고서 들어 주시기를 바랍니다.

제가 명덕을 심(心)이라고 한 것이 어찌 일찍이 석씨(釋氏)가 한

102 제대로……부분 : 원문의 '청영(聽瑩)'은 '청영(聽營)', '청형(聽熒)'으로도 표기하는바, 귀로 듣고서 의혹한다는 말이다. 《장자》 〈제물론(齊物論)〉에 "장오자가 말하기를, 이는 황제도 듣고서 의심했던 것이니, 공자가 어찌 알 수 있었겠습니까.〔長梧子曰 : 是黃帝之所聽瑩也, 而丘也, 何足以知之?〕"라고 한 데에서 유래한 말이다.

것처럼 성(性)을 떠나서 이 심(心)을 하나의 빈 껍데기로 간주한 적이 있었겠습니까. 무릇 심(心)이라는 명칭은 어찌하여 정립된 것입니까. 장자(張子)가 말하기를, "성(性)과 지각(知覺)을 합하여 심(心)이란 명칭이 있게 되었다."[103]라고 하였으니, 심(心)을 말하면 성(性)은 그 가운데에 포함되어 있는 것입니다. 명덕에 관한 《장구》에서 이른바 '구중리(具衆理)'[104]가 바로 이것입니다. 족하께서 '명덕이 심(心)이다.'라는 설(說)을 들으시고서 성(性)을 떠나는 것을 우려하셨으니, 어쩌면 이다지도 지나치단 말입니까. 이것이 제가 이른바 "저의 설(說)에 대하여 제대로 알지 못하였다."라는 것입니다.

보내오신 편지의 내용에서 "명덕이란 것은 사람이 하늘에서 얻어서 허령하여 어둡지 않은 것이니, 그렇다면 심(心) 밖에 있는 것이 아니다."라고 하셨습니다. 무릇 허령하여 어둡지 않음은 다만 심(心)일 뿐인데 지금 '심(心) 밖의 사물이 아니다.'라고 이르시니, 이는 허령하여

103 성(性)과……되었다 : 이 말은 장재(張載)의 《정몽(正蒙)》 〈태화편(太和篇)〉에 "태허(太虛)로 말미암아 천(天)이란 명칭이 있게 되었고, 기화(氣化)로 말미암아 도(道)라는 명칭이 있게 되었으며, 허(虛)와 기(氣)를 합하여 성(性)이란 명칭이 있게 되었고, 성과 지각(知覺)을 합하여 심(心)이란 명칭이 있게 되었다.〔由太虛, 有天之名, 由氣化, 有道之名, 合虛與氣, 有性之名, 合性與知覺, 有心之名.〕"라고 한 데에 보인다. 《맹자》 〈진심 상(盡心上)〉 제1장에 대한 《집주》의 장하주(章下註)에도 이 말이 인용되어 있다.

104 구중리(具衆理) : 뭇 이치를 갖추었다는 말이다. 《대학장구》 경 1장에 "대학의 도는 명덕을 밝힘에 있으며 백성을 새롭게 함에 있으며 지선에 그침에 있다.〔大學之道, 在明明德, 在親民, 在止於至善.〕"라고 하였는데, 주희의 주해에 "명덕은 사람이 하늘에서 얻은 것으로 허령하고 어둡지 않아서 중리(衆理)를 갖추고 만사(萬事)에 응하는 것이다.〔明德者, 人之所得乎天, 而虛靈不昧, 以具衆理而應萬事者也.〕"라고 하였다.

어둡지 않음을 심(心) 가운데 간직된 것으로 여겨서 심(心)과 분리하고 마는 것입니다. 이것이 과연 사리에 맞는 말이 되겠습니까. 또 "그저 이를 일러 심(心)이라고 할 뿐이면 상세함〔曲折〕이 부족한 것 같다."라고 하셨습니다. 무릇 '심(心)'이라는 한 글자를 가지고 명덕을 풀이하니, '심(心)'이라는 한 글자의 안에서 어느 겨를에 그 상세함을 남김없이 다 드러내겠습니까. 그러나 그 말의 형세 상 틀림없이 "명덕이 심(心)이다."라고 말해야만 합니다. '명덕'이라는 두 글자가 하나의 광명한 물건을 잘 형용했으니, 그렇다면 또한 '상세함이 전혀 없다.'라고 이를 수는 없습니다. 족하께서 만일 저의 말에 대해 상세함이 부족하다고 여겨 반드시 그 상세함을 자세히 알아보고자 하신다면, 우선 주자 《장구》의 '명덕자(明德者)'부터 '자야(者也)'까지 스물네 글자[105]를 자세히 보신다면 그 상세함을 남김없이 다 드러낼 수 있을 것입니다. '구중리 응만사(具衆理應萬事)'가 다름 아닌 명덕의 상세한 내용인데 갖추고 응하는 것이 심(心)이 아니고서 도대체 무엇이겠습니까. 《장구》의 스물네 글자를 축약하면 '명덕시심(明德是心)' 네 글자가 되고, 또 이를 축약하면 '심(心)'이라는 한 글자가 됩니다. 이 심(心)이란 것이 바로 사람이 금수와 다른 까닭입니다. 사람이 천지의 가운데에 있으면서 가장 영묘하고 심(心)이 일신의 가운데에 있으면서 지극히 영묘하여 능히 그 성(性)을 통합하고[106] 능히 그 성(性)을 보전하는 것이 모두 이 심(心)인데 애당초 성인과 범인의 다름이 있는 것이 아닙니다.

105 장구의……글자 : 208쪽 주104 참조.

106 그 성(性)을 통합하고 : 해당 원문의 '통(統)' 자에 관한 종래의 풀이는 '통솔하다'와 '겸하다'로 논쟁이 되어왔다. 여기서는 전자를 취하여 번역하였다.

그러므로 '심(心)이 선(善)하다.'라는 의론이 이 때문에 생겨난 것입니다. 성인과 범인이 똑같지 않은 것은 기질이지 심(心)이 아닙니다. 성인과 범인이 이미 이 심(心)이 똑같으니, 그렇다면 성인이 어찌 '아직 순선(純善)하지 못한 심(心)'이 있겠습니까. 보내오신 편지의 내용에서 인심(人心)과 도심(道心)의 위태로움과 미묘함[107]을 가지고 심(心)이 순선한 것이 아님의 증거로 삼으셨는데, 주자께서 일찍이 인심의 위태로움에 대해 논하시고서 말씀하시기를, "위태로움이 바로 좋지 않은 것은 아니다.〔危未便是不好〕"라고 하셨습니다.[108] 어찌 위태롭다고 하여서 이를 일러 '심(心)이 선하지 못함이 있다.'라고 할 수 있겠습니까. 순임금의 이 가르침은 애당초 심(心)을 논하기 위하여 말씀하신 것이 아닙니다. 장차 심(心)을 다스리는 방도를 고하려다가 근심할 만하고 경계할 만한 것을 가리켜서 말씀하셨습니다. 그러므로 '위태롭다'라고 하였고 '미묘하다'라고 하였으니, 이 두 구(句)는 심(心)의 본체를 말씀한 것이 아닙니다. 만약 심(心)의 본체를 말하면 〈중용장구서〉에서 이른바 '심의 허령지각은 하나일 뿐이다.'[109]라고 한 것으로,

107 인심(人心)과……미묘함 : 이 말은 《서경》 〈우서(虞書) 대우모(大禹謨)〉의 "인심은 위태롭고 도심은 미묘하니, 정하게 하고 한결같이 하여야 진실로 중도(中道)를 잡을 수 있다.〔人心惟危, 道心惟微, 惟精惟一, 允執厥中.〕"라고 한 내용을 가리킨다.

108 주자께서……하셨습니다 : 이와 관련된 내용은 《주자어류》 권60 〈중용(中庸)1 장구서(章句序)〉에 보인다.

109 심의……뿐이다 : 이는 주희가 지은 〈중용장구서〉에 "심의 허령지각은 하나일 뿐인데, 인심과 도심의 다름이 있다고 한 것은, 혹 형기의 사(私)에서 나오고 혹 성명의 바름에서 근원하여 따라서 지각으로 삼은 것이 똑같지 않기 때문이다. 이러므로 혹 위태로워 편안치 못하고 혹 미묘하여 보기가 어렵다.〔心之虛靈知覺, 一而已矣, 而以爲有人心道心之異者, 則以其或生於形氣之私, 或原於性命之正, 而所以爲知覺者不同, 是

이는 아직 인심과 도심 두 가지를 분별함에 미치지 않았습니다. 인심과 도심은 이발(已發)한 뒤에 보이니, 이는 심(心)의 용(用)으로 명덕이 체(體)와 용(用)을 포괄하여 말하는 것과 똑같지 않습니다. 조사존망(操舍存亡)의 심(心)[110]에 이르러서는 대체로 심(心)이란 살아 있는 물건이어서 헤아리지 못하여 천비연륜(天飛淵淪)[111]의 위태로움이 있음을 말하였으니, 실로 참과 거짓 및 그릇됨과 올바름을 겸하여서 말한 것으로 명덕인 심(心)이 오로지 본체만을 가리키는 것과 똑같지 않습니다. 게다가 잡고 놓는 것은 사람의 공부이고 보존되고 없어지는 것은 심(心)의 체단(體段)입니다. 명덕은 순선한 본체로 애당초 '사람의 공부'라는 측면에 침범해 미치는 것이 아니니, 잡음〔操〕을 기다릴 것도 없습니다.

以或危殆而不安, 或微妙而難見耳.〕"라고 한 데에 보인다.

110 조사존망(操舍存亡)의 심(心) : '잡으면 보존되고 놓으면 없어지는 마음'으로 《맹자》〈고자 상(告子上)〉 제8장에 인용된 "잡으면 보존되고 놓으면 없어져서 나가고 들어옴이 일정한 때가 없으며, 어디로 갈지 그 방향을 알 수 없는 것은 오직 사람의 마음을 두고 말한 것이다.〔操則存, 舍則亡, 出入無時, 莫知其鄕, 惟心之謂與.〕"라는 공자의 말씀에서 발췌·인용한 것이다.

111 천비연륜(天飛淵淪) : '천비'란 마음이 하늘을 나르듯 제멋대로 함을 말하고 '연륜'이란 마음이 물에 가라앉듯 깜깜하게 어두움을 말한다. 본래 《장자(莊子)》〈재유(在宥)〉에 "그 멈추어 있으면 깊은 못처럼 고요하지만, 움직이기 시작하면 하늘에 매달려 있게 된다. 성을 냈다 뽐냈다 하여 잡아매어 둘 수가 없는 것이 바로 사람의 마음이다.〔其居也, 淵而靜, 其動也, 懸而天, 僨驕而不可係者, 其惟人心乎.〕"라고 한 데에 보이는 것으로, 《주자대전》 권4에 실린 〈재거감흥(齋居感興)〉시 제3수에 "인심은 오묘하여 측량할 수가 없어서, 나가고 들어올 때 기기를 타네. 얼음처럼 얼었다가도 불처럼 타오르며, 연못에 빠졌다가 다시 하늘로 날아오르네.〔人心妙不測, 出入乘氣機. 凝冰亦焦火, 淵淪復天飛.〕"라고 하였다.

보내오신 편지의 내용에서 "잡은 뒤에야 선(善)할 수 있다."라고 하신 것은, 심(心)은 본래 선한 것이 아니어서 반드시 잡음을 기다린 뒤에야 선한 것 같다고 여기는 듯합니다. 하지만 심(心)이란 본래 선한 것이기 때문에 이를 잡아서 잃지 말고자 한 것이니, 만약 심(心)이 본래 선한 것이 아니라면 도대체 '잡음'을 어디다 쓰겠습니까. 무릇 이른바 '위태롭고 미묘한 심(心)'과 '잡고 놓는 심(心)'은 모두 '명덕인 심(心)'에다 뒤섞을 수 있는 것이 아닌데 족하께서는 도리어 억지로 끌어당겨서 합쳤으니, 이것이 제가 이른바 "살펴서 선택함이 정밀하지 못하고 끌어다 씀이 적절하지 못하다."라는 것입니다.

보내오신 편지의 내용에서 이(理)가 기(氣)를 부대(附帶)한다고 말씀하신 것은, 어찌 이를 일러 순선이라 할 수 있겠습니까. 이는 기질지성(氣質之性)에서 말할 수 있는 것이지 명덕지심(明德之心)에서 말할 수 없습니다. 심(心)이란 진실로 기(氣)인데, 기질지기(氣質之氣)와 똑같지 않습니다. 기질지기는 맑음과 흐림〔清濁〕, 순수함과 잡박함〔粹駁〕이 갖가지로 다른데, 이 심(心)의 기(氣)는 전적으로 깨끗하고 밝은 것〔精爽〕입니다. 그 기(氣)의 성질은 또한 텅 비고 신령할〔虛靈〕 뿐입니다. 텅 비고 신령한 것은 한 물건도 뒤섞이지 않으니, 어찌 그 사이에다 불선을 용납할 수 있겠습니까. 이는 제가 '심은 선하다.〔心善〕'라는 의론을 주장하는 까닭입니다. 지금 족하께서는 도리어 허령지기(虛靈之氣)를 기질지기(氣質之氣)로 인식하셨습니다. 그렇다면 주부자께서 "심을 기에 견주어 보면 자연히 더 신령하다."[112]라고 한 것과 "심은

112 심을……신령하다 : 《주자어류》 권5 〈성정의(性情義)〉에, 심(心)이 형이상(形而上)에 해당하는지 질문한 데에 대해 주희가 "심을 성에 견주어 보면 자취가 조금

형이 없고 기는 물이 있다."[113]라고 한 것 등의 말씀은 장차 어떻게 구처(區處)할 것입니까. 이는 제가 이른바 "심(心)과 기(氣)를 분별함에 있어서 완전히 헷갈렸다."라는 것입니다.

명덕지심(明德之心)은 분수(分數)도 없고 우열(優劣)도 없어서 천지에 참여하여 화육을 도울 수 있습니다.[114] 그러므로 장자(張子)가 이르기를, "심이 성을 다할 수 있다."[115]라고 하였으니, 그렇다면 심(心)이 어찌 순선한 물건이 아니겠습니까. 그런데 족하께서는 어째서 이 심(心)을 낮추어 보아 불선에 뒤섞인다고 인식하십니까.

심(心)이란 그야말로 성(性)을 저장하는 그릇〔器〕인데, 이 그릇으로 말하면 백옥 중에 더할 나위 없이 정명(精明)한 것으로 만들어서 한 점의 하자도 없는 것이나 진배없습니다. 헤아릴 수 없이 많은 사람의 그릇이 전부 다 동일한데, 이 그릇은 다른 그릇이 방원(方圓)과

있고, 기에 견주어 보면 자연히 더 신령하다.〔心比性, 則微有迹, 比氣 則自然又靈.〕"라고 답하였다.

113 심은……있다 : 《중용》의 "지성은 신(神)과 같은 것이다.〔至誠如神.〕"라는 구절에 대해 건안(建安) 유씨(游氏)가 "심(心)은 기(氣)에 합하고 기(氣)는 신(神)에 합한다.〔心合於氣, 氣合於神.〕"라고 하였는데, 주희가 이를 비판하며, "심(心)은 형이 없고 기(氣)는 물이 있으니, 어떻게 도리어 기(氣)를 신묘하다고 할 수 있겠는가.〔心無形而氣有物, 若之何而反以是爲妙哉?〕"라고 하였다. 《四書或問 卷5 中庸》

114 천지에……있습니다 : 이 말은 《중용》 제22장의 내용을 원용한 것이다.

115 심이……있다 : 《논어》〈위령공(衛靈公)〉 제28장에 "사람이 도를 크게 넓히는 것이고, 도가 사람을 크게 넓히는 것은 아니다.〔人能弘道, 非道弘人.〕"라고 한 경문에 대한 집주에 장재(張載)가 "심이 성을 다할 수 있으니, 이것은 사람이 도를 크게 넓히는 것이고, 성은 심을 검속할 줄 모르니, 이것은 도가 사람을 크게 넓힘이 아닌 것이다.〔心能盡性, 人能弘道也. 性不知檢其心, 非道弘人也.〕"라고 한 말이 실려 있다.

대소(大小)를 포함하여 형색이 갖가지인 것과는 전연 똑같지 않습니다. 어찌 단순히 그것이 그릇이라고 하여서 이를 일러 '아름다움과 추함이 있다.'라고 말할 수 있겠습니까. 맹자께서 창도하신 '성은 선하다.〔性善〕'라는 의론에 대해 비록 '제대로 갖추어지지 못하였다.'라고 말하지만 이는 참으로 이른바 '말하지 않았다고 하여서 부족한 것이 되지는 않는다.'라는 것입니다. 아성(亞聖)의 가르침은 다만 우리네 사람으로 하여금 용감하게 나아가 선을 하여서 '사람이라면 누구나 다 요순이 된다.'[116]라는 뜻을 지니도록 바라신 것일 뿐이었으니, 그 공로가 참으로 위대하다고 하겠습니다. 이것이 어찌 '불명(不明)한 자의 해가 됨'과 똑같겠습니까. 그렇다면 족하께서는 '심은 선하다.'라는 저의 의론이 '제대로 갖추어지지 못함'과 똑같아짐을 우려하지 마십시오.

또한 '덕(德)' 자의 뜻으로 말하면, 고견은 주자의 '도를 행하여 마음에 얻음이 있는 것이다.'[117]라는 말씀을 가지고 풀이하셨습니다. 명덕의 '덕(德)'은 다른 여느 경서들 가운데에 보이는 '덕(德)' 자들과 함께 '얻는다'는 뜻이 되는 것은 똑같지만 여태껏 '행한다'는 뜻을 띤 적은 없었습니다. 대체로 '사람이 하늘에서 얻음〔人之所得乎天〕'은 다만 품부하여 얻은 것을 말하였을 뿐이고 행함에는 미치지 않았으니, 명덕에다

116 사람이라면……된다 : 이는 《맹자》〈고자 하(告子下)〉 제2장에 "사람이라면 누구나 다 요순이 될 수 있다 하니, 그러한 것이 있습니까?〔人皆可以爲堯舜, 有諸?〕"라고 여쭈어본 조교(曹交)의 말에 보인다. 이에 대해 맹자는 "그러하다.〔然.〕"라고 말씀하셨다.

117 도를……것이다 : 이는 주희가 '덕(德)'의 훈(訓)을 설명한 말인바, 《논어》〈위정(爲政)〉 제1장의 주해에 "덕이란 말은 얻는다는 뜻이니, 도를 행하여서 마음에 얻음이 있는 것이다.〔德之爲言, 得也, 行道而有得於心也.〕"라고 하였다.

'행(行)' 자를 갖다 붙이는 것은 아마도 쓸데없는 군더더기일 듯합니다.

보내오신 편지의 내용에서 명덕에 대해 '인심(人心)이 천리(天理)에서 얻은 것'이라고 하셨습니다. 《장구》에서 말한 '사람이 하늘에서 얻음'은 바로 '허령불매(虛靈不昧)가 하늘에서 얻은 것'이지 '천리에서 얻어서 명덕으로 삼은 것'이 아닙니다. 만일 '천리에서 얻어서 명덕으로 삼았다.'라고 말하면 명덕이 곧 허령불매이니, 이(理)도 역시 '허령'이라고 이를 수 있겠습니까. 저는 반드시 그렇지 않다는 것을 알겠습니다.

이른바 '심(心)과 성(性)을 합하여 말한다.'라는 것에 대해서는 제가 어찌 '매우 좋다.'라고 말하지 않겠습니까. 다만 이를 미진하다고 여긴 것은 심(心)과 성(性)이 주객이 없기 때문입니다. 또한 '본심(本心)'이라고 이르신 것으로 말하면, '본심'이라는 명칭은 반드시 사람의 이 심(心)이 속박을 받아 상실되어 불선에 빠진 뒤에 마침내 그 처음을 회복함으로 말미암아서 이를 두고 말하기를, '본심'이라고 해야만 하는 것입니다. 이제 명덕 전체(全體)의 원두(源頭)가 순선(純善)한 부분에 대하여 곧바로 가리켜서 말하면 하나의 '본(本)' 자가 많다고 하겠습니다. 그러므로 저는 "굳이 '본심'이라고 말할 필요가 없으니, 이는 곧바로 '심(心)의 존칭'으로 삼는 것이 옳다."라고 말하는 바입니다. 심(心)이란 순선하여서 능히 그 성(性)을 남김없이 체현하는 것입니다. 그러므로 존칭을 더하는 것이니, 심(心)이 만약 순선한 물건이 아니면 애당초 무슨 높일 만한 것이 있겠습니까.

석씨가 말한 본심으로 말하면, 이는 대체로 심(心)을 성(性)으로 만들려고 하여서 이렇게 말한 것입니다. 우리 유가에서 이른바 '허령불매'가 비록 저 불가에서 말하는 영각(靈覺)[118]과 유사하지만 실제로는

'구중리 응만사'는 저것과 크게 다릅니다. 지금 석씨와 똑같다고 의심하신 것은 어쩌면 너무 지나치게 염려하시는 것이 아니겠습니까.

보내오신 편지의 내용에서 매번 "한 '심(心)' 자는 상세함〔曲折〕이 부족하다."라고 하셨습니다. 무릇 물이 나뉘어 흘러 갈래로 갈리는 것을 일러 '곡절'이라고 합니다. 그러나 반드시 그 근원을 찾으면 이 물은 강입니까, 바다입니까. 명덕이 '모든 이치를 갖추어 온갖 일에 응하는 것'이 바로 그 곡절입니다. 그러나 장차 명덕을 일컬으려면 이것은 성(性)입니까, 심(心)입니까. 반드시 그 명칭을 먼저 정립한 뒤에야 비로소 곡절에 미칠 수 있으니, 이는 정문(正文)이 먼저 있고 난 뒤에야 주석(註釋)이 있는 것과 똑같습니다. 어떻게 생각하십니까. 어떻게 생각하십니까.

강의하고 논변하는 도란, 분별할 바에는 명확하지 않고서는 그만두지 않는 법입니다.[119] 그러므로 이렇게 상세하게 설명해 드리니, 부디 족하께서는 자세히 살펴봐 주시기 바랍니다. 만일 끝내 불가하다고 여기신다면 다시 답장을 내려 주심이 어떻겠습니까.

118 영각(靈覺) : 불교 용어로, 중생이 본래 갖추고 있는 영묘(靈妙)하여서 깨달을 수 있는 불성(佛性)을 이른다. 또는 영묘하여 불가사의한 반야, 즉 지혜를 가리키기도 한다. 참고로 중생이 본래 갖추고 있는 불성과 부처의 지혜가 서로 차이가 없는 것을 '영각불이(靈覺不二)'라고 한다.

119 분별할……법입니다 : 이는 《중용》 제20장 제20절의 내용을 원용한 것이다.

어떤 이에게 답하다
答或人

편지로 보여 주신 심의(深衣)에 관한 설(說)에서 첨입하신 한 단락으로 말하면 이러한 뜻을 없앨 수가 없습니다. 다만 "주자께서 만년에 정하신 심의는 촉임(續衽)이 없다."라고 말씀하신 부분은 "곡거(曲裾)의 제도를 제거하였다."라고 고치는 것이 좋을 것 같습니다.[120] 대체로

120 다만……같습니다 : 이는 주희의 '심의제도(深衣制度)'를 두고 언급한 것이다. 주희는《가례》〈통례〉에다 '심의제도' 장(章)을 배치했다. 그 설은 대부분 사마광이 고찰해 정한 것을 따랐으나 방령(方領)의 제도를 수정하였고, 만년에는 '곡거(曲裾)'의 제도를 폐지해 사용하지 않았다고 한다. 그러나 이에 관해 상세히 연구하여 완성하는 단계에는 이르지 못하여서 이로 인해 후대에는 제설이 분분하게 되었다. 심의란 턱 아래부터 발끝까지 윗옷인 의(衣)와 아래옷인 상(裳)이 연결된 의복이다. 상은 총 12폭인데, 각 폭은 사다리꼴이다. 물론 확정된 설은 없지만, 통상 이것을 '임(衽)'이라고 하며, 이 임을 이어서 그 측면을 감친 것을 '곡거'라고 한다. 이와 관련하여《예기》〈심의(深衣)〉에 '촉임구변(續衽鉤邊)'이라는 말이 나오는데, 당연히 이 역시 종래로 많은 해석이 있었다. 정현(鄭玄)은 "촉이란 '촉'과 같고, 임이란 상의 곁에 있는 것이니, 이것을 연결해서 상의 앞과 뒤가 분리되지 않도록 하는 것이다.〔續猶屬也, 衽在裳旁者也, 屬連之, 不殊裳前後也.〕"라고 하였는데, 이에 대하여 양복(楊復)은 다음과 같이 부연하여 설명하였다. "정현의 뜻은, 모든 상은 앞이 세 폭이고 뒤가 네 폭이어서 이미 앞과 뒤가 나뉜 이상 그 곁에 있는 두 폭이 벌어져서 서로 연결되지 않으나 오직 심의만은 상의 열두 폭을 서로 찢어 마름질해서 모두 임이라고 명명하니, 이른바 '촉임'이란 상의 곁에 있는 두 폭을 가리켜 말한 것이니, 상의 곁에 있는 두 폭을 연결해서 상의 앞과 뒤가 분리되지 않게 함을 말한 것이다.〔鄭意, 蓋言凡裳, 前三幅, 後四幅, 旣分前後, 則其旁兩幅, 分開而不相屬, 惟深衣, 裳十二幅, 交裂裁之, 皆名爲衽, 所謂續衽者, 指在裳旁兩幅言之, 謂屬連裳旁兩幅, 不殊裳之前後也.〕" 양복의 설에 의하면, 결국 주희는 상(裳)의

양씨(楊氏 양복(楊復))는 일찍이 주자께서 만년에 심의를 착용하신 것에 대해 '촉임'이 없다고 한 적이 없었습니다. 그리고 상(裳)의 앞과 뒤가 이어져 붙어 있는 부분을 '촉임'이라 하고서 주자께서 만년에 착용하신 심의는 곡거의 제도를 사용하지 않았다고 하였습니다.

지금 그대의 논설에서 "몸의 양 측면에서 '촉임'을 구하기 때문에 상(裳)의 양 측면의 별폭(別幅)이 촉임이 됨을 볼 수 없다."라고 하신 것은 아마도 반드시 그렇지는 않을 듯합니다. 말의 뜻이 명창하지 못한 것 같으니, 고치는 것이 어떻겠습니까.

양씨가 이미 《가례》의 별용일폭(別用一幅)이 '촉임(續衽)'이 됨을 보았고, 또 주자께서 만년에 제정한 것이 상(裳)의 전과 후가 연속한 것을 '촉임'으로 삼고서 곡거의 제도를 제거하였음을 들었기 때문에 《가례》의 내용을 따르고자 하지 않고 주자께서 만년에 정한 제도를 따랐으니, 이러한 것이 바로 여기에 해당합니다.[121] 기실 '곡거'를 보고

앞과 뒤가 이어져 붙어 있는 부분을 '촉임'이라 하고서 만년에 착용한 심의는 곡거의 제도를 제거해 사용하지 않았다고 한다.《禮記大全 卷28 深衣》《性理大全書 卷19 家禮2 通禮 深衣制度 曲裾》

121 양씨가……해당합니다 : 이와 관련된 양복의 말은《가례》 권1 〈통례 심의제도〉 '곡거'와 관련된 부분에 다음과 같이 보인다. "……소(疏)를 지은 사람이 그 문의를 자세히 살펴보지 못하고 다만 '임이 상의 곁에 있다.'라는 한 구만을 보고서 '별도로 베 한 폭을 사용하여 구처럼 마름질하여 상의 곁에 늘어뜨리는 것이다.'라고 여겨서 망령되이 천착해 이동(異同)이 분분하여 많을수록 어지러워 한나라 때부터 지금까지 2천여 년에 독자가 모두 '별도로 한 폭의 베를 사용하여'라는 말에서 찾으니, 주의 본뜻이 거기에 엄폐되어 나타날 수가 없었다.……선사께서 만년에 소를 지은 사람의 잘못을 알았으나 미처 수정하지 못했다. 그러므로 나는 정현의 주를《가례》의 〈심의〉 '곡거' 아래에다 붙여서 소를 지은 사람의 잘못을 깨뜨리고, 또한 선사께서 만년에 이미 정한 설을 드러내려고 하는 바이다.〔……疏家不詳考其文義, 但見衽在裳旁一句, 意謂別用布

서 '촉임'이 됨을 알지 못한 것이 아닙니다. 그대의 의론에서 이것을 가지고 배척하신 것은 지나친 것 같습니다. 반드시 이를 변별하는 글이 있어야 할 것이니, 이하의 내용이 참으로 명백해질 것입니다.

대체로 이 단락을 첨가해 보충하는 것은, 먼저 총론과 서문 안에 기록해 실어 놓고 '곡거'의 본래 조목에서 또 중복하여 언급하는 것이 마땅할 것 같으니, 어떨지 알지 못하겠습니다.

저는 여기에 아직도 막히고 의심스러운 점이 있습니다. 채연(蔡淵)은 주자의 문하에 친히 올라 수학한 자입니다. 그렇다면 이른바 '주자의 만년 심의'를 틀림없이 목격해 전하였을 터이니, 이것이 또한 확인해 실증할 만하고, 또한 저이가 "사마광의 《서의(書儀)》에 기재한 바는 옛적의 뜻에 맞지 않아 선생께서 이를 문제로 여기셨다."[122]라고 하였으니, 그렇다면 또한 틀림없이 자신의 귀로 직접 주자의 정론을 들었을 것입니다. 그러나 지금 곡의(曲儀)에서 나왔고 주자가 인용해 증거로 삼았으니, 아마도 단안이 될 만하지 못할 듯합니다. 부디 《가례》의 본문을 다시 살펴보고 또 상량해 보시는 것이 어떻겠습니까.

一幅, 裁之如鉤, 而垂於裳旁, 妄生穿鑿, 紛紜異同, 愈多愈亂, 自漢至今, 二千餘年, 讀者皆求之於別用一幅布之中, 註之本意, 爲其掩蓋而不可見.……先師晩歲, 知疏家之失, 而未及修定, 愚故著鄭註於《家禮》深衣曲裾之下, 以破疏家之謬, 且以見先師晩歲已定之說云]"《性理大全書 卷19 家禮2 通禮 深衣制度 曲裾》'《가례》의 별용일폭(別用一幅)'이란 《회암집》 권68 〈잡저 심의제도〉 '곡거' 및 《가례》 권1 〈통례 심의제도〉 '곡거'의 '용포일폭(用布一幅)'을 가리킨다.

122 사마광의……여기셨다 : 이와 관련된 채연(蔡淵)의 말은 《가례》 권1 〈통례 심의제도〉 '곡거'와 관련된 부분에 보인다. 《性理大全書 卷19 家禮2 通禮 深衣制度 曲裾》

종숙부 첨추공[123] 사윤 께 올리다
上宗叔父僉樞公 師尹

방제(旁題)[124]를 적는 한 가지 일에 대해서는 사계 선생(沙溪先生 김장생(金長生))께서 비록 "이 사람이 제사를 주관하게 해서는 안 된다."[125] 라고 말씀하셨습니다만 수암(遂庵)과 도암(陶庵)은 모두 장방(長房)으로서 가난하여 아직 제사를 받들지 못한 자로 방제를 적고자 하셨으니, 이 설(說)이 따를 만한 것 같습니다.

대체로 장방으로서 곤궁하여 먼 데에 있는 자는 애당초 제사를 받드

123 종숙부 첨추공 : 박사윤(朴師尹, 1708~1786)으로, 본관은 반남, 자는 경함(敬咸)이며, 관직은 첨지중추부사(僉知中樞府事)를 지냈다. 박환(朴煥) 이후 박세성(朴世城)-박태도(朴泰道)-박필겸(朴弼謙)으로 이어지는 종가의 종손이다.《贈判書公林宗派 潘南朴氏世譜 1卷 40쪽, 2卷 654쪽》

124 방제(旁題) : '방주(旁註)'와 같은 말로, '방제(傍題)'로도 표기한다. 신주(神主)의 아래 왼쪽에 쓴 제사를 받드는 사람의 이름을 말한다.

125 이……된다 : 이 말은《사계전서》권35 소재《의례문해(疑禮問解)》〈통례(通禮)〉의 '체천(遞遷)'에서 '최장방이 체천한 신주를 받들 수 없으면 종자가 그대로 별실에 봉안함〔最長房不能奉祧主則宗子仍安於別室〕'에 다음과 같이 보인다. "최장방인 자가 체천한 신주를 옮겨와 받들 수 없으면 우선 마땅히 별실에 봉안해야 할 것이다. 사대가 지난 뒤 그대로 가묘에 봉안하는 것은 참람하여 해서는 안 될 일이다. 봄가을로 제사 지낸다는 퇴계의 설은 문제 될 것이 없다. 하지만 최장방이 이미 제사를 받들지 못하고 있으니, 그렇다면 아마도 이 사람이 제사를 주관하게 해서는 안 될 듯하다.〔最長者不能遷奉, 姑當安於別室矣. 四代後仍安家廟, 則僭不可爲也. 若退溪祭春秋之說無妨, 最長房旣不奉祀, 則恐不可以是人爲主也.〕" 이는 강석기(姜碩期)의 물음에 대한 김장생의 답이다.

는 실상이 없는데, 그의 이름으로 한갓 제사를 받드는 명칭만을 적는 것이 비록 '임시로 빌림〔假借〕'에 가까우나 대수가 다한 종손은 이미 제사를 주관해서는 안 되고, 망인의 명자(名字)도 역시 예전과 다름없이 그대로 두어서는 안 됩니다. 그렇다면 방제를 적는 데에 이 사람을 써서 제사를 주관하는 자로 삼지 않고서 도대체 누구를 쓰겠습니까. 이는 형세상 부득이한 것입니다. 그러므로 이 조카의 뜻은 수암과 도암의 설을 따르고자 하니, 이것이 어떨지 알지 못하겠습니다.

장방(長房)으로 방제(旁題)를 적고 종자(宗子)가 섭행(攝行)하는 것에 대하여 남계(南溪)가 비록 의심하였지만, 우암(尤庵)께서는 이를 정당하다고 하셨습니다. 대체로 아무리 종손이라고 하더라도 그가 벌써 오대손이거나 육대손이니, 그렇다면 이는 바로 이미 훼철된 종(宗)으로 족인이 서로 종(宗)으로 여기지 않는 자입니다.[126] 그러니 낮은 자로서 높은 자를 부린다는 혐의가 없을 것 같습니다.

새 장방과 옛 장방은 세대의 차서가 이미 똑같으니, 그렇다면 그저 방주만 고치더라도 문제 될 것이 없습니다. 대체로 도암이 비록 말끔히 다 씻어버려야 한다고 주장했으나 남계는 조금 고친다고 말하였으니, 간략하게 하는 쪽으로 하는 것이 마땅할 듯합니다.

신주를 받들어 갈 때 고사(告辭 고유하는 글)는, 술과 과일을 차려놓거나

126 이는……자입니다 : 조상의 사당이 이미 훼철되었으면 종가 역시 파하게 된 것으로, 대수가 다하여 사당이 훼철되었기에 다시 서로 종으로 삼을 일이 없다는 뜻이다.

혹 분향만 하고 다음과 같이 아룁니다. "유세차 간지 모월 간지삭 모일 간지에 서현손 모가 몸이 먼 곳에 있기에 족질 혹 족손 모를 시켜서 감히 현고조고 모관 부군과 현고조비 모봉 모씨께 분명하게 아뢰옵니다. 지금 장방인 서현손 첨지 자신이 죽었기에 모가 다음으로 마땅히 두 분의 신주를 옮겨가서 그 집에서 받들어야 할 터인데, 형세가 빈궁하고 하향에 유락하여 신주를 받들어 갈 수가 없습니다. 그래서 후손들이 마땅히 이성의 종가에 환봉하여 임시로 별묘에 봉안해야 한다고 함께 의논하였기에 감히 신주를 신여(神轝)[127]로 모셔낼 것을 청하옵니다. 삼가 아뢰옵니다.〔維歲月日干支 庶玄孫某身在遠方 使族姪或族孫某 敢昭告于顯高祖考某官府君 顯高祖妣某封某氏 今以長房庶玄孫僉知身死 某次當遷奉于其家 而形勢貧窮 流落遐鄉 不能奉往 諸孫同議 當還奉于尼城宗家 權安別廟 敢請神主出就神轝 謹告〕"-술과 과일을 사용하면 마땅히 '이를 통해 경건하게 아뢰는 정성을 펴나이다.〔用伸虔告〕'라고 해야 합니다.-

환봉한 뒤의 개제 고사(改題告辭)는, 술과 과일을 차려놓고 다음과 같이 아룁니다. "유세차 간지 모월 간지삭 모일 간지에 서현손 모가 몸이 먼 곳에 있기에 족질 혹 족손 모를 시켜서 감히 현고조고 모관 부군과 현고조비 모봉 모씨께 분명하게 아뢰옵니다. 금일 신여가 이미 종가로 돌아와 별묘에 봉안하려고 하니 서글픈 마음을 가눌 수 없습니다. 모가 비록 형세가 빈궁하기 때문에 자신이 직접 받들어 갈 수 없으나 이미 장방으로서 그다음 차례에 해당하는 사람이니, 예법상 마땅히 그 이름으로 방주를 적고 제사는 족인이 섭행하도록 해야 합니다. 이

127 신여(神轝) : 제사 때에 신주(神主)를 모시고 가는 요여(腰轝)이다.

제 개제를 대략 거행하고자 하기에 삼가 술과 과일을 마련해 놓고서 이를 통해 경건하게 아뢰는 정성을 펴나이다.……〔維歲月日干支 庶玄孫某身在遠方 使族姪或族孫某 敢昭告于顯高祖考某官府君 顯高祖妣某封某氏 今日神轝旣還宗家 將安別廟 不勝感愴 某雖以形勢貧窮 不能親自奉往 而旣是長房當次之人 禮當書名旁註 祭祀使族人攝行 今將畧行改題 謹以酒果 用伸虔告……〕"

종숙부[128]께 올리다
上宗叔父

국애(國哀)에 신민(臣民)이 모두 애통해하여 금일 제사 지내는 일을 행할 수 없으리라 생각하니, 서글프고 원망스러운 마음을 어찌 가누겠습니까. 《보편(補編)》[129]으로 제도를 정한 뒤로 기제(忌祭)와 묘제(墓祭)를 전부 폐하는 것[130]이 의심할 여지가 없는데, 사당에서 올리는 속절(俗節)[131]의 차례와 삭참(朔參)·망참(望參)에 관해서는 논설이

128 종숙부 : 박사윤(朴師尹, 1708~1786)으로, 본관은 반남, 자는 경함(敬咸)이며, 관직은 첨지중추부사(僉知中樞府事)를 지냈다. 박환(朴煥) 이후 박세성(朴世城)-박태도(朴泰道)-박필겸(朴弼謙)으로 이어지는 종가의 종손이다. 《贈判書公林宗派 潘南朴氏世譜 1卷 40쪽, 2卷 654쪽》

129 보편(補編) : 영조 34년(1758)에 홍계희(洪啓禧) 등이 왕명을 받고 《국조오례의(國朝五禮儀)》의 상례에 관한 부분을 보충하고 개편하여 완성한 《국조상례보편(國朝喪禮補編)》을 가리키는데, 일명 《상례보편(喪禮補編)》, 또는 《어정보편서(御定補編書)》로 칭한다. 각 항목을 원편(原編) 6권에 나누어 싣고 따로 1권을 만들어 도설(圖說)을 수록하였다.

130 기제(忌祭)와……것 : 1757년(영조33)의 수교에서 국휼(國恤)의 장례 전에 사가(私家)의 제사는 연제(練祭)·상제(祥祭)를 금하도록 한 것과 1758년(영조34)의 수교에서 사가의 제사는 우제(虞祭) 외에는 기제와 묘제도 국장(國葬)의 졸곡 이후에 행하도록 한 것을 이른다. 이것은 국상(國喪) 중에 초상부터 졸곡까지는 모든 대사(大祀)·중사(中祀)·소사(小祀)를 정지하고, 빈(殯)을 한 뒤에는 사직제만 지내며, 종묘와 여러 능(陵)·전(殿)은 삭망 때 분향만 하도록 한 것에 의거한 것이다. 《國朝喪禮補編 卷1 戒令, 卷4 受教分類(上) 戒令》《近齋集 卷6 與三山齋金公》

131 속절(俗節) : 제삿날 외에 철마다 사당이나 조상의 묘에 차례를 지내던 날이다. 《가례》 권1 〈통례(通禮) 사당(祠堂)〉에 "설날·동짓날·초하룻날·보름날에는 참례

한결같지 않아서 혹자는 '이는 제사를 금지하는 조목에 들어있지 않으니 폐할 만한 의리가 없다.'라고 하고 혹자는 '제사를 금지하는 조목에서 비록 언급되지 않았지만 시제와 기제를 이미 정지한 이상 큰 것을 들어서 작은 것을 포함하였다.[132]'라고 하니, 이 두 가지 설(說) 가운데 과연 누가 옳습니까? 삼가 우리 종가에서 행하는 바가 어떠한지 알지 못하겠습니다.

이 조카는 다만 선정의 설(說)에 근거하여 속절에 대해서는 잔치하고 즐기는 날이라는 혐의가 있어서 폐하고자 하고, 삭참과 망참은 그 예가 가장 소략하여 정식 제사가 되지 못하기 때문에 행하려고 합니다. 요새 듣기로 다른 사람의 집안에서는 상참과 망참까지 모조리 폐하는 경우가 매우 많다고 합니다. 의론이 일치하지 않아 거행과 폐지가 각각 다르니 지금은 오직 마땅히 종가에서 행하는 바에 의거하여 결정해야만 할 뿐입니다. 하지만 한스럽게도 일찍 여쭤보아 정하지 못하였으니, 삼가 가르침을 내려 주시기를 바랍니다.

를 행한다.〔正至朔望則參.〕"라고 하였는데, 이에 대한 원주(原註)에 "설날・동짓날・초하룻날・보름날에는 하루 전에 물 뿌리고 쓸고 재계하며 하룻밤을 자고, 이른 새벽에 일찍 일어나서 문을 열고 발을 걷는다. 감실(龕室)마다 햇과일을 차린 큰 쟁반 하나를 탁자 위에 진설한다. 위(位)마다 찻잔과 차탁(茶托), 술잔과 잔받침(盞盤)을 각기 하나씩 신주 독(櫝) 앞에 진설한다.〔正至朔望, 前一日, 灑掃齊宿, 厥明夙興, 開門軸簾, 每龕設新果一大盤於卓上, 每位茶盞托酒盞盤各一於神主櫝前.〕"라고 하였다. 우리나라의 속절은 대체로 동지(冬至), 설, 상원, 한식(寒食), 단오(端午), 추석(秋夕), 중양(重陽) 등이다.

132 큰……포함하였다 : 속절(俗節)과 삭망(朔望) 등은 비록 금령(禁令) 중에는 들어있지 않았더라도 마땅히 폐지해야 한다는 뜻이다.

삼종형 대간공[133] 성원 께 올리다
上三從兄大諫公 盛源

상(喪)을 당해 칩거하여[134] 바깥일을 듣지 못하고 있었는데, 극리(棘籬)의 명(命)이 내려졌다는 소식[135]을 갑자기 듣게 되어 놀랍고도 두려운 이 마음을 가누지 못하겠습니다. 급박한 유배길에 정신없이 내몰려 어떻게 어려움을 겪으며 가고 계시는지요. 아울러 어려운 상황에 처하신 범절(凡節 기거 동작)은 귀양길에 몸이 손상되지는 않으셨는지요. 차후 일은 또 끝내 어떠할지 알지 못하겠으니, 온갖 걱정을 하게 됩니다.

133 삼종형 대간공 : 박윤원의 팔촌 형 박성원(朴盛源, 1711~1779)으로, 본관은 반남, 자는 공무(公茂), 시호는 문헌(文憲)이다. 박사한(朴師漢)의 아들로, 1743년(영조19) 알성 문과에 을과로 급제하였다. 1765년(영조41) 대사간 재직 시에 이담(李潭)을 논핵하다가 죽음을 당한 남강로(南絳老)의 신원과 복작(復爵)을 청하다가 흑산도로 유배되기도 하였다. 사서, 지평, 필선 등을 역임하였으며, 저서로《연설가관(筵說可觀)》이 있다. 1779년 1월 6일에 졸하였다.《贈判書公林宗派 潘南朴氏世譜 卷2 第2編 667面》

134 상(喪)을 당해 칩거하여 : 박윤원의 부친 박사석(朴師錫)은 1774년(영조50) 10월 20일에 향년 62세를 일기로 졸하였다.《近齋集 卷28 先考公州牧判官府君行狀》

135 극리(棘籬)의……소식 : '극리'는 '위리(圍籬)', '위극(圍棘)', '천극(栫棘)'과 같은 말로 죄인의 배소에 가시로 울타리를 치는 것을 말한다. 1775년(영조51) 3월 15일에 남강로(南絳老)는 사헌부 집의로서 이조 판서 이담(李潭)의 전횡과 뇌물수수를 논하였다가 영조의 분노를 사서 다음 날 의금부에서 국문(鞫問)을 거친 뒤 사형을 당하였다. 동년 11월 17일에 박성원은 대사간으로서 상소하여 남강로를 신원(伸冤)해 주기를 청하였다가 흑산도(黑山島)에 천극(栫棘)되었다.《英祖實錄 51年 3月 15日, 11月 17日》

그러나 화와 복이란 하늘에 달려 있는 것이니, 오직 내맡겨 두어야만 할 뿐입니다. 삼가 생각건대, 이 때문에 마음이 동요하지는 않으실 것이나 다만 이미 쇠해 버린 혈기로 장기(瘴氣) 어린 안개를 이겨내기 어려울 테니, 부디 음식을 잘 들고 건강을 지키시어 먼 데 있는 저의 정성 어린 마음에 부응해 주십시오. 우레의 위엄[136]은 종일토록 가지 않고 은택을 베풂은 자연 마땅한 시기가 있으니, 이것이 바로 제가 크게 우러러 축원하는 바입니다.

136 우레의 위엄 : 군주의 위엄을 뜻하는바, 당시 영조의 진노를 가리킨다.

족형 서윤공[137] 일원 께 답하다

答族兄庶尹公 一源

하교하신 말씀은 삼가 잘 살펴보고 알았습니다. 일찍이 《예의류집(禮疑類輯)》을 살펴보았는데, 남계(南溪)가 논한 것은 본래 개인적으로 치르는 장사에 방애(妨礙)가 없도록 하고자 한 것이니, 이는 대체로 장사는 가벼운 쪽을 먼저 하고 무거운 쪽을 나중에 하기 때문입니다.[138] 또 《보편(補編)》을 살펴보건대, 선왕조(先王朝 영조(英祖))의 수교(受敎)[139]에 "공제(公除) 전후를 막론하고 장사를 거행함을 허락한다."[140]라고 한 내용이 있으니, '무론(無論)'이라는 두 글자가 더할 나위

137 서윤공 : 한성부 서윤(漢城府庶尹) 박일원(朴一源, ?~?)이다.

138 장사는……때문입니다 : 이 말은, 본래 부모의 상이 함께 났을 경우 그 장사는 지위가 낮은 사람을 먼저 하고 높은 사람을 뒤에 해야 한다는 뜻으로, 《예기》 〈증자문(曾子問)〉에 실린 공자의 말씀에 보인다.

139 수교(受敎) : 각 관사나 신하가 국왕으로부터 하교나 전교(傳敎)를 받는 것, 또는 그 받은 전교를 가리킨다.

140 공제(公除)……허락한다 : 이 내용은 1757년 3월 29일 유시, 연상헌(延祥軒)에서 입시한 자리에서 내린 전교에 "방례에 장사를 금지한 예가 없고, 도리에 있어서도 역시 그달을 넘겨서는 안 되니, 공제 전후를 막론하고 장사는 거행함을 허락하라. 이 내용을 가지고 《보편》에 기재하라.〔邦禮無禁葬之例, 其在道理, 亦不可踰月, 勿論公除前後, 葬事則許行, 以此載於補編.〕"라고 한 데에 보인다. 《承政院日記 英祖33年 3月 29日》 '공제(公除)'는 국왕의 승하일부터 셈하여 27일째 되는 날에 새로 즉위한 국왕이 상복을 벗는 것으로, 《전율통보》에는 공제 기간을 성복(成服)한 날부터 계산한다고 하였다. 삼년상이 아닌 경우 장기(杖朞)는 15일, 기년복(朞年服)은 13일, 대공복(大功服)은 9일, 소공복(小功服)은 5일, 시마복(緦麻服)은 3일이다. 국왕은 개인의 몸이

없이 명백하여 비록 공제 전이라도 장사를 거행함이 의심의 여지가 없습니다. 예서(禮書)를 고찰해 봄에 이미 저러하고 국제(國制)로 참고해 봄에 또 이러하니, 무슨 불가함이 있겠습니까. 삼가 살펴보건대, 보내오신 편지의 내용은 이러한 점에 대하여 미처 조사해 확인하지 못하여 그러하신 것 같습니다. 이는 《보편》의 계령분류조(戒令分類條)[141]에 있으니, 부디 다시 고찰해 보시는 것이 어떻겠습니까.

아니라 한 국가를 다스리는 몸이기 때문에 1개월을 1일씩 계산하여 상을 조기에 마치도록 한 것이다.

141 보편의 계령분류조(戒令分類條) : 이는 《국조상례보편》 권4 〈수교분류(受敎分類)-상(上)-〉의 '계령(戒令)'을 가리키는 것으로 보인다.

삼종제 백상[142] 길원 에게 답하다
答三從弟伯常 吉源

문 작년 졸곡(卒哭) 뒤에 집안의 재력이 부족하여 부제(祔祭)를 거행할 수 없다가 이제야 비로소 추후해 거행하고자 하는데 《의례문해》를 살펴보니, "기일(期日) 하루 전에 다만 부(祔)하는 신위에 고할 뿐이다."라고 한 글이 있고 축문은 보이지 않았습니다. 또한 고할 때 술과 과일은 고하는 대상이 되는 신위에만 차려놓습니까? 각 신위까지 모두 차려놓습니까?
답 부제를 추후해 거행할 경우의 고사(告辭 고유하는 글)는 과연 보이지 않으니, 만들어서 사용한들 무슨 문제 될 것이 있겠는가. 술과 과일은 추증(追贈)을 아뢰는 예(例)[143]에 따라 아뢰는 대상이 되는 신위에만 차려놓는 것이 마땅할 듯하네.

문 졸곡 때 이미 '내일제부(來日隮祔)'[144]라고 고하지 않았으니, 그렇

142 삼종제 백상 : 박길원(朴吉源, 1738~1803)으로, 박사열(朴師說)의 아들이다. 《贈判書公林宗派 潘南朴氏世譜 卷2 第2編 686~687面》

143 추증(追贈)을 아뢰는 예(例) : 《가례》 권1 〈통례 사당(祠堂)〉에 "일이 있으면 사당에 아뢴다.〔有事則告〕"라고 하였는데, 이에 대한 원주(原註)에 "추증을 아뢰면 추증된 감실에만 아뢴다.〔告追贈, 則止告所贈之龕.〕"라고 하였다.

144 내일제부(來日隮祔) : 이는 졸곡의 축문 내용을 두고 언급한 것이다. 통상 초우의 축문에서는 "슬피 합사를 올립니다.〔哀薦祫事〕"라고 하고, 재우일 경우에는 '합사'를 대신하여 그 자리에 '우사(虞事)'를 넣고, 삼우일 경우에는 그 자리에 '성사(成事)'를

다면 궤연(几筵)에 고유하는 글은 하루 전 조상식(朝上食)을 올릴 적에 아뢰어야 할 것 같은데 그 말은 어떻게 만듭니까?

답 마땅히 상식을 통하여 고해야 하니, 고유하는 글의 내용은 마땅히 다음과 같아야 할 것이네.

"유세차 간지 모월 간지삭 모일 간지에 효증손 모는 감히 현증조고 모관 부군께 분명하게 아룁니다. 집안의 재력이 부족하여 선고 모관 모를 올려붙여서 합사하는 예를 시기가 지나도록 거행하지 못하였으니, 더할 나위 없이 서운합니다. 이제 대상이 가까워져 끝내 빠뜨릴 수 없기에 내일 공경히 부제를 올리려고 하오니, 서글픈 마음을 가누지 못하겠습니다. 삼가 써…….〔維歲月日干支 孝曾孫某 敢昭告于顯曾祖考某官府君 家力不逮 先考某官某隮祔之禮 過時未行 極爲觖然 今迫大祥 不容終闕 將用來日 祗薦祔事 不勝感愴 謹以……〕"-이는 조묘(祖廟)에 고유하는 글이네.-

"유세차 간지 모월 간지삭 모일 간지에 효자 모는 감히 현고 모관 부군께 분명하게 아룁니다. 집안의 재력이 부족하여 부제를 시기가 지나도록 거행하지 못하였습니다. 이제 대상이 가까워져 예법상 마땅히 추후해 거행해야 하기에 내일 조고 모관 부군께 올려붙여서

넣어서 말을 만든다. 졸곡일 경우에도 '성사'를 넣어서 사용하는데, 다만 그 아래에다 '내일 조고 아무 벼슬 부군께 올려서 부(祔)합니다.〔來日隮祔于祖考某官府君〕'라는 말을 더 넣어서 축문의 격식을 갖춘다. 《국역사계전서 제24권 가례집람도설(家禮輯覽圖說) 삼우제, 졸곡제, 부제 및 소상, 대상, 담제의 축문을 쓰는 법식〔三虞卒哭祔及小祥大祥禫祭祝文式〕, 제33권 상례비요(喪禮備要) 우제(虞祭) 축문의 서식》 '성사(成事)'에서 사(事)는 제사로 '제사를 이루었다'는 뜻이다. 졸곡은 상제(喪祭)를 길제(吉祭)로 바꾼다는 의미로 성사라고 하는 것이다.

합사하려고 하오니, 슬피 사모하는 마음을 가누지 못하겠습니다. 삼가 써…….〔維歲月日干支 孝子某敢昭告于顯考某官府君 家力不逮 祔事過時未行 今迫大祥 禮當追擧 將以來日隮祔于祖考某官府君 不勝哀慕 謹以……〕"-이는 궤연에 고유하는 글이네.-

문 대상을 지낸 뒤 무릇 서소(書疏)에서 고애(孤哀)의 칭호에 관계된 것[145]은 비록 《의례문해》에 근거할 만한 것이 있지만 혹 위장(慰狀)[146]이 온 경우도 마땅히 대상 전에 의거하여 답해야 하는 것입니까?

답 담제 전의 서소에서 이미 '고애'라고 일컬었으니, 그렇다면 대상을 지낸 뒤 다른 사람의 위문에 답하는 서소도 마땅히 대상을 지내기 전에 의거해야 할 것인데 때에 따라 맞추어서 쓰는 문구는 '해와 달이 머물지 아니하여〔日月不居〕'의 아래에 마땅히 '어느덧 대상이 지나버렸으니〔奄經大祥〕'라고 말해야 하고, '당일 은혜를 입어〔卽日蒙恩〕'의 아래에 '다만 궤연을 모시고〔祇奉几筵〕' 네 글자를 제거하는 것이 마땅하네.[147]

145 대상을……것 : '서소'는 거상(居喪) 중의 서한(書翰)이다. 이때 서한에서는 자신을 '고자(孤子)', '애자(哀子)', '고애자(孤哀子)' 등으로 일컫는다. 이와 관련된 내용은 《가례》 권6 〈상례〉의 "부모가 죽었을 때 남의 위장(慰狀)에 답하는 편지〔父母亡答人慰疏〕" 등에 보인다.

146 위장(慰狀) : 상(喪)을 당한 사람에게 보내는 편지이다. 부고를 듣고서 직접 조문하러 가지 못하면 대신 편지를 보내 조문하고 상대방도 이 편지를 받고 답장을 보낸다. 이때 누구의 상을 당하였느냐에 따라 그 내용과 형식이 달라지게 된다.

147 대상을……마땅하네 : 이와 관련하여 참고로 《가례》 권6 〈상례〉의 "부모가 죽었을 때 남의 위장(慰狀)에 답하는 편지〔父母亡答人慰疏〕"를 살펴보면 다음과 같다. "……해와 달이 머물지 아니하여 어느덧 순삭을 넘기니 참혹한 벌에 고통스런 죄를

받아 생명을 보전하기를 바라지 못하였는데, 당일 은혜를 입어 다만 궤연을 모시고 구차스레 몸을 보존하고 있습니다.……〔……日月不居, 奄踰旬朔, 酷罰罪苦, 無望生全, 卽日蒙恩, 祇奉几筵, 苟存視息.……〕”

백상에게 답하다
答伯常

문 25일에 파구분(破舊墳)하는데 조비(祖妣)의 분산(墳山)이 묘역 안에 함께 있어서 마땅히 선영에 고하는 한 가지 절차가 있어야 할 것입니다. 《상례비요》와 《의례문해》에 모두 이에 관한 내용이 없는 것인지요?

답 자네가 물어본 의심스러운 예(禮)에 대해서는, 일찍이 예서를 보았으나 이와 관련된 내용이 나온 부분은 아직 없다네. 그러나 천장(遷葬)할 적에 그 위(位)가 구산(舊山)에서 떠나게 되는데 같은 묘역 안에 있는 선영에 모른 척 아뢰지 않는 것은 인정으로 보나 도리로 보나 흠이 될 것 같네. 내 생각으로는 고유하는 것이 아마도 마땅할 듯하고, 그 고유하는 글은 만들어 사용하더라도 아무런 문제가 되지 않는다고 보네.

백상에게 답하다
答伯常

문 어떤 사람이 작년 8월 26일, 그 생부의 상(喪)이 서관(西關)의 임소(任所)에서 났는데 9월 초사흘에 부음을 들었습니다. 이런 경우 소상(小祥)에 변복(變服)하는 한 가지 일[148]에 대해서 의심할 단서가 없지 않습니다.

대체로 달을 넘겨서 부음을 들었을 경우 부음을 들은 일자를 기준으로 다시 제사를 설행하고 변복하는 것이 비록 예이지만, 이 상인(喪人)은 이미 출계한 자로 소상일에 변복하면 월수를 줄인다는 혐의가 있을 것 같고, 부음을 들은 일자에 다시 제사를 지내면 이는 아마도 예의 올바름을 얻은 것이 아닐 듯합니다.

또한 상인에게는 본생가의 형만 있는데 그 형은 이미 죽었고, 과부인 형수가 집안일을 주관하는데 부음을 들은 것이 또한 9월이었으니, 비록 부녀자라고 하지만 그 변복을 또한 마땅히 부음을 들은 일자를 기준으로 해야 하는 것입니까? 상인은 생부가 병이 났다는 소식을 듣고 즉시 길을 떠나갔는데 도중에 부음을 받았기 때문에 형수와 시동생이 부음을 들은 일자가 각각 다른 것입니다. 지금 만약 각각 부음을 들은 일자를 기준으로 제사를 설행하고 변복하면 이에 번잡하고 설만하다는

148 소상(小祥)에……일 : '소상'이란 윤달을 제외하고 사람이 죽은 지 만 1년, 즉 13개월째 되는 달의 기일(忌日)에 지내는 제사이다. '변복'은 소상을 마치고 나서 연복(練服)으로 바꿔 입는 것을 말한다.

혐의가 없지 않겠습니까.

답 추후하여 부음을 들었을 경우 돌아가신 일자에 전(奠)을 차려놓고 단헌(單獻)으로 거행하며 부음을 들은 일자에 소상을 거행하고 변복하는 것은 바로 적자(適子)를 이른 것이네. 지자(支子)는 부음을 들은 일자에 그저 곡읍하고 변복할 뿐이고 감히 제사를 설행하지 못하니, 이것이 예(禮)라네. 지자도 오히려 이러한데 더군다나 출계한 자는 더 말해 무엇 하겠는가.

생부를 위하여 입는 복(服)에 대해서는 예가(禮家)가 백부나 숙부를 위하여 입는 복(服)과 똑같이 하였는데, 다른 점은 다만 심상(心喪)이라는 한 가지 예절뿐이라네. 그렇다면 출계한 자가 본생친을 위하여 입은 복(服)을 변제할 적에 그저 기년복을 입는 사람의 예(例)를 따라야 할 뿐이네.

기년복을 입는 사람이 추후하여 부음을 들었을 경우의 변제에 대하여 만약 사계(沙溪)의 《의례문해》에 "죽은 달부터 계산한다."[149]라고 한 글을 적용하면 윤 상인(尹喪人)[150]이 비록 그 생부의 망일에 제복하더라도 불가함이 없을 것 같으나 남계(南溪)는 월수를 줄이는 것을 혐의쩍게 생각하여 《의례문해》의 설(說)을 따르지 않고 "기년복 이상은 자연 응당 연으로 헤아리는 제도를 써야 한다."[151]라고 하였네. 여기

149 죽은 달부터 계산한다 : 이와 관련하여 《의례문해》에 "기년복 이상은 모두 사망한 달을 기준으로 계산하는데, 유독 대공 이하에 대해서는 성복한 달을 기준으로 계산한다면 아마도 의의가 없을 듯하니, 마땅히 사망한 달을 기준으로 삼아야 한다.〔朞以上, 皆以死月爲計, 獨於大功以下, 以成服爲計, 恐無義意, 當以死月爲準.〕"라고 하였다.

150 윤 상인(尹喪人) : 윤씨 일족 중에 상(喪) 중에 있는 사람을 가리킨다.

151 기년복……한다 : 이 말은 "제복하는 달수는 진실로 막 죽었을 때부터 계산해야

에 근거하면 윤 상인은 마땅히 부음을 들은 날에 제복해야 할 것이네. 이 두 가지 설 중에서 선택하여 행해야 할 것일세.

윤 상인의 본생가 형수로 말하면, 비록 부녀자가 추후하여 부음을 들은 경우라고 하지만 또한 마땅히 부음을 들은 일자를 기준으로 변제해야 할 것이네. 부음을 들은 일자에 제사를 거행하는 한 가지 일에 대해서는, 이미 적부(嫡婦)가 집안일을 주관하는 경우이니, 그렇다면 마땅히 적자의 예(禮)를 따라서 돌아가신 일자에 전(奠)을 차려놓고 부음을 들은 일자에 소상을 거행해야 할 것 같네. 또한 그 집안이 만약 돌아가신 일자에 소상을 거행하고자 하면 변복하는 사람이 없어서 제대로 된 소상의 제사를 이루지 못할 것이네. 그 형세상 주부가 부음을 들은 일자에 소상을 추후해 거행하지 않을 수가 없네.

하는데, 가령 그믐날에 죽어서 그다음 달에 성복하였을 경우도 막 죽었을 때부터 계산해야 합니까?〔除服月數, 固當從始死計, 假如晦日死而成服於次月, 亦當從始死計耶?〕"라는 최시옹(崔是翁, 1646~1730)의 물음에 "제복하는 달수는 죽은 달부터 계산한다는 것은《의례문해》의 의론입니다. 그렇다면 그저 두 달 동안만 복(服)을 입을 뿐이니, 마음속으로 항상 의심하고 있었는데, 이제 다시 자세히 살펴보니, 정씨가 이미 '월로 헤아리는 경우는 윤월을 세고 연으로 헤아리는 경우는 윤월을 세지 않는다.'라고 말하였습니다. 이제 소상과 대상에 반드시 죽은 날짜를 기준으로 제사를 거행하면 기년복 이상은 자연 연으로 헤아리는 제도를 적용해야 합니다. 대공 이하 월로 헤아리는 경우에 이르러서는 자연 성복한 월수로 헤아려야 합니다.〔除服月數從死月爲計, 問解之論也, 然則只服二朔, 心常爲疑, 今更詳之, 鄭氏旣曰以月數者數閏, 以年數者不數閏, 今小祥大祥必以死日行祭, 則期以上自當用年數之制, 至於大功以下以月數者, 自當以成服之月數數之.〕"라고 한 박세채의 대답에 보인다.《南溪正集 卷50 答崔漢臣問-庚午十二月十一日-》

백상에게 주다
與伯常

이천여 리나 되는 먼 지역으로 찬축되어 기한이 촉박한 유배길은 밤에도 독촉하니, 만나 보고 작별할 수 없음은 형세가 그러한 것일세. 그러나 저 아득히 먼 북쪽 지방은 편지를 부쳐 서로 안부를 물어볼 수 없으니, 그렇다면 그저 암담하고도 창망한 심경이 깊어질 뿐이라네. 어느덧 세모(歲暮)가 되니, 알지 못하겠네만 이 엄동설한에 어려움에 처한 그대의 기거하는 정황은 어떠한가? 변방의 풍상 속에 아무런 탈 없이 잘 지낼 수는 있는가? 조도(調度)는 어떻게 이어가는가? 무호(蕪湖)의 위거사(韋居士)[152]와 같은 이는 있는가? 고인(古人)은 찬적되어 유리하는 와중에도 책을 읽으며 스스로 수양하여 그 조수(操守)를 더욱 견고하게 하여 지향과 사업을 성취한 경우가 많으니, 이것이 삼가 우리 백상을 위하여 바라는 바라네. 다하지 못한 말은 많지만, 그저 은택을 베풂이 두루 널리 퍼져서 봄이 되거든 바로 사환(賜環)[153]

152 무호(蕪湖)의 위거사(韋居士) : 옛적 송(宋)나라 무호(蕪湖)에 자(字)가 심도(深道)인 위 거사(韋居士)라는 부자가 있었는데, 그는 의리(義理)를 좋아하여 황태사(黃太史)나 진료옹(陳了翁) 등 원우(元祐) 연간의 제현(諸賢)이 귀양 갈 적에 후한 대접을 하였으며, 그들의 곤궁함을 보살피는 데 성의(誠意)를 다하였다. 특히 진료옹에게 해마다 양식을 보내줬는데 적어도 1천민〔千緡〕 정도는 되었다고 한다. 《宋元學案 卷3》

153 사환(賜環) : 예전에 죄가 있어 쫓겨난 구신(舊臣)을 임금이 사면하여 조정으로 다시 불러들이는 것을 뜻한다. 《순자(荀子)》 〈대략(大略)〉에 "임금이 사람과 절교할 때에는 결을 쓰고, 절교한 사람을 돌아오게 할 때는 환을 쓴다.〔絶人以玦, 反絶以環.〕"

을 입기를 축원할 뿐이라네. 우선 이만 줄이네. 격식을 갖추지 못하네.

라고 하였는데, 그 주에 "옛날에 신하가 죄가 있으면 경계 지역에서 방축(放逐)하기를 기다리며 3년을 감히 떠나지 않았는데, 임금이 환을 주면 돌아오고 결을 주면 절교하는 것이다.〔古者臣有罪, 待放於境, 三年不敢去, 與之環則還, 與之玦則絶.〕"라고 하였다. '결(玦)'은 고리의 한 부분이 떨어진 옥으로 결별을 나타내고, '환(環)'은 둥근 모양의 고리가 완전히 이어진 옥으로 다시 돌아오게 함을 나타낸다.

백상에게 주다
與伯常

궤연(几筵)에도 고유하는 글이 없어서는 안 되니, 이는 인정과 도리가 그러한 것이라네. 마땅히 말을 잘 엉구어 만들어서 사용해야 할 것인데 다만 상식(上食)을 통하여 고유하면 상식에는 곡읍(哭泣)이 있으니, 아마도 길(吉)과 흉(凶)이 서로 뒤섞인다는 혐의가 있을 듯하네. 그러니 별도로 술과 과일을 차려놓고 때를 따라 전(奠)을 올리고 아뢰는 것이 적절할 것 같네. 어찌 생각하는가. 어찌 생각하는가. 비록 근거할 만한 선배의 설(說)이 없지만 이렇게 행한들 무슨 문제 될 것이 있겠는가. 이 몸은 이미 병 때문에 갈 수 있는 처지가 아니니, 오직 좌하가 응방(應榜)[154] 뒤 한번 와서 보기를 기다릴 뿐이라네.

154 응방(應榜) : 급제자가 과시 합격자를 호명하는 창방(唱榜) 행사에 응하는 것으로, 이때 임금이 친림하여 이들에게 사은숙배(謝恩肅拜)를 받고 꽃을 내리고 잔치를 베풀었다.

삼종제 치백[155] 능원 에게 답하다

答三從弟穉百 能源

조주(祧主 체천하는 신주)는 마땅히 최장방(最長房)의 이름으로 방주(旁註 방제(旁題))를 바꾸어 적어야만 하는데, 길제(吉祭)를 지내기 전 각 신위를 개제주(改題主)할 때 한꺼번에 해서는 안 되고, 마땅히 길제를 지낸 뒤 바로 그날 혹은 다른 날을 잡아 술과 과일을 차려놓고 개제주에 관하여 고유해야만 하니, 이때 최장방의 이름으로 족인(族人)을 시켜서 대신하여 고유하게 하는 것이 마땅하네.

최장방은 전에 봉사(奉祀)한 사람과 세대의 차서가 똑같으니, 그렇다면 개제주할 때 그저 방제만 고친다는 것은 바로 남계(南溪)의 의론인데, 도암(陶菴)은 '전부 다 깨끗이 씻어내 버리는 것이 낫다.'라고 주장하였으니, 어느 설(說)을 따르는 것이 옳을지는 알지 못하겠네. 잘 헤아려서 처리하게.

길제(吉祭)를 지내고 개제주할 때 개제주해야 하는 신위에 술과 과일을 진설하고 새 신주 앞에는 술과 과일을 진설하지 않는다고 우옹(尤翁)께서 논하신 바가 있으니, 마땅히 이를 따라야 하네.

155 삼종제 치백 : 박능원(朴能源, 1738~1799)으로, 본관은 반남, 자는 치백, 호는 수졸당(守拙堂)이며 박사윤(朴師尹)의 아들이다.《贈判書公林宗派 潘南朴氏世譜 卷2 第2編 663~664面》

치백에게 답하다
答穉百

체천하는 신위의 개제주에 관해 고유하는 글은 이전의 저본(底本)을 대략 고쳐서 보냈으니, 상세히 살펴보시게. 체천하는 신주를 최장방에게서 그다음 최장방으로 옮기는 것은 비록 망자의 삼년상을 다 끝마치기를 기다리지 않는다고 하더라도 장사 지내기 전에 하는 것은 너무 급작스러운 것 같네. 이미 장사 지냈는지 안 지냈는지는 과연 들어서 아는가?

체천하는 신위에 방제를 적는 것에 관하여 고유하는 글은 마땅히 다음과 같아야 하네.

> "유세차 간지 모월 간지삭 모일 간지에 서현손 모는 감히 현고조고 모관 부군과 현고조비 모봉 모씨께 분명하게 아룁니다. 지금 최장방인 현손 모가 세상을 떠났기 때문에 모가 차례상 마땅히 봉사하는 사람이 되어야 합니다. 그러나 형세가 빈궁하여 옮겨 가 받들 수 없기에 장차 전과 같이 종가의 별묘에 임시로 봉안하려고 하는데, 예법상 마땅히 모의 이름으로 신주의 방주에 적어 넣고 오세손 모를 시켜서 제사를 섭행하게 해야만 합니다. 이제 장차 개제주하려고 하기에 삼가 술과 과일을 차려 놓고서 경건하게 아뢰는 정성을 펴나이다. 삼가 아룁니다.〔維歲月日干支 庶玄孫某 敢昭告于顯高祖考某官府君 顯高祖妣某封某氏 今以最長房玄孫某喪逝 某次當爲奉祀之人 而形勢貧窮 不能遷奉 將如前權奉于宗家別廟 禮當以某名書于神主旁註 使五世孫某攝行祭祀 今將改題 謹以酒果 用伸虔告 謹告〕"

치백에게 답하다

答穉百

자네가 물어본 공최(功衰)[156]의 가장자리를 꿰매는 것이 마땅한지 않은지는, '효대(絞帶)를 포(布)로 할 것인가 마(麻)로 할 것인가'[157]의 문제이니, 이는 하나의 의안(疑案)으로 예가(禮家)의 의견이 서로 일치하지 않아 의론이 분분한 것이네. 그러니 내가 어찌 감히 억측해 결단하겠는가. 하지만 나의 생각으로는 최복을 꿰매고 효대(絞帶)는 포(布)를 사용하는 것이 옳다고 보네. 그래서 지난해 선인의 상(喪)을 치르며 연제(練祭)를 지낼 때 이렇게 거행하였다네.

156 공최(功衰) : 참최복을 입는 상이나 자최복을 입는 상에서 소상을 지낸 뒤에 입는 상복으로, 그 제도가 대공복(大功服)과 같아서 붙여진 이름이다.

157 효대(絞帶)를……것인가 : 이와 관련된 내용은 《의례》 〈상복〉의 전(傳)에 보인다. 그 대문(大文)에 "효대란 승대이다.〔絞帶者, 繩帶也.〕"라고 하였는데, 이에 대한 가공언의 소에 "질대(絰帶)는 우제를 지낸 뒤에 마(麻)를 바꾸어 갈(葛)을 착용한다. 효대에 대해서는 우제를 지낸 뒤에 바꾸는 바를 말하지 않았지만, 공사(公士)와 중신(衆臣)이 군주를 위하여 포대(布帶)를 착용하고, 또 자최 이하도 포대를 착용하니, 그렇다면 효대는 우제를 지낸 뒤에 마를 바꾸어 포를 착용하는 것이 예의 뜻에 옳다.〔絰帶至虞後變麻服葛, 絞帶虞後雖不言所變, 案公士衆臣爲君服布帶, 又齊衰已下, 亦布帶則絞帶虞後變麻服布, 於義可也.〕"라고 하였다. 또한 《상례비요(喪禮備要)》 〈소상(小祥)〉의 '소상의 제구(諸具)'에서 "연제를 지낼 때 만약 고례(古禮)를 적용해서 요질(腰絰)을 갈(葛)로 바꾸어서 착용하면 효대(絞帶)도 역시 마땅히 포(布)로 바꾸어서 착용해야 한다."라고 하였다. 박윤원의 주장에 따르면, 요질을 갈로 바꾸어서 착용하고 효대를 포로 바꾸어서 착용하는 것은 바로 옛적에 우제를 지내고 변복하는 예(禮)인데 소상으로 옮겨서 적용했기 때문에 그러한 것으로, 비록 참최복을 입는 상에서 연제를 지낼 때의 효대라고 하더라도 역시 포로 바꾸어서 착용하는 것이 마땅하다.

치백에게 답하다

答穉百

보내온 편지의 내용은 대략 잘 알았네. 공최(功衰)[158]의 가장자리를 꿰매는가 꿰매지 않는가에 대해서는 이렇다 할 명확한 예문(禮文)이 없기 때문에 쟁단을 야기하여 꿰맨 것을 주장하는 자도 있고 꿰매지 않는 것을 주장하는 자도 있네. 효대(絞帶)에 이르러서는 《상례비요》에서 이미 포(布)를 사용하는 것이 옳다고 하였으니,[159] 그렇다면 마땅히 《상례비요》의 설(說)을 따라야 하네. 대체로 효대는 마(麻)를 사용해야 한다는 의론은 외암(巍巖 이간(李柬))이 강력히 주장한 것인데 또한 행하기 어려운 점이 있다네.

158 공최(功衰) : 참최복을 입는 상이나 자최복을 입는 상에서 소상을 지낸 뒤에 입는 상복으로, 그 제도가 대공복(大功服)과 같아서 붙여진 이름이다.

159 《상례비요》에서……하였으니 : 《상례비요(喪禮備要)》 〈소상(小祥)〉의 '소상의 제구(諸具)'에서 "연제를 지낼 때 만약 고례(古禮)를 적용해서 요질(腰絰)을 갈(葛)로 바꾸어서 착용하면 효대(絞帶)도 역시 마땅히 포(布)로 바꾸어서 착용해야 한다."라고 하였다. 《의례》 〈상복〉의 전(傳)에 "효대란 승대이다.〔絞帶者, 繩帶也.〕"라고 하였는데, 이에 대한 가공언의 소에 "질대(絰帶)는 우제를 지낸 뒤에 마(麻)를 바꾸어 갈(葛)을 착용한다. 효대에 대해서는 우제를 지낸 뒤에 바꾸는 바를 말하지 않았지만, 공사(公士)와 중신(衆臣)이 군주를 위하여 포대(布帶)를 착용하고, 또 자최 이하도 포대를 착용하니, 그렇다면 효대는 우제를 지낸 뒤에 마를 바꾸어 포를 착용하는 것이 예의 뜻에 옳다.〔絰帶至虞後變麻服葛, 絞帶虞後雖不言所變, 案公士衆臣爲君服布帶, 又齊衰已下, 亦布帶則絞帶虞後變麻服布, 於義可也.〕"라고 하였다.

치백에게 답하다
答穉百

물어본 예절에 대해서는, 《예의류집》을 자세히 살펴보니 우암(尤庵)은 부제(祔祭)를 지낼 때 오복(五服)의 사람은 각각 해당하는 복(服)을 입는다고 하였고, 남계(南溪)도 이르기를, "부제의 복색에 대해서는 《가례》에서 별다른 말을 하지 않았으니, 최복 차림으로 거행하는 것은 의심할 만한 점이 없다."라고 하였네. 여기에 근거하면 흉복(凶服) 차림으로 사당에 들어가는 것은 온당하지 못한 점이 없을 것 같으니, 새 신위에 나아가고 사당에 나아가는 때를 어찌 따지겠는가. 여기서 압존(壓尊)[160]의 혐의를 적용하지 않는 것은 부제란 본래 망인을 위하여 설행하는 것이기 때문에 그러하다네.

160 압존(壓尊) : 상대적으로 존귀한 대상으로 인해 그보다 덜 존귀한 대상에게 당연히 갖춰야 할 예를 갖추지 못하거나, 어른에 대한 공경을 더 높은 어른 앞에서, 혹은 특별한 이유로 인해 억누르는 것이다. 흉례에서 살아계신 아버지로 인해 먼저 돌아가신 어머니의 상기(喪期)를 자최(齊衰)3년에서 자최 기년(朞年)으로 줄여 복상(服喪)하는 것도 압존에 의해서이다.

치백에게 답하다
答穉百

담제(禫祭)를 지내는 달이 중월(仲月)과 겹치면 바로 이달 안에 마땅히 길제(吉祭)를 거행해야 하니, 평상시 정기적으로 지내는 정제(正祭 시제(時祭))를 행하는가 행하지 않는가를 어찌 따지겠는가.

담제를 거행할 때 마땅히 길복(吉服) 차림으로 제사를 거행하고 제사가 다 끝나면 도로 미길(微吉)의 복(服)[161]을 착용해야 하니, 이른바 '미길'이란 역시 칠립(漆笠)·백포(白袍)·흑대(黑帶) 차림으로 참색(黲色 옅은 청흑색)을 가리킨 것이 아니네. 시속에서 참색의 입(笠)과 참색의 대(帶)를 착용하는 경우가 있는데, 이는 옳지 않다네.

담제를 지낼 적에 신주를 내어 올 때 고유하는 글은 《상례비요》에는 없고 오직 구준(丘濬)의 《가례의절(家禮儀節)》에만 있으니, 마땅히 《상례비요》를 따라 쓰지 않는 것이 옳다네. 담제의 축문에서는 마땅히 '효자(孝子)'라 칭해야 하고 '고애(孤哀)'라고 칭해서는 안 되네.

161 미길(微吉)의 복(服) : '미길'은 아직 완전히 길하지 않고, 조금 길함을 이른다. 《상례비요(喪禮備要)》 〈대상(大喪)〉에 "대상에는 미길(微吉)의 옷을 입었다가 대상 제사를 지내고 나서는 도로 미흉(微凶)의 옷을 입고, 담제에는 길복을 입었다가 담제를 지내고 나서는 미길의 옷을 입으며, 길제를 지내고 난 뒤에 가서 평상복을 입는 것이 예의 본뜻에 맞을 듯하다."라고 하였다.

담제를 지낸 뒤 서소(書疏)에서는 자기 자신을 스스로 칭할 경우 마땅히 평상시와 똑같이 해야 하네. 혹 '담복인(禫服人)'이라고 칭하는 경우가 있지만 옳지 않은 것 같네.

담제의 축문은 마땅히 《상례비요》의 내용과 똑같이 '일월불거 엄급담제 숙흥야처(日月不居奄及禫祭夙興夜處)' 등의 말을 그대로 사용해야 하니, '담제유기 추원(禫祭有期追遠)……'의 《가례의절》의 글[162]에 이르러서는 굳이 쓸 필요가 없네.

162 담제유기……글 : 구준의 《가례의절》에 "고자 모가 현고 모관 부군의 신주에 감히 분명하게 아룁니다. 담제(禫制)에 기한이 있어 추원이 미치지 못하니, 삼가 맑은 술과 여러 음식으로 공경히 담사를 올립니다.〔孤子某, 敢昭告于顯考某官府君神主, 禫制有期, 追遠無及, 謹以淸酌庶羞, 祗薦禫事〕"라고 하였다.

치백에게 답하다
答穉百

내달에 합독(合櫝)하는 의절은, 길제(吉祭)의 축문에서 장차 배향하려 한다는 내용으로 이미 아뢰었으니, 그렇다면 군이 다시 고할 필요는 없을 것 같네. 출계(出繼)한 사람이 그 본생가의 부친을 위하여 상(喪)을 주관하면 상제(祥祭)의 축문은 '어느덧 대상이 이르렀습니다.〔奄及大祥〕'의 아래에 '이른 새벽부터 늦은 밤까지 슬프고 서러워 스스로 편안할 수가 없어서〔夙夜悲哀 不能自寧〕'로 말을 만들어야 하고, 그 나머지는 《상례비요》의 본문[163]을 따르는 것이 옳네.

163 상례비요의 본문 :《상례비요》에 수록된 대상(大祥)의 축문은 "……해와 달이 머무르지 않아서 어느덧 대상이 이르렀습니다. 이른 새벽에 일어나서 늦은 밤에 잠들 때까지 애모하는 마음 편안하지 못하여 삼가 청작과 서수로 슬피 상사를 올립니다. 흠향하시기 바랍니다.〔……日月不居, 奄及大祥, 夙興夜處, 哀慕不寧, 謹以淸酌庶羞, 哀薦祥事, 尙饗.〕"라고 되어 있다.

치백에게 답하다
答穉百

물어본 의심스러운 예는, 이 한 절(節)이 《상례비요》에 어찌 있겠는가. 이미 《예기》에 이른 "삼년상의 복을 입는 자가 있으면 반드시 그들을 위하여 연제(練祭)와 상제(祥祭)의 두 제사를 지내 준다."[164]라고 한 글을 따라서 소상과 대상을 거행하였으면 담제는 그 가운데에 포함되어 있네.

담제는 진실로 행할 만하나 만약 삼년상의 복을 입어야 하는 자가 없으면 생부의 상은 기년복을 입고 담제가 없으니, 어찌 스스로 자기 자신을 위하여 담제를 거행할 수 있겠는가. 만약 삼년상의 복을 입어야 하는 자를 위하여 담제를 행하면 담제 축문의 글은 전일 내가 직접 기록해 고한 글에 나아가 '엄급담제(奄及禫祭)'의 아래에 '숙야비애 불능자녕(夙夜悲哀不能自寧)' 여덟 글자를 사용하여 대상의 축문을 따라서 쓰는 것이 마땅할 걸세.

심제(心制)에서의 변제(變除)[165]는 마땅히 길월(吉月 길제를 지내는

164 삼년상의……준다 : 이와 관련된 구체적인 내용은 《예기》 〈상복소기(喪服小記)〉에 다음과 같이 보인다. "대공친인 자가 다른 사람의 상을 주관할 경우 삼년상의 복을 입는 자가 있으면 반드시 그들을 위하여 연제(練祭)와 상제(祥祭)의 두 제사를 지내 준다.〔大功者主人之喪, 有三年者則必爲之再祭.〕" 여기서 '대공친'이란 망자의 사촌 형제이며, '삼년상의 복을 입는 자'란 망자의 처와 어린 아들이다.

165 심제(心制)에서의 변제(變除) : '심제'란 심상(心喪)의 복제(服制)로, 통상 협의(狹義)로는 '상제가 대상(大祥)이 지난 뒤 담제(禫祭)까지 입는 복'을 가리킨다. '심상'

달)의 시기에 있어야 하니, 길월의 첫 번째 정일(丁日)에 비록 길제를 행하지 못하더라도 곡(哭)하지 않고 자신의 상차(喪次)[166]에서 길복으로 바꾸어 입는 것이 마땅하네. 이에 대해서는 신독재(愼獨齋 김집(金集))의 말씀이 있으니, 이것을 따라서 행하는 것이 옳다네.

이란 실제로는 상복을 입지 않지만 상기(喪期) 동안 상을 치르는 마음으로 지내는 것을 이르는데, 일반적으로 스승과 벗의 상에 행하며, 또한 부재모상(父在母喪)에서 자식들이 행한다. '변제'란 보통 '변복(變服)'과 '제상(除喪)'의 병칭으로서 사용하는 말이다. '변복'이란 삼년상의 절차 중 의복을 바꾸어 입는 상황들을 가리키는바, 그중 소상과 대상 및 담제가 대표적이다. 소상 때는 연복(練服)으로 갈아입는데, 남자는 수질(首絰)을, 여자는 요질(腰絰)을 제거하며, 대상 때는 담복(禫服)으로, 담제 때는 길복(吉服)으로 갈아입는다. 일설에 의하면 대상 때는 상복(祥服)으로, 담제 때는 담복으로 갈아입는다고 한다. '제상'이란 상기(喪期)를 다 끝마치고 상복을 완전히 벗는 것인데, 주로 대상 때를 가리킨다.《喪禮備要 下 小祥, 大祥, 禫》《四禮便覽 卷6 喪禮4 小祥, 大祥, 禫》

166 상차(喪次) : 상중(喪中)에 상주(喪主)가 거처하며 집상(執喪)하는 곳을 이른다.

치백에게 주다
與穉百

환갑은 내가 겪은 바이네.[167] 이날 지인과 벗들이 혹 축하하는 말을 하기도 하였는데, 나 자신의 회포는 슬픈 감정이 평상시보다 갑절이나 되어 온밤 내내 즐겁지 않았다네.[168] 내 전날의 마음을 가지고 좌하의 오늘의 마음을 알겠네. 맑은 가을에 기거하는 정황이 더욱 좋으리라 생각되네. 일찍이 듣기로 추석을 통하여 선산으로 가서 머물 것이라고 하던데 과연 그러한가? 비록 집에 있더라도 나처럼 병들어 문을 나서지 못하는 자는 만나서 정담을 나눌 수 없으니, 서운하고도 섭섭한 이 마음을 가눌 수 있겠는가. 그러나 마음속에 축원하는 바가 있다네. 예순하나는 이미 하수(下壽)를 넘었네. 하수에서 중수까지, 중수에서 상수까지 나이와 지위가 함께 높아져 태평함에 늙고 만년의 절개를 더더욱 가다듬어 능히 집안의 명성을 이어나가 늠록(廩祿)이 풍부해

167 환갑은……바이네 : 박윤원은 갑인년인 1734년(영조10) 5월 5일생으로, 그의 회갑은 1794년(정조18)이다.《梅山先生文集 卷49 近齋朴先生行狀》《德隱遺稿 卷2 祖考近齋先生府君年記》

168 이날……않았다네 : 박윤원은 삼녀상을 치른 뒤로 평소 생일을 만나도 술을 마시지 않았으며 회갑 생일에 부모에 대한 그리움으로 생일연을 하지 않았다. 이와 관련하여 박윤원의 연기(年記)에 "이해 5월은 바로 회갑 생신이었는데 육아의 애통함이 더욱 절실하여 별찬을 잡수시지 않았다. 가인이 추후 마련하고자 하였으나 허락하지 않으셨다.〔五月卽周甲晬辰, 而益切蓼莪之痛, 不進別饌, 家人欲追設, 不許.〕"라고 하였다. 이러한 내용은 박윤원의 행장에도 보인다.《梅山先生文集 卷49 近齋朴先生行狀》《德隱遺稿 卷2 祖考近齋先生府君年記》

져서 종사(宗祀)를 받들며 건강해 무양하여서 자손을 잘 어루만지게. 그래서 매년 봄마다 내 삼종형제 예닐곱 사람과 화수회를 만들어서 잔술을 마시며 담소를 나누고 싶네. 이렇다면 이것이 어찌 여생에서 즐길 만한 것이 되지 않겠는가. 이내 심정에 간절한 바를 서자(書字)에다 적어 드러내 보이니, 과연 선도(善禱)[169]가 될 만한지 알지 못하겠네. 기타 할 말은 많지만 이만 줄이네. 격식을 갖추지 못하네.

169 선도(善禱) : 이는 춘추 시대 진(晉)나라 헌문자(獻文子)의 고사에서 나온 말로, 구체적인 내용은 《예기》 〈단궁 하(檀弓下)〉에 다음과 같이 보인다. 헌문자가 집을 낙성하자, 진나라 대부들이 모두 가서 축하하였다. 이때 장로(張老)가 말하기를, "아름답구나! 높고 큼이여. 아름답구나! 물건이 찬란함이여. 여기에서 제사하고 노래를 부르며 여기에서 곡하며, 국빈(國賓)과 친족이 여기에서 모일 것이다.〔美哉輪焉! 美哉奐焉! 歌於斯, 哭於斯, 聚國族於斯.〕"라고 하였다. 그러자 문자가 말하기를, "내가 여기에서 제사하고 노래를 부르며 여기에서 곡하며, 국빈과 친족이 여기에 모인다면 이는 내가 목숨을 잘 보전해서 선대부를 구원(九原)에서 따를 것이다.〔武也得歌於斯, 哭於斯, 聚國族於斯, 是全要(腰)領以從先大夫於九京(原)也.〕"라고 하고는 북향하여 재배하고 머리를 조아렸다. 군자가 이것을 두고 "장로는 칭송을 잘하였고, 헌문자는 기도를 잘하였다.〔善頌善禱.〕"라고 평가하였다.

치백에게 주다

與穉百

백상(伯常 박길원(朴吉源))의 손자의 혼례를 주관하는 일은, 다시 생각건대 규서(逵瑞)는 비록 혼인할 자의 종조(從祖)이지만 이미 지자(支子)이고, 또 한 가문의 장(長)이 아니니, 반드시 혼례를 주관하는 것이 옳다는 의리는 없네. 송수(松壽)가 본래 고조를 이은 소종(小宗)이니, 그렇다면 마땅히 그 아우의 혼례를 주관해야 하네. 이렇게 결정하는 것이 어떻겠는가.

삼종제 규서 홍원 에게 답하다

答三從弟逵瑞 鴻源

우암(尤庵)께서 말씀하시기를, "부친이 살아 계시는데 모친을 위하여 복(服)을 입는 것은 바로 기년으로 입는다고 정해진 것이니, 어찌 차마 부친이 돌아가셨다고 하여서 대번에 모친을 위한 정을 펴겠는가. 그대로 기년복을 입고서 11개월째 되는 달에 연제를 지내고 13개월째 되는 달에 상제를 지내기를 마땅히 《통전》을 비롯한 제설(諸說)과 똑같이 해야 하네. 만약 부친이 모친상의 장사 전에 돌아가셨으면 '망실'이라고 제주하는 것은 의의가 없을 것 같으니, 어떨지 모르겠네. 비록 '현비'라고 제주하더라도 연제와 상제는 여전히 부친이 살아 계실 때와 똑같이 하는 것이 아마도 서로 문제 되지 않을 듯하네. 만약 이러하다면 제주하는 것과 연제와 상제를 지낼 때 모든 곡절을 갖추어서 아뢰어야 일이 비로소 완전하게 되네."[170]라고 하셨네. 우옹의 설(說)이 이와 같으니, 비록 '현비'라고 제주하더라도 복제는 의심의 여지 없이 11개월째 되는 달의 연제를 거행해야 하네.

연제를 지내기 하루 전에 아뢰는 것에 대해서 도암(陶庵)이 비록 고위(考位)와 비위(妣位)에 각각 고해야 한다는 의론을 폈지만, 내 생각으

170 부친이……되네 : 이 말은 송시열이 1668년(현종9) 2월 15일 박세체에게 보낸 편지의 별지(別紙)에 보이는 내용으로, 현재 《송자대전》 권65 〈박화숙에게 답하다〔答朴和叔〕〉에 실려 있다.

로는 현석(玄石)의 설을 따라 비위에만 고하는 것도 문제 될 것이 없다고 보네. 이는 대체로 부친이 살아 계실 때 이미 그 의도를 아셨으니, 고위에는 굳이 아뢸 필요가 없기 때문에 그러한 것일세.

비위에 고유하는 글의 내용은 마땅히 다음과 같아야 하네.
"유세차 간지 모월 간지삭 모일 간지에 효자 모는 감히 현비 모봉 모씨께 분명하게 아룁니다. 모가 죄역이 심중하여 선비의 상사에 장사를 지내기도 전에 선고께서 불초를 버리고 세상을 떠나셨습니다. 삼가 예가의 정론에 따라 선비의 신주에 '현비'라고 적지만 복제는 감히 부재모상[171]의 예법을 그대로 따르지 않을 수 없습니다. 내일 돌아가신 지 11개월째 되는 달의 연제를 거행하고자 하기에 감히 아룁니다.〔維歲月日干支 孝子某 敢昭告于顯妣某封某氏 某罪逆深重 先妣喪事未葬 先考棄不肖 謹依禮家定論 先妣神主題顯妣 而服制則不敢不仍用父在母喪之禮 將以來日行十一月之練 敢告〕"

제주(題主)할 때 만약 부친을 대신하여 상사를 주관하여서 제주한다는 내용을 이미 고하였으면 연제 때 고유하는 글의 내용 가운데 '모죄역(某罪逆)'부터 '제이현비(題以顯妣)'까지 수십 자의 말은 중첩된 것 같네. 그러니 마땅히 다음과 같이 고쳐야 할 것이네.
"유세차 간지 모월 간지삭 모일 간지에 효자 모는 감히 현비 모봉 모씨께 분명하게 아룁니다. 선고께서 살아 계실 때 이미 선비의 상에 기년복을 입었습니다. 예율이 지극히 엄격하니 이제 감히 바꾸지 못합니

171 부재모상 : 155쪽 주5 참조.

다. 마땅히 부재모상의 예법을 그대로 따라서 돌아가신 지 11개월째 되는 달에 연제를 지내야 합니다. 내일 슬피 연사(練事)를 올리고자 하기에 감히 아룁니다.〔維歲月日干支孝子某 敢昭告于顯妣某封某氏 先考在時 既已服先妣喪期年 禮律至嚴 今不敢變 當仍用父在母喪之禮 十一月而練 將以來日哀薦練事 敢告〕"

족제 미중[172] 지원 에게 주다

與族弟美仲 趾源

내가 듣기로 선조 야천(冶川) 선생[173]께 드린 묘사(墓祀)의 축문에 호장(戶長)의 이름을 썼다고 하니, 깜짝 놀라며 기괴하게 여기는 이 마음을 가누질 못하였네. 만약 말이 잘못 전해진 것이 아니라면 실로 이는 예(禮)를 크게 어긴 것이니, 잘 모르겠네만 도대체 누가 이러한 의론을 내어서 이러한 일을 하였단 말인가? 예(禮)에 비록 '총인(冢人)이 시(尸)가 된다.'라는 글[174]이 있기는 하지만 호장은 총인이 아니

172 미중(美仲) : 박지원(朴趾源, 1737~1805)으로, 본관은 반남(潘南), 자는 중미(仲美)·미중·미재(美齋), 호는 연암(燕巖)·연상(煙湘)·열상외사(洌上外史)이다. 30세부터 실학자 홍대용(洪大容)과 사귀고, 홍대용 및 박제가(朴齊家) 등과 함께 청나라의 문물을 배워야 함을 주장한 소위 북학파(北學派)의 영수이다. 저서로《연암집(燕巖集)》,《과농소초(課農小抄)》 등이 있고, 대표 작품으로 〈허생전(許生傳)〉, 〈호질(虎叱)〉, 〈마장전(馬駔傳)〉, 〈예덕선생전(穢德先生傳)〉, 〈양반전(兩班傳)〉 등이 있다. 박윤원과 박지원은 11세(世) 박소(朴紹)의 후손부터 나뉘는바, 서로 16촌 간이다.

173 선조 야천(冶川) 선생 : 박소(朴紹, 1493~1534)로, 본관은 반남(潘南), 자는 언주(彥冑), 시호는 문강(文康)이다. 김굉필(金宏弼)의 문인으로 김안로(金安老) 등의 훈구파를 탄핵하다가 파직되어 고향 합천에 내려가 학문에 전념하였다. 박소 이후의 가계(家系)는 박응복(朴應福)—박동량(朴東亮)-박미(朴瀰)-박세교(朴世橋)-박태길(朴泰吉)-박필균(朴弼均)-박유사(朴愈師)-박지원으로 이어지고, 또한 박응천(朴應川)-박동민(朴東民)-박환(朴煥)-박세성(朴世城)-박태원(朴泰遠)-박필리(朴弼履)-박사석(朴師錫)-박윤원까지 이어지는바, 박소는 박지원과 박윤원의 8대조가 되는 셈이다.

고, 예(禮)에 진실로 빈객이 제사를 돕는 규례가 있으나 주사(主祀)는 제사를 돕는 것이 아닐세. 나아가고 물러남에 근거하는 바가 없는데 또한 그것을 행하는 것은 미혹함일세. 전(傳)에 이르기를, "신명은 그 족류가 아니면 그 제사를 흠향하지 않는다."[175]라고 하였으니, 합천의 호장은 선조에게 있어서 그 족류가 아닐세. 대저 우리 선조께서는 평소 예(禮)가 아니면 움직이지 않는[176] 마음을 지니신 분으로 그 위대하신[177] 정령께서 족류가 아닌 자가 드리는 제사를 어찌 기꺼이 오셔서 흠향하시겠는가. 생각이 여기에 미치니 나도 모르게 마음이 몹시도

174 예(禮)에……글 : 이와 관련된 내용은 《주례》 〈춘관(春官) 총인(冢人)〉에 보인다. 그 대문(大文)에 "무릇 묘제에 시가 된다.〔凡祭墓爲尸.〕"라고 하였는데, 이에 대한 정현의 주에 "정사농이 말하였다. '시가 된다는 것은 총인이 시가 된다는 것이다.'〔鄭司農云: 爲尸, 冢人爲尸.〕"라고 하였다. '정사농'은 정중(鄭衆)이다. '총인'은 주(周)나라의 관명으로, 왕실의 묘가 있는 지역을 관장하는 관리를 이르며, '시'는 죽은 이를 대신하여 제사를 받는 사람을 이른다.

175 신명은……않는다 : 이 말은 《춘추좌씨전》 희공(僖公) 31년(B.C.629)조에 보인다. 위 성공(衛成公)의 꿈에 위나라의 제1대 군주인 강숙(康叔)이 나타나서 "상(相)이 내 제사를 빼앗아 먹는다.〔相奪予享.〕"라고 하였다. 이에 성공이 상(相)에게 제사 지내려고 하였는데 대부 영무자(甯武子)가 반대하며 "귀신은 그 족류가 아니면 그 제사를 흠향하지 않습니다.〔鬼神非其族類, 不歆其祀.〕"라고 하였다. 상(相)은 우왕(禹王)의 아들인 하후(夏后) 계(啓)의 손자인바, 위나라는 하나라의 후손이 아니기에 상(相)에게 제사를 지낸다 한들 틀림없이 그 제사를 흠향하지 않을 것이라는 말이다.

176 예(禮)가……않는 : 이와 관련하여 《중용》 제20장 제13절에 "심신을 재계하여 깨끗이 하고 옷차림을 단정히 하여 예가 아니면 움직이지 않는 것은 자신을 닦는 방법이다.〔齊明盛服, 非禮不動, 所以修身也.〕"라고 한 내용이 보인다.

177 위대하신 : 해당 원문은 '오혁(於赫)'으로, 이는 《시경》 〈상송(商頌) 나(那)〉에 "아아, 혁혁한 탕의 후손이여! 그 음악 소리 아름답도다.〔於赫湯孫, 穆穆厥聲.〕"라고 한 데에 보이는 말이다.

괴롭고 아프다네. 무릇 세일제[178]는 바로 자손이 이를 통해서 멀리 가신 선조를 추모하기를[179] 무궁히 하려는 생각을 펴는 바인데 대수(代數)를 한정하지 않은 것은 대체로 묘가 사당과는 달라서 그러한 것일세. 그러나 종(宗)이 이미 훼철되었기 때문에 지파의 자손들이 모두 제사 지낼 수가 있으니, 이 역시 예(禮)이네. 일찍이 양주(楊州)에 있는 홍부인(洪夫人)의 묘소[180]를 보니, 해마다 봄이면 자손 한 사람을 정해 보내어 제사 드리는데, 선생의 묘소에만 유독 그렇게 할 수가 없는 것은 길이 천 리나 되기 때문에 그러한 것일세. 자손들이 이미 번갈아 찾아가서 제사를 거행할 수 없는 상황이니, 그렇다면 어쩔 수

178 세일제(歲一祭) : '한 해에 한 번 지내는 제사'라는 뜻으로, 우리나라에서 5대 이상의 친진조(親盡祖)에게 1년에 한 번씩 묘제(墓祭)를 지내는 것을 가리킨다. 본래 《가례(家禮)》에 의거하면 사서인(士庶人)은 그 고조까지만 사당에 모시고 5대 이상의 조상은 제사 드리지 않는 것으로 되어 있지만 우리나라에서는 관행적으로 1년에 한번씩 친진조의 묘소에 직접 찾아가서 제사를 지냈다.

179 멀리……추모하기를 : 해당 원문은 '추원(追遠)'으로, 《논어》 〈학이(學而)〉에 "종(終)을 삼가 행하고 원(遠)을 추모하면 백성의 덕이 후한 데로 돌아갈 것이다.〔愼終追遠, 民德歸厚矣.〕"라고 한 증자(曾子)의 말을 인용한 것이다. '종(終)'은 어버이의 상(喪)을 가리키고 '원(遠)'은 멀리 가신 선조를 가리킨다.

180 양주(楊州)에……묘소 : '홍부인(洪夫人)'은 박소의 아내인 남양 홍씨(南陽洪氏, 1494~1578)로, 본관은 남양 홍씨 당홍계(唐洪系)이며, 사섬시 정(司贍寺正) 홍사부(洪士俯)의 따님이다. 홍씨 부인의 묘소는 양주에 있는데, 이와 관련하여 《소고집(嘯皐集)》 권4 〈유명조선국정경부인홍씨묘갈명(有明朝鮮國貞敬夫人洪氏墓碣銘)〉의 서문에 "무릇 85년을 거쳐서 만력 6년 무인 11월 17일 갑자에 성남의 옛집에서 고종하셨다. 여러 고자(孤子)가 장지를 가려서 양주 치소의 동쪽에 있는 금촌리의 자좌오향의 언덕에 땅을 잡아 명년 2월 초사흘에 장사를 끝마칠 수 있었다.〔凡閱八十五朞, 以萬曆六年戊寅十一月十七日甲子, 考終于城南舊第. 諸孤卜葬, 得地於楊州治東金村里子坐午向之原, 明年二月初三日戊寅, 克終襄事.〕"라고 한 내용이 보인다.

없이 향인이나 혹은 읍리(邑吏)를 시켜서 제수를 진설하고 술잔을 올리기를 묘지기〔墓直〕가 그 일을 맡아서 하는 예(例)와 같이 하는 것이 혹 괜찮고 반드시 축문을 사용해야 할 것인데 거기에서 말하기를, "호장 아무가 감히 분명하게 고합니다……〔戶長某敢昭告……〕."라고 하면 이것이 어찌 몹시도 같잖은 것이 아니겠는가. 그 사람을 천하게 여기는 것이 아니라 족류가 아니기 때문이며 예(禮)가 아니기 때문이니, 이에 이르러서 오직 마땅히 축문을 사용하지 않아야 할 뿐이네.

세일제를 삼헌(三獻)으로 행하고자 하는 것은 우복(愚伏)의 의론이고 단헌(單獻)으로 행하고자 하는 것은 사계(沙溪)의 설(說)이니, 내 생각으로는 사계의 설(說)을 따라서 단헌무축(單獻無祝)으로 행하는 것이 마땅하다고 보네. 하지만 비록 혹 삼헌무축(三獻無祝)으로 행하더라도 무방할 듯하네. 일찍이 제전(祭田)이 망실되어 향화(香火)가 구차하고 간략해졌다고 들었는데, 좌하가 영외(嶺外)로 나가 고을을 맡아 다스림[181]으로부터 구처(區處)하기를 잘하는 것에 대하여 상당히 다행으로 여기고 있었는데, 그 축문에 관한 한 가지 일이 잘못되어 이런 지경에 이르는 바람에 도리어 향기로운 의전(儀典)에 누가 되고야 말 것이라고는 생각지도 못하였네. 이는 필시 제전을 부칠 때 축문을 사용할지까지 미처 제대로 의론하지 못하고, 지시한 바가 있는데 군(郡)의 아전들이 제멋대로 이와 같이 한 모양일세. 그렇지 않고서

181 좌하가……다스림 : 박지원은 1791년(정조15) 12월 22일에 55세의 나이로 안의현감(安義縣監)에 제수되었다. 이후 1796년(정조20) 3월 6일에 60세의 나이로 안의현감을 그만두고 부사과(副司果)로 단부(單付)되어서 상경하였다.《日省錄 正祖 15年 12月 22日》《承政院日記 正祖 20年 3月 6日》

혹 고명의 뜻에서 나온 것이라면 아마도 깊이 생각하지 못한 듯하네. 이미 예(禮)가 아님을 알았으니, 바로잡는 것은 조금이라도 완만하게 해서는 안 된다네. 올해 한식부터 시작하여 축문을 사용하지 말라는 뜻으로 자세하고 분명하게 패자(牌子)를 만들어서 일을 맡긴 호장의 처소에 경계해 신칙하는 것이 어떻겠는가. 어떻겠는가. 그러한 뒤에 제례가 바루어지고 인정과 의리가 온당해질 것이니, 소홀히 해서는 안 되네. 소홀히 해서는 안 되네. 선조의 제사에 관계된 일이기에 의리상 입을 다물고 아무런 말도 하지 않는 것이 어려워 이렇게 구구절절하게 말할 수밖에 없으니, 부디 깊이 양찰해 주기를 바라는 바이네.

미중[182]에게 주다
與美仲

편지로 보여 준 일[183]에 대해서는, 종이 가득 담긴 내용이 아주 소상하며 사의(辭意)가 명쾌하여 사람으로 하여금 활연하게 하여 가려져 미혹됨을 떨어 없애도록 하네. 전에 보낸 편지는 감히 우리 미중을 의심한 것이 아닐세. 이미 들은 바가 있어서 좌하(座下)가 이를 알도록 하지 않을 수가 없었기 때문에 편지를 보내어서 알려 준 것일세. 그대가 보내온 편지를 받아 보고서는 그것이 잘못 전해진 말이라는 것이 매우 명백하니, 지금에는 "전혀 일이 없다."라고 이를 만하겠네. 그 이야기가 잘못 전해진 것은 나의 지친(至親) 한두 사람만 들었고 그 밖의 또 다른 족인 중에는 들은 사람이 없으니, 어찌 굳이 종중에 돌려가며 보일 필요가 있겠는가.[184] 이처럼 허무맹랑한 이야기는 오직 마땅히 한바탕 웃고서 피차간에 왕복하여 잠깐 일어났다가 곧 그치는 데에

182 미중(美仲) : 257쪽 주172 참조.

183 편지로……일 : 이와 관련된 내용은 《연암집(燕巖集)》 권2 〈답족형씨서(答族兄氏書)〉에 자세히 보인다.

184 어찌……있겠는가 : 박지원이 보내온 편지의 말미에서 "먼 곳에서 전문의 잘못됨이 대체로 이 같은 경우가 많으니, 이 뒤로 괴이한 설이 또 장차 분운함을 이기지 못할 정도로 일어날 것입니다. 부디 아우의 이 편지를 가지고 종인들에게 돌려가며 보여주어서 여러 의혹을 풀어 없애 주시길 바랍니다. 이렇게 하시는 것이 어떠하실는지요?〔遠地傳聞之譌謬, 類多如此. 此後怪說, 又將不勝其紛紜, 幸望以弟此書, 輪示諸宗, 以破群惑如何?〕"라고 하였기 때문에 이렇게 말한 것이다. 《燕巖集 卷2 煙湘閣選本 答族兄-胤源-氏書》

부쳐 두어야 할 뿐이니, 또 어찌 굳이 계궤(禊櫃)에다 남겨 두어 갈무리해서 장황함에 관계될 필요가 있겠는가. 질청(秩廳)[185]에 밭을 부침이 편리하고도 좋다는 것은 지난번에 백상(伯常 박길원(朴吉源)) 아우를 만나서 또한 그 자세한 내용을 알게 되어 다시 의논함을 용납할 것이 없네. 또한 제윤(諸尹)이 원망하고 노여워한다고 한 것[186]으로 말하자면, 이는 향곡(鄕曲) 간의 기습(氣習)이니, 어찌 책할 만하겠는가.

185 질청(秩廳) : 성청(星廳), 전헌(詮軒), 인리청(人吏廳), 연청(椽廳)이라고도 하는바, 이방(吏房) 이하 6방 아전들이 모여서 사무를 보는 곳이다.

186 제윤(諸尹)이……것 : '제윤'은 당시 박소의 묘소 부근에 거주하였던 윤씨(尹氏)들을 가리킨다. 이들이 주장하는 바로는, 해가 오래되어 묵어버린 제전(祭田)을 찾아낸 것, 본래 값으로 속출(贖出)해 낸 것, 원유(院儒)들에게 빼기지 않게 된 것 등 이 모든 것이 자기들 덕분이므로 자기들에게 제전을 맡겨서 도지(賭地)를 나누어 관장하게 해야 한다고 하였다. 그러나 제전은 결국 질청(秩廳)에 맡겨졌고 당시 박지원이 안의 현감으로 있으면서 묘소의 제사에 관한 제반 사항을 주관하고 있었기 때문에 윤씨들은 박지원이 제전에 관한 일을 주장한 것으로 여겨서 박지원에게 원망과 노여움을 품게 되었다. 《燕巖集 卷2 煙湘閣選本 答族兄-胤源-氏書》

족질 사수[187] 종복 에게 주다
與族姪士受 宗福

오대 조고 동추 부군과 오대 조비 정부인 임씨[188]의 체천(遞遷)한 신위는 최장방인 서종숙(庶從叔) 사전(師傳)[189]이 제사를 봉행해야 하는데 빈궁하여 옮겨 가서 받들 수가 없네. 그래서 어쩔 수 없이 임시로 종가에 봉안하였는데 종가도 연래에 형세가 전전하여 간두(竿頭)에 도달하였으니, 비록 한 해에 두 차례 지내는 기제사라고 하더라도 어떻게 최장방을 대신하여 거행하겠는가. 더할 나위 없이 마음이 괴롭고 아프

187 사수 : 박종복(朴宗福, 1732~1798)으로, 본관은 반남(潘南), 초명은 상복(相福), 자는 사수, 부친은 박정원(朴正源), 배위는 한산 이씨이다. 관직은 인제 현감(麟蹄縣監)과 공조정랑(工曹正郎)을 역임하였다. 박윤원의 삼종질(三從姪)로 9촌 간이 되는바, 15세 박세성(朴世城)의 후손부터 계대(繼代)가 나누어진다. 《贈判書公林宗派 潘南朴氏世譜 2卷 657~658面》

188 오대……임씨 : 박윤원의 오대 조고는 박환(朴煥, 1584~1671)으로, 본관은 반남(潘南), 자는 여술(汝述), 호는 수우(守愚), 학고(鶴皐)이다. 현종(顯宗) 4년 계묘(1663)에 나이가 80이어서 첨지중추부사(僉知中樞府事)로 승진되었고, 무신년(1668)에 또 아들이 시종신에 비원(備員)되었기 때문에 추은(推恩)되어 동지중추부사로 승진되었다. 오대 조비는 부안 임씨(扶安林氏)로 부호군(副護軍) 선(宣)의 따님이다. 《南溪正集 卷74 同知中樞府事朴公墓碣銘》《西溪集 卷9 同知中樞府事朴公墓誌銘》《贈判書公林宗派 潘南朴氏世譜 1卷 40~41面》

189 서종숙(庶從叔) 사전(師傳) : 박사전(朴師傳, 1731~1800)로, 본관은 반남(潘南), 자는 도이(道以)이다. 박필복(朴弼復, 1696~1773)의 다섯째 아들로, 배위는 청주 한씨(淸州韓氏)이다. 박필복은 박윤원의 서재종조(庶再從祖)로 6촌 간이며 박태적(朴泰迪)의 여섯째 아들이다. 《贈判書公林宗派 潘南朴氏世譜 2卷 657~677面》

다네. 종숙부(宗叔父)[190]께서 살아 계셨을 때 진실로 이미 우려하심이 여기에 미쳐서 나에게 물어보신 바가 있었기 때문에 내가 감히 '훗날 손자들 가운데 고을 수령이 된 자가 대수(代數)에 구애받지 않고 제수(祭需)를 장만하는 데에 도움을 드리자.'라는 내용으로 여쭈어 의논하여서 결정하였네. 이로써 내 아우가 보은(報恩)에 있을 적에[191] 돈 몇 꿰미를 돕도록 보내와서 간략하게 마련하는 바탕으로 삼았다네. 당초에 이 일을 강구하여 결정할 적에 좌하(座下)가 미처 들어서 알지 못한 것 같고, 읍에 부임한 뒤로 종가도 역시 통보하지 않았기 때문에 지난 납월 및 이번 여름의 기제사[192]에 그대가 맡아서 다스리고 있는 고을로부터 돈을 보내와 도와줌이 아직 있지 않았으니, 참으로 뜻대로 되지 않아 탄식할 만하네. 친(親)은 비록 이미 다하였더라도 일은 자별함이 있으니, 자손의 무궁한 사모(思慕)로 볼 적에 진실로 마땅히 향화(香火)를 이어 가는 방도로 삼아야 할 것일세. 게다가 이미 보은현의 선례가 있으니, 오대와 육대의 사이를 다시 어찌 논하겠는가. 더군다나 생각건대, 그대가 맡아서 다스리고 있는 현(縣)은 부군께서 일찍이

190 종숙부(宗叔父) : 박사윤(朴師尹, 1708~1786)으로, 본관은 반남, 자는 경함으로 관직은 첨지중추부사(僉知中樞府事)를 지냈다. 박환(朴煥) 이후로 박세성(朴世城)-박태도(朴泰道)-박필겸(朴弼謙)으로 이어지는 종가의 종손이다.《贈判書公林宗派 潘南朴氏世譜 1卷 40面, 2卷 654面》

191 내……적에 : 박준원은 50세이던 1788년(정조12) 5월 12일에 보은 현감으로 임명되었다. 이후 1790년(정조14) 6월 24일에 호조 참의로 임명되었다.《承政院日記 正祖12年 5月 12日, 14年 6月 24日》

192 지난……기제사 : 오대 조고 박환의 기제사는 4월 25일이고, 오대 조비 임씨의 기제사는 12월 24일이다.《南溪正集 卷74 同知中樞府事朴公墓碣銘》《西溪集 卷9 同知中樞府事朴公墓誌銘》《贈判書公林宗派 潘南朴氏世譜 1卷 40~41面》

부임하셨던 곳일세.[193] 이 고을의 녹봉을 가지고 부군의 제사를 돕는 것이 더욱 어찌 귀하게 여길 만한 일이 아니겠는가. 고을의 재력이 지극히 쇠잔하기에 다른 일로 요구하기가 어렵다는 사실을 진실로 잘 알고 있네만 최장방이 제사를 폐지함에 이르러서는 막연히 여겨서 돌아보지 않을 수가 없으며, 제사를 돕는지의 여부는 또한 앞으로 뒷날 후손들이 보고서 본받을 바가 될 것이니, 그 관계된 바가 또한 크다네. 지금부터 시작하여 반드시 힘에 따라 기일(期日)에 맞추어 종가로 돈을 보내야 할 것이니, 이렇게 하는 것이 어떻겠는가. 이는 나 한 사람의 말이 아니라 종숙부께서 생전에 남기신 가르침이며, 여러 지친(至親)이 함께한 의논일세. 삼가 이에 자세히 알리는 바이니, 다시 모름지기 깊이 양찰하고 소홀히 여기지 말아야 할 것이네.-이때 사수가 인제 현감으로 있었다.[194]-

193 그대가……곳일세 : 박환이 1625년(인조3)에 인제 현감으로 부임하였기 때문에 이렇게 말한 것이다.《南溪正集 卷74 同知中樞府事朴公墓碣銘》《西溪集 卷9 同知中樞府事朴公墓誌銘》

194 이때……있었다 : 박종복은 1791년(정조15) 9월 28일에 있었던 이비 정사(吏批政事)에서 인제 현감(麟蹄縣監)으로 임명되었다. 이후 1794년(정조18) 6월 20일에 금성 현령(金城縣令)으로 임명되었다.《承政院日記 正祖 15年 9月 28日, 18年 6月 20日》

족질 성량[195] 종주 에게 답하다

答族姪聖亮 宗周

조고(祖考)와 조비(祖妣)[196]의 신위로 말하면, 아직 합독(合櫝)하지 않았을 때 조비의 신위가 오히려 부위(祔位 부(祔)한 신위)인 것이니, 가장 높으신 분과 함께 열서(列書)해서는 안 되고, 별도로 한 판(版)을 만들어서 고하되 '자이(玆以)' 아래는 원래 고사(告辭 고유하는 글)대로 적네. 승중상(承重喪)[197]이 다 끝나면 선고(先考)의 신위에 대해 개제주할 적에 고유하는 글은 마땅히 "애당초 제주할 때 조고 아무 관 부군이 상주가 되셔서 '망자'로 적었습니다. 이제 조고 부군의 상이 다 끝나서 아들 아무가 장차 '현고'로 개제주하려고 하기에 삼가 술과 과일을 마련해 놓고서 경건하게 아뢰는 정성을 펴나이다.〔當初題主時 祖考某官府君爲主 以亡子書之矣 今祖考府君喪畢 子某將以顯考改題 謹

195 성량 : 박종주(朴宗周, 1746~1779)로, 본관은 반남(潘南), 자는 성량이다. 부친은 박봉원(朴鳳源, 1723~1757)이며, 배위는 전주 최씨(全州崔氏)이다. 박윤원과는 15세(世) 박세성(朴世城)의 후손부터 나뉘는바, 서로 9촌 간이다.《贈判書公林宗派 潘南朴氏世譜 2卷 666面》

196 조고(祖考)와 조비(祖妣) : 박종주의 조부는 박사존(朴師存, 1701~1776)으로 본관은 반남(潘南), 자는 도소(道所)이다. 첫 번째 배위는 덕수 이씨(德水李氏, 1699~1726)이며, 두 번째 배위는 전주 이씨(全州李氏, 1708~1774)이다.《贈判書公林宗派 潘南朴氏世譜 2卷 666面》

197 승중상(承重喪) : 박종주의 부친 박봉원은 1757년 6월 7일에 졸하였는데, 조부 박사존은 1776년 5월 12일에, 조모 전주 이씨는 1774년 2월 4일에 졸하였기 때문에 승중상이 된 것이다.《贈判書公林宗派 潘南朴氏世譜 2卷 666面》

以酒果 用伸虔告〕……"라고 해야 할 것일세.-이는 우암(尤庵) 선생께서 논하신 바이니, 마땅히 준용해야 할 것 같네.-

문 담제(禫祭)를 지낸 뒤의 복색.

답 제사 지낼 때의 길복(吉服)은 바로 칠립(漆笠)과 청포(靑袍)와 흑사대(黑絲帶) 차림이고, 제사 지낸 뒤에 도로 미길(微吉)의 옷[198]을 착용하니, 이는 바로 거친 흑립(黑笠)-이 역시 칠립이지만 조금 검소한 것일세.-이고 백포대(白袍帶 백색 도포와 띠)는 아청색(鴉靑色 검은빛을 띤 푸른색)의 삼승포(三升布)[199]로 봉용(縫用 꿰매어 씀)하네.

근래에 사람들 가운데 참포립(黲布笠)과 참포대(黲布帶)와 포직령(布直領) 차림을 하는 자가 있는데, 이는 심상(心喪)의 복색과 서로 뒤섞이니, 몹시도 불가하다네.

198 미길(微吉)의 옷 : '미길'이란 아직 완전히 길하지 않고, 조금 길함을 이른다. 《상례비요(喪禮備要)》 〈대상(大喪)〉에 "대상에는 미길의 옷을 입었다가 대상을 지내고 나서는 도로 미흉의 옷을 입고, 담제에는 길복을 입었다가 담제를 지내고 나서는 미길의 옷을 입으며, 길제를 지내고 난 뒤에 평상복을 입는 것이 예의 본뜻에 맞을 듯하다.〔祥祭著微吉之服, 祭訖反著微凶之服, 禫祭著吉服, 祭訖著微吉之服, 以至吉祭後復常, 似合禮意.〕"라고 하였다.

199 삼승포(三升布) : 승(升)은 피륙의 날을 세는 단위로 우리말의 '새'이다. 포(布)의 한 새는 80루(縷), 즉 날실 여든 올인바, 3승은 240루로 직조한 것으로 상당히 거칠고 성글다.

족손 여릉[200] 붕수 에게 답하다

答族孫如陵 朋壽

보내온 편지에서 길제(吉祭)에 관한 한 가지 사항은, 아무리 기년복(朞年服)이나 대공복(大功服) 같은 중복(重服)이라고 하더라도 장사 지낸 뒤에는 평상시와 똑같이 시제(時祭)를 거행하되 다만 수조(受胙)의 예를 행하지 않을 뿐이니,[201] 예(禮)에 여기에 해당하는 명문(明文)이 있다. 시제는 길제와 한가지이니, 어찌 복제(服制)라고 하여서 폐

200 족손 여릉 : 박붕수(朴朋壽, 1759～1790)로, 본관은 반남(潘南), 자는 여릉이다. 조부는 박정원(朴正源), 부친은 박종복(朴宗福)이며, 배위는 기계 유씨(杞溪兪氏)이다. 박윤원과 15세(世) 박세성(朴世城)의 후손부터 나뉘는바, 서로 10촌 간이다. 《贈判書公林宗派 潘南朴氏世譜 2卷 658面, 870面》

201 아무리……뿐이니 : '수조'는 제사를 지낸 뒤에 제관(祭官)이 제사에 쓰고 난 고기를 나누어 받는 것을 가리킨다. 이와 관련하여 《율곡전서(栗谷全書)》 권27 〈상복중행제의(喪服中行祭儀)〉에 "장사 지내기 전에는 예에 따라 제사를 폐지하고, 졸곡 이후에는 사시의 절사 및 기제에 대하여 복이 가벼운 자를 시켜 천향하게 하되, 평소보다 제수를 줄이고 한 잔만 올리고 축문도 읽지 않고 조육도 받지 않는 것이 옳다.〔未葬前, 則準禮廢祭, 而卒哭後, 則於四時節祀及忌祭, 使服輕者, 行薦, 而饌品減於常時, 只一獻, 不讀祝, 不受胙可也.〕"라고 한 내용이 보이며, 《상례비요(喪禮備要)》 〈졸곡(卒哭)〉에 "기년상과 대공상은, 장사 지낸 뒤에는 평상시와 똑같이 제사를 지내야 하는데 다만 수조의 예를 행하지 않는다. 장사 지내기 전에는 시제는 폐해도 되지만 기제와 묘제는 앞의 의식과 같이 간소하게 지낸다. 시마상과 소공상은, 성복 전에는 제사를 폐하고, 성복한 뒤에는 평상시와 똑같이 제사를 지내야 하는데 다만 수조의 예를 행하지 않는다.〔朞, 大功, 則葬後, 當祭如平時, 但不受胙. 未葬前, 時祭可廢, 忌祭墓祭略行如上儀. 緦, 小功, 則成服前廢祭, 成服後則當祭如平時, 但不受胙.〕"라고 한 내용이 보인다.

지할 수가 있겠느냐. 중한 복제라고 하여서 감쇄할 수 있는 것은 오직 '수조'라는 한 가지 절차일 뿐이니, 수조는 폐지하는 것이 옳다. 길제란 다름 아닌 상(喪)을 끝마친 대제(大祭)이고, 또한 합독(合櫝)이라는 큰 절목(節目)이 있기에 단헌(單獻)으로 거행하면 길제를 이루지 못하니, 오직 마땅히 의절대로 거행해야 할 뿐이다. 비록 정침(正寢)이 없더라도 만약 청사(廳事)가 있으면 신주를 받들어 꺼내어서 청사로 나아가 거행하는 것이 옳고, 청사마저도 없으면 사우 안에서 그대로 거행하는 것도 역시 무슨 문제 될 것이 있겠느냐.

족손 사능[202] 홍수 에게 답하다
答族孫士能 弘壽

문 이 족손이 재작년에 상(喪)을 당했을 때[203] 마침 병세가 위독하게 되어서 추후하여 성복하였기 때문에 작년에 추후하여 성복한 날을 적용해서 연제(練祭)를 거행하였습니다. 대상(大祥)은 진실로 마땅히 이에 따라 거행해야 할 것이나 입묘(入廟)한 뒤 슬픈 마음을 쏟아 낼 마땅한 곳이 없기에 묘하(墓下)로 가서 아침저녁으로 첨곡(瞻哭 우러러 보며 곡함)하려는 계획으로 삼았습니다. 이 족손의 정지(情地)와 똑같은 사람이 있는데, 추후하여 제사 지내는 날을 기다려서 입묘하니, 이는 대체로 '부재모상(父在母喪)[204]에 혹 삼 년 동안 그대로 제사 지내기도 한다.'라는 예(例)를 적용한 것이라고 합니다. 궤연(几筵)을 그대로 받들다가 추후하여 제사 지내는 날을 기다려서 입묘하는 것이

202 족손 사능 : 박홍수(朴弘壽, 1751~1808)로, 본관은 반남(潘南), 자는 사능이다. 품계는 통훈대부이며, 관직은 영양 현감(英陽縣監)을 지냈다. 조부는 박대원(朴大源, 1694~1776), 부친은 박상로(朴相魯, 1714~1753), 모친은 전주 이씨(全州李氏, 1714~1791)이다. 배위는 함종 어씨(咸從魚氏)이다. 《贈判書公林宗派 潘南朴氏世譜 5卷 1~2쪽, 118쪽》 박윤원과 11세(世) 박소(朴紹)의 후손부터 나뉘는바, 서로 18촌 간이다.

203 이……때 : 여기서 언급한 '상(喪)'이란, 박윤원의 답에서 '애(哀)'라는 호칭에 근거했을 때 박홍수의 모친 전주 이씨의 상(喪)으로 보인다. 전주 이씨는 1791년(정조15) 6월 27일에 졸하였다. 《贈判書公林宗派 潘南朴氏世譜 5卷 1~2面》 보통 부친이 없는 자를 고(孤)라 하고 모친이 없는 자를 애(哀)라 한다.

204 부재모상(父在母喪) : 155쪽 주5 참조.

어떠할지 알지 못하겠습니다.

답 '뒤에 찬 사람은 뒤에 제복(除服)한다.'[205]라고 한 것은, 지자(支子)일 경우는 제전(祭奠)을 추후하여 설행한다는 예문이 없으니, 소상을 지낸 뒤 상(喪)이 났다는 소식을 들은 날에 다만 마땅히 영좌(靈座)에 곡하고서 연복(練服)을 받아 입어야 할 뿐이다. 대상과 담제를 지낸 뒤에는 궤연이 이미 철거되었으니, 마땅히 별도의 처소에서 자리를 마련해 놓고 곡읍하고 제상(除喪)해야 할 뿐이다. 애(哀)가 작년에 연복을 받아 입을 때 종자(宗子)의 명의를 빌려서 제사를 거행한 것은 아마도 반드시 옳지는 않을 듯하다. 또한 추후하여 제복하는 경우 우옹(尤翁)께서는 부음을 들은 날을 적용하고자 하셨고, 남계(南溪)는 성복한 날을 적용하고자 하였는데, 우옹의 설(說)이 올바름을 얻은 것 같다. 애(哀)가 작년에 연복을 받아 입을 적에 비록 성복한 날을 적용하였더라도 올해 대상의 제상은 다시 부음을 들은 날을 적용하는 것이 무방하니, 이렇게 하는 것이 어떠할는지 알지 못하겠다. 또한 추후하여 제복하는 날에 자리를 마련해 놓고 변제하는 것에 대하여 이미 신독재 선생이 논하신 바가 있으니, 그렇다면 마땅히 허위(虛位)의 앞에서 곡읍해야만 할 것이다. 그러니 어찌 "슬픈 마음을 쏟아 낼 마땅한 곳이 없다."라고 말하겠느냐. 그렇다면 묘하에 가서 머무르며 묘 앞에서 제복하는 것은 아마도 예(禮)에 없는 예(禮)일 듯하다. 추

205 뒤에……제복(除服)한다 : 이 말은 《주자어류》 권89 〈예(禮)6 관혼상(冠昏喪)〉에 "어버이의 상에 형제 가운데 그 기한이 먼저 찬 사람은 먼저 제복하고 뒤에 찬 사람은 뒤에 제복하는 것은 외지에 있어서 상(喪)이 났다는 소식을 들은 것에 선후가 있기 때문이다.〔親喪, 兄弟先滿者先除服, 後滿者後除, 以在外聞喪有先後者.〕"라고 한 데에 보인다.

후하여 제사 지내는 날에 입묘하는 것은 도대체 어느 집안에서 이렇게 행한 것이냐? 부재모상에 삼 년 동안 그대로 제사 지내는 것은 본래 비례(非禮)인 것이니, 어찌 이것을 예(例)라고 인용할 수 있겠느냐. 상(喪)이 다 끝나고 입묘하는 것은 본래 주인이 마땅히 행해야 하는 예(禮)이니, 어찌 추후하여 제사 지내고 제복하는 아들들을 위하여 궤연을 머물러 두고서 기다린다는 말이냐. 내 생각으로는 단연코 불가하다고 보니, 어찌 생각하느냐. 어찌 생각하느냐.

문 또 《예의류집(禮疑類輯)》을 살펴보건대, 기한이 먼저 찬 사람의 대상과 담제는 진실로 먼저 제복하는 것이 옳지만 길복을 입는 것으로 말하면 뒤에 찬 사람을 기다려서 함께 길복을 입는 것이 무방하다고 하였습니다. 망형(亡兄)이 살아 계실 때 이를 근거로 삼아 참고해 적용하여 뒤에 찬 사람을 기다려 함께 길복을 입기로 정하였습니다. 지금에 이르러서 종손이 이미 길복을 입을 수 없는 상황인 이상[206] 길제가 없는 것입니다. 그렇다면 이미 길제에 구애됨이 없으니, 합독(合櫝)은 원래의 길삭(吉朔 길제를 지내는 달)에 맞추어서 합니까? 우선 뒤의 길월(吉月 길제를 지내는 달)을 기다립니까?

답 기한이 먼저 찬 사람이 길복을 입을 적에 뒤에 찬 사람을 기다려서 함께 길복을 입는 것은 다름 아닌 중자(衆子)가 종자(宗子)에 대해

206 지금에……이상 : 박상로의 장자는 박종수(朴宗壽, 1736～1766)로 아들을 남기지 못한 채 죽었다. 결국 박종수의 후사는 박제상(朴齊尙, 1770～1842)이 이었는데, 박제상은 박상로의 차자 박해수(朴海壽, 1740～1792)의 아들이다. 여기서 종손은 박제상을 가리킨다. 《贈判書公林宗派 潘南朴氏世譜 5卷 1～2面, 110～118面》

갖추는 예(禮)이니, 아우가 형에 대해서 과연 이를 통용할 수 있을지의 여부는 알지 못하겠다. 그리고 영중씨(令仲氏)[207]가 이미 세상에 있지 않으니, 이는 이제 논할 만한 것이 없다. 종손(宗孫)이 승중(承重)한 경우 비록 본생가 부친의 상(喪)을 당하여 복(服)을 입는 중이라고 하더라도[208] 본생(本生)의 복(服)을 입는 중에 마땅히 소후(所後)의 담제와 길제를 거행해야 하니, 이에 관한 도암(陶庵)의 설(說)이 준엄하면서도 올곧다. 이는 《예의류집》의 '상변례(喪變禮)'조를 살펴보면 알 수가 있다.

이미 마땅히 길제를 거행해야만 하는 상황인 이상 체천(遞遷)과 합독은 모두 예법대로 기일(期日)에 맞춰 거행하는 것이니, 원래의 길삭인지와 뒤의 길삭인지를 논해서는 안 된다. 길제를 거행할 때 수조(受胙)는 하지 않아서 상도(常道)를 개변하였음을 보이고, 복색은 도암께서 한때 차길(借吉)[209]한다고 하신 말씀이 의심할 여지가 없으니, 이를 따르는 것이 마땅할 듯하다.

207 영중씨(令仲氏) : 박홍수의 둘째 형 박해수(朴海壽, 1740~1792)로, 본관은 반남(潘南), 자는 사심(士深)이다. 품계는 통훈대부이며, 관직은 진안 현감(鎭安縣監)을 지냈다. 1792년(정조16) 11월 29일에 졸하였다. 《贈判書公林宗派 潘南朴氏世譜 5卷 113~114面》

208 종손(宗孫)이……하더라도 : 박제상은 큰아버지 박종수에게 출계하였는데, 1791년(정조15) 6월 27일에 조모 전주 이씨의 상이 나서 승중하였다. 이후 1792년(정조16) 11월 29일에 생부 박해수의 상을 당하였다. 《贈判書公林宗派 潘南朴氏世譜 5卷 1~2面, 110~114面》

209 차길(借吉) : 상제의 몸으로서 상중(喪中)임에도 불구하고 길례(吉禮) 때 임시로 길복(吉服)을 입던 일이다.

문 이 족손이 이미 추후하여 제복하였으니, 그렇다면 이것을 가지고 계산하여 한 달을 사이에 두고서 담제를 지냄[210]이 마땅할 것입니다. 담제를 지낼 때도 역시 신주를 꺼내 모셔와서 제사를 거행하고 제복합니까? 아니면 그저 묘소 앞에서 곡하고 제복할 뿐입니까?

답 애(哀)는 추후하여 제복하였으니, 마땅히 부음을 들은 날을 기준으로 계산하여 한 달을 사이에 두고서 담제를 지내야 할 것이다. 담제를 지낼 때도 역시 그저 자리를 마련해 놓고 곡읍하며 제복할 뿐이니, 어찌 감히 신주를 꺼내 모셔와 제사를 거행하겠느냐. 종손(宗孫)이 이미 마땅히 길제를 거행해야만 하는 상황인 이상 담제를 거행하는 것도 역시 그 가운데에 포함된 것이다. 종손이 이미 담제를 거행하였는데 지자(支子)가 또 담제를 거행하는 것은 두 번 담제를 지내는 것이 되니, 그래서야 되겠느냐.

문 추후하여 상제(祥祭)를 지낼 때 종손이 한창 다른 상(喪)을 치르는 중이니,[211] 이런 경우 마땅히 때에 따라 최복(衰服)을 착용하고서 제사

210 한……지냄 : 해당 원문의 '중월(中月)'은 '간월(間月)'의 뜻으로, 한 달을 건너뛴다는 뜻이다. 《의례》 〈사우례(士虞禮)〉에 "중월에 담제를 지낸다.〔中月而禫.〕"라고 하였는데, 정현(鄭玄)은 중월을 간월로 보아서 한 달을 건너뛰어 담제를 지내는 것이라고 해석하였고, 왕숙(王肅)은 중월을 월중(月中)으로 보아서 같은 달 안에 담제를 지내는 것이라고 해석하였다. 《通典 卷87 喪制 禮變》 《가례》 〈상례 담제〉에서는 정현의 의견을 따랐는바, 초상부터 담제까지는 총 27개월이 된다.

211 추후하여……중이니 : 여기서 '상제'란 전주 이씨의 상제를 가리킨다. 전주 이씨는 1791년 6월 27일에 졸하였다. 종손은 박제상으로 큰아버지 박종수에게 출계하였다. 박제상의 생부 박해수가 1792년 11월 29일에 졸하였기 때문에 전주 이씨의 상제를 치를 적에 종손이 다른 상을 치르는 중이라고 말한 것이다. 《贈判書公林宗派 潘南朴氏

를 거행해야 합니까? 아니면 도로 백립(白笠)을 착용하고서 제사를 거행합니까?

답 어버이의 상(喪)이 한꺼번에 났을 경우는 먼저 난 상(喪)의 대상을 지낼 때 백립(白笠)과 백의(白衣)와 백포직령(白布直領)을 착용하고 제사를 거행하여서 먼저 난 상(喪)에 끝마침이 있음을 보이고, 제사를 다 마친 다음 도로 뒤에 난 상(喪)의 최복을 착용하니, 이에 대해서는 이미 사계(沙溪) 선생의 정론(定論)이 있다. 뒤에 난 상(喪)이 삼년상(三年喪)인데도 오히려 그러한데 더군다나 본생친(本生親)을 위하여 입는 복(服)이 바로 기년복(朞年服)인 경우[212]는 더 말해 무엇하겠느냐.

문 삼년상을 치르는 동안 크고 작은 제사들을 단헌(單獻)으로 과행(過行 시기를 지나 거행함)하였으니, 상(喪)이 다 끝난 뒤에 진실로 예(禮)에 근거하여 길(吉)을 회복하는 것이 옳습니다. 그러나 종손이 한창 본생친(本生親)의 상(喪)으로 거우(居憂)를 하고 있으니, 또한 그대로 단헌으로 거행합니까? 이는 사친(私親)을 위한 복(服)이니,

世譜 5卷 1~2面, 110~114面》

212 본생친(本生親)을……경우 : 남자가 출계하여 다른 사람의 후사가 될 경우는 그 친부모에 대하여 복(服)의 등급을 낮추어 백숙부모(伯叔父母)를 위하는 경우처럼 부장기(不杖朞)를 입는다. 《가례》 〈본종오복지도(本宗五服之圖)〉에 "무릇 남자로서 다른 사람의 후사가 된 경우는 그 사친을 위하여 모두 한 등급을 낮춘다. 오직 본생부모에 대해서는 복(服)의 등급을 낮추어 부장기를 입은 뒤 심상삼년(心喪三年)을 치르며, 그 본생부모도 역시 그를 위하여 복(服)의 등급을 낮추어 부장기를 입는다.〔凡男爲人後者, 爲其私親, 皆降一等. 惟本生父母, 降服不杖期, 申心喪三年. 其本生父母, 亦爲之降服不杖期.〕"라고 한 내용이 보인다.

혹 압존(壓尊)의 혐의가 있지 않겠습니까?

답 본생친의 상(喪)을 치르는 동안 소후가(所後家)의 제사에 대하여 어찌 감히 그 예(禮)를 감쇄하겠느냐. 장사 지낸 뒤 기제(忌祭)와 묘제(墓祭)는 마땅히 평상시와 똑같이 삼헌(三獻)으로 거행해야 하는 것이다. 현재 종손이 치르는 본생친의 상(喪)은 다만 기년복으로 결단하는 것이 옳을 뿐이니, 이에 대해서 거우로 논해서는 안 된다.

사능[213]에게 답하다

答士能

보내온 편지에서 언급한 예절로 말하자면, 지친(至親)을 시켜서 대신하여 길제(吉祭)를 거행하게 하는 것에 대해 선배들이 일찍이 허락한 적이 없었으니, 나는 감히 이러한 의론을 처음으로 만들어 내지 못하겠다. 본생부모의 상(喪)을 치르는 동안에 차마 길복을 착용하지 못하는 것은 도대체 어느 누가 그렇게 하지 않겠느냐. 그렇지만 오히려 그렇게 하는 것은 조통(祖統 조상의 통계(統系))을 중시해서이니, 어느 겨를에 사사로운 정(情)을 돌아보겠느냐. 그러나 끝끝내 한때 차길(借吉)하는 것을 어렵게 여긴다고 한다면 별반 도리가 없구나. 남계(南溪)는 순길(純吉)의 옷[214]을 착용하지 않는다고 하였고, 도암(陶庵)은 마땅히 미길(微吉)의 옷[215]을 착용해야 한다고 하였으니, 순길과 미길의 사이에서 취하여 쓰는 것이 좋겠구나. 갓은 거친 흑립(黑笠)을 쓰고, 옷은 백포도포(白布道袍)를 쓰고, 대(帶)는 아청목(鴉青木 검푸른 빛을 들인 무명)으로 꿰매어 만든 것을 쓰면 청포(青袍)와 흑사대(黑絲帶) 등의 길복과 똑같지 않으니, 평상시와 절로 똑같다는 혐의를 면할 수 있지 않겠느냐. 만약 이것을 두고도 오히려 마음에 편치 않다고 한다면 착용할 만한 복식이 없을 것이다. 그러니 부디 널리 물어보아서 대처하기를 바라는 바이다.

213 사능 : 박홍수(朴弘壽, 1751~1808)로, 자세한 내용은 271쪽 주202 참조.

214 순길(純吉)의 옷 : 상복을 벗고 갈아입는 완전한 길복(吉服)을 말한다.

215 미길(微吉)의 옷 : 아직 완전히 길하지 않고, 조금 길한 의복을 이른다.

근재집

제19권

書서

평숙[1]에게 답함
答平叔

산속에 있으면서 날짜를 기억하지 못하고 있었는데 문득 팥죽이 온 것을 보고는 비로소 일양절(一陽節 동지)이 되었음을 알았네. 손수 쓴 편지를 펼쳐봄에 마치 새해의 소식을 들은 것만 같아서 반갑고 위로되는 마음을 가누기가 어려웠네. 나는 요즘 전모(典謨)[2]를 읽으면서 외우는 데에 뜻을 두었더니 도리어 얽매이는 바가 있다네. 정해진 과정(課程)을 두지 않고 한가롭게 읽어서 의미를 심장하게 이해하는 것만 못하네. 자연의 절기가 박(剝)과 복(復)이 서로 갈마들고 있으니,[3] 공부 또한 묵은 것을 씻어버리고 새로운 것을 맞이할 수 있겠는가?

1 평숙(平叔) : 박준원(朴準源, 1739~1807)으로, 자는 평숙, 호는 금석(錦石), 본관은 반남(潘南)이며, 박윤원(朴胤源)의 동생이다. 1786년(정조10) 사마시에 합격하였다. 셋째 딸이 정조의 후궁인 수빈(綏嬪)에 봉해졌는데, 수빈의 소생인 순조가 즉위하면서 수렴청정을 하던 정순왕후(貞純王后)에 의하여 호조·형조·공조의 판서와 금위대장(禁衛大將) 등을 맡게 되었다. 영의정에 추증되었으며, 시호는 충헌(忠獻)이다. 저서로는 《금석집(錦石集)》이 있다.

2 전모(典謨) : 이전(二典)과 삼모(三謨)로, 《서경(書經)》 우서(虞書)의 〈요전(堯典)〉, 〈순전(舜典)〉과 〈대우모(大禹謨)〉, 〈고요모(皐陶謨)〉, 〈익직(益稷)〉을 가리킨다.

3 박(剝)과……있으니 : 박(剝)은 박괘(剝卦 ䷖), 복(復)은 복괘(復卦 ䷗)로, 서로 반대되면서 서로 순환하는 괘이다. 박괘는 음(陰)이 성하고 양(陽)이 다하는 괘인데, 다시 복괘로 순환된다. 복괘는 음(陰)이 극성(極盛)한 중에 다시 밑에서 일양(一陽)이 나오는 괘인데, 절기로 보면 동지(冬至)에 해당된다. 편지를 보내는 시점이 동지 즈음이므로 이렇게 말한 것이다.

관문을 닫아걸고[4] 고요히 독서하여 존양(存養)의 공효를 거두기를 깊이 바라네.

4 관문을 닫아걸고 : '관문을 닫아건다〔閉關〕'는 것은 《주역(周易)》 〈복괘(復卦) 상(象)〉에 "우레가 땅속에 있는 것이 복괘이니, 선왕이 이것을 보고서 응용하여 동짓날에는 관문을 닫아 장사꾼과 여행자들이 다니지 못하게 하였으며 임금이 지방을 시찰하지 않았다.〔雷在地中, 復. 先王以至日閉關, 商旅不行, 后不省方.〕"라고 하였는데, 이를 원용하여 말한 것이다.

평숙에게 답함

答平叔

며칠 동안 추위가 심한데 시봉(侍奉)하며 독서하는 형편은 어떠한가? 나는 문을 닫아걸고 시를 외우니 의취(意趣)가 절로 좋아, 지난날에 분주하게 지냈던 것이 헛된 계책이었음을 더욱 깨닫네. 이 산에 들어온 뒤로 세상일을 모두 잊었으나, 오직 벽곡(辟穀)[5]의 방법을 몰라서 매번 가난한 집의 양식을 축내어 구복(口腹)으로 사람들에게 누를 끼치니, 도리어 비웃음을 살 만하네. 격식을 갖추지 않네.

5 벽곡(辟穀) : 도교에서 선인(仙人)이 되기 위한 양생술로, 오곡을 섭취하지 않고 화식(火食)을 피하는 수행법이다.

평숙에게 보냄

與平叔

밤사이 시봉하는 형편이 어떠한가? 겨울날이 지나치게 따뜻하여 사람의 신기(神氣)가 맑지 못하게 만들고 있네. 산의 북쪽에서도 오히려 이러하니, 정상을 벗어난 것이 심하구나. 참으로 근심하고 탄식할 만하다. 이곳은 방에 가득한 글 읽는 소리에 귀가 거의 뚫릴 듯하고 밤새도록 밝힌 등잔불에 눈이 병들려 한다. 우리가 무엇을 구하기에 마침내 스스로 이렇게까지 고생을 하는지 알지 못하겠네. 도리어 비웃음을 살 만하네.

평숙에게 답함

答平叔

자네의 병이 아직 다 낫지 않았는데 행역(行役)을 감당할 수 있겠는가? 병은 진실로 잘못이 없이 걸리는 일이 있으나[6] 각질(脚疾)은 또한 젊은 나이에 있어서는 안 되는 병이네. 그런데 지금 이처럼 오래도록 고생하니, 혹여 조심하라는 가르침을 소홀히 한 것은 아닌가? 세로(世路)에 발 붙이기 어려움을 근심하지 말고 오직 성문(聖門)에 다리를 높이 세울 것을 생각한다면 장차 지기(志氣)가 청명해지고 근골이 견고해짐을 보게 될 것이니, 온갖 병이 또한 일어날 길이 없을 것이다. 그렇다면 걸음이 편안치 못함을 또 어찌 근심하겠느냐. 나태하지 말고 힘쓰거라.

나는 잠자고 먹는 것이 그럭저럭 괜찮고 거처 또한 번잡하지 않아서 학업에 오로지 힘쓸 만한데, 도리어 그렇게 하지 못하네. 이에 조용함과 시끄러움은 외부의 환경이요, 부지런함과 나태함은 내면의 의지임을 알겠네. 학문을 하는 방도는 내면에 있고 외부에 있지 않으니, 오직 의지가 굳게 서지 못하는 것이 유감스러울 뿐이네. 그러나 만약 우리 아우가 서실을 떠나지 않고 날마다 내 앞에서 독서하며 날마다 빼어난 글과 좋은 시를 지어 읊어 준다면, 나 또한 심사를 일으킬 수 있을

6 병은……있으나 : 《주역(周易)》 〈무망괘(无妄卦) 구오(九五)〉에 "잘못이 없이 걸린 병이니, 약을 쓰지 않아도 기쁜 일이 있으리라.〔无妄之疾, 勿藥有喜.〕"라고 하였는데, 이를 원용하여 말한 것이다.

것이니, 틀림없이 한 달이나 학문을 폐하는 데에는 이르지 않을 것이네. 그렇다면 내가 나태한 것은 또한 고적(孤寂)함이 너무 심한 데에서 말미암은 것이니, 어찌 더욱 한탄스럽지 않겠는가.

관호정(觀湖亭)은 4월 초파일 저녁에 한번 오르고 그 뒤로는 다시 오르지 않았네. 정자 아래의 녹음(綠陰)이 비록 좋아할 만하나 서실 뜰 앞의 해당화가 한창 흐드러지게 피어 있어 앉아 구경하기에 마침 좋으니, 어찌 굳이 날마다 정자를 찾아갈 필요가 있겠는가.

평숙에게 답함

答平叔

나는 여정을 광천(廣川)으로 향하는 길로 잡아 가회(嘉會)[7]의 집에 들렀으나 가회는 집에 없었네. 이어 모도(茅島)[8]의 시산루(時山樓)에 이르렀는데, 김장(金丈)[9]이 마침 이곳에 와서 머물고 있었네. 숙질(叔姪)이 함께 저녁밥을 먹은 뒤에 언덕 위로 산보하러 나왔다가 멀리서 내가 오는 것을 보고는 매우 반가워하였네. 기약하지 않고 우연히 만난 것이 호해(湖海) 사이의 기이한 일로 여겨졌으니, 마침내 등불을 밝히고 밤새도록 담화하였네.

이튿날 아침에 한송암(寒松巖)에 올라 한참동안 거닐다가 한낮에 가회와 함께 나란히 말을 달려 수영(水營)을 찾아가서 곧장 영보정(永保亭)[10]으로 향하였네. 영보정은 바닷가에 있는데 마치 신선이 사는

7 가회(嘉會) : 김이형(金履亨, 1736~1769)으로, 자는 가회, 본관은 안동(安東)이다. 김상용(金尙容)의 6세손이다. 부친은 김숙행(金肅行), 조부는 김시보(金時保)이다.

8 모도(茅島) : 충청도 보령군(保寧郡) 청소면(靑所面) 진죽리(眞竹里) 서쪽에 위치한 섬이다. 썰물 때는 뭍과 연결되어 걸어서 왕래할 수 있다. 김이형(金履亨)의 고조인 김수인(金壽仁)이 이곳에 터를 잡아 살았다.

9 김장(金丈) : 김지행(金砥行, 1716~1774)으로, 자는 유도(幼道), 호는 밀암(密菴), 본관은 안동(安東)이다. 김상용(金尙容)의 5세손이며, 병계(屛溪) 윤봉구(尹鳳九)의 문인이다. 일찍부터 과거에 대한 뜻을 버리고 공주(公州) 계실곡(溪室谷)에 은거하여 학문을 하며 안빈낙도하여, 안자(顔子)에 버금가는 인물로 칭송되었다. 저술로 《밀암집(密菴集)》이 전한다.

곳처럼 아스라하였네. 올라서 호산(湖山)의 승경을 감상하니 경치가 청절(淸絶)함이 과연 듣던 바와 부합하였네. 반나절 소요하자니 사람으로 하여금 떠나기 아쉽게 만들었다네.

이튿날 아침에 배를 타고 한산사(寒山寺)[11]로 들어가 황학루(黃鶴樓)[12]에 올랐네. 영보정에서 이곳까지는 다만 포구 하나를 사이에 두었을 뿐이네. 바라보이는 물빛은 똑같은 물이지만 면세(面勢)가 이미 구별되고 경치도 저마다 달라서, 자리를 옮기자 곧 새로운 감흥이 일었네. 가는 곳마다 늘 평숙과 여성(汝成)[13]이 생각나 함께하지 못한 것이 아쉬웠네. 이를 가회에게도 여러 번 말하니 가회 또한 그렇다고 하였네. 이윽고 뱃사람이 썰물이 져 오래 있을 수 없다고 하기에 마침내 다시 배에 올랐네. 포구를 나온 뒤에 말을 불러 5리를 가서 가회와 길을 달리하였네. 이날에 80리를 가서 인후원(人候院)에서 묵고는 이튿날에 아중(衙中)으로 돌아왔으니, 바로 어제였네. 왕복에 모두 닷새가 걸렸는데 부모님께서 편안하셨으니 참으로 다행이었네.

영보정을 유람하는 것은 삼 년 동안 품었던 생각이었는데, 이제야

10 영보정(永保亭) : 지금의 충남 보령시 오천면에 소재한 충청 수영(水營) 안의 가장 큰 정자이다. 경치가 아름다울 뿐만 아니라 바닷가 쪽에 있어서 서해안 바다가 가장 멀리 보이는 요지이다.

11 한산사(寒山寺) : 보령현(保寧縣)에 있는 사찰 이름이다. 《신증동국여지승람 제20권 충청도 보령현》

12 황학루(黃鶴樓) : 보령현(保寧縣)에 있던 누각으로, 영보정(永保亭)에서 바다 너머로 바라보이는 산자락에 있었다고 한다.

13 여성(汝成) : 유한준(兪漢雋, 1732~1811)으로, 자는 만천(曼倩) 또는 여성, 호는 저암(著菴) 또는 창애(蒼厓), 본관은 기계(杞溪)이다. 당대에 뛰어난 문장가로 손꼽혔으며 문집에 《자저(自著)》가 있다.

비로소 그 소원을 이루었네. 그러나 이에 대해 시를 짓자니 취헌(翠軒)[14]의 뒤에 이어 붙이는 것이라 한 마디도 할 수가 없고, 그렇다고 시를 짓지 않으려니 또한 아쉬움이 크게 느껴질 따름이네. 이에 다만 두 수의 시로 마무리하였으나 끝내 그 진면목이 되지는 못하니, 부득불 이 노인에게 오래도록 영보정의 주인 자리를 내어줄 수밖에 없네. 평생의 가장 만족스러웠던 유람에서 평생의 가장 실망스러운 시를 남겼으니, 어찌 한스럽다 하지 않겠는가.

14 취헌(翠軒) : 박은(朴誾, 1479~1504)으로, 자는 중열(仲說), 호는 읍취헌(挹翠軒), 본관은 고령(高靈)이다. 갑자사화(甲子士禍)에 연루되어 26세의 나이로 요절하였다. 용재(容齋) 이행(李荇)과 더불어 16세기 초 한시 문단을 대표하는 시인인데, 정조(正祖)는 그를 '조선조에서 제일가는 시인'으로 추앙하였다. 박은이 영보정(永保亭)에 대해 지은 시가 《신증동국여지승람》 제20권 〈충청도(忠淸道) 보령현(保寧縣)〉에 실려 있는데 다음과 같다. "땅은 절박해 다하여도 천경(千頃)의 바다는 끝이 없고, 산은 열려 오히려 한 줄기 조수(潮水)를 받아들이네. 세찬 바람이 안개를 몰아내어 물결은 거울 같은데, 모래톱엔 인적 없이 새들만 혼자 노래하네. 나그네 길에 맑은 경치 만나면 언제나 한탄이 맺히니, 해 있는 곳 바라봄에 고향이 아득히 멂을 깨닫노라. 애써 읊조리며 떠나지 못해도 새로운 말 떠오르지 않아서, 먼 하늘 가에 저무는 해를 수심에 차 바라보네.〔地迫未窮千頃海, 山開猶納一頭潮. 急風吹霧水如鏡, 近渚無人禽自謠. 客裏每爲淸境惱, 日邊更覺故園遙. 苦吟不去乏新語, 愁見落輝沈遠霄.〕"

평숙에게 보냄

與平叔

지난 편지에서 공부에 한 치의 진전도 없는 것을 한스럽게 여기고 또 독서에 요령을 얻지 못한 것을 근심하였는데, 모르겠다만 이른바 한 치의 진전도 없다는 것은 문사(文辭)인 것인가, 학문인 것인가? 문사는 본래 말할 것이 없으나, 학문으로 말하자면 세월이 흐르는 물처럼 흘러가 사람을 기다려주지 않으니, 진실로 두려워할 만하네. 그러나 학문하는 도(道)는 또한 급박하게 마음을 써 따져보고 안배하여 억지로 조장하는 병통을 낳아서는 안 되네. 오직 먼저 잃어버린 마음을 찾아서[15] 간략하고 가볍게 수습하고, 차분하고 천천히 붙들어 길러서 그 근본을 확립해야 하네. 그러고 나서 일상의 모든 일마다 이해하고 일마다 성찰하여, 그른 것은 제거하고 옳은 것은 따를 따름이네. 구속하지도 말고 소홀히 하지도 않으면서 공부를 계속 축적해간다면, 알지 못하고 깨닫지 못하는 사이에 저절로 장진(長進)하는 효과가 있을 것이니, 옛사람이 이른바 "그 덕이 닦여짐을 깨닫지 못한다."[16]라는 것이

15 잃어버린 마음을 찾아서 : '잃어버린 마음을 찾는다〔求放心〕'는 것은 본래 맹자(孟子)의 말에 보이는 것으로, 《맹자(孟子)》 〈고자 상(告子上)〉에 "사람이 닭과 개가 도망가면 찾을 줄을 알되, 마음을 잃고서는 찾을 줄을 알지 못하니, 학문하는 방법은 다른 것이 없다. 그 잃어버린 마음을 찾는 것일 뿐이다.〔人有鷄犬放, 則知求之, 有放心而不知求. 學問之道, 無他. 求其放心而已矣.〕"라고 하였다.

16 그 덕이……못한다 : 상(尙)나라 고종(高宗)이 부열(傅說)에게 가르침을 줄 것을 청하자 부열이 말하기를, "오직 배움은 뜻을 겸손하게 해야 합니다. 힘써서 때로 민첩하

바로 이것을 이르는 것이네.

독서의 요령으로 말하자면, 무릇 책을 읽을 때에는 마음을 비우고 조용히 생각하면서 익숙하게 읽고 정밀하게 사색할 뿐이니, 이것 외에 다시 특별한 방법이 없다네. 지금 자네가 읽는 것이 《논어(論語)》인데, 《논어》의 독법(讀法)은 선유가 자세히 말씀하였네. 정자(程子)가 말씀하기를, "7년, 1세(世), 100년의 일[17]과 같은 것은 모두 마땅히 어떻게 하여야 하는지를 생각해야 비로소 유익함이 있다."라고 하였고 또 말씀하기를, "다만 제자들이 질문한 곳을 곧 자신이 질문한 것으로 여기고 성인(聖人)이 답한 곳을 곧 오늘날 귀로 직접 들은 것으로 여긴다면 자연히 얻는 바가 있게 될 것이다."라고 하였네. 주자(朱子)가 말씀하기를, "《논어》의 1장은 몇 구에 불과하여 쉽게 외울 수 있으니, 외운 후에 한가롭고 고요히 집중할 수 있는 가운데 반복하여 음미해서 무젖게 하는 것이 좋다."라고 하였네. 이 몇 가지 말씀을 따른다면 어찌 그 요령을 얻지 못할까 근심할 것이 있겠는가. 우리 선조 문강공(文康公)[18]의 말씀에 "사람들은 《맹자(孟子)》를 읽으면 문장에 능해진다고

게 하면 그 닦여짐이 올 것이니, 독실히 믿어 이것을 생각하면 도가 그 몸에 쌓일 것입니다. 가르침은 배움의 반이니, 생각의 처음과 끝을 항상 배움에 둔다면 그 덕이 닦여짐을 자신도 깨닫지 못할 것입니다.〔惟學遜志, 務時敏, 厥修乃來, 允懷于玆, 道積于厥躬. 惟斅學半, 念終始典于學, 厥德修罔覺.〕"라고 하였다. 《書經 說命下》

17 7년……일 : 모두 《논어(論語)》 〈자로(子路)〉에 보이는 내용으로, 7년은 "선한 사람이 7년 동안 백성을 가르치면 전쟁에 내보낼 수 있다.〔善人教民七年, 亦可以卽戎矣.〕"라고 한 것을 말하고, 1세(世)는 "왕 노릇 할 자가 있더라도 반드시 1세(世)가 지나야 백성이 인(仁)해질 것이다.〔如有王者, 必世而後仁.〕"라고 한 것을 말하고, 100년은 "선한 사람이 100년 동안 나라를 다스린다면 횡포한 것을 물리치고 사형을 없앨 수 있을 것이다.〔善人爲邦百年, 亦可以勝殘去殺矣.〕"라고 한 것을 말한다.

말하지만, 나는《논어》가 가장 절실하다고 생각하여 매달 반드시 한 차례씩 읽는다."라고 하였으니, 이는 후학들이 마땅히 따르고 본받아야 할 바이네.

무릇 성인(聖人)의 천 마디, 만 마디 말씀은 "말은 성실하고 믿음직스럽게 하며 행실은 독실하고 공경스럽게 한다"[19], "거처할 적에는 공손하고 일을 행할 때는 삼가며 다른 사람을 대할 때는 충심을 다한다"[20], "예(禮)가 아니면 보지도 듣지도 말하지도 행동하지도 않는다"[21]라는

18 문강공(文康公) : 박소(朴紹, 1493~1534)로, 자는 언주(彦胄), 호는 야천(冶川), 본관은 반남(潘南)이며, 시호는 문강(文康)이다. 1519년(중종14) 식년 문과에 장원하여 관직에 올라 조광조(趙光祖) 등 신진 사류와 함께 왕도정치의 구현을 위해 노력하였다. 1530년 김안로(金安老) 등의 훈구파를 전한(典翰) 조종경(趙宗敬)과 함께 탄핵하려다가 일이 착수되기 전에 허항(許沆)이 김안로에게 고해 도리어 사성(司成)에 좌천되었다. 그 뒤에도 여러 번 탄핵해 그들의 미움을 사서 파직당하고 고향인 합천에 내려가 학문에 전념하였다. 뒤에 영의정에 추증되었다.

19 말은……한다 :《논어(論語)》〈위령공(衛靈公)〉에 보이는 말로, 자장(子張)이 뜻이 행해짐에 대하여 물었는데, 공자(孔子)가 답하기를, "말이 성실하고 믿음직스러우며 행실이 독실하고 공경스러우면 만맥의 나라에 있다고 하더라도 뜻이 행해질 수 있거니와, 말이 성실하고 믿음직스럽지 못하며 행실이 독실하고 공경스럽지 못하면 자신의 향리에 있다고 한들 뜻이 행해질 수 있겠는가.〔言忠信, 行篤敬, 雖蠻貊之邦, 行矣. 言不忠信, 行不篤敬, 雖州里, 行乎哉?〕"라고 하였다.

20 거처할……다한다 :《논어(論語)》〈자로(子路)〉에 보이는 말로, 번지(樊遲)가 인(仁)에 대하여 묻자, 공자(孔子)가 답하기를, "거처할 적에는 공손하고, 일을 행할 때는 삼가며, 다른 사람을 대할 때는 충심을 다해야 한다.〔居處恭, 執事敬, 與人忠.〕"라고 하였다.

21 예(禮)가……않는다 :《논어(論語)》〈안연(顔淵)〉에 보이는 말로, 안연(顔淵)이 인(仁)에 대해 묻자 공자(孔子)가 "사욕을 이겨 예(禮)로 돌아가는 것이 인(仁)이다.〔克己復禮爲仁〕"라고 답하였는데, 안연이 또 이에 대한 조목을 묻자 공자가 "예가 아니

말씀에 불과하네. 이는 모두 배우는 자의 일상에 절실한 것이어서 잠시라도 떠날 수 없는 일이네. 바로 이 점에서 진실히 체인(體認)하고 진실히 실천하여, 순서에 따라 대도(大道)의 경지로 나아가고자 해야 하네. 이와 같이 하여야 비로소 학문을 성취할 수 있고, 이와 같이 하여야 비로소 《논어》를 읽은 사람이 될 수 있네. 이와 같이 하지 않고 한갓 글의 뜻만 대략 이해하거나 주해의 설명만 대강 외우려 하면서 이를 배움이라 여긴다면, 입과 귀 사이는 네 치 밖에 되지 않으니 어떻게 일곱 자 되는 몸을 아름답게 할 수 있겠는가.[22]

보내온 편지에서 언급한 바가 있어 곧 이 말을 덧붙인 것이니, 한번 취하여 읽고 잘 알아듣게나.

면 보지 말고, 예가 아니면 듣지 말고, 예가 아니면 말하지 말고, 예가 아니면 행동하지 말라.〔非禮勿視, 非禮勿聽, 非禮勿言, 非禮勿動.〕"라고 답하였다.

22 입과……있겠는가 : 《순자(荀子)》 〈권학(勸學)〉에 "소인이 배우는 것을 보건대, 귀로 들으면 입으로 내놓는다. 입과 귀 사이는 네 치 밖에 되지 않으니, 어떻게 일곱 자 되는 몸을 아름답게 할 수 있겠는가.〔小人之學也, 入乎耳, 出乎口. 口耳之間, 則四寸耳, 曷足以美七尺之軀哉?〕"라고 하였는데, 이를 원용하여 말한 것이다.

평숙에게 답함

答平叔

인용한 증점(曾點)의 일[23]은 내가 구속함이 지나치다고 여겨서, 나로 하여금 산수 사이에서 서창(舒暢)하게 하려는 뜻이 아니겠는가. 증점이 말한 뜻이 비록 고아하나, 또한 일상의 생활을 즐거워하는 것에

23 증점(曾點)의 일 : 《논어(論語)》 〈선진(先進)〉에 보이는 내용으로, 공자(孔子)가 제자들에게 포부를 물었을 때 증점이 비파를 타다가 내려놓고 자로(子路)·염유(冉有)·공서화(公西華) 등 세 명의 제자가 말한 것과는 다르다면서, "늦은 봄에 봄옷이 만들어지면 관을 쓴 벗 대여섯 명과 아이들 예닐곱 명을 데리고 기수(沂水)에 가서 목욕을 하고 무우(舞雩)에서 바람을 쏘인 뒤에 노래하며 돌아오겠습니다.〔暮春者, 春服旣成, 冠者五六人、童子六七人, 浴乎沂, 風乎舞雩, 詠而歸.〕"라고 자신의 뜻을 밝히자, 공자가 위연(喟然)히 감탄을 하며 "나는 점(點)을 허여한다.〔吾與點也〕"라고 하였다. 이에 대해 주희(朱熹)의 《집주(集註)》에서는 정이(程頤)의 "공자가 증점을 허여한 것은, 대개 그의 뜻이 성인의 뜻과 같았기 때문이니, 이것이 바로 요순의 기상인 것이다.〔孔子與點, 蓋與聖人之志同, 便是堯舜氣象也.〕"라는 말을 인용하여 해설하였다. 박준원(朴準源)이 박윤원(朴胤源)에게 보낸 편지에 다음과 같은 내용이 보인다. "논어는 이미 〈향당(鄕黨)〉을 마치셨다고 들었는데, 그 사이에 응당 〈선진(先秦)〉 편을 시작하셨을 듯하니, 증점이 비파를 내려놓고 대답했던 부분에 대하여 틀림없이 흥기한 바가 있었을 것입니다. 강학루(江鶴樓)가 장차 기수(沂水)와 무우(舞雩)가 될 수 있겠습니까? 영웅은 진실로 전전긍긍(戰戰兢兢)함에서부터 나오는 것이지만 활발발(活潑潑)한 경지 또한 사람이 되는 공부이니, 한결같이 잡아지키기만 하여 유행하는 기(氣)를 상하게 해서는 안 될 듯합니다. 어떻게 생각하실지 모르겠습니다.〔魯論聞已了得鄕黨, 其間似當始先進之篇, 於曾點舍瑟之對, 必有所興起者. 能江鶴樓其將爲沂水雩壇耶? 英雄固自戰兢中出來, 而活潑潑地, 亦是爲人底工夫, 則恐不可一向把捉, 以傷流行之氣. 未知如何?〕"《錦石集 卷5 上伯氏》

불과하니, 이는 천리(天理)가 유행하여 곳곳마다 충만함을 본 것이네. 부자(夫子 공자(孔子))께서 이를 허여하신 것도 이 때문이네. 만약 이 뜻을 깊이 이해할 수 있다면, 비록 무우(舞雩)에서 노니는 것이 아니고 문을 닫아걸고 책을 보더라도 이 마음이 절로 즐거워할 수 있고, 비록 관(冠)을 쓴 자나 아이들과 함께하지 않고 적막히 홀로 앉아 있더라도 이 마음이 또한 즐거워할 수 있는 것이네. 어찌 굳이 기수(沂水)에서 목욕한 이후에야 즐거워할 수 있겠는가.

증점의 즐거움은 곧 자연히 즐거운 것이어서 안배한 바가 없는 것이네. 그런데 지금 만약 '증점이 이와 같이 하였으니 나도 또한 이와 같이 하고자 한다'고 말한다면, 이 마음이 이미 먼저 증점에게 구속된 것이니, 종용(從容)하고 자득한 즐거움이 또 어디에 있겠는가. 증점을 사모하는 이가 증점처럼 도체(道體)를 알지는 못하고 그저 경치 속에서 유련(流連)[24]하고 산수를 떠돌기만 좋아한다면, 그 즐거움을 취함은 다만 한가로운 데로 귀결될 뿐이고 끝내 자연의 참된 즐거움은 되지 못하네. 정자(程子)가 꽃을 찾고 버들을 따랐던 것[25]과 주자(朱子)가 느린 가락을 나지막이 읊조렸던 것[26]은 정히 이와 같지 않다네. 반드시

24 유련(流連) : 유람이나 놀이에 빠져 돌아옴을 잊음을 이른다. 《맹자(孟子)》〈양혜왕 하(梁惠王下)〉에 "뱃놀이를 하다가 물길을 따라 아래로 내려가서 돌아옴을 잊음을 유(流)라 이르고, 물길을 거슬러 위로 올라가서 돌아옴을 잊음을 연(連)이라 이른다.〔從流下而忘反, 謂之流, 從流上而忘反, 謂之連.〕"라고 한 데에 보인다.

25 정자(程子)가……것 : 정자(程子)는 정호(程顥)로, 정호의 시 〈춘일우성(春日偶成)〉에 "엷은 구름에 살랑 바람 부는 정오 무렵, 꽃 찾아 버들 따라 앞 시내를 왔노라.〔雲淡風經近午天, 訪花隨柳過前川.〕"라고 보인다.

26 주자(朱子)가……것 : 주희(朱熹)의 〈증점(曾點)〉 시에 "봄 옷이 처음 이루어짐

먼저 치지(致知)와 함양(涵養)의 실제에 힘쓴 뒤에야 천리가 유행함을 볼 수 있는 것이네. 치지가 이미 정밀해지고 함양이 이미 익숙해지면, 가슴속이 쇄락하고 기상이 온화하여 자연히 천기(天機)와 서로 부합하게 되니, 마음속에 주장을 붙들어 보존함이 없이 그렇게 되는 것이 아니네.

증점으로 말하면 타고난 자질이 고아하였으므로 공부하기를 기다리지 않고도 이를 알았던 것이네. 그러나 증자(曾子)처럼 자질이 노둔한 경우에는 세 가지로 반성하는 것[27]으로 말미암아 하나의 이치가 만사를 꿰뚫고 있음[28]을 들었으니, 배우는 것이 어찌 순서를 뛰어넘어 할 수 있는 것이겠는가. 또 무릇 증점은 광자(狂者)[29]여서 아는 것이 지나쳤

에 좋은 경치 그윽하니, 흐르는 물 따라 걸으며 맑은 모습 감상하네. 느린 가락 나지막이 읊조리며 늦게 돌아오니, 얼굴을 스치고 불어오는 가벼운 바람에 내맡기네.〔春服初成麗景遲, 步隨流水玩晴漪. 微吟緩節歸來晩, 一任輕風拂面吹.〕"라고 보인다.

27 세……것 : 증자(曾子)가 하루에 세 가지로 자신을 반성했던 것으로, 《논어(論語)》〈학이(學而)〉에 보이는 증자의 말에, "나는 날마다 세 가지로 내 자신을 반성하니, '남을 위하여 일을 도모하면서 충성스럽지 못한가?'와 '벗과 사귀면서 신실하지 못한가?'와 '전수받은 것을 복습하지 않는가?'라는 것이다.〔吾日三省吾身, 爲人謀而不忠乎? 與朋友交而不信乎? 傳不習乎?〕"라고 하였다.

28 하나의……있음 : 《논어(論語)》〈이인(里仁)〉에 보이는 내용으로, 공자(孔子)가 증자(曾子)에게 "우리 도(道)는 하나의 이치가 만사를 꿰뚫고 있다.〔吾道一以貫之〕"라고 하자 증자가 "예.〔唯〕"라고 대답하였는데, 공자가 나가자, 문인(門人)이 무엇을 말하는 것인지를 물으니, 증자가 "부자의 도는 충(忠)과 서(恕)일 뿐이다.〔夫子之道, 忠恕而已矣.〕"라고 답하였다.

29 광자(狂者) : 실천은 비록 따라가지 못하지만 성인을 지향하는 뜻은 누구보다도 큰 진취적인 인간 유형을 가리키는 말이다. 증점(曾點)에 대한 《논어집주(論語集註)》의 주희(朱熹)의 주석에 "증점은 광자이다. 성인의 일을 능히 행할 수는 없지만 성인의

으나 행실이 뒤따르지 못하였네. 증점을 배운다면 의지할 만한 실지(實地)가 없게 되니, 차라리 증자를 배워서 확고함을 얻는 것만 못하네. 정자와 주자 두 선생이 모두 증점을 허여하는 뜻이 있었으나, 증점은 광간(狂簡)한 자가 되었고 정자와 주자는 아성(亞聖)이 된 것은 어째서인가? 바로 지행(知行)에 치우침과 온전함의 차이가 있었기 때문이라네. 정자와 주자의 뜻은 증점과 같았으나, 정자와 주자의 학문은 증자와 같아서 체(體)와 용(用)이 모두 갖추어졌으므로 끝내 대도(大道)를 이룬 것이네. 만약 오늘 기수(沂水)에서 목욕하고 내일 또 기수에서 목욕한다면 다시 무슨 일을 하겠는가.

솔개가 날고 물고기가 뛰는 활발발(活潑潑)한 경지[30]는 바로 중화(中和)[31]의 기상으로, 증점이 이에 거의 가까웠네. 그러나 계신(戒愼)

뜻은 알 수 있었기에 '기수에서 목욕하고 무우에서 바람 쐬다 노래하며 돌아오겠다.'라고 한 것이다.〔曾點, 狂者也. 未必能爲聖人之事, 而能知聖人之志. 故曰: 浴乎沂, 風乎舞雩, 詠而歸.〕"라고 하였다. 《論語集註 先進》

30 솔개가……경지 : 활발발(活潑潑)하다는 것은 생기(生氣)가 충만함을 말한다. 《중용장구(中庸章句)》 제12장에 "《시경》에 이르기를 '솔개는 날아서 하늘에 이르고, 물고기는 연못에서 뛰어논다.'라고 하였으니, 이는 상하에 이치가 밝게 드러남을 말한 것이다.〔詩云: 鳶飛戾天, 魚躍于淵. 言其上下察也.〕"라고 하였는데, 주희(朱熹)의 장구(章句)에서, 정호(程顥)의 "이 한 대목은 자사가 매우 긴요하게 사람을 위한 곳으로, 활발발한 곳이다.〔此一節, 子思喫緊爲人處, 活潑潑地.〕"라는 말을 인용하여 해설하였다.

31 중화(中和) : 《중용장구(中庸章句)》 제1장에 보이는 것으로, "희로애락이 발하기 이전을 중(中)이라고 이르고, 발하여 모두 절도에 맞는 것을 화(和)라고 이른다. 중(中)이란 것은 천하의 큰 근본이고, 화(和)란 것은 천하의 공통된 도(道)이다. 중(中)과 화(和)를 극진하게 하면 천지가 제대로 자리를 잡고 만물이 제대로 생육될 것이다.〔喜怒哀樂之未發, 謂之中, 發而皆中節, 謂之和. 中也者, 天下之大本也; 和也者, 天下

과 공구(恐懼)[32]의 공부가 없으면 중화를 이룰 수 없고, 삼천 가지와 삼백 가지의 예문(禮文)이 없으면 양양(洋洋)하게 발육하여 그 높이가 하늘에 닿음에 이를 수가 없네.[33] 이것이 바로 증점이 성인의 뜻은 능히 알았으나 성인의 일은 행하지 못하였던 까닭이네. 그렇다면 비파를 놓아두고 대답하였던 것은 또한 그저 안목이 높았던 것에 불과하고, 시신을 앞에 두고 노래하였던 것[34]으로 말하면 도리어 노장(老莊)의 생각이 있었던 것이네. 그가 다행히 부자의 시대에 태어나 부자에게 마름질을 받았기에 노장의 도에 빠지지 않을 수 있었던 것이니, 그렇지 않았다면 위태로웠을 것이네. 그러므로 나는 일찍이 증점을 배우다가

之達道也. 致中和, 天地位焉, 萬物育焉.〕"라고 하였다.

32 계신(戒愼)과 공구(恐懼) : 《중용장구(中庸章句)》 제1장에 "도(道)라는 것은 잠시도 떠날 수 없으니, 떠날 수 있으면 도가 아니다. 이 때문에 군자는 보지 않을 때에도 경계하고 삼가며, 듣지 않을 때에도 두려워하는 것이다. 어두운 곳보다 더 드러나는 곳이 없으며 작은 일보다 더 나타나는 일이 없으니, 그러므로 군자는 그 홀로를 삼가는 것이다.〔道也者, 不可須臾離也, 可離非道也. 是故君子戒愼乎其所不睹, 恐懼乎其所不聞. 莫見乎隱, 莫顯乎微, 故君子愼其獨也.〕"라고 한 데에 보인다.

33 삼천……없네 : 《중용장구(中庸章句)》 제27장에 "위대하도다. 성인의 도(道)여! 양양하게 만물을 발육하여 그 높이가 하늘에 닿았다. 넉넉하고 크도다. 예의가 삼백 가지이고, 위의가 삼천 가지이다. 그러나 이 도는 그 훌륭한 사람을 기다린 뒤에야 행해진다. 그러므로 '만일 지극한 덕이 아니면 지극한 도가 모이지 않는다'고 말한 것이다.〔大哉聖人之道! 洋洋乎發育萬物, 峻極于天. 優優大哉, 禮儀三百, 威儀三千. 待其人然後行. 故曰苟不至德, 至道不凝焉.〕"라고 하였는데, 이를 원용하여 말한 것이다.

34 시신을……것 : 증점(曾點)이 노(魯)나라의 정경(正卿)인 계무자(季武子)의 상(喪)에 문에 기대어 노래했던 일을 말하는 것으로, 《예기(禮記)》 〈단궁 하(檀弓下)〉에 "계무자가 병이 위독하였다.……그가 죽자, 증점이 그의 문에 기대어 노래하였다.〔季武子寢疾……及其喪也, 曾點倚其門而歌.〕"라고 보인다.

한번 잘못되면 노장이 되고 그보다 아래로 가면 이른바 한가로운 자가 될 뿐이라 여겼으니, 두려워하지 않을 수 있겠는가.

그러나 자네가 전전긍긍(戰戰兢兢)이란 말을 활발발(活潑潑)과 상대하여 말하였으니, 또한 이에 대하여 모르는 것은 아니네. 다만 나의 구속됨을 다소 완화시키고자 했을 뿐일 것이네. 전전긍긍함으로 지키고 활발발함으로 기르는 것은 곧 잊지도 않고 조장하지도 않는[35] 절도인데, 나의 학문이 도리어 여기에 이르기가 쉽지 않네. 초학자는 으레 구속됨을 면치 못하니, 오래된 뒤에야 편안해질 수 있고 편안해진 뒤에야 즐거워할 수 있네. 나는 지금 점검하고 수습하기에도 겨를이 없으니, 이 마음이 어느 때에야 즐거워할 수 있을지 모르겠네. 그러나 이를 따르기를 그치지 않아서 날로 쌓이고 달로 쌓이다 보면 혹 사도(斯道)에 있어서 끝내 본 바가 있게 되지 않겠는가. 바라건대 평숙은 편안하고 태연하지 못한 것을 가지고 급히 다그치지 말고 나의 학업이 다소 진전되는 날을 조금 기다려준다면 좋겠네.

별지

혹인의 설(說)은 끝내 온당치 못하다고 느끼네. "안자(顔子)는 책을 남기지 않았으니 사람들이 마땅히 안자가 말하지 않은 바를 말해야 한다."라고 한 것은 문사(文詞)의 습기(習氣)이지 도(道)를 아는 논

35 잊지도……않는 : 잊지도 않고 조장하지도 않는다는 것은 《맹자(孟子)》 〈공손추상(公孫丑上)〉에 보이는 말로, "반드시 호연지기(浩然之氣)를 기르는 것에 종사하되, 미리 효과를 기대하지 말고, 마음에 잊지도 말고 억지로 조장하지도 말아야 한다.〔必有事焉而勿正, 心勿忘, 勿助長也.〕"라고 하였다.

의가 아니네. 무릇 성현이 책을 저술하고 말을 세운 것은 도가 밝지 못하기 때문이니, 만약 사도(斯道)가 밝았다면 굳이 말을 할 일이 없었을 것이네. 성현이 책을 저술한 것은 대개 부득이해서였으니, 안자가 어찌 반드시 말을 하고자 했겠는가. 공부자(孔夫子)가 일찍이 말씀하기를, "나는 말을 하지 않고자 한다. 하늘이 무슨 말을 하던가. 사시가 운행되고 만물이 생장한다."[36]라고 하였네. 만약 안자가 수명을 다 누렸더라면 장차 오래지 않아 화(化)하였을 것이니[37] 응당 부자가 말을 하지 않고자 했던 것과 같았을 것이네.

그러나 부자는 비록 말을 하지 않고자 하셨으나 끝내 말을 하지 않을 수 없었으니, 이는 부득이한 까닭이었네. 만약 안자가 부득이하여 말을 남겼다면 또한 부자의 남은 뜻을 발명하는 데 불과했을 것이니, 이는 증자(曾子), 자사(子思), 맹자(孟子)가 이미 말한 바이네. 증자, 자사, 맹자가 이미 말한 것이 바로 안자가 말하고자

36 나는……생장한다 : 《논어(論語)》 〈양화(陽貨)〉에 보이는 내용으로, 공자(孔子)가 "나는 말을 하지 않고자 한다.〔予欲無言〕"라고 하자, 자공(子貢)이 "스승님께서 말씀하지 않으시면 저희들이 어떻게 도(道)를 전하겠습니까.〔子如不言, 則小子何述焉?〕"라고 하였는데, 공자가 "하늘이 무슨 말을 하던가. 사시가 운행하고 만물이 생장하나니, 하늘이 무슨 말을 하던가.〔天何言哉? 四時行焉, 百物生焉. 天何言哉?〕"라고 하였다.

37 만약……것이니 : 《논어(論語)》 〈옹야(雍也)〉에 노(魯)나라 애공(哀公)이 공자(孔子)의 제자 중 누가 배우기를 좋아하는지를 묻자 공자가 안회(顔回)라고 답한 내용이 보이는데, 《논어집주(論語集註)》에서 주희(朱熹)가 안회를 두고 "그가 성인의 경지에 도달하지 못한 것은, 지킨 것이지 화(化)한 것이 아니기 때문이니, 몇 년만 수명을 연장해 주었다면 오래지 않아 화(化)하였을 것이다.〔其未至於聖人者, 守之也, 非化之也. 假之以年, 則不日而化矣.〕"라고 하였다. '화(化)한다'는 것은 힘을 들이지 않고 저절로 되는 것을 이른다.

했던 바이니, 증자, 자사, 맹자가 이미 말한 바를 통하여 안자가 말하고자 한 바를 찾는다면 안자의 가슴 속에 간직된 책은 바로 여기에 있는 것이네. 책으로 만들어 남겼는가, 남기지 않았는가는 따로 논할 필요가 없다네. 안자가 비록 책을 이루지 않았으나 크게 탄식하며 말하였던 것[38]에서 실로 학문을 하는 차서를 볼 수 있으니, 또한 일찍이 말하지 않은 적이 없었던 것이네. 다만 자세히 말하지 않았을 뿐인데, 증자, 자사, 맹자에 이르러 비로소 자세히 말하게 된 것이네.

《중용(中庸)》의 "선(善)을 택하여 굳게 잡는다."[39]라고 한 것은 곧 안자가 한 가지 선(善)을 알면 가슴에 간직하여 잃지 않았던 것이고, 《대학(大學)》의 격물(格物)·치지(致知)·성의(誠意)·정심(正心)은 곧 안자가 박문약례(博文約禮)[40]하였던 것이며, 《추경(鄒

38 크게……것 : 《논어(論語)》 〈자한(子罕)〉에 보이는 것으로, "안연이 크게 탄식하며 말하였다. '우러러볼수록 더욱 높고, 뚫을수록 더욱 견고하며, 바라봄에 앞에 있더니 홀연히 뒤에 있도다. 부자께서 차근차근 사람을 잘 이끄시어 문으로써 나의 지식을 넓혀 주시고 예로써 나의 행동을 요약하게 해 주셨다. 그만두고자 해도 그만둘 수 없어 이미 나의 재주를 다하니, 내 앞에 우뚝 서 있는 듯하다. 따르고자 하나 어디에서부터 시작해야 할지 모르겠다.'〔顏淵喟然歎曰: 仰之彌高, 鑽之彌堅, 瞻之在前, 忽焉在後. 夫子循循然善誘人, 博我以文, 約我以禮. 欲罷不能, 旣竭吾才, 如有所立卓爾, 雖欲從之, 末由也已.〕"라고 하였다.

39 선(善)을……잡는다 : 《중용장구(中庸章句)》 제20장에 보이는 말로, "성실한 자는 하늘의 도이고, 성실히 하려는 자는 사람의 도이다. 성실한 자는 힘쓰지 않고도 도에 맞으며 생각하지 않고도 알아서 종용히 도에 맞으니, 곧 성인이다. 성실히 하려는 자는 선을 택하여 굳게 잡는 자이다.〔誠者, 天之道也; 誠之者, 人之道也. 誠者, 不勉而中, 不思而得, 從容中道, 聖人也. 誠之者, 擇善而固執之者也.〕"라고 하였다.

40 박문약례(博文約禮) : 글을 널리 배우고 예로 몸을 단속하는 것이다. 《논어(論

經 맹자)》의 인욕을 막고 천리를 보존함[41]은 곧 안자가 극기복례(克己復禮)[42]하였던 것이네. 안자가 말을 하고자 하여 말을 하였더라도 어찌 여기에서 벗어났겠는가. 무릇 도(道)는 하나일 뿐이니, 전성(前聖)과 후성(後聖)이 본래 다르지 않아서 천 마디, 만 마디 말씀이 오직 한 가지의 법일 뿐이네. 만약 증자, 자사, 맹자가 말한 것 외에 안자가 따로 말하려고 한 바가 있었다고 여긴다면, 이는 도(道)를 둘로 여기는 것이니 어찌 옳겠는가.

안자는 타고난 자질이 총명하고 지혜로워 묵묵히 알고 마음으로 통하였으므로 《논어》에 보이는 안자의 말이 또한 지극히 적은 것이네. 안자의 뜻은 반드시 책을 저술하려고 한 것은 아니었을 것이네. 설령 안자가 책을 저술하려고 하였으나 요절하여 미처 하지 못했기

語)》〈자한(子罕)〉에 보이는 안연(顔淵)의 말에 "부자께서 차근차근 사람을 잘 이끄시어 문으로써 나의 지식을 넓혀 주시고 예로써 나의 행동을 요약하게 해 주셨다.〔夫子循循然善誘人, 博我以文, 約我以禮.〕"라고 하였다.

41 인욕을……보존함 : 《맹자(孟子)》의 대지(大旨)로, 《맹자집주(孟子集註)》〈양혜왕 하(梁惠王下)〉에 보이는 주희(朱熹)의 주에 "그러므로 맹자가 당시 군주의 질문으로 인하여 기미의 즈음에서 분석하였으니, 모두 인욕을 막고 천리를 보존하려는 것이었다. 그 법이 엉성한 듯하나 실제는 치밀하고, 그 일이 쉬운 듯하나 실제는 어려우니, 배우는 자가 몸으로써 체행한다면 곡학아세한 말씀이 아님을 알 것이고, 극기복례하는 단서임을 알게 될 것이다.〔故孟子因時君之問, 而剖斤於幾微之際, 皆所以遏人欲而存天理. 其法似疏而實密, 其事似易而實難. 學者以身體之, 則有以識其非曲學阿世之言, 而知所以克己復禮之端矣.〕"라고 하였다.

42 극기복례(克己復禮) : 자신의 사욕을 이겨 천하의 공도(公道)인 예(禮)로 돌아오는 것으로, 안연(顔淵)이 인(仁)에 대해서 묻자, 공자(孔子)가 "극기복례가 바로 인(仁)이다. 하루라도 극기복례하면, 천하 사람들이 그 인(仁)에 귀의할 것이다.〔克己復禮爲仁. 一日克己復禮, 天下歸仁焉.〕"라고 답한 데에 보인다. 《論語 顔淵》

에 후세의 군자가 응당 뒤이어 이루어야 한다면, 반드시 먼저 예(禮)가 아니면 보지도, 듣지도, 말하지도, 행동하지도 말아야 하는 것[43]과 잘하는 것을 자랑함이 없고 공로를 과시함이 없는 것[44]과 학식이 많으면서 적은 이에게 묻고 능하면서 능하지 못한 이에게 물으며 자신에게 잘못을 범하여도 계교하지 않는 것[45]과 멀리 가지 않고 돌아오는 것[46]과 석 달 동안 인(仁)에서 떠나지 않는 것[47] 바로

43 예(禮)가……것 : 《논어(論語)》 〈안연(顏淵)〉에서, 안자(顏子)가 인(仁)을 물은 데 대해 공자(孔子)가 "극기복례(克己復禮)"라고 답하였는데, 이에 대해 안자가 그 조목을 청하자, 공자가 "예가 아니면 보지 말고, 예가 아니면 듣지 말며, 예가 아니면 말하지 말고, 예가 아니면 행동하지 말라.〔非禮勿視, 非禮勿聽, 非禮勿言, 非禮勿動.〕"라고 하였다.

44 잘하는……것 : 안연(顏淵)과 자로(子路)가 공자(孔子)를 모시고 있을 적에 공자가 각자의 뜻을 말해보도록 하였는데, 안연이 "잘하는 것을 자랑함이 없고 공로를 과시함이 없고자 합니다.〔願無伐善, 無施勞.〕"라고 말한 일이 있다. 《論語 公冶長》

45 학식이……것 : 증자(曾子)가 안자(顏子)를 두고 말하기를, "능하면서 능하지 못한 이에게 물으며, 학식이 많으면서 적은 이에게 물으며, 있어도 없는 것처럼 여기고, 가득해도 빈 것처럼 여기며, 자신에게 잘못을 범하여도 계교하지 않는 것을, 옛적에 내 벗이 일찍이 이 일에 종사하였다.〔以能問於不能, 以多問於寡, 有若無, 實若虛, 犯而不校, 昔者吾友嘗從事於斯矣.〕"라고 하였다. 《論語 泰伯》

46 멀리……것 : 《주역(周易)》 〈복괘(復卦) 초구(初九)〉에 "멀리 가지 않고 돌아오기 때문에 후회함에 이르지 않으니, 크게 선하고 길하다.〔不遠復, 无祇悔, 元吉.〕"라고 하였는데, 〈계사전 하(繫辭傳下)〉에서 이 말을 해설하면서 공자(孔子)가 안회(顏回)에 대하여 "불선이 있으면 알아채지 못한 적이 없고, 일단 알고 나면 다시 행한 적이 없었다.〔有不善, 未嘗不知, 知之, 未嘗復行也.〕"라고 칭찬한 것을 인용하였다.

47 석 달……것 : 《논어(論語)》 〈옹야(雍也)〉에 보이는 공자(孔子)의 말에 "안회는 그 마음이 석 달 동안 인(仁)에서 떠나지 않았고, 그 나머지 사람들은 하루나 한 달에 한 번 정도 이를 수 있다.〔回也, 其心三月不違仁. 其餘則日月至焉而已矣.〕"라고 하였다.

이 부분에 힘써야 하네. 그런 뒤에야 안으로 쌓여 밖으로 드러나고[48] 덕(德)이 있어 반드시 훌륭한 말을 하게 되니[49] 비로소 안자의 말이 될 수 있는 것이네. 지금 이 일에 힘쓰지 않으면서 마침내 안자의 말을 만들고자 한다면, 나는 그것이 틀림없이 불가능함을 잘 알겠네.

무릇 《소학(小學)》 책이 없었기에 주자(朱子)가 이를 엮었고, 《대학(大學)》의 격물치지(格物致知) 장(章)이 망실되었기에 주자가 이를 보충하였네. 주자와 같은 학문이 없이 성현의 책을 보충하고자 한다면 어려울 것이네. 대저 말은 마음에서 나오는 것이니, 마음이 안자와 같지 않은데 어찌 말이 안자와 같을 수 있겠는가. 보통사람의 마음은 기(氣)에 구속되고 욕심에 가려져서 성인의 마음과 같지 않네. 성인의 마음을 알고자 한다면 반드시 경전(經傳)을 통해 알아내어 내 마음에 돌이켜 찾아서, 잡아 지키고 성찰하며 확충하고 함양해야 하네. 그런 뒤에야 비로소 성현의 심법을 전할 수 있고, 비로소 성현의 말을 할 수 있네. 상지(上智)의 자질이 아니고서는 자연히 성현의 마음에 합치되는 자는 없다네. 그러므로 내가 '안자의 말을 하려 한다면 마땅히 안자의 마음을 전해야 하고, 안자의 마음을 전하려 한다면 마땅히 안자의 학문을 해야 한다'고 말하는 것이네.

48 안으로……드러나고 : 《예기(禮記)》 〈악기(樂記)〉에 "온화한 성정이 안으로 쌓이면 아름다운 문채가 밖으로 드러난다.〔和順積於中, 英華發於外.〕"라고 하였는데, 이를 원용하여 말한 것이다.

49 덕(德)이……되니 : 《논어(論語)》 〈헌문(憲問)〉에 "덕이 있는 자는 반드시 훌륭한 말을 하지만, 훌륭한 말을 하는 자라고 해서 반드시 덕이 있는 것은 아니다.〔有德者, 必有言; 有言者, 不必有德.〕"라고 하였는데, 이를 원용하여 말한 것이다.

안자의 학문이란 곧 위에서 말한 박문약례(博文約禮), 사물(四勿)[50] 등의 일이네.

혹인은 내가 비록 잘 알지는 못하지만 그 언론과 풍채가 실로 남보다 크게 뛰어난 점이 있다고 들었네. 그러나 과연 이러한 일에 능히 힘을 쓸 수 있는지는 모르겠네. 만약 그렇게 하지 못하면서 섣불리 책을 저술하여 안자의 말을 만들고자 한다면, 그가 이른바 안자의 말이라 하는 것은 참된 안자의 말이 되지 못할 것이네. 대체로 문장가는 육경(六經)이 이미 갖추어져 있으니 이를 되풀이하는 것을 늘 꺼려하므로 반드시 신기하고 고묘(高妙)한 말을 지어서 과시하려고 하고 또 그 글의 가치를 높이려고 한다네. 여러 성현 가운데 오직 안자만이 책이 없기 때문에 이를 빙자하고 가탁하여 사람들에게 "이는 안자가 말하고자 했던 바를 내가 대신 말한 것이다."라고 큰소리치려는 것일 뿐이네. 이는 그 견지하는 방법이 이미 좋지 못한 것이니, 또한 끝내 허황되고 황홀한 데로 흘러가 절로 외도(外道)에 떨어지게 될 것이네. 이는 진실로 깊이 근심할 만한 것이니, 감히 아무개가 이와 같다고 말하는 것은 아니나 또한 점점 이러한 지경으로 들어가지 않을 것이라 어찌 장담할 수 있겠는가.

그러나 그가 이미 안자를 가지고 말하였다면, 또한 문장은 마땅히 도(道)에 근본을 두고 언어는 마땅히 성인을 본받아야 함을 알고

50 사물(四勿) : 안자(顔子)가 극기복례(克己復禮)의 조목을 묻자 공자(孔子)가 "예가 아니면 보지 말고, 예가 아니면 듣지 말며, 예가 아니면 말하지 말고, 예가 아니면 행동하지 말라.〔非禮勿視, 非禮勿聽, 非禮勿言, 非禮勿動.〕"라고 말한 것을 이른다. 《論語 顔淵》

있는 것이네. 그러니 벗이 된 자라면 박문약례(博文約禮)와 극기구인(克己求仁)의 도(道)로써 일러주어, 그로 하여금 마음을 누르고 성현의 책에 종사하여 대도(大道)의 경지로 나아가게 해야 하네. 이를 맡아 줄 만한 이가 있겠는가? 일찍이 서로 알지 못하는 사이인데 곧장 먼저 그 논의를 세운 것이 잘못되었음을 함부로 지적하는 것은, 비단 공평무사한 의리를 분별하지 않을 수 없기 때문일 뿐 아니라 또한 그 사람을 아끼기 때문이기도 하네. 자네는 나를 대신하여 그에게 "참으로 안자의 말을 할 수 있는 자라면 그 말이 이와 같지 않을 것이다."라고 일러주게나.

평숙에게 보냄

與平叔

장저(長沮)와 걸닉(桀溺)[51]의 일은 지금 장차 강론하려고 하네. 장저와 걸닉은 진실로 또한 현자이지만 다만 성인의 대중지정(大中至正)한 도를 알지 못하였네. 그러므로 우리 유가에서 비판하는 것이네. 그러나 황면재(黃勉齋)[52]에 이르러 "바로 마땅히 부추겨 나오게 해야 한다."[53]라는 논의가 있게 되었으니, 장저와 걸닉의 무리도 또한 일체

51 장저(長沮)와 걸닉(桀溺) : 공자(孔子)와 같은 시대에 살았던 은자(隱者)들로, 이들에 대한 내용이 《논어(論語)》 〈미자(微子)〉에 나온다. 장저와 걸닉이 함께 밭을 갈고 있었는데, 공자가 그곳을 지나가다 자로(子路)를 시켜 나루터를 묻게 하였다. 이에 장저는 "공자가 나루터를 알 것이다.〔是知津矣〕"라고 하였고, 걸닉은 "도도하게 흘러가는 것은 천하가 다 그러하니 누구와 더불어 그것을 바꿀 수 있겠는가. 또 그대는 사람을 피하는 선비를 따르는 것이 어찌 우리처럼 세상을 피하는 선비를 따르는 것만 하겠는가.〔滔滔者, 天下皆是也, 而誰以易之? 且而與其從辟人之士也, 豈若從辟世之士哉?〕"라고 하였다. 자로가 이 두 사람의 말을 전하자, 공자가 말하기를, "새나 짐승과는 함께 무리지어 살 수 없으니, 내가 이 사람의 무리와 함께 살지 않고 누구와 함께 살겠는가. 천하에 도가 있다면 내가 바꾸려 하지 않을 것이다〔鳥獸不可與同群, 吾非斯人之徒與, 而誰與? 天下有道, 丘不與易也.〕."라고 하였다.

52 황면재(黃勉齋) : 남송(南宋)의 학자 황간(黃榦, 1152~1221)으로, 자는 직경(直卿), 호는 면재, 시호는 문숙(文肅)이다. 주희(朱熹)와 유청지(劉淸之)에게 수학하였는데, 주희는 그의 능력을 인정하여 학문을 전수하고 사위로 삼았다. 백록동서원(白鹿洞書院)에서 강학하였으며, 주자의 뜻에 따라 《의례경전통해속(儀禮經傳通解續)》을 편찬하였다. 저서에 《오경통의(五經通義)》, 《사서기문(四書記聞)》, 《면재집(勉齋集)》 등이 있다.

53 바로……한다 : 황간(黃榦)이 말하기를, "오늘날 세상의 폐단을 바로잡는 방법은

공격하여 배척해서는 안 될 듯하네. 내가 일찍이 신문(晨門),[54] 하궤(荷蕢),[55] 접여(接輿),[56] 장저, 걸닉, 하조(荷蓧)[57]의 무리의 사람됨에

바로 마땅히 장저(長沮)와 걸닉(桀溺) 등의 사람을 부추겨 나오게 하는 것이다.〔在今日救世之道, 正當扶起沮・溺等人.〕"라고 하였다. 《論語集註大全 卷18 微子》

54 신문(晨門) : 새벽에 성문(城門)을 열어주는 일을 맡은 사람을 가리켜 말한 것으로, 《논어(論語)》〈헌문(憲問)〉에 다음과 같은 내용이 보인다. "자로가 석문에서 유숙하였었는데, 신문이 묻기를, '어디에서 왔는가?' 하자, 자로가 '공씨에게서 왔오.'라고 대답하니, 그는 '바로 할 수 없는 줄 알면서도 하는 자 말인가.' 하였다.〔子路宿於石門. 晨門曰: 奚自? 子路曰: 自孔氏. 曰: 是知其不可而爲之者與?〕" 《논어집주(論語集註)》에서 주희(朱熹)는 '신문(晨門)'을 두고 '현자로서 관문을 지키는 일을 하며 은둔한 자〔賢人隱於抱關者〕'라고 해설하였다.

55 하궤(荷蕢) : 삼태기를 멘 사람을 이른 말로, 《논어(論語)》〈헌문(憲問)〉에 다음과 같은 내용이 보인다. "공자가 위(衛)나라에서 경쇠를 치고 있었는데, 어떤 사람이 삼태기를 메고 공자가 사는 문 앞을 지나가며 말하기를 '세상에 집착이 있구나, 경쇠 소리여.' 하였다. 잠시 후에 또 말하기를 '비루하구나, 너무 단단하다. 자기를 알아주지 않으면 그만두어야 할 뿐이다. 물이 깊으면 옷을 벗고 건너고, 얕으면 옷을 걷고 건너야 하는 것이다.' 하였다. 이에 공자가 말씀하기를, '과감하구나! 어려울 것이 없겠다.' 하였다.〔子擊磬於衛, 有荷蕢而過孔氏之門者, 曰: 有心哉擊磬乎! 旣而曰: 鄙哉硜硜乎! 莫己知也, 斯已而已矣. 深則厲, 淺則揭. 子曰: 果哉! 末之難矣.〕"

56 접여(接輿) : 춘추 시대 초(楚)나라 사람으로, 거짓으로 미친 체하며 세상을 피해 은둔하였던 사람이다. 《논어(論語)》〈미자(微子)〉에 다음과 같은 내용이 보인다. "초(楚)나라 광인인 접여가 공자 앞을 지나며 노래하였다. '봉황이여, 봉황이여, 어찌 덕이 쇠하였는가. 지나간 일은 간할 수 없으나 앞으로 올 일은 그래도 따를 수 있네. 부디 그만둘지어다. 오늘날 정사에 종사함은 위태하다네.' 공자가 수레에서 내려 함께 말을 나누려고 하였는데, 빨리 걸어 피하므로 함께 말을 나누지 못하였다.〔楚狂接輿歌而過孔子曰: 鳳兮鳳兮! 何德之衰? 往者不可諫, 來者猶可追. 已而已而. 今之從政者殆而. 孔子下, 欲與之言, 趨而辟之, 不得與之言.〕"

57 하조(荷蓧) : 대바구니를 멘 사람을 이르는 말로, 《논어(論語)》〈미자(微子)〉에 다음과 같은 내용이 보인다. "자로가 따라가다가 뒤에 처져 있었는데, 지팡이로 대바구

대하여 의문을 품었으나 단정하지는 못하였으니, 어째서인가? 성인은 아무것도 할 수 없는 때가 없으므로 비록 난세(亂世)라 하더라도 수레를 타고 천하를 돌아다니며 세상을 바로잡을 것을 생각하였네. 그러나 현인은 능력을 헤아리고 분수를 가늠하여, 아무것도 할 수 없는 세상임을 알면 은거하였던 것이네. 저 여섯 사람이 만약 여기에서 비롯된 것이라면 이는 현인의 일이니, 비록 성인을 알지 못하였다 하더라도 또한 어찌 곧바로 명교(名教)의 외인(外人)이 된다고 배척할 수 있겠는가.

여섯 사람의 일은 다른 곳은 살펴볼 만한 것이 없고 다만 《논어(論語)》에 실린 것을 가지고 보자면, 하궤가 "물이 깊으면 옷을 벗고 건너고 얕으면 옷을 걷고 건너야 한다"라고 말한 것은 '세상이 다스려지면 나아가고 세상이 혼란하면 물러난다'[58]는 의리에 들어맞는 듯하네. 접

니를 멘 장인(丈人)을 만나, 자로가 묻기를 '노인은 우리 부자를 보았습니까?' 하니, 장인이 말하기를 '사지를 부지런히 하지 않고 오곡을 분별하지 못하니, 누구를 부자라 하는가?' 하고, 지팡이를 꽂아놓고 김을 매었다. 자로가 공수하고 서 있으니, 자로를 머물러 묵게 하고는 닭을 잡고 기장밥을 지어 먹이고 그의 두 아들을 만나보게 하였다. 다음날 자로가 떠나와서 공자에게 아뢰니, 공자가 '은자이다.' 하고 자로에게 돌아가 만나보게 하였는데, 도착해 보니 떠나가고 없었다. 자로가 말하기를 '벼슬하지 않음은 의가 없다. 장유의 예절을 폐할 수 없거늘 군신의 의리를 어떻게 폐할 수 있겠는가. 자기 몸을 깨끗하게 하고자 하여 대륜을 어지럽히는 것이다. 군자가 벼슬하는 것은 그 의를 행하는 것이니, 도가 행해지지 못할 것은 이미 알고 계시다.' 하였다.〔子路從而後, 遇丈人以杖荷蓧, 子路問曰：子見夫子乎? 丈人曰: 四體不勤, 五穀不分, 孰爲夫子? 植其杖而芸. 子路拱而立, 止子路宿, 殺鷄爲黍而食之, 見其二子焉. 明日子路行以告. 子曰: 隱者也. 使子路反見之. 至則行矣. 子路曰: 不仕無義. 長幼之節, 不可廢也, 君臣之義, 如之何其廢之? 欲潔其身而亂大倫. 君子之仕也, 行其義也, 道之不行, 已知之矣.〕"

58 세상이……물러난다 : 《맹자(孟子)》 〈공손추 상(公孫丑上)〉에서 옛 성인을 열

여가 "봉황의 덕이 쇠하였다"라고 말한 것은 '봉황이 천 길 높이를 날다가 성군의 덕이 빛남을 본다'[59]는 뜻에 들어맞는 듯하네. 신문이 "할 수 없는 줄 알면서도 하는 자"라고 말한 것은 '할 수 있으면 한다'라 말하는 것과 같고, 장저와 걸닉이 "누구와 함께 바꾸겠는가"라고 말한 것은 '바꿀 수 있으면 바꾼다'라 말한 것과 같네. 이는 모두 나라에 도가 없으면 은거하는 자들이고 하조도 바로 같은 부류이네. 만약 이들이 도가 있는 세상을 만났다면 장차 나와서 벼슬하였을 것이네. 아니면 그 말은 비록 이와 같아도 그 실제는 은현(隱現)과 출처(出處)의 의리를 참으로 아는 것은 아니어서, 치세를 만나더라도 또한 장차 소보(巢父)와 허유(許由)[60]처럼 하였겠는가? 그러나 그렇지 않다면 다만 만난 시대가 혼란하여 그렇게 하였던 것일 뿐이니, 심하게 비난할 것은 아니네. 어찌하여 윤상을 어지럽혔다는 죄목을 씌울 수 있겠는가.

거하면서 백이(白夷)를 두고 한 말로, "섬길 만한 군주가 아니면 섬기지 않으며 부릴 만한 백성이 아니면 부리지 않아서 세상이 다스려지면 나아가고 세상이 혼란하면 물러난 분은 백이였다.〔非其君, 不事; 非其民, 不使, 治則進, 亂則退, 伯夷也.〕"라고 하였다.

59 봉황이……본다 : 가의(賈誼)의 〈조굴원부(弔屈原賦)〉에 나오는 말로, "봉황이 천 길 높이를 날다가, 성군의 덕이 빛남을 보고 내려오도다. 부덕하여 험악함을 보거든, 멀리 날개를 쳐서 떠나버리도다.〔鳳凰翔于千仞兮, 覽德輝而下之. 見細德之險微兮, 遙增擊而去之.〕"라고 하였다.

60 소보(巢父)와 허유(許由) : 요(堯) 임금 때의 고사(高士)들로, 기산(箕山)에 은거하고 있었는데, 허유는 요 임금이 천하를 물려주려 하자 이를 거절하고 더러운 말을 들었다고 하면서 영수(潁水)의 물에서 귀를 씻었으며, 소보는 영수 가로 소를 끌고 와서 물을 먹이려고 하다가 허유가 귀를 씻는 것을 알고는, 더러운 물을 소에게 먹일 수 없다면서 소를 끌고 상류로 올라가서 물을 먹였다 한다. 《高士傳》

혹자는 "그 사람이 비록 어질다고 하더라도 성인을 알지 못하고 함부로 기롱하며 비난하였으므로 자로(子路)가 용맹한 성격으로 그 스승을 기롱하였다고 하여 엄중하게 배척한 것이다."라고 하나, 이는 그렇지 않은 듯하네. 만약 자로에게 그러한 뜻이 있었다면 처음에 어찌하여 공수하고 서 있었겠는가. 그리고 장구(章句)에 이르기를, "자로가 부자의 뜻을 서술하기를 이와 같이 한 것이다."라고 하였네. 부자가 자로에게 돌아가 만나보게 할 때에 틀림없이 군신대의(君臣大義)의 뜻을 고하도록 전하였을 것이니, 이는 부자의 뜻이지 자로의 뜻이 아니네. 자로가 어찌 독단적으로 그 스승을 기롱하였다 하여 이처럼 배척하였겠는가. 그러나 '부자의 뜻을 서술하였다'라고 하였지 '부자의 말씀을 서술하였다'라고 하지 않았으니, 자로가 부자에게서 '군신의 의리는 폐할 수 없다'는 뜻만 들었으나 자신이 말할 때에 미쳐서 또 '자기 몸을 깨끗이 하고자 하여 대륜을 어지럽힌다'는 말로 장인(丈人)을 배척하였던 것이네. 이는 자로가 용(勇)에 지나친 바이네. 그 말은 대개 부자의 뜻을 서술한 것이지만, 전하여 고하는 가운데 부자의 말씀과는 온전히 같지 못한 점이 있었던 듯하네.

부자가 일찍이 이 사람들을 논한 말을 가지고 살펴보면, "과감하구나."라고 하고 "조수(鳥獸)와는 함께 살 수 없는 법이다."라고 하는 등 그 말이 박절하지 않으니, 일찍이 윤상을 어지럽혔다고 직설적으로 배척한 적은 없으셨네. 만약 혼탁한 세상의 은자를 두고 곧바로 윤상을 어지럽힌다고 지적한다면, 윤상을 어지럽힌다는 죄목을 면하는 자가 드물 것이네. 어쩌면 여섯 사람 가운데에도 또한 우열이 있을 것이니, 신문, 하궤, 접여, 장저, 걸닉은 비록 성인은 불가한 때가 없다는 것은 알지 못하였지만 또한 치세에는 나타나고 난세에는 숨는 의리를 대략은 알았던 자들이었네. 그러나 하조로 말하면, 하궤처럼 "물이 깊으면 옷을 벗고 건너고 얕으면 옷을 걷고 건너야 한다"라는 말도 하지 않고 접여처럼 봉황에 비유하는 말도 하지 않고서, 오곡을 분별하지 못한다는 말로 자로를 기롱하였으니, 그 말이 더욱 거만하네. 이는 참으로 소보·허유의 무리로서, 치세에는 나타나고 난세에는 숨는 의리를 전혀 알지 못하는 자인 것이네. 그러므로 저 다섯 사람에 대해서는 윤상을 어지럽힌다고 배척하는 말이 없었으나 오직 하조에게만은 윤상을 어지럽힌다고 배척한 것인가?

이어서 삼가 다시 생각해보건대, 여섯 사람이 반드시 이와 같이 우열이 나누어지는 것은 아니네. 그 말투를 보면 비록 공손함과 오만함의 차이는 있으나 홀로 선(善)을 행하려는 뜻에 치우친 점은 모두 같을 뿐이니, 똑같이 윤상을 어지럽히는 데에서 벗어나지 못하네. 하궤의 "물이 깊으면 옷을 벗고 건너고 얕으면 옷을 걷고 건너야 한다."라는 말과 접여의 봉황에 비유하는 말은 다만 겉으로 드러난 말일 뿐, 숨고 나타나는 의리를 참으로 아는 자라고는 장담할 수 없네. 만약 치세를 만났다 하더라도 소보·허유와 같이 지나친 청절(淸節)을 추구하지 않으리라고 기필할 수 없는 것이네. 그 까닭은 무엇인가? 단지 자신의 몸이 있는 것만 알고 천하와 국가가 있는 것은 알지 못하며 그저 자신의 뜻만 지킬 줄 알고 군신의 의리가 있음을 알지 못하였으니, 이것이 어찌 자신의 몸을 깨끗이 한다는 핑계로 윤상을 어지럽힌 것이 아니겠는가. 무릇 현인이 능력을 헤아리고 분수를 가늠하여 뜻을 행하기가 불가한 세상임을 알아서 은둔하는 것으로 말하면, 이들과는 다르네. 비록 전원이나 초야에 은둔하고 있더라도 애타게 세상을 근심하는 마음은 일찍이 잊은 적이 없네. 저 여섯 사람은 사람들과 관계를 끊고 세상에서 도망하여 천하의 일을 까마득히 잊었으니, 이른바 은거하면서 뜻을 구하는 자가 아니네. 이것이 그들이 세상을 잊는 데에 과감하여 끝내 윤상을 어지럽히는 데로 귀결되는 까닭이니, 자로가 윤상을 어지럽힌다고 하며 배척한 것은 당연한 일이네.

그렇다면 황면재가 이러한 무리들을 부추겨 나오게 하고자 했던 이유는 무엇인가? 이는 곧 억양(抑揚)의 도이니, 윤상을 어지럽히는 것은 배척할 만하지만 자신의 몸을 깨끗이 하는 것은 취할 만하기 때문이네. 윤상을 어지럽히는 것이 자신의 몸을 깨끗이 하는 데에서 비롯된 것인데, '자신의 몸을 깨끗이 하는 것은 취할 만하다'라고 하는 것은 무엇 때문인가? 무릇 성인의 행함은 똑같지 않으나 자신의 몸을 깨끗이 하는 데에로 귀결될 뿐이니, 자신의 몸을 깨끗이 하는 것이 애초에 나쁜 적이 있었겠는가. 저들은 다만 자신의 몸을 깨끗이 하는 데에 지나침이 있었기 때문에 이러한 지경에 이른 것이네. 자신의 몸을 깨끗이 하는 것이 병통이 아니라, 지나친 점이 병통이 되는 것이네. 그리고 이른바 윤상을 어지럽힌다고 한 것은 극론한 말일 뿐, 또한 하조의 무리가 곧 윤상을 어지럽히는 자라고 지목한 것이 아니네. 자신의 몸을 깨끗이 하는 지조는 진실로 높일 만하나 이러한 뜻이 편중되면 그 유폐가 장차 윤상을 어지럽히는 데에 이르게 되는 것이네. 그러므로 자로가 이를 배척한 것이니, 그 속에는 실로 탄식과 안타까움의 뜻이 담겨 있네. 이로 보건대 하조의 무리는 또한 비상한 사람들임을 알 수 있네. 이는 바로 《중용(中庸)》에서 말한 "어진 자는 지나치다."[61]라는 뜻과

61 어진 자는 지나치다 : 《중용장구(中庸章句)》 제4장에 보이는 말로, "도가 행해지지 못하는 이유를 내가 아니, 지혜로운 자는 지나치고 어리석은 자는 미치지 못하기

같으니, 그 개결하고 우뚝 선 행실은 오히려 취할 만한 점이 있었네. 그러므로 주 부자(朱夫子)가 접여를 두고 행실이 괴이하다고 지척하면서도 신문에 대해서는 또 현인이라 일컬은 것이니, 이는 참으로 억양의 권도(權度)이네. 만약 그저 억제하기만 하고 북돋아 줄 줄 모른다면, 이는 백이(伯夷)의 편협함과 유하혜(柳下惠)의 공손치 못함[62]을 가지고 마침내 백이와 유하혜가 백대의 스승이 아니라고 의심하는 것과 같으니, 어찌 옳겠는가. 하조의 무리는 성인의 중도(中道)로 헤아려 보면 진실로 병통이 없지는 않으나, 그 깨끗한 풍도와 고상한 절조는 족히 사람들이 공경하는 마음을 일으키게 하니, 성명(性命)을 파괴하여 부귀를 탐하는[63] 세속의 사람들과 비교하면 과연 어떠하겠는가. 이

때문이다. 도가 밝아지지 못하는 이유를 내가 아니, 어진 자는 지나치고 불초한 자는 미치지 못하기 때문이다.〔道之不行也, 我知之矣, 知者過之, 愚者不及也. 道之不明也, 我知之矣, 賢者過之, 不肖者不及也.〕"라고 하였다.

62 백이(伯夷)의……못함 : 《맹자(孟子)》 〈공손추 상(公孫丑上)〉에서 백이에 대해 "섬길 만한 군주가 아니면 섬기지 않으며, 벗할 만한 사람이 아니면 벗하지 않으며, 악한 사람의 조정에 서지 않으며, 악한 사람과 더불어 말씀하지 않았다.……"라고 평하고, 유하혜(柳下惠)에 대해 "더러운 군주를 섬기는 것을 부끄러워하지 않고 작은 벼슬을 낮게 여기지 않아, 나아가서는 어짊을 숨기지 않아서 반드시 그 도리를 다하였으며, 벼슬길에서 버림받아도 원망하지 않고 곤액을 당하여도 근심하지 않았다.……"라고 평한 뒤에 "백이는 편협하고 유하혜는 공손하지 못하니, 편협함과 공손치 못함은 군자가 따르지 않는다.〔伯夷隘, 柳下惠不恭, 隘與不恭, 君子不由也.〕"라고 하였다.

63 성명(性命)을……탐하는 : '성명을 파괴하여 부귀를 탐한다〔決性命饕富貴〕'는 것은 본래 《장자(莊子)》 〈변무(騈拇)〉에 나오는 말로, "어질지 않은 사람은 성명의 정(情)을 파괴하여 부귀를 탐한다.〔不仁之人, 決性命之情, 而饕貴富.〕"라고 하였는데, 《논어집주(論語集註)》 〈미자(微子)〉의 하조장인(荷蓧丈人)에 대한 주해(註解)에서 이를 원용하여 "은자는 고상하다고 여기기 때문에 떠나가 돌아오지 않고, 벼슬하는

것이 곧 황면재가 "바로 마땅히 부추겨 나오게 해야 한다."라고 주장한 까닭이네.

그러나 내가 일찍이 생각하건대, 이 말은 일시적으로 세상을 구제하려는 말이지 만세에 가르침을 세우는 논의는 아니니, 굽은 것을 바로잡으려다가 도리어 정도에 지나친 데에 가까운 듯하네. 만약 한결같이 장저와 걸닉을 높이고 장려하기만 한다면 또한 그 폐단의 말류가 양주(楊朱)의 무군(無君)[64]으로 이어지지 않으리라 어찌 장담하겠는가. 그렇다면 억제하거나 북돋아 주는 일은 마땅히 때에 따라 달리해야 하니, 진실로 일괄하여 논할 수 없는 것이네. 다만 세상이 쇠락하고 도가 미약해져 이욕이 날로 성하여 자신의 지조를 깨끗이 하는 자는 적어지고 지조를 더럽히는 자는 많아졌으니, 후세에 장저와 걸닉을 두둔하는 것은 그렇게 하지 않을 수 없는 일이네.

지난번 보내온 편지에서 "위에 있는 자는 진실로 이들을 배척하기에 겨를이 없이 해야 한다."라고 하였네.[65] 어진 이를 북돋아 주고 간사한

자는 통달했다 여기기 때문에 빠져서 그치지 않는다. 조수와 함께 살지 않으면 성명의 정(情)을 파괴하여 부귀를 탐하니, 이 두 가지는 모두 미혹된 것이다.〔隱者爲高, 故往而不返; 仕者爲通, 故溺而不止. 不與鳥獸同群, 則決性命之情以饕富貴. 此二者皆惑也.〕"라고 하였다.

64 양주(楊朱)의 무군(無君) : 양주는 전국(戰國) 시대 사람으로, 위아주의(爲我主義), 즉 개인주의를 주장하였다. 맹자(孟子)는 양주에 대하여, 겸애(兼愛)를 주장한 묵적(墨翟)과 함께 다음과 같이 비판하였다. "양주는 나만을 위하니 이것은 임금이 없는 것이며, 묵적은 모두를 사랑하니 이것은 아버지가 없는 것이다. 아버지가 없고 임금이 없는 것은 금수이다.〔楊氏爲我, 是無君也, 墨氏兼愛, 是無父也. 無父無君, 是禽獸也.〕"《孟子 滕文公下》

65 지난번……하였네 : 박준원(朴準源)이 형 박윤원(朴胤源)에게 보낸 편지에 다음

이를 억누르는 도리는 위와 아래의 차이가 없어야 마땅한데 마침내 '위에 있는 자는 마땅히 이들을 배척해야 한다'라고 하였으니, 이는 매우 의문을 품을 만하네. 만약 사람들이 모두 장저와 걸닉 같아서 자기 뜻대로 기용할 수 없다고 여긴다면, 이는 다스림을 함께할 뜻이 없는 것이니, 또한 사심이라 하지 않을 수 없네. 그렇다면 면재가 말한 '부추겨 나아오게 한다'는 주장은 다만 아래에 있는 자에게만 말할 수 있고 위에 있는 자에게는 말할 수 없는 것인가. 인군의 행위란 또한 때로 은자를 높이고 장려하여 조급하고 다투는 기세를 억제하기도 한다네. 한(漢)나라 광무제(光武帝)가 엄광(嚴光)[66]을 예우한 것이 후대

과 같은 내용이 보인다. "연옹(淵翁)이 장저와 걸닉과 어찌 조금이라도 비슷한 점이 있겠습니까. 장저와 걸닉은 인륜을 끊고 무리를 떠나서 과감히 잊어버리는 것을 즐거워하였습니다. 그러나 연옹은 진실로 인륜에 독실하여 부자간의 친한 도리와 군신간의 의리에 있어서 양쪽을 모두 다하였다고 할 만합니다. 바다와 산을 유람하며 방랑한 것도 애초에 과감하게 세상을 잊었기 때문이 아니었습니다. 성상께서 이를 제대로 살피지 못하셨다면 조정에 있는 자가 응당 한번 아뢰어서 명을 거두기를 기약해야 하는데 끝내 그리하였다는 것을 듣지 못하였습니다. 설령 연옹이 참으로 장저와 걸닉과 같다면, 이러한 사람은 위에 있는 자가 진실로 배척하기에 겨를이 없이 해야 하지, 도리어 높이고 장려하여 풍교를 훼손해서는 안 됩니다.……〔淵翁之於沮、溺, 何嘗有一毫彷彿者? 沮、溺絶倫離類, 樂於果忘, 而淵翁則誠篤於人倫, 其於父子之親、君臣之義, 可謂兩盡之矣, 而其放浪於溟嶽者, 初非果於忘世者. 聖鑑未燭乎此, 則在廷者宜一番陳白, 期於反汗, 而終未聞焉. 設使淵翁眞如沮、溺, 如此之人, 在上者固當斥之不暇, 不宜反加崇奬, 以傷風敎也.……〕" '연옹'은 삼연(三淵) 김창흡(金昌翕)을 이른다.《錦石集 卷5 上伯氏》

66 엄광(嚴光) : 후한(後漢)의 고사(高士)로, 자는 자릉(子陵)이다. 광무제(光武帝)가 황제가 되기 전에 동문수학하였는데, 광무제가 제위에 오르자 이름을 바꾸고 몸을 숨겼다. 광무제가 제(齊) 지역에 은신했던 엄광을 찾아내어 조정에 나오게 하니 엄광이 대궐에 이르러 며칠간 광무제와 술자리에서 회포를 풀고는 끝내 제수하는 벼슬을 받지

의 명절(名節)을 길러내어 구정(九鼎)의 무게가 끝내 한 가닥 낚싯줄의 힘에 의지하여 버틸 수 있도록 만들었으니[67] 다스림과 교화에 관계되는 바가 또한 적지 않네. 어떻게 여길지 모르겠네.

않고 부춘산(富春山)에 은둔하여 밭 갈고 낚시하며 여생을 마쳤다.《後漢書 卷83 逸民列傳 嚴光》

67 구정(九鼎)의……만들었으니 : '구정'은 옛날 우(禹)임금이 구주(九州)의 쇠를 거두어 만들었다는 솥인데, 후세에는 국가를 상징하는 물건으로 인식되었다. 후한(後漢) 고사(高士) 엄광(嚴光)이 광무제(光武帝)가 내리는 벼슬도 사양하고 부춘산(富春山)에 은거하여 동려현(桐廬縣) 칠리탄(七里灘)에서 낚시를 즐기며 일생을 마쳤는데, 그의 청아한 절개가 당시의 혼탁한 세상을 바로잡았다 하여 사람들이 "동강의 한 가닥 낚싯줄이 한(漢)나라의 구정을 붙들었다.〔桐江一絲扶漢九鼎〕"라고 칭송하였다. 이를 원용하여 말한 것이다.《古今源流至論 後集 卷6》

평숙에게 답함
答平叔

《맹자(孟子)》의 호연 장(浩然章)은 백여 번을 읽어서 익숙하게 입에서 나오지만 그 은미하고 심오한 부분은 끝내 환히 이해하기가 어렵네. 이는 정밀하게 사색하지 못한 탓이니, 답답하고 한탄스러운 마음이 어떠하겠는가. 이곳에는 시골의 학생들이 와서 《맹자》를 묻곤 하는데 제대로 분석하여 대답해주지 못하고 있으니, "가르쳐 본 뒤에야 어려움을 알게 된다."[68]라는 말이 바로 이것을 이르네. 또한 부끄러움을 깨닫는다네.

보내온 편지에서 글 읽는 공부가 진전이 없다고 탄식한 것은 해마다 이와 같네. 장차 어떤 일을 이루려면 모름지기 '진실각고(眞實刻苦)' 네 글자를 실천해야 비로소 성취가 있을 수 있으니, 어찌 힘쓰지 않겠는가.

성균관의 시험에 입시(入侍)하는 것은 비록 고사(古事)는 아니지만 이런 부분은 시속을 따를 수밖에 없네. 다만 근래 선비의 풍속이 어수선하여 그 가운데 단정하고 조용한 자가 섞여 있어도 구별되지 못하니

68 가르쳐……된다 : 이는 《예기(禮記)》 〈학기(學記)〉에 보이는 말로, "배워 본 뒤에야 부족함을 알게 되고, 가르쳐 본 뒤에야 어려움을 알게 되나니, 부족함을 안 뒤에야 스스로 반성하는 것이며, 어려움을 안 뒤에야 스스로 열심히 노력하게 되는 것이다. 그러므로 '가르치는 것과 배우는 것이 서로 증진한다.'라고 한 것이다.〔學然後知不足, 教然後知困. 知不足然後能自反也, 知困然後能自强也. 故曰: 教學相長也.〕"라고 하였다.

진실로 부끄러워할 만하네. 그러나 내 마음이 본래 그들과 같지 않다면 또한 무슨 문제가 되겠는가.

미호(渼湖 김원행(金元行))의 상소문은 읽어보았는데, 말하고 침묵하는 것은 본래 마땅한 때가 있는 법이니, 어찌 때가 늦었다 하겠는가. 지금 사람들은 의리를 깊이 궁구하지 않고 다만 사사로운 뜻으로 헤아려서 경솔하게 의론을 가하니 참으로 탄식할 만하네.

평숙에게 보냄

與平叔

나는 방에서 한가로이 머물며 바깥일을 사절하고, 밥 해놓은 것을 보면 먹고 종일토록 옛 문헌 위에 눈을 붙이고 있을 뿐이네. 이는 진실로 내 본분이지만, 다만 정 부자(程夫子)가 말씀한 "조용히 앉아 독서하는 것은 쉽고 천하의 일에 대처하는 것은 어렵다."라는 말씀을 생각하니 도리어 이 몸의 그릇이 작은 것은 아닐까 염려된다네. 자네는 근일에 공부하는 형편이 어떠한가? 반상(泮庠 성균관)의 득실은 굳이 묻지 않겠으나, 이 일이 이미 끝났다면 마땅히 독서에 전념해야 하니, 마치 외부의 손님을 응대하다가 손님이 떠나면 문을 닫아걸고 독서하는 것과 같은 이치네. 어찌 끝내 크게 방해를 받는 데에 이르겠는가. 오직 마땅히 힘써 앞을 향해 나아가고 잠심하여 연구해야 하네. 힘쓰고 또 힘쓰게나.

평숙에게 답함
答平叔

《맹자(孟子)》 호연 장(浩然章)은 겨우 이백 번 읽었을 뿐이네. 우옹(尤翁)은 일찍이 이를 오륙백 번 읽고도 오히려 그 의미를 이해할 수 없다고 하였으니,[69] 우리가 조금 읽고서 그 뜻을 알고자 하는 것이 어찌 망령되지 않겠는가. 우리가 육경(六經)을 자기 말처럼 외우는 경지에 이르지 못한 이상 묻는 바에 따라 답을 할 수가 없네. 또 함께 경서에 대해 이야기할 수 있는 벗이 없으니, 자네와 한 책을 함께 읽으며 서로 토론하기를 원하였네. 이렇게 한다면 아마도 유익한 바가 있을 것이니, 이것이 내 근래의 생각이네. 그러나 책은 비록 같은 책이라 하더라도 몸은 천 리나 떨어져 있으니, 이 뜻이 또 어그러졌다네. 오직 편지를 주고받으며 의심나는 바를 분석해야 하겠는데, 편지를 받아보아도 한두 가지 터득한 것을 가지고 언급하는 것을 볼 수 없으니, 어찌 울적하지 않겠는가. 내가 먼저 스스로 질문을 던져 강평(講評)하는 길을 열고자 하네.

69 우옹(尤翁)은……하였으니 : 우옹은 우암(尤菴) 송시열(宋時烈)을 이른다. 송시열의 문집인 《송자대전(宋子大全)》 권130 〈호연장질의(浩然章質疑)〉에 "열일곱 살이 되어서는 개연히 탄식하며 '글에는 쉽고 어려운 것이 없는데, 다만 나의 노력이 미진할 뿐이다.' 하고는 마침내 문을 닫고 들어앉아 책을 읽었다. 그래서 이 글을 오륙백 번 정도 읽고 나니 구절구절은 쉽게 읽히는데 그 의미는 끝내 조금도 이해할 수 없다.〔至十七歲, 慨然歎曰: 書無難易, 而顧吾之功力有所未至爾. 遂閉門俯讀, 至五六百遍, 則雖句讀上口圓滑, 而其義理, 則終未能窺闖矣.〕"라고 한 것이 보인다.

"그 뜻을 잡아 지키면서도 그 기(氣)를 포악하게 하지 말라.〔持其志無暴其氣〕"[70]의 '포(暴)' 자는 명확한 풀이나 훈고가 없는데, 일찍이 어떤 뜻으로 보았느냐? 〈이루(離婁)〉 편의 "스스로 해친다〔自暴〕"[71]의 주(註)에 "'포(暴)'는 '해(害)'와 같다."라고 한 뜻을 가지고 예를 삼으면, '무포(無暴)'는 바로 '무해(無害)'인 것이네. 다만 '곧음으로써 기른다'[72]의 아래에서는 '무해(無害)'라고 하고 '뜻을 잡아 지킨다'의 아래에서는 '무포(無暴)'라고 하였네. 이로써 살펴보자면 '포(暴)'와 '해(害)'가 저마다 같지는 않은 듯하네. '포(暴)' 자는 다만 '거칠고 사납다〔粗暴〕', '흉포하고 어그러지다〔暴厲〕' 뜻의 '포(暴)'인 것인가?

"그 기(氣)됨은 의와 도에 배합한다."라고 하였는데, '도와 의에 배합한다'라고 하지 않고 '의와 도에 배합한다'라고 한 이유는 무엇인가? 도는 체(體)이고 의는 용(用)인데 지금 마침내 용을 먼저 말하고 체를

70 그 뜻을……말라 : 이는 《맹자(孟子)》 〈공손추 상(公孫丑上)〉의 이른바 '호연 장(浩然章)'에 보이는 말로, "뜻〔志〕은 기(氣)의 장수이고, 기는 몸에 꽉 차 있는 것이니, 뜻이 최고이고 기가 그 다음이다. 그러므로 말하기를 '그 뜻을 잡아 지키면서도 그 기를 포악하게 하지 말라'고 한 것이다.〔夫志, 氣之帥也; 氣, 體之充也. 夫志至焉, 氣次焉. 故曰: 持其志, 無暴其氣.〕"라고 하였다.

71 스스로 해친다 : 《맹자(孟子)》 〈이루 상(離婁上)〉에 "스스로 해치는 자는 더불어 말할 수 없고, 스스로 버리는 자는 더불어 일할 수 없으니, 말할 때에 예의를 비방하는 것을 '스스로 해친다'라고 이르고, 내 몸은 인(仁)에 거하고 의(義)를 따를 수 없다고 하는 것을 '스스로 버린다'라고 이른다.〔自暴者, 不可與有言也; 自棄者, 不可與有爲也. 言非禮義, 謂之自暴也, 吾身不能居仁由義, 謂之自棄也.〕"라고 한 데에 보인다.

72 곧음으로써 기른다 : 《맹자(孟子)》 〈공손추 상(公孫丑上)〉의 호연 장(浩然章)에 "그 기(氣)됨이 지극히 크고 지극히 강하니, 곧음으로써 길러서 해침이 없다면 천지의 사이를 가득 채운다.〔其爲氣也, 至大至剛, 以直養而無害, 則塞于天地之間.〕"라고 한 데에 보인다.

나중에 말한 것은 과연 어떤 뜻이겠는가?

"미리 기대하지 말다〔勿正〕"와 "조장하지 말다〔勿助長〕"[73]에 대해서는, '미리 기대하지 말다'도 또한 마음〔心〕인 것인데 오직 '잊지 말다〔勿忘〕'와 '조장하지 말다'에만 마음을 말한 것은 어째서인가? 옛 사람 중에는 '심(心)' 자를 위의 구에 붙여서 읽은 이가 있었는데, 주 부자(朱夫子 주희(朱熹))는 일찍이 이를 두고 "또한 뜻이 통한다."라고 하였으나 정론(定論)은 끝내 조씨(趙氏)와 정자(程子)의 뜻을 취하였네. 이는 '심(心)' 자를 위의 구에 붙이는 것이 문세가 순조롭지 못하여 그런 것이 아니겠는가? 아니면 다른 뜻이 있는 것인가?

무릇 이 몇 가지는 글자의 뜻에 관한 것에 불과한데도 내가 오히려 환히 이해하지 못하니, 하물며 은미하고 깊은 데에 관계된 부분을 어찌 환히 이해할 수 있겠는가. 그러나 정 선생(程先生)이 말씀하기를, "무릇 글을 볼 적에는 먼저 그 글의 뜻을 이해해야 하니, 그런 뒤에야 그 속에 담긴 의미를 알아갈 수 있다. 글의 뜻을 이해하지 못하고서 그 의미를 알 수 있는 자는 있지 않다."라고 하였다. 그렇다면 초학자는 글의 뜻에 대하여 마땅히 먼저 사색해야 하니, 그래야 넓게 볼 수 있을 것이다. 시험 삼아 이 몇 가지 조항을 가지고 정밀히 탐구하여 풀이해 보고 또한 중칙(仲則 김이행(金彝行))과 함께 토론하여 알려주면 어떠하겠는가?

73 미리……말다 : 《맹자(孟子)》〈공손추 상(公孫丑上)〉의 호연 장(浩然章)에 "반드시 호연지기를 기름에 종사하고, 효과를 미리 기대하지 말아서 마음에 잊지도 말며 억지로 조장하지도 말아야 한다.〔必有事焉而勿正, 心勿忘, 勿助長也.〕"라고 한데에 보인다.

평숙에게 보냄
與平叔

칠만(七萬)이 일점(一點)의 머리를 올리려는 뜻이 있었는데 이를 금하였다고 들었네. 비복을 부리는 것도 또한 제가(齊家)의 한 가지 일이니 마땅히 금해야 할 일을 방만히 하거나 소홀히 해서는 안 되네. 만약 도망칠까 염려되어 금하지 않는다면 이는 이해를 따지는 것이지 의리가 아니네. 만약 금하지 않고 또 그대로 내버려 둔다면, 이로부터 행랑(行廊)의 풍속이 불미스러워질 것이니, 이는 율옹(栗翁 이이(李珥))이 음란한 자를 내쫓았던 뜻과는 다른 것이네. 어떻게 생각하는가?

여성(汝成)[74]의 편지를 보니 한가한 말들뿐이어서, 끝내 문인(文人)의 습기(習氣)에 지나지 않으니, 한탄할 만하네. 긴 편지를 적어 답하면서 불손한 말을 많이 하였으니, 자신이 허탄하게 받아들일 수 있을지 모르겠네. 그러나 충심으로 고해주는 의리에 있어서는 이와 같이 하지 않을 수가 없네.

별지

이전 편지에서 마음을 다스리는 방도에 대해 물었으나 편지를 전하는 인편이 재촉하여 자세히 고해줄 수 없었으니, 답답했을 만하네. 나

74 여성(汝成) : 유한준(兪漢雋, 1732~1811)으로, 자는 만천(曼倩) 또는 여성, 호는 저암(著菴) 또는 창애(蒼厓), 본관은 기계(杞溪)이다. 당대에 뛰어난 문장가로 손꼽혔으며 문집에 《자저(自著)》가 있다.

또한 병이 쌓이고 심지가 약하여 정력(定力)이 없어 괴로우니, 그나마 성현의 책을 엿보아 마음을 다스리는 요결은 알았으나 제대로 힘을 기울이지 못하였네. 이 때문에 독서를 수년이나 하였어도 여전히 존양(存養)의 공이 없네. 이는 마치 병자가 좋은 의원과 묘방을 얻었으나 단번에 복용하지 않고 미루는 것과 같으니, 어찌 효험을 기대할 수 있겠는가. 그렇다면 지금 비록 묘방이 있어 이를 가지고 자네에게 말해 준다 하더라도 자네가 또한 복용하려 하지 않는다면 어떻겠는가. 그러나 다만 마땅히 말해주어야 할 것이네.

무릇 마음을 다스리는 방도는 그 내용이 한 가지가 아니네. 혼매하면 환기하여 깨우고, 방종하면 수렴하고, 요란하면 가다듬고, 허약하면 보완하여 길러야 하니, 요컨대 모두 경(敬)을 벗어나지 않을 뿐이네. 그러나 경의 도리는 억지로 붙잡아 도리어 구속의 병통을 만들어서는 안 되네. 그러므로 주자(朱子)의 말씀에 "화평하게 보존하고 가볍게 분발한다.〔平平存在 略略提撕〕"라고 한 것이니, 이것이 마음을 다스리는 가장 절묘한 방법이네.

무릇 마음이 쉽게 동하는 것은 모두 욕심에 끌리기 때문이네. 그러나 성인이 아닌 이상 어찌 전혀 욕심이 없을 수 있겠는가. 그러므로 독서하고 궁리할 적에는 항상 간단(間斷)함이 없게 해야 하네. 이렇게 하면 자연히 의리가 중해지고 물욕이 가벼워지니 천하에 무엇을 근심하고 무엇을 염려하겠는가. 그러나 의(義)가 정밀해지고 인(仁)이 익숙해지기 전에는 어찌 염려가 없을 수 있겠는가. 그러므로 마땅히 근심해야 할 때에는 근심하여 억지로 억누르지 말아야 하네. 가슴속에 한 가지 일도 없는 것이 가장 좋으나 일상의 인사를 어찌 끊어버릴 수 있겠는가. 그러므로 마땅히 해야 할 일은 성심으로 행하고 싫어해서는 안 되네. 오직 스스로 살펴 이 마음을 다잡아 외물에 좇아가지 않아야 하니, 이것이 배우는 자가 잡아 지키고 길러야 할 공부이네. 그러므로 '화평하게 보존하고 가볍게 분발한다.〔平平存在 略略提撕〕'라는 말이 마음을 다스리는 가장 절묘한 방법이 되는 것이네. '평평(平平)'이라는 글자와 '약략(略略)'이라는 글자가 느슨하고 헐거운 듯 보이나 실제로는 긴요하고 절실하니, 평평함이 오래되고 약략함이 오래되어 익숙해지면 절로 무한한 좋은 일이 있게 될 것이네.

편지에서 "만약 큰일이 닥치면 저는 어떻게 대응해야 합니까?"라고 한 것은 더욱 근심할 만한 증후이네. 자네가 근래에 대응한 것은 집안의 자잘한 일에 지나지 않을 뿐이니, 어찌 처리하기 어려운 큰일이 있겠는가. 그런데도 그 마음이 이와 같은 것은 바로 그릇되고 간사한 마음에서 비롯된 것이네. 이는 다른 이유가 없으니, 하나의 기대하는 마음이 이와 같이 만든 것이네. 작은 일에서 기대하다 보면 큰일이 장차 닥칠 것만 같고, 원하는 일을 기대하다 보면 싫어하는 일이 장차 닥칠 것만 같으니, 이는 기대하는 마음이 그렇게 만드는 것이 아니겠는가. 비유컨대, 손님을 응접할 적에 손님이 도착하지 않아서 너무 애타게 기다리다 보면 공중에 흩날리는 나뭇잎 소리도 모두 사람의 발걸음 소리로 들리니, 주인이 또한 얼마나 힘들겠는가. 그러므로 손님을 잘 응접하는 자는 손님이 오면 맞이하여 이야기하고 손님이 오지 않으면 기다리지 말아야 하며, 일을 잘 대응하는 자는 일이 닥치면 이치에 따라 처리하고 일이 닥치지 않으면 미리 기대하지 말아야 하네. 이것이 《맹자(孟子)》의 "미리 기대하지 않는다〔勿正〕"[75]라는 뜻이네. 앞서 말

75 미리 기대하지 않는다 : 《맹자(孟子)》 〈공손추 상(公孫丑上)〉의 호연 장(浩然章)

한 '화평하게 보존하고 가볍게 분발한다'라는 것도 바로 《맹자》의 "잊지도 말고 조장하지도 않는다"라는 뜻이니, '보존한다', '분발한다'는 것은 잊지 않는 것이고 '화평하다', '가볍다'는 것은 조장하지 않는 것이네. 이 밖에는 다른 방법이 없는 듯하니 반드시 그 기대하는 마음을 없애고 잊지도 않고 조장하지도 않는 절도를 실천하는 것이 좋겠네. 지금 만약 '기대하지 않고자 하나 할 수가 없다'라고 한다면 나 또한 어찌할 도리가 없네.

《심경(心經)》은 여전히 책상 위에 있는가? 비록 현재 《맹자》를 읽고 있더라도 또한 《심경》을 함께 보아야 하네. 한 책을 읽을 적에는 진실로 동시에 다른 책을 보아 진도를 나가서 집중을 방해해서는 안 되네. 그러나 《심경》과 같은 경우에는 권질이 매우 적으니 어찌 공부가 크게 나뉘는 데에 이르겠는가. 《맹자》 한 책은 전부 심학(心學)이니, 이른바 '양심(良心)', '적자심(赤子心)', '구방심(求放心)', '존심(存心)', '양심(養心)', '진심(盡心)'이라 한 것은 모두 사람으로 하여금 이 마음을 잃지 않게 하는 것일 뿐이네. 만약 《심경》을 참고하여 보아서 함께 궁구한다면 서로 발명됨을 볼 수 있을 것이니, 더욱 유익할 것이네.

에 보이는 말로, "반드시 호연지기를 기름에 종사하고, 효과를 미리 기대하지 말아서 마음에 잊지도 말며 억지로 조장하지도 말아야 한다.〔必有事焉而勿正, 心勿忘, 勿助長也.〕"라고 하였다.

평숙에게 보냄
與平叔

긴긴 해에 할 일이 없어 졸음이 오는 것이 걱정스럽네. 때로 《맹자(孟子)》 제6권을 가져다가 소리 내어 읽으면 졸음 귀신이 달아나버리니, 후목(朽木)[76]이라는 질책은 이렇게 면할 수 있네. 게다가 이 책은 이치가 분명하고 뜻이 통창하여 여름에 읽으면 더욱 가슴속이 상쾌해지니, 이른바 더위를 쫓는 처방이 《추경(鄒經 맹자)》과 주자(朱子)의 글이 어찌 다르겠는가. 자네는 돌아가 집을 깨끗이 소제하고 서책을 가지런히 정돈하여 일삼는 바가 있게 할 수 있겠는가? 모름지기 이 시간을 아까워할 줄 알아야 하네.

76 후목(朽木) : 썩은 나무라는 뜻으로, 《논어(論語)》 〈공야장(公冶長)〉에 "재여(宰予)가 낮잠을 자자, 공자(孔子)가 '썩은 나무는 조각할 수 없고 거름흙으로 쌓은 담장은 흙손질 할 수가 없다. 내가 재여에 대하여 질책할 것이 있겠는가.'라고 하였다.〔宰予晝寢. 子曰: 朽木, 不可雕也, 糞土之墻, 不可杇也. 於予與何誅?〕"라는 내용이 보인다. 졸음을 경계하여 이를 원용하여 말한 것이다.

평숙에게 답함

答平叔

올 때에도 비가 오지 않았고 갈 때에도 비가 오지 않았으니, 이는 그다지 이상한 일이 아니네. 사람에게 안배하고 포치하는 마음이 있으면 조화(造化)가 반드시 다단하여 마귀가 장난을 부리네. 만약 초탈하여 구애됨이 없다면 일은 마침내 저절로 순조로워진다네. 자네의 이번 걸음은 왕래가 표연(飄然)하여 조금도 막히거나 지체됨이 없었으므로 도로가 평탄하고 순조로웠던 것이니, 사물의 이치가 진실로 이와 같다네. 이후로 올 적에도 또한 만사를 털어버리고 오직 채찍 하나만 믿고 온다면 좋을 것이네.

북루(北樓)에서 물이 불어난 것을 구경한 일은 어찌 흡족하지 않았겠는가. 그러나 차갑고 담박한 곳이든 뜨겁고 소란한 곳이든 가는 곳마다 자득함이 있어야 비로소 참으로 유람할 줄 아는 자이네. 어제 낮에 어떤 사람이 찾아와 자네의 시를 꺼내 보여주었는데, 오직 '좋다〔好〕'라는 한 글자로 평을 남겨 놓았네. 지금 여성(汝成 유한준(兪漢雋))의 편지를 보니 볼만한 점이 뚜렷이 있다고 칭찬하였으니, 과시하고 뽐냄이 지나쳐 사람들의 눈을 현혹시킨 것이 아니겠는가? 웃어넘기기에 좋네.

형제가 열흘 동안 관사에서 단란하게 모인 것은 사오 년 만에 처음 있는 일이었으니, 매우 기쁘고 행복하였네. 헤어질 때에 시름에 잠겨서 만족할 줄 모른다는 경계를 범하고 싶지 않았는데, 막상 헤어진 뒤에 도리어 그리운 마음이 다시 일어나 착잡하니 인정이란 참으로 끝이 없네. 그러나 자네의 시가 책상 위에 있어서 학교산(鶴橋山)에서 수창

(酬唱)했던 기록이 완연하니[77] 때때로 펼쳐서 감상하며 또한 이별의 시름을 잊을 수 있다네.

77 학교산(鶴橋山)에서……완연하니 : 학교산은 충청도 아산(牙山)에 있는 산이다. 《근재집(近齋集)》 권21 〈학산화두시서(鶴山和杜詩序)〉에 따르면, 박윤원(朴胤源)은 1763년(영조39) 겨울에 부친의 임소인 아산(牙山)에 가서 머무르면서 아우인 박준원(朴準源)과 함께 서실(書室)에서 지냈는데, 그 서실의 북쪽에 학교산이 있어서 그 경치를 감상하다가 시흥(詩興)이 일면 함께 시를 짓고는 하였다. 하루는 두보(杜甫)의 시에 차운하여 각자 30수를 짓고는 이를 '학산화두시(鶴山和杜詩)'라고 이름을 붙였다고 한다.

평숙에게 답함
答平叔

《추경(鄒經 맹자)》을 때때로 읽고 있으나 나 또한 더위로 병을 앓아서 오늘은 네 차례나 설사를 하였네. 정신이 흐릿하고 몸이 고단하여 정해놓은 분량을 부지런히 따라가기가 어려울 듯하네. 더위를 쫓는 처방을 제대로 복용하지 못하여 그런 것인가?[78] 듣건대 순륙문(純六文)을 짓는다 하니, 이는 또한 아무것도 하지 않는 것보다는 오히려 낫지만, 〈백이전(伯夷傳)〉 운운한 것[79]은 자못 여성(汝成 유한준(兪漢雋))의 뜻이 있네. 이것을 가지고 육화탕(六和湯)[80]으로 삼기보다는 차라리 한 부의 경서를 가지고 수민단(壽民丹)[81]으로 삼는 것이 낫지 않겠는가?

78 더위를……것인가 : 박윤원(朴胤源)이 이전에 박준원(朴準源)에게 보낸 편지에서 "이른바 더위를 쫓는 처방이 《추경》과 주자의 글이 어찌 다르겠는가.〔所謂却暑之方, 鄒經與朱文, 何異哉?〕"라고 말한 바 있으므로 이런 말을 한 것이다. 《近齋集 卷19 與平叔》

79 백이전(伯夷傳) 운운한 것 : 박준원(朴準源)이 박윤원(朴胤源)에게 보낸 편지에 "그러나 또한 때때로 〈백이전(伯夷傳)〉을 가져다가 대여섯 번 읽노라면 또한 가슴 속이 시원해짐을 느끼니, 비록 맹자와 주자의 책에는 미치지 못하지만 또한 《학림옥로(鶴林玉露)》에 비할 바가 아닙니다. 이로써 여름을 보낸다면 비록 육화탕이 없다고 하더라도 또한 더위를 쫓을 수 있을 것입니다.〔然亦時取伯夷傳讀五六遍, 亦覺肝膈生涼, 雖不及孟、朱之書, 亦非鶴林玉露之可比也. 以此過夏, 雖無六和湯, 亦可以淸暑矣.〕"라는 내용이 보인다. 《錦石集 卷5 上伯氏》

80 육화탕(六和湯) : 더위가 심장과 비장을 상하게 하여 구토와 설사를 하고, 더러는 곽란으로 근육이 뒤틀리거나 부종, 학질 등의 증상이 나타날 때 종종 사용했던 처방이다.

새 집이 이미 정해졌다고 하니, 본래 시골에서 지내려는 뜻도 있었는데 마을이 궁벽한 것이 무슨 문제가 되겠는가. 듣건대 마을 이름이 삼청(三淸)이라 하니 이미 세속의 세계가 아닌 것이고, 그 그림을 보건대 초가의 정자와 연꽃 핀 못이 그윽한 정취에 딱 알맞으니, 나는 이곳을 성시(城市) 속의 산림으로 여기고 싶네.

81 수민단(壽民丹) : 백성을 병 없이 장수하게 하는 약이라는 뜻이다.

평숙에게 답함

答平叔

듣건대 천여(天與)가 와서 함께 공부한다고 하니 쓸쓸함을 달래는 바가 응당 적지 않을 것이네. 거업(擧業)은 비록 작은 일이나 또한 학문 가운데 한 가지 일이니, 마땅히 함께 지내는 자와 위의(威儀)로 서로를 대하고 장난을 일삼지 말아야 하네. 오직 문장을 논의할 때에는, 연구하고 풀이할 적에는 반드시 뜻이 귀결하는 바를 정밀히 궁구하고, 말을 엮을 적에는 또 반드시 이치가 우세한 것에 중점을 두어서 실제가 없이 화려하기만 한 말을 하지 말아야 하네. 이렇게 하는 것이 어떻겠는가?

평숙에게 답함

答平叔

지난달 27일의 편지는 보건대, 별미를 먹도록 권하는 것은 연옹(淵翁)의 초년의 말씀일 뿐이니,[82] 늙고 병든 이에게는 괜찮으나 젊고 건강한 이에게는 좋지 못하네. 어찌 늙지도, 병들지도 않았는데 공연히 일상적인 음식을 버리겠는가. 이른바 별미란 입에는 비록 먹기 좋으나 위장은 틀림없이 크게 상하니, 삼가며 먹어야 하는 것이네. 만약 어쩌다 병이 들어 입맛을 잃었을 때 우선 다른 음식으로 그 입맛을 돋우다가 끝내는 다시 정상적인 음식을 먹는다면, 이는 진실로 또한 다행일 것이네. 그러나 이는 연옹과 같은 역량이 아니면 쉽게 해낼 수 없는 일인 듯하네. 무릇 맛이 풍부한 것으로는 태뢰(太牢)[83]보다 좋은 것이 없는데, 사람들 중에는 간혹 다리가 네 개인 것을 꺼려 종신토록 먹지 않는 자도 있으니, 어찌 크게 근심할 만하지 않겠는가. 바라건대 자네는

82 별미를……뿐이니 : 연옹(淵翁)은 삼연(三淵) 김창흡(金昌翕)이다. 김창흡이 중씨(仲氏)에게 올린 편지에서 자신이 현재《역학계몽(易學啓蒙)》을 즐겨 읽고 있다고 하며 다음과 같이 말하였다. "다만 호대(浩大)하고 명창(明暢)한 다른 책의 경우에는 매양 맛이 적게 느껴져서 다시 읽고 싶지가 않으니, 이는 또한 얽매인 바가 있는 병통입니다. 그러나 오늘을 위한 계책은 비유컨대, 늙고 병든 사람이 한창 입맛을 잃은 것이 근심인데 마침 별미가 생각난다면 비록 해가 되는 음식이라고 하더라도 형세상 먹도록 권하여 오직 입맛을 돋우는 것을 다행으로 여기는 것과 같습니다.〔顧於他書之浩大明暢者, 每覺味短, 不欲再讀, 是亦有係之病也. 而然爲今之計, 正如老病之人, 方患厭食, 而適思一味, 則雖有害之物, 勢將誘進而勸之, 惟以接口爲幸.〕"《三淵集 卷17 上仲氏》

83 태뢰(太牢) : 소, 양, 돼지 세 가지 희생으로, 성대한 제사에 올리는 제물이다.

추환(芻豢)[84]을 버리지 말고 날마다 상에 올리게 한다면 좋을 것이네.

84 추환(芻豢) : '추(芻)'와 '환(豢)'은 각각 초식 가축과 잡식 가축으로, 맛있는 고기 음식을 뜻하는데, 맹자(孟子)가 의리(義理)를 추환에 비유하여 말한 바 있다. 《맹자》 〈고자 상(告子上)〉에 다음과 같은 내용이 보인다. "사람들이 마음속으로 똑같이 옳다고 여기는 것은 무엇인가. 그것은 의리이다. 성인은 사람들이 마음속으로 똑같이 옳다고 여기는 것을 먼저 알았을 뿐이다. 그러므로 의리가 우리의 마음을 즐겁게 하는 것은 마치 추환이 우리의 입을 즐겁게 하는 것과 같다고 할 것이다.〔心之所同然者, 何也? 謂理也義也. 聖人先得我心之所同然耳, 故理義之悅我心, 猶芻豢之悅我口.〕"

평숙에게 답함
答平叔

지난달에 겨우 《추경(鄒經 맹자)》을 마쳤고 근래에는 또 《증전(曾傳 대학)》을 보고 있는데, 참된 맛과 실제의 효과가 있음은 아직도 느끼지 못하고 있네. 이는 바로 배우되 생각하지 않은 폐해이니, 어찌 두려워할 만하지 않겠는가. 자네는 근래에 다시 글을 짓는가? 아침에는 경전의 뜻을 생각하고 낮에는 거업(擧業)을 닦는 것은 바로 선유(先儒)의 말씀이니, 비록 한창 공령(功令 과거공부)을 하고 있을 때라도 또한 응당 경전의 뜻을 잊어버리지 않아야 하네. 이렇게 하는 것이 어떻겠는가?

큰 아이에게 보낸 편지를 보건대, '유자(猶子)'라는 호칭은 선배들의 문집에서도 본래 많이 쓰였으나 나는 내심 이를 온당치 못하다고 여기네. '유자'라는 두 글자는 본래 공 부자(孔夫子)가 안연(顔淵)을 두고 한 말인데[85] 후세 사람들이 '형제의 아들을 자기의 아들과 같이 보는 것'이라고 여겨 마침내 형제의 아들을 '유자'라 칭하게 된 것이네. 그러나 이는 문자상의 일일 뿐 실로 형제의 아들을 가리키는 본래의 호칭은 아니니, 그냥 '종자(從子)'라고 칭하는 것이 더 합당하네. 일찍이 주

85 유자라는……말인데 : 공자(孔子)의 제자 안회(顔回)가 죽었을 때에 다른 문인들이 공자의 반대에도 불구하고 안회를 후하게 장사 지내자, 공자가 이르기를 "안회는 나를 아버지처럼 보았는데 나는 안회를 자식처럼 보지 못했구나. 이는 내 탓이 아니라 너희들의 잘못이다.〔回也, 視予猶父也, 予不得視猶子也. 非我也, 夫二三子也.〕"라고 하였다.《論語 先進》

부자(朱夫子)의 편지를 보았는데 이미 '유자'라 일컫는 것을 잘못이라 하였으니, 비록 그 본문은 기억하지 못하나 대략의 뜻은 이와 같았네. 이후로 편지를 쓸 적에는 '유자'라 칭하지 말고 '종자'라 칭하는 것이 옳을 것이네.

평숙에게 보냄
與平叔

초엿새 아침에 계실(溪室)의 김장(金丈)[86]을 찾아뵈었다가 그날 저녁에 마곡사(麻谷寺)[87]에서 묵었네. 이튿날 내산(內山)의 다섯 암자를 유람하고 다시 마곡사로 돌아와 유숙한 뒤, 오늘 아침에야 비로소 산을 내려왔네. 돌아오는 길에 또 김장의 집에 들렀다가 오후에 관아로 돌아왔다네. 이번 걸음은 본래 현인을 뵙기 위한 것이었으나 이를 계기로 산중의 승경을 유람하게 되었으니, 얻은 바가 많았다 할 만하네. 김장이 곤궁함을 견디며 도를 지키는 모습이 이미 사람을 공경하고 감탄하게 하는데, 대략 여쭈어본 바에서도 그 조예가 정밀하고 깊음을 더욱 확인할 수 있었으니, 흠모하는 마음을 잊을 수가 없네.

마곡사의 누관(樓觀)은 웅장하고 화려하여 참으로 대찰(大刹)이라 할 만하였네. 외산(外山)에는 그다지 기이할 것이 없었으나 내산에는 이곳저곳 볼만한 곳이 있었네. 산꼭대기에 올라 몸을 꼿꼿이 세워 여러 산을 굽어보니, 시야가 점점 높아지고 가슴속이 점점 넓어졌네. 이것이

86 계실(溪室)의 김장(金丈) : 김지행(金砥行, 1716～1774)으로, 자는 유도(幼道), 호는 밀암(密菴), 본관은 안동(安東)이다. 우의정을 지낸 문충공(文忠公) 김상용(金尙容)의 5세손이며, 병계(屛溪) 윤봉구(尹鳳九)의 문인이다. 일찍부터 과거에 대한 뜻을 버리고 공주(公州) 계실곡(溪室谷)에 은거하여 학문을 하며 안빈낙도하여, 안자(顔子)에 버금가는 인물로 칭송되었다. 저술로 《밀암집(密菴集)》이 전한다.

87 마곡사(麻谷寺) : 공주(公州) 태화산(泰華山) 자락에 자리한 사찰로, 신라의 승려 자장(慈藏)이 창건한 것으로 전한다.

산을 유람했던 일 가운데 가장 좋았던 것이니, 다른 것은 모두 들려줄 만하지 않네. 남쪽으로 와서 반드시 유람하고자 했던 곳은 늘 계룡산(鷄龍山)의 갑사(甲寺)와 백마강(白馬江)의 고란사(皐蘭寺)였으나 이 곳들은 아직 가보지 못하였고, 마곡사는 다만 계실과 십 리 남짓한 가까운 거리여서 마침내 먼저 유람하게 된 것이네. 이에 안배한 일은 이루기 어렵고 우연히 만난 것은 얻기 쉬움을 더욱 잘 알게 되었네. 또한 이를 통해 사물의 이치를 관찰할 수 있으니, 이 때문에 이를 함께 이야기하는 것이네.

평숙에게 답함
答平叔

10월 20일에 미호(渼湖 김원행(金元行))께서 보내신 답장을 받아보고 이미 금산(金山)에서 돌아와 계신다는 것을 알았네. 그 재명일에 유성(儒城)에서 묵고 24일에 영동(永同)에 이르러 배알하고는 글을 지어 주시기를 청하였네. 머무르며 글을 받기를 기다렸다가 돌아가려 하였으나 미옹(渼翁)께서 글을 지어주기로 승낙하고 미뤄두신 경우가 몹시 많아 당장에 빠르게 완성하기는 어렵다고 말씀하시므로, 감히 다시 번거롭게 아뢰지 못하고 다만 이틀만 머무르며 대략 질정하고 돌아왔네. 호중(湖中)의 인사들이 날마다 운집하여 응대함이 번거롭기는 미상(渼上)과 다름이 없었으니, 글을 완성하기 어려운 것이 당연한 형세였네. 수십 곳의 부탁을 들어주신 뒤에야 비로소 우리 집안의 차례가 돌아올 수 있었으니, 글이 어느 때에나 완성될지는 실로 알 수 없었고, 그저 늦게 찾아와 청한 것이 한스러울 뿐이었네.

모시고 앉아 있을 때에 미옹께서 "자네의 아우도 또한 배우기를 좋아하는가?"라고 물으시기에 "이 사람에게 어찌 배우기를 좋아함을 가지고 논할 수 있겠습니까."라고 대답하였네. 말씀하기를 "내가 말한 바는 다만 천근한 곳을 두고 말한 것이네." 하시기에, 내가 아뢰기를 "이 사람은 지금 거업(擧業)을 하고 있습니다. 집안에서는 늘 거업 이외에 중대한 일이 있다는 뜻으로 권면하지만 이 사람은 실로 병약하여 경서를 부지런히 읽지 못합니다."라고 하였네. 말씀하기를 "권면함은 진실로 그쳐서는 안 되지만 또한 오로지 권면만으로 되는 것은 아니네.

자네의 아우는 자네와 같지 않네."라고 하시기에, 내가 "재주가 민첩함은 저보다 나은 듯합니다."라고 아뢰었네. 이미 있었던 대화이기에 이렇게 언급하는 것이네.

평숙에게 보냄

與平叔

영동(永同)에 갔을 적에 공암서원(孔巖書院)에 들렀으니 바로 서고청(徐孤靑)[88]이 거주하였던 곳으로, 그의 별묘가 있다네. 그가 미천한 출신이면서도 성명(性命)의 학문에 능통하였던 것을 생각해보건대, 사부들이 배우지 않는 것을 개연하게 여겨서 격앙하여 스스로 분발한 뜻이 있었던 것이네. 유성(儒城)으로 향할 적에는 계룡산(鷄龍山) 아래로 길을 잡아 지나갔는데, 한가로운 걸음이 아니었으므로 비록 올라가 유람하지는 못했으나 그 산세를 바라보니 웅준(雄峻)하고 기발(奇拔)하여 마치 고인(高人)이나 걸사(傑士)와 같았네. 이에 마음으로 몹시 좋아하여 한동안 눈을 떼지 못하며, 내심 인자(仁者)가 산을 좋아하는 뜻[89]을 흠모하였네. 옥천(沃川)의 이산(伊山)에 들러 중봉서원(重峰書院)을 배알하니, 숙연히 훌륭한 행실을 우러르는 뜻이 일어났네. 영동에 당도하여 미옹(渼翁 김원행(金元行))을 배알하니, 수면앙배

88 서고청(徐孤靑) : 서기(徐起, 1523~1591)로, 자는 대가(待可), 호는 고청초로(孤靑樵老)·구당(龜堂)·이와(頤窩), 본관은 이천(利川)이다. 본래 천인이었다고 하며, 서경덕(徐敬德)·이중호(李仲虎)·이지함(李之菡)을 사사하였다. 충청남도 공주의 충현서원(忠賢書院)의 별사(別祠)에 배향되었으며, 저서로는 《고청유고(孤靑遺稿)》가 있다.

89 인자(仁者)가……뜻 : 《논어(論語)》 〈옹야(雍也)〉에 "지자는 물을 좋아하고 인자는 산을 좋아하니, 지자는 활동적이고 인자는 정적이며 지자는 즐거워하고 인자는 장수한다.〔知者樂水, 仁者樂山. 知者動, 仁者靜; 知者樂, 仁者壽.〕"라고 한 데에 보인다.

(睟面盎背)[90]의 풍의(風儀)가 사람을 심취하게 만들었네. 강학하고 질의하며 며칠 동안 함께 지내었는데 미상(渼上)에서 뵈었을 때보다 들은 바가 더욱 많았네. 지문(誌文)을 받아 돌아오려던 계획은 비록 이루지 못했으나 이번 걸음에서 얻은 바가 적지 않네. 다만 이번 여정을 기록한 시를 한 수도 남기지 못하였으니, 근래에 시 짓기에 게을러진 것을 알 수 있네.

90 수면앙배(睟面盎背) : 군자의 내면에 축적된 것들이 윤택하게 얼굴에 드러나고 등에 가득 넘치는 것을 뜻한다. 《맹자(孟子)》 〈진심 상(盡心上)〉에 "군자의 본성은 인의예지가 마음속에 뿌리 박혀 그 드러나는 빛이 맑고 윤택하게 얼굴에 나타나고 등에 가득 넘치며, 사체에 베풀어져 사체가 굳이 말하지 않아도 저절로 깨달아 행해진다.〔君子所性, 仁義禮智根於心, 其生色也, 睟然見於面盎於背, 施於四體, 四體不言而喩.〕"라고 한 데에서 나온 말이다.

평숙에게 답함
答平叔

《추경(鄒經 맹자)》을 한창 복습하며 연구하고 있다 들으니 싫증 나는 마음이 일지 않았음을 알 수 있어 반갑네. 다만 내용을 가려서 읽으려는 것은 글만 배우는 자의 일이니, 만약 이치를 궁구하고자 한다면 이와 같이 해서는 안 되네. 무릇 성현의 책은 본래 우열이 없는 법이네. 옛날에 어떤 사람이 양구산(楊龜山)[91]에게 "《논어(論語)》 가운데 어떤 일이 긴요합니까?"라고 묻자, 구산은 "모든 일이 다 긴요하다."라고 하였네. 《맹자》 또한 이와 같으니, 어찌 선택할 것이 있겠는가. 모든 장과 모든 구가 다 받아들여 실천할 만한 도리가 있으니, 한 장을 빠뜨리면 그 한 장의 이치가 분명해지지 못하고 한 구를 빠뜨리면 그 한 구의 이치가 갖추어지지 못하네. 대문(大文) 중에 짧은 곳은 비록 때로 읽는 횟수를 조금 줄이더라도 결코 전부 빠뜨려서는 안 되니, 이렇게 하는 것이 어떻겠는가?

그리고 곡속 장(觳觫章)[92]이나 호연 장(浩然章)[93]이라 하더라도 또한

91 양구산(楊龜山) : 송(宋)나라의 학자이자 문신인 양시(楊時, 1053~1135)로, 자는 중립(中立), 호는 구산이며, 시호는 문정(文靖)이다. '정문 사선생(程門四先生)' 중의 한 명으로 낙학(洛學)의 대종(大宗)이 되었는데, 후일 이 학맥에서 주희(朱熹)·장식(張栻)·여조겸(呂祖謙) 등 뛰어난 학자가 많이 배출되었다. 저서에 《구산집》, 《구산어록(龜山語錄)》, 《이정수언(二程粹言)》 등이 있다.

92 곡속 장(觳觫章) : 《맹자(孟子)》 〈양혜왕 상(梁惠王上)〉에 나오는 장으로, 제 선왕(齊宣王)이 흔종(釁鍾)의 소를 놓아주게 하면서 "나는 그 소가 벌벌 떨면서 죄 없이

한꺼번에 많이 읽을 필요는 없네. 한꺼번에 많이 읽으면 두루 살피며 정밀하게 읽기가 어렵고, 읽기를 오래 중단하면 곧바로 또 까마득히 잊어버리게 된다네. 가볍게 읽되 자주 반복하는 것이 훨씬 낫네. 일찍이 송암(松巖)[94]이 다른 이에게 보낸 편지를 보니 여기에서도 한꺼번에 많이 읽는 것을 경계하였네. 근래에는 또 율옹(栗翁 이이(李珥))의 독서법에 대해 들었는데, 일 년 동안 사서(四書)를 세 차례 돌려 읽되, 한 차례 돌릴 때마다 세 번씩 읽어 모두 아홉 번을 읽었다고 하니, 이것이 바로 복습의 묘법이라 할 만하네. 율옹은 경전에 있어서 참으로 이미 자신의 말처럼 외울 수 있었기에 한 차례 읽을 때 세 번을 반복하는 것이 가능했지만, 초학자는 대번에 거기에 미칠 수는 없네. 그러나 대체로 독서란 많이 읽는 것이 자주 복습하는 것만 못하기에 그대를 위하여 이를 말해 주는 것이네.

나는 월초에 《대학(大學)》을 열 차례 읽었고, 근래에 다시 서른 차례 읽으려 하였으나 아직 끝내지는 못했네. 달리 터득한 바는 없고 그저

사지에 나아가는 것을 차마 볼 수 없다.〔吾不忍其觳觫若無罪而就死地〕"라고 하고 소 대신 양을 쓰게 한 일에 대해 맹자가 제 선왕에게 아뢴 내용이다.

93 호연 장(浩然章) : 《맹자(孟子)》 〈공손추 상(公孫丑上)〉에 나오는 장으로, 맹자가 제자인 공손추(公孫丑)와 대화하며 호연지기(浩然之氣)에 대해 논한 내용이다.

94 송암(松巖) : 이재형(李載亨, 1665~1741)으로, 자는 가회(嘉會), 호는 송암, 본관은 전주(全州)이다. 최신(崔愼)을 사숙하였고, 1685년(숙종11) 북평사(北評事)로 부임한 김창협(金昌協)을 찾아가 수학하기도 하였다. 1713년에 홍치중(洪致中)이 북로(北路)의 문학지사(文學之士)로 천거하였고, 1722년(경종2) 영의정 이광좌(李光佐)의 천거로 소지(召旨)가 내렸으나 나아가지 않았다. 당시에 북관(北關)을 대표하는 성리학자로 불리며 노론(老論) 계열에서 큰 관심을 가지기도 하였다. 문집으로 《송암집(松巖集)》이 있다.

새로운 의문만 더해졌을 뿐이네. "청기(淸氣)가 모여서 심(心)이 되고 탁기(濁氣)가 모여서 질(質)이 된다"는 것은 선유(先儒)의 말인데 누구의 말인지 기억이 나지 않는다네. 《성리대전(性理大全)》의 기질 조(氣質條)나 심 조(心條)에 있었던 듯하기도 하고, 그렇지 않다면 또한 율옹 별집(別集)의 〈태극문답(太極問答)〉이나 김자장록(金子張錄) 가운데 있었던 듯하네. 살펴보고 찾아내어 요약한 말을 적어 보여준다면 좋겠네.

평숙에게 보냄
與平叔

《대학(大學)》은 다시 보니 더욱 좋구나. 은미하고 심오한 부분은 비록 다 이해할 수는 없으나 짜임새가 정연하고 맥락이 분명한 곳에서는 이미 재미가 느껴지니, 곧장 풀이하고 싶으나 미처 그러지 못하겠네. 끝내 이 책에서 터득한 바가 있다면 《중용(中庸)》은 비록 다소 천천히 읽는다 하더라도 무슨 문제가 되겠는가. 다만 명덕(明德)의 뜻에 대해서는 지난날 미옹(渼翁 김원행(金元行))께 질정하여 대략 이해할 수 있었는데, 계실(溪室) 어른[95]과 강론해보니 또 전부 같지는 않은 점이 있었네. 참으로 경전의 뜻이란 절충하기가 어려운 것이네.

곡속 장(觳觫章)[96]은 그동안 이미 다 읽고 이제 다른 장을 보고 있는가? 이 장 가운데 "저울로 잰 뒤에야 경중을 알고 자로 잰 뒤에야 장단을 안다.〔權然後知輕重 度然後知長短〕"라는 구절이 가장 긴요히 성찰할 바이니, 자세히 완미하고 몸소 체험해 보아야 하네. 읽는 동안 터득한 바가 있으면 알려주면 좋겠네.

95 계실(溪室) 어른 : 김지행(金砥行, 1716~1774)으로, 자는 유도(幼道), 호는 밀암(密菴), 본관은 안동(安東)이다. 우의정을 지낸 문충공(文忠公) 김상용(金尙容)의 5세손이며, 병계(屛溪) 윤봉구(尹鳳九)의 문인이다. 일찍부터 과거에 대한 뜻을 버리고 공주(公州) 계실곡(溪室谷)에 은거하여 학문을 하며 안빈낙도하여, 안자(顔子)에 버금가는 인물로 칭송되었다. 저술로 《밀암집(密菴集)》이 전한다.

96 곡속 장(觳觫章) : 《맹자(孟子)》 〈양혜왕 상(梁惠王上)〉에 나오는 장으로, 제 선왕(齊宣王)이 흔종(釁鍾)의 소를 놓아주게 하면서 "나는 그 소가 벌벌 떨면서 죄 없이 사지에 나아가는 것을 차마 볼 수 없다.〔吾不忍其觳觫若無罪而就死地〕"라고 하고 소 대신 양을 쓰게 한 일에 대해 맹자가 제 선왕에게 아뢴 내용이다.

평숙에게 답함

答平叔

예서(禮書)에 "여럿이 떼 지어 다니지 않고 무리와 어울려 앉지 않는다."라고 하였으니,[97] 다니거나 앉는 것도 무리와 함께하지 않는 법인데, 어찌 자리에 따라 나란히 적는 아래에 이름을 적고 권점을 찍을 수 있겠는가. 〈잡기(雜記)〉에 "상중에는 다른 사람과 함께하지 않는다."라고 하였고 소(疏)에 "거상 중에는 재물로써 예(禮)를 행하지 않는다."라고 하였네. 이 두 조목을 살펴보면 처신할 바를 알 수 있을 것이네.

97 예서(禮書)에……하였으니 : 이 말은 그대로 보이는 곳은 없다. 《예기(禮記)》〈증자문(曾子問)〉에 증자가 삼년상에 남에게 조문하는지를 묻자, 공자(孔子)가 "삼년상에는 연제(練祭)를 지내고도 무리와 어울려 서 있지 않으며 여럿이 떼 지어 다니지 않는다.〔三年之喪, 練, 不群立, 不旅行.〕"라고 하였는데, 이를 말한 듯하다.

평숙에게 답함

答平叔

문 《주자어류(朱子語類)》 중 자고신(紫姑神)[98]의 일 운운.

답 《중용혹문(中庸或問)》의 주(註)에, 상채(上蔡 사양좌(謝良佐))가 귀신에 대하여 물었는데 명도(明道 정호(程顥)) 선생이 장항군군(張亢郡君)[99]과 자고신의 일을 아울러 말씀하셨네. 그렇다면 자고신은 주자(朱子) 때의 일이 아닌 것이니, 《주자어류》에 실려 있는 것은 주자가 다만 그 일을 인용한 것일 뿐이네.

98 자고신(紫姑神) : 자녀(紫女)가 죽어서 된 귀신이다. 자녀라는 여자가 남의 첩이 되었는데 그 정실부인의 시기를 받아 늘 측간 청소하는 일을 하다가 분격하여 죽었다. 후인들은 이를 측신(厠神)이라 부르면서 그 신이 영험하다 하여 그가 죽은 1월 15일 날 측간에 제사하고 모든 일을 점쳤다고 한다. 《事物紀原 歲時風俗部 紫姑》

99 장항군군(張亢郡君) : 군군(郡君)은 유관자(有官者)의 부인의 봉호이다. 장항의 군군이 죽어서 그 신(神)이 늘 장항에게 와서 말을 해 주었는데, 남이 아는 일만 말해 주고 남이 모르는 일은 역시 말해 주지 못하였다고 한다. 《或問 本條 小註》

평숙에게 답함
答平叔

계(髻)와 화관(花冠)이 불편하다고 의심하는 것은 무슨 까닭인가? 무릇 천하의 일은 비록 의리에 맞는다 하더라도 익숙하게 행하면 편해지고 어기대며 행하지 않으면 불편해지는 법이니, 편하고 불편함은 또한 행하느냐 행하지 않느냐에 달려있을 뿐이네. 우옹(尤翁 송시열(宋時烈))이 일찍이 부인에게 화관을 사용하게 하고 기천(沂川) 홍공(洪公 홍명하(洪命夏))에게 그 제도를 보내어 여러 대가들과 함께 행하고자 하였으니, 어찌 불가한 것을 우옹이 행하였겠는가. 계(髻)의 경우, 선배들 가운데에는 누가 이를 행하였는지 알 수 없지만 근래로 말하면 퇴어(退漁) 김 상서(金尙書 김진상(金鎭商))가 이를 행하였고, 운정(雲井 김의행(金毅行))·계실(溪室 김지행(金砥行)) 두 김 처사(金處士)가 이를 행하였네. 이 몇 분의 군자들이 어찌 모두 그 불편함을 알지 못하여 행하였겠는가. 두세 집에서 이미 이를 행해도 폐해가 없었으니, 저들에게 편한 것이 우리에게만 불편할 리 있겠는가. 자네가 만약 행하고자 한다면 단연코 의심하지 말아야 할 것이네.

이 두 제도가 불편하다는 논의는 장복(長服) 한 가지 일 때문인 듯한데, 이는 평소에 한가로이 지낼 적에는 단복(短服)을 사용하고 제사나 연회, 존귀한 손님을 맞을 때에는 장복을 사용하는 것이네. 장복 한 벌쯤은 가난한 자라도 마련할 수 있을 듯하니, 어찌 이것 때문에 행하기 어렵다고 여기겠는가. 부디 한번 생각해 보게.

평숙에게 답함

答平叔

문 동성(同姓)의 십촌 친족은 내외를 통함 운운.

답 동성의 십촌이 내외를 통하는 것은 통례(通例)이네. 5대조가 같은 자는 단문(袒免)[100]의 친족이 되니, 다만 복(服)이 다하였을 뿐이네. 비록 부인과 남자가 같지 않다고 하더라도 5대조가 같은 이를 어찌 서로 만나지 않을 수 있겠는가. 일찍이 이를 가지고 효장(嘐丈)[101]께 여쭈었는데 효장의 뜻도 또한 그러하였네. 그리고 이 일은 일괄적으로 논할 것이 아니라, 오직 그 가문의 후박(厚薄)과 그 집안의 친소(親疏)에 달린 것이라고 하였네.

100 단문(袒免) : 참최(斬衰)·자최(齊衰)·대공(大功)·소공(小功)·시마(緦麻)의 오복(五服) 이외의 친척에 해당하는 상복으로, 두루마기의 오른쪽 소매를 벗고 머리에 사각건(四角巾)을 쓰는 가벼운 복제를 말한다.

101 효장(嘐丈) : 김용겸(金用謙, 1702~1789)으로, 자는 제대(濟大), 호는 효효재(嘐嘐齋), 본관은 안동(安東)이며, 포음(圃陰) 김창즙(金昌緝)의 아들이다.

평숙에게 답함
答平叔

문 재계(齋戒) 3일은 제사하는 날을 제외하고 계산함 운운.
답 재계 3일은 만약 제사하는 날까지 함께 계산한다면, 제사한 뒤에는 재계를 그만두므로 하루 전체를 재계한 것이 못 되니, 3일 동안 재계한 것이라고 이를 수 있겠는가.

문 복(服)을 입는 친족의 상(喪)에 성복(成服)하는 날과 치재(致齋)하는 날이 겹칠 경우 운운.
답 제사가 비록 중요하긴 하지만 이때에는 복제가 더 중요하네. 마땅히 상(喪) 곁에서 성복해야 하고 제사에 참여해서는 안 되네. 사람을 시켜 섭행(攝行)하게 하되, 축문에 '몸에 범염(犯染)이 있다'는 말을 넣는 것은 자네의 말이 맞네.

남장(南丈)이 검시(檢屍)로 인해 제사를 폐한 일은 형세상 진실로 당연한 것이네. 재계 중에는 초상의 빈렴(殯斂)을 기휘(忌諱)하여 이를 담당한 사람을 보지 않는다는 것이 바로 우복(愚伏 정경세(鄭經世))의 설인데, 사계(沙溪 김장생(金長生))가 이를 옳다고 여겼으니, 검시와 빈렴은 담당하는 일에 차이가 없네. 자신은 당연히 제사에 참여하지 말아야 하며, 자제 또한 범염(犯染)한 자신의 몸을 보았다면 어찌 섭행하게 할 수 있겠는가. 이것이 제사를 폐하는 까닭이네. 그러나 만약 반드시 제사를 행하려 한다면, 검시한 뒤에 관아로 돌아오지 말고 따로 머물 곳을 정하여 제사하는 날까지 머무르고, 자제들로 하여금 나와서 자신을 보지 못하게 하고 재계하여 섭행하게 해야 하니, 이렇게 한다면 괜찮을 것이네.

문 장방(長房)으로서 차례가 되는 자가 가난하여 제사를 받들지 못하면 다음 차례인 자가 대신 행함 운운.
답 장방이 가난하여 제사를 받들지 못해 다음 차례인 자가 대신 받드는 것에 대하여, 한강(寒岡 정구(鄭逑))은 "종손(宗孫)과 지손(支孫)처럼 경계가 엄정하여 침범하기 어려운 경우와는 같지 않으니, 상황에 따라 변통하여 행하는 것이 불가하지 않다."라 하였고 도암(陶菴 이재(李縡))은 "차례를 뛰어넘는 것은 온당치 못하다."라 하였네. 두 분의 설이 같지 않은데, 도암의 설이 옳네. 내 생각에는, 종가에서 다시 받들기도 어렵고 죽은 이의 집에서 그대로 받들 수도 없다면 한 가지 방도가 있네. 훗날 다음 차례가 될 자가 그의 집에서 임시로 제사를 받들되, 신주를 쓸 적에는 현재 차례인 자의 이름을 방제(旁題)에 적어서 제사를 섭행하는 것이네. 이렇게 한다면 차례를 뛰어넘는 혐의도 없고 제사도 거르지 않을 수 있네. 그리고 현재 차례인 자가 죽은 뒤에 자신이 그대로 제사를 주관한다면 일이 매우 원만히 진행될 것이네. 다만 선현이 이에 대해 명확히 규정하여 확언한 바는 없네. 만약 부득이 죽은 이의 집에서 그대로 제사를 받들게 된다면, 그 사이에는 여러 자손들이 훗날 다음 차례가 될 자와 함께 힘을 합하여 제사를 돕는 것이 진실로 마땅하네.

듣건대 효장(嘐丈 김용겸(金用謙))의 논의에 "현재 차례인 자의 뒤에 다음 차례가 될 자가 또 있다고 하더라도, 종가에서 다시 제사를 받드는 것이 또한 어찌 불가하겠는가."라 하였으니, 이 주장이 옳은 듯하네.

평숙에게 보냄

與平叔

외손은 이미 돌아가신 외조부모에 대하여 '외조고비(外祖考妣)'라고 칭해서는 안 되고 다만 '외조부모'라고 칭해야 하네. 무릇 '고비'라는 호칭은 오직 정통의 선조에게만 써야 하기 때문이네. 이는 엄정한 일인 듯한데, 근래에 예(禮)를 아는 집안에서 이와 같이 행하고 있는지는 알지 못하겠네.

수암(遂菴 권상하(權尙夏)) 선생이 일찍이 외손이 제사를 받드는 잘못을 논하고 이어서 말씀하기를, "혹 고유(告由)하는 일이 있을 경우에는 '외고조(外高祖)'라고 칭하는 것이 무방하다."라 하였네. 그렇다면 '고(考)' 자 뿐 아니라 '현(顯)' 자 또한 쓰지 않고자 한 것이네.

문 견전(遣奠)은 대문 밖에서 행함 운운.
답 이는 비단 중정(中庭)이 좁아서 그런 것일 뿐만 아니라 시속의 '노제(路祭)'라는 이름 때문에 잘못된 것인 듯하네.

문 우제(虞祭) 초헌(初獻) 조목의 '주인 이하가 모두 곡한다' 운운.
답 《가례(家禮)》 우제 초헌 조목에는 '주인 이하가 모두 곡한다'라는 글이 없는데 《상례비요(喪禮備要)》 소주에는 있으니, 이는 구씨(丘氏)의 《가례의절(家禮儀節)》을 기록한 것이네. 그러나 몇 해 전 미옹(渼翁 김원행(金元行))의 장례를 행할 때 내가 우제에 참여하였는데, 삼헌(三獻)할 때에 술잔을 올리는 자만 곡하고 나머지 사람들은 곡하지 않았네. 선생의 평소 정론(定論)이 소주를 따르지 않고자 하는 것이었으므로 이처럼 행한 것이라고 하였네. 이 한 가지 일은, 비록 혹 소주를 따라 초헌에는 주인 이하가 모두 곡한다고 하더라도 아헌(亞獻)과 종헌(終獻)에는 나머지 사람들은 곡해서는 안 될 듯하네. '예는 초헌과 같다〔禮如初〕'라는 글은 다만 술잔을 올리는 자가 음식을 올리고 술을 따르며 곡하고 절하는 의절을 두고 이른 것이지, 주인 이하가 곡하는 것 또한 초헌과 같다고 이른 것이 아니네. 기제(忌祭)에는 초헌에 주인 이하가 모두 곡하니, 이때가 아니면 슬픔을 쏟아 놓을 수 없기 때문이네. 상중의 제사에는 출주(出主) 뒤와 사신(辭神) 때 모두 곡이 있으므로 초헌에는 굳이 곡할 필요가 없기 때문이네. 예의 본뜻은 이와 같으니 의심할 것이 없을 듯하나, 행하는 자들 사이에서는 제각각 차이가 나니, 알 수가 없네.

문 제사하는 날은 신일(辛日)을 씀 운운.

답 주자(朱子)가 말씀하기를, "갑일(甲日) 3일 전이 바로 신일이니 정일(丁日)과 신일은 모두 옛사람들이 제사하던 날이다."라고 하였네. 이를 가지고 보면, 신일을 쓰는 것은 근거가 있는 것이네.

평숙에게 답함

答平叔

개사초(改莎草)할 때 고하는 말 운운한 것은, 평소의 기제(忌祭)는 늘 축문이 없기 때문에 이러한 의문을 가진 것인가? 제사를 주관하는 사람이 없다면 동성의 친족과 외손을 막론하고 현재 그 일을 감독하는 자가 고하는 것이 무방하니, 이는 제사를 주관하는 것과는 차이가 있기 때문이네. 이러한 일은 다만 일의 형편을 가지고 논해야 하지 예문을 가지고 논해서는 안 되네. 외가의 분산(墳山)이 있는 곳에서 읍재가 된 사람이 봉분이 무너진 일을 만나 보수하고 개사초하게 되었는데, 마침 본종(本宗)의 사람 중에는 올 수 있는 자가 없다면 어쩔 수 없이 자신이 고하고 이를 행하네. 이러한 전례에 의거한다면 보경(輔慶)의 무리가 이를 행하는 것이 무슨 문제가 되겠는가.

유배 중에 있는 사람은 비록 신주에 이름을 적지는 않더라도 종전에 이미 제사를 주관하였다면, 개사초(改莎草)를 고할 적에는 또한 마땅히 '아무개가 아무개를 시켜서〔某使某〕'라고 적는 예(例)를 따라야 하네. 그가 지금 먼 곳에 있어 이 일을 알지 못한다면, 고하는 말에 그 이름을 쓰는 것이 비록 허위로 빌려 쓰는 것처럼 보일 수 있겠지만, 멀리 유배된 이후로 그 중부(仲父)의 사묘(祠墓)에 관계된 모든 일을 가까운 곳에 사는 자질(子姪)이나 족인(族人)에게 대신 행하도록 하였다면, 이번에 개사초하여 묘를 보수하는 일에 대해 비록 멀리 있어 미처 통보받지 못했다 하더라도 그 전에 또한 이러한 뜻을 미리 알고 있는 것이네. 그렇다면 이것이 곧 시킨 것이니, '아무개가 아무개를 시켜서'라는 말을 쓰는 것이 문제가 없을 듯하네. 이 한 가지 일은 청원(淸遠) 장(丈)[102]께 여쭈어 의논하는 것이 어떻겠는가?

개사초(改莎草)할 때 묘에 고하는 것은 "유세(維歲) 모월(某月) 모일(某日) 모간지(某干支)에 모친(某親) 모(某)가 모친(某親) 모관(某官) 부군과 모봉(某封) 모씨(某氏)께 감히 밝게 고합니다. 삼가 아뢰건대, 봉분을 쌓은 것이 정성스럽지 못하여 세월이 오래되자 무너져 내렸기에 장차 보수하고자 합니다. 부디 존령께서는 진노하거나 놀라지 마시기를 바랍니다. 삼가 술과 과일을 갖추어 정성을 펴서 경건히 고하고 삼가 고합니다."라고 해야 하네. ○후토(后土)에 제사하는 축문은 "유세(維歲) 모월(某月) 모일(某日) 모간지(某干支)에 모관(某官) 모성명(某姓名)이 토지 신께 감히 밝게 고합니다. 지금 모관(某官) 모성명(某姓名)과 모봉(某封) 모씨(某氏)의 무덤이 무너져 내려서 장차 보수하려고 하니, 신령께서는 보우하시어 훗날의 걱정이 없게 해주소서. 삼가 술과 과일을 갖추어 신령께 공경히 올리노니 부디 흠향하소서."라고 해야 하네. ○위안제(慰安祭)에 고하는 말은 "유세(維歲) 모월(某月) 모일(某日) 모간지(某干支)에 모친(某親) 모(某)가 모친(某親) 모관(某官) 부군과 모봉(某封) 모씨(某氏)께 감히 밝게 고합니다. 봉분하고 사초하여 옛 무덤이 새로워졌으니, 삼가 바라건

102 청원(淸遠) 장(丈) : 김양순(金養淳, 1722~1798)으로, 자는 호원(浩元), 호는 봉서(鳳西), 본관은 안동(安東)이며, 당호가 청원당(淸遠堂)이다. 김이건(金履健)의 아들이며, 정암(貞菴) 민우수(閔遇洙)의 문인이다.

대 존령께서는 영세토록 편안하소서."라고 해야 하네. ○제사를 주관하는 사람이 유배 중에 있어서 고하는 말에 '아무개가 아무개를 시켜서〔某使某〕'라고 하는 예(例)를 따르기 어렵다면, 이 묘에 모신 분의 종질이 응당 주관할 것이니 조사(措辭)는 참작하여 바꾸는 것이 옳을 듯하네. "유세(維歲) 모월(某月) 모일(某日) 모간지(某干支)에 종질 모(某)가 종조형 모(某)가 멀리 배소에 있는 까닭에 묘를 수리하는 일을 대신 행하게 되었으므로 종숙부 모관(某官) 부군과 종숙모 모봉(某封) 모씨(某氏)께 감히 밝게 고합니다. 삼가 아뢰건대, 봉분을 쌓은 것이 정성스럽지 못하여 운운." 이와 같이 한다면 마음을 씀이 원만할 것이네.

평숙에게 답함
答平叔

출가한 여자가 형제의 상상(殤喪)[103]에 복(服)을 낮추어 입는 한 가지 일은 《상례비요(喪禮備要)》에 언급이 없으니 이는 절문(節文)이 제대로 갖추어지지 않은 곳인 듯하네. 소공(小功) 조의 주에 "남의 후사가 된 자가 그 형제의 장상(長殤)과 중상(中殤)에 입는다."라고 한 조문을 가지고 참고하여 살펴보면, 출가한 자가 복을 낮추어 입는 것도 응당 그와 같은 예(例)에 해당한다 하겠네.

동자(童子)의 복제는 《상례비요(喪禮備要)》의 안주(按註)에 "오늘날 풍속에서 수질(首絰)을 씌우는 것은 예가 아니다."라고 하였네.[104] 이는 관을 쓰지 않으면 수질을 쓰지 않기 때문이네. 당실(當室)[105]이 아

103 상상(殤喪) : 성인이 되기 전에 일찍 죽은 사람의 상(喪)을 이른다. 16세부터 19세 사이에 죽은 경우에는 장상(長殤)이라 하고, 12세부터 15세 사이에 죽은 경우에는 중상(中殤)이라 하고, 8세부터 11세 사이에 죽은 경우에는 하상(下殤)이라 한다. 이 삼상에 따라서 각각 상복과 상기가 달라지며, 8세 이전에 죽은 사람에 대해서는 복을 입지 않는다. 《儀禮 喪服傳》

104 동자(童子)의……하였네 : '안주(按註)'는 주(註) 가운데 '살피건대〔按〕'로 시작하는 내용을 가리켜 말한 것이다. 《상례비요(喪禮備要)》 〈성복(成服)〉에 "살피건대, 《예기》에 '동자는 관을 쓰지 않는다.'라고 하였으니, 오늘날 풍속에서 두건과 수질을 씌우는 것은 예가 아니다.〔按, 記曰: 童子不冠. 今俗或加巾絰, 非禮也.〕"라고 하였다.

105 당실(當室) : 집안일을 담당한다는 뜻으로, 부친이나 형 대신 집안일을 주관하는 것을 말한다. 고대에는 대부분 적자(嫡子)가 당실을 했으므로 적자의 별칭으로도

니면 지팡이를 짚지 않는 것은 예에 분명한 조문이 있으니, 또 어찌 의심할 만하겠는가.

조석전(朝夕奠)은 비록 과일 한 접시라 하더라도 가난한 집에서는 계속 올리기가 참으로 어렵네. 그러므로 때로는 올리고 때로는 올리지 못하여 일정치 않은 경우가 많네. 민가에서는 간혹 새 과일을 올리지 않고 술만 다시 따라 놓는 경우도 있으니, 이와 같이 하여도 또한 무방하네.

습렴(襲殮)할 때의 전(奠)은, 그림과 조문을 살펴보건대 모두 포(脯)·해(醢)만 있으니, 성복(成服) 이후에야 조전(朝奠)에 처음으로 과일까지 진설하는 것이네. 죽은 직후에 올리는 전(奠)의 포·해는 찬장에 남아있던 것을 사용하고 습렴할 때의 전(奠)의 포·해는 새로 장만하는 것인 듯하네.

조전(祖奠)에 술·과일·포(脯)·해(醢)를 진설하는 것은 "조전(朝奠)과 같이 한다."라는 조문을 따른 것이니, 조전(朝奠)에 본래 포·해가 있기 때문이네. 견전(遣奠)에 "제수는 조전과 같이 하되 포가 있다."라고 한 것은 과연 의심할 만하네. 그러나 조전(朝奠)에 포가 없기 때문인 것은 아니네. 아마도 그 아래에 "포를 거두어 보자기에 넣는다."라는 글이 있기 때문에 별도로 글로 적어 드러낸 듯한데, 맞는지는 잘 알지 못하겠네.

쓰인다.

상(喪)이 다른 집에 있다면 조조(朝祖)[106]의 절문(節文)은 베풀 곳이 없네.

106 조조(朝祖) : 발인하기 하루 전 조전(朝奠)을 마친 뒤에 영구(靈柩)를 모시고 사당에 가서 마지막으로 조상을 뵙게 하는 의식으로, 조묘(朝廟)와 같은 뜻이다.

평숙에게 답함

答平叔

문 환질(環絰)은 언제 사용하는 것인지 운운.

답 환질은 습(襲) 뒤에 소렴을 지켜볼 때 사용하는 것이고, 두수(頭繻)는 빙시(憑尸)[107] 뒤에 머리를 묶을 때 사용하는 것이네. 머리를 묶는 것은 곧 소렴 뒤의 일인데, 자네 편지에는 어찌하여 소렴 전에 머리를 묶는다고 말한 것인가? 어쩌면 습(襲) 이후 환질을 두를 때 머리를 틀어 올리는 것을 머리를 묶는 것으로 여긴 것인가? 머리를 틀어 올리는 것과 머리를 묶는 것은 다르다네. 두수는 바로《의례(儀禮)》에서 말한 '포총(布總)'이라는 것으로, 그 제도가《상례비요(喪禮備要)》 소주에 보이니, 살펴보면 알 수 있을 것이네. 두수는 남자와 부인 모두에게 있으니, 포건(布巾)이 아닌 것이 분명하네.

문 수질(首絰)·요질(腰絰)·교대(絞帶)의 조문이 염상(斂床)을 차리는 것 이전에 있음 운운.

답 자네의 편지에서 '미리 갖추어서 염습이 끝난 후를 대비하는 것'이라 한 것이 맞네.

107 빙시(憑尸) : 장차 염하려고 할 때에 산 사람이 시신에 기대는 것으로, 죽은 자의 혈연과 존비에 따라 시신을 어루만지는 '무시(撫尸)', 시신을 부여잡는 '집시(執尸)', 시신을 받드는 '봉시(奉尸)', 시신을 잡고 끄는 '구시(拘尸)' 등의 형식이 있는데, 이를 통칭하여 '빙시'라고 한다.《禮記 喪大記》

문 상의는 거꾸로 하지 않음 운운.

답 상의는 귀하기 때문에 거꾸로 하지 않는 것이고 하의는 천하기 때문에 거꾸로 하는 것이네. 이른바 상의라는 것은 단령(團領)・직령(直領)과 같은 등속이네.

문 어디에서 그 좌임(左衽)의 뜻을 볼 수 있는지 운운.

답 자네의 편지에서 '옷 폭으로 두루 감싸는 때에 반드시 왼쪽으로 향하게 한다'고 말한 것이 맞는 듯하네.

문 또한 마땅히 소렴에 하는 것처럼 전(奠)이 있어야 함 운운.

답 입관 후에 전(奠)을 차리는 것은 입관전(入棺奠)이 아니고 바로 대렴전(大斂奠)인 것이니, 어찌 대렴에 전(奠)이 없다고 할 수 있겠는가. 만약 고례에 따라 상 위에서 대렴을 한다면 대렴 이후, 입관 이전에 전(奠)을 차리는 것이 마땅한 듯하네.

문 소렴 후에 빈객에게 절하는 것 운운.

답 소렴 후에 빈객에게 절하는 것은 고례이네. 《가례(家禮)》에는 비록 빠져 있더라도 《상례비요(喪禮備要)》에는 편입되어 있는 이상 마땅히 행해야 함은 의심할 것이 없네. 슬픔이 넘치고 예가 부족한 것은 진실로 귀하게 여길 만하나, 만약 한결같이 이렇게만 주장한다면, 처음에 막 상을 당하여 슬퍼서 경황이 없을 때에는 행할 수 있는 절문이 거의 없을 것이네. 습렴이란 대사는 실로 빈객들이 찾아와 도와주는 힘에 의지하여 행하는 것이니, 절하여 사례하지 않을 수 없네. 여기에서 더욱 효자의 마음을 볼 수 있는 것이네.

문 상복을 받는 것은 중대한 절목인데 절하는 예가 없는 것은 끝내 의심할 만함 운운.

답 성복할 때에 절함이 없는 것은 조곡(朝哭)을 통해서 하기 때문이네. 전(奠)을 행하는 것도 아니고 조문을 받는 것도 아니니, 절하는 것이 어디에 해당하겠는가. 곡은 슬픔에서 나오는 것이고 절은 공경함에서 나오는 것인데, 최질(衰絰)의 상복은 본래 그 슬픈 마음을 표현하기 위한 것이니, 그저 곡하면서 받아야 하네. 어찌 절하면서 받아야 할 필요가 있겠는가. 만약 상복을 받는 것이 중대한 절목이기 때문에 절함이 있어야 마땅하다고 한다면, 무릇 예 중에 중대한 절목이 되는 것은 모두 절함이 있단 말인가.

문 지금 풍속에서 대렴과 소렴에 쓰는 이불은 모두 솜을 넣음 운운.

답 소렴의 이불은 겹이불을 쓰고 대렴의 이불은 솜을 넣는 것은 예의 본래 뜻이 자세하지 않네. 혹자는, 솜은 물에 젖으면 가치가 떨어지는데 소렴의 이불은 시신과 가까워 젖기 쉬우니, 젖으면 그 가치를 대번에 잃어서 솜을 넣는 것이 무익해지므로 다만 겹이불을 쓰고, 대렴의 이불에야 비로소 솜을 넣는 것이라고 하네. 과연 이 말이 맞는지는 알지 못하겠네. 지금 풍속에서 소렴의 이불에 솜을 넣는 것은 몸에 가까운 것을 후하게 하는 뜻인 듯하고, 대렴의 이불은 박하게 해도 무방하기 때문에 솜을 조금만 넣거나 겹이불만 사용하는 것인가? 알 수가 없네.

문 입관할 때에 요〔褥〕의 안쪽과 바깥쪽을 구별하는 것 운운.

답 전후의 두 가지 설[108]이 비록 각각 주장하는 바가 있으나 내 생각에는 요는 안쪽을 위로 하고 바깥쪽을 아래로 해야 하네. 위는 시신을 향하게 해야 하고 아래는 칠성판(七星板)을 향하게 해야 하니, 화려함과 화려하지 않음은 논해서는 안 될 듯하네. 만약 바깥쪽이 시신을 향하도록 하고 안쪽이 칠성판을 향하도록 한다면 이는 요의 안과 밖을 뒤집어 놓는 것이니, 그리해서야 되겠는가.

108 전후의 두 가지 설 : 박준원(朴準源)이 박윤원(朴胤源)에게 보낸 편지에 다음과 같은 내용이 보인다. "입관할 때에 요를 사용하는 방법은 논의가 똑같지 않습니다. 혹자는 안쪽이 칠성판을 향하게 해야 한다고 말하고 혹자는 바깥쪽이 칠성판을 향하게 해야 한다고 말합니다. 전자를 주장하는 자는 옷은 화려한 쪽이 겉이 되고 못난 쪽이 안이 되니 안은 몸을 향하고 겉은 바깥을 향한다고 말합니다. 후자를 주장하는 자는 살아 있는 사람의 앉는 자리는 화려한 쪽이 몸을 향하고 화려하지 않은 쪽이 아래를 향한다고 말합니다. 두 가지 주장이 분분하여 저마다 근거하는 바가 있습니다. 세속에서 통행하는 것은 모두 전자의 주장인데, 근래에 한 사대부의 집안에서 후자를 힘껏 주장하여 행하고 있습니다. 어떻게 여기시는지 모르겠습니다.〔入棺時用褥之法, 議論不同, 或言內拱當向七星板, 或言外拱當向七星板. 主前說者, 則以爲凡衣服美者爲表, 惡者爲裏, 裏向身體, 表向外面. 主後說者, 則以爲生人之坐席, 華美處向身, 不美處向底. 二說紛然, 各自有據. 世俗通行, 皆是前說, 而近有一士夫家力主後說而行之云. 未知如何.〕" 《錦石集 卷5 上伯氏別紙》

평숙에게 답함

答平叔

문 아버지가 살아계신 경우 아내의 상에 지팡이를 짚지 않음 운운.

답 지팡이를 짚지 않는다면 이는 다만 부장기(不杖朞)인 것이니 장기(杖朞)라고 칭할 수 없네. 그러나 연제(練祭)의 한 절차는 우옹(尤翁 송시열(宋時烈))도 단호하게 버리지 못하였네.-구시경(具時經)[109]에게 답한 편지에 보임- 만약 연제를 행한다면 비록 지팡이를 짚지 않고 담제(禫祭)를 행하지 않더라도 결국은 삼년상의 의리를 부친 것이니, 다른 부장기의 복과는 같지 않은 것이네.

문 시아버지가 며느리의 상의 상주가 됨은 동궁(同宮)과 이궁(異宮)을 막론함 운운.

답 동궁과 이궁을 막론하고 아버지가 모두 상주가 되는 것은 우옹(尤翁 송시열(宋時烈))의 정론(定論)이 있고 현석(玄石 박세채(朴世采))의 설 또한 이와 같네. 시아버지가 며느리의 상의 상주가 된다면 제주(題主)와 축문은 모두 '자부(子婦)'라고 써야 하네.

문 아내의 기년 상을 치르는 중에 다시 장가듦 운운.

109 구시경(具時經) : 1637~1699. 본관은 능성(綾城), 자는 제백(濟伯), 호는 독락재(獨樂齋)이다. 송시열(宋時烈)의 문인으로 송시열이 덕원에 유배되었을 때 따라가 모셨으며 30여 년을 시봉하며 학문에 정진하였다.

답 모든 기년복은 기년 안에 장가가거나 시집가지 못하는데, 하물며 아내의 상은 어떠하겠는가. 지금 사람들은 늙은 어버이가 계시고 후사를 잇는 것이 급하다는 핑계로 장사한 후에 바로 재취하는 경우가 많은데, 나는 이것이 옳은지 모르겠네. 시속에서 행하는 바는 번번이 사세를 이유로 의리를 돌아보지 않으니, 어찌 일찍이 근거한 바가 있겠는가.

평숙에게 답함

答平叔

사시의 묘제를 모두 거행하는 것은 진실로 어렵네. 종가에서 이미 정일(正日)과 단오 두 명절의 제사를 중단하였다면 이를 따르는 것이 마땅한 듯한데, 삼년상 중이기 때문에 우선 네 명절에 모두 거행하고자 하는 것인가? 한식과 추석 두 명절에 은제(殷祭)를 차리지 못하기 때문에 차라리 사시의 제사 모두를 간략히 진설하려는 것인가? 영구히 행하지 못할 것이라 판단된다면 애초에 그만두는 것이 옳을 듯하니, 어떠한가?

묘제에는 사시에 모두 단헌(單獻)을 하는데 산신에게는 제사할 수 있는 때가 없다면 이는 매우 불가한 것이니, 보우해주기를 바라는 뜻이 아니네. 묘제에 비록 술・과일・포(脯)・해(醢)만 진설하더라도 산신제는 본래 마땅히 행해야만 하네. 선현이 단지 '묘제를 간략히 진설하면 산신에게는 제사하지 않는다'라고 논한 것은 다른 절일에 은제(殷祭)를 지내는 때가 있기 때문이네. 지금 이것을 가지고 구애할 필요가 없네.

새로 만든 묘에 재실이 없어서 비나 눈이 온다면 망제(望祭)를 지낼 장소도 없고 또 젖는 것을 막을 도구도 없으니, 제사를 행할 수가 없기에 형세상 장차 이튿날로 미루어 행하려는 것인가? 일찍이 듣건대, 우옹(尤翁 송시열(宋時烈))이 누대의 선조를 이어서 장사한 산에서 정조

(正朝 설날)에는 해가 짧아 하루 안에 제사를 모두 거행하기 어렵게 되자 세대의 차서에 따라 초이틀로 미루어 행하였다고 하네. 다른 절일에도 또한 이 전례에 의거하여 미루어 행하는 것이 무방하지 않겠는가? 주자(朱子)가 일찍이 말씀하기를, "송(宋)나라 때에 벼슬하는 사람은 정조(正朝)에 조회하는 예가 있어서 사사로이 묘제를 행할 길이 없었으므로 미리 12월 중에 묘제를 행하였다."라고 하였네. 기왕에 미리 행한 일이 있다면 뒤늦게 행하는 것 또한 어찌 불가하겠는가.

방조(旁祖)는 또한 방친(旁親)이라고 칭할 수 있으니 방친이라는 호칭은 또 선조의 먼 형제까지 널리 포괄하네. 판돈녕부사 공의 묘를 지나며 하마(下馬)한 것은 지나친 것이 아닌 듯하니, 이러한 부분은 후함을 추구하는 것이 마땅하네.

아내의 묘에 왕래할 적에 혹 편복(便服) 차림인 때라면 분묘에 절해서는 안 되니, 신도(神道)는 엄정함을 중요시하기 때문이네. 절하는 예를 행하지 않는데 그저 멀리서 바라보며 곡하기만 한다면 또한 비속함에 가까울 것이네. 비록 모른 체하더라도 차라리 하지 않는 것이 옳다네. 이러한 것이 바로 예로써 정(情)을 억누르는 경우이네.

모인(某人)이 숙모의 장례 전에 선조의 기제(忌祭)에는 단헌(單獻)을 하고 아내의 상제(祥祭)에는 예를 제대로 갖춘 것은 옳은 것이네. 기년복을 입는 상의 장례 전에 기제를 간략히 행하는 것은 《격몽요결(擊蒙要訣)》에 해당 조문이 있네. 그러나 상제(祥祭)의 경우에는 복을 변제(變除)하는 중대한 절차여서 기제와는 같지 않으니, 간략히 행해서는 안 되고 본래 예를 제대로 갖추어야 하네. 예(禮)에 "소상(小祥)·대상(大祥)을 행하려고 할 적에 형제의 상을 당하였다면, 다른 집에 사는 경우 빈(殯)한 뒤에 제사한다."라고 하였네.[110] 이를 가지고 보면 기년복을 입는 상의 장례 전에 소상·대상의 제사를 행할 수 있는 것은 다시 어찌 의심하겠는가.

110 예(禮)에……하였네 : 이 내용은《예기(禮記)》〈잡기(雜記)〉에 보이는 것으로, "부모의 상에 제사를 행하려고 할 적에 형제가 죽었으면 빈(殯)한 뒤에 제사한다. 만약 같은 집에 살았던 것이라면 비록 신하나 첩이 죽었다고 하더라도 장례한 이후에야 제사한다.〔父母之喪將祭, 而昆弟死, 旣殯而祭. 如同宮, 則雖臣妾, 葬而后祭.〕"라고 하였다. 이에 대하여《예기대전(禮記大全)》의 주에서 해설하기를 "제사를 행하려고 한다는 것은 소상(小祥)이나 대상(大祥)의 제사를 행하려는 것이다. 마침 형제의 상이 났다면 빈(殯)을 마치기를 기다린 뒤에 제사를 행한다. 그러나 이는 죽은 자가 다른 집에 사는 형제일 경우이고, 만약 같은 집에 살았던 것이라면 비록 비천한 신하나 첩이라고 하더라도 또한 장례하기를 기다린 뒤에야 제사를 지내는 것이다."라고 하였다.

지은이 **박윤원(朴胤源)**

1734년(영조10) 5월 5일에 서울 사직동(社稷洞)에서 태어나 1799년(정조23) 1월 17일에 향년 66세로 별세하였다. 자는 영숙(永叔), 호는 근재(近齋), 본관은 반남(潘南)이다. 59세이던 1792년 12월 12일에 선공감의 가 감역관(假監役官)으로 임명되었으나 신병(身病)으로 정장(呈狀)하여 동월 17일에 체직되었다. 65세이던 1798년에 원자를 위한 강학청이 설치되자, 좌의정으로 있었던 이병모(李秉模)가 박윤원을 서연관으로 천거하여 1월 17일에 원자궁 요속으로 뽑혀 아뢰어졌지만 끝내 나아가지 않았고 학문 연구에 전념하였다. 낙론(洛論)의 정통을 계승한 인물로서 성리학과 예학(禮學)에 대한 조예가 상당하였다. 그의 연원은 김원행(金元行), 이재(李縡), 김창협(金昌協), 송시열(宋時烈), 김장생(金長生)까지 소급되며, 다시 문하의 홍직필(洪直弼)에게 학문을 전수함으로써 임헌회(任憲晦), 전우(田愚)로 이어지는 19세기 낙론의 정통 학맥을 형성하였다. 사후 1845년(헌종11) 1월에는 대사헌으로 추증되었고, 1863년(철종14) 11월 16일에는 '문헌(文獻)'이라는 시호를 받았다. 저서로 《근재집》과 《근재예설(近齋禮說)》이 있다.

옮긴이

이영준(李泳俊)

1983년 목포에서 태어났다. 고려대학교 한문학과를 졸업하고 동대학원 국어국문학과에서 석사학위를 취득하고 박사과정을 수료하였다. 한국고전번역원 부설 고전번역교육원의 연수과정과 전문과정을 마쳤다. 현재 성신여자대학교 고전연구소 선임연구원으로 재직하고 있다. 번역서로는 《조선왕조실록》(공역)이 있다.

이정은(李貞恩)

1983년 경기도 포천에서 태어났다. 성신여자대학교 한문교육과를 졸업하고 동대학원 한문학과 석사학위를 취득하였다. 한국고전번역원 부설 고전번역교육원의 연수과정과 전문과정을 마쳤다. 현재 성신여자대학교 고전연구소 선임연구원으로 재직하고 있다. 번역서로는 《도곡집》, 《매산집》, 《노주집》(공역)이 있다.

※ 각 권별 옮긴이는 권17・18 이영준, 권19 이정은이다.

권역별거점연구소협동번역사업 연구진

연구책임자 **신영주**(성신여자대학교 한문교육과 교수)
공동연구원 **김용재**(성신여자대학교 한문교육과 교수)
류준경(성신여자대학교 한문교육과 교수)
성백효(해동경사연구소 소장)
연 구 원 **김형석 연석환**
이영준 이정은
김성은
윤 문 **윤은숙**

근재집 5

박윤원 지음 | 이영준·이정은 옮김
2025년 12월 31일 초판 1쇄 발행
편집·발행 학자원
등록 2011.4.6 제2011-14호
주소 (05355) 서울시 강동구 천호대로 1121
전화 02-6403-1000 | 팩스 02-6338-1001 | 이메일 hakjaone@daum.net

값 40,000원
ISBN 979-11-6247-394-8 94810
979-11-6247-313-9 (세트)